D0710609

DATE LOANED

¡CONTINUEMOS!

¡CONTINUEMOS!

CURSO INTERMEDIO DE ESPAÑOL

Ana C. Jarvis
Riverside City College

Raquel Lebredo
University of Redlands

Francisco Mena
California State University, Chico

D. C. HEATH AND COMPANY
Lexington, Massachusetts · Toronto

NOV 15

Copyright © 1979 by D. C. Heath and Company.

All rights reserved. No part of this publication may be reproduced or transmitted in any form or by any means, electronic or mechanical, including photocopy, recording, or any information storage or retrieval system, without permission in writing from the publisher.

Published simultaneously in Canada.

Printed in the United States of America.

International Standard Book Number: 0-669-01830-9

Library of Congress Catalog Card Number: 78-19916

ACKNOWLEDGMENTS

Photo Credits

All photos are by Peter Menzel, except for the following: p. 42, Courtesy Dirección Nacional de Turismo del Ecuador; p. 47, Three Lions; p. 62, Foto du Monde; pp. 193, 263, 271, Courtesy Pan American; p. 313 (top), Courtesy Standard Oil Co.

Text Credits

Julio Camba, "El tiempo y el espacio," from *La rana viajera*, in *Obras completas de Julio Camba*. Editorial Plus Ultra, Madrid. Copyright César Cort Botí.

Alfonso Sastre, *La mordaza* (selection), in *Teatro selecto de Alfonso Sastre*. Copyright Ediciones Escelicer, Madrid.

Alfonsina Storni, "Cuadrados y ángulos," from *El dulce daño*. Copyright Ediciones Meridión, Buenos Aires.

Pablo Neruda, "Poema 20," from *Veinte poemas de amor y una canción desesperada*. Copyright Editorial Losada, Buenos Aires.

Juan Ramón Jimenez, "El viaje definitivo," from *Segunda antología poética*. Copyright Francisco Hernandez Pinzón.

Antonio Machado, "Poema XXIII," from *Proverbios y cantares*, in *Poesías de Antonio Machado*. Copyright Editorial Losada, Buenos Aires.

Blas de Otero, "Pato," from *En castellano*. Copyright Editorial Losada, Buenos Aires.

Camilo José Cela, *La colmena* (selection). Copyright Editorial Fondo de Cultura Económica, Mexico City.

Emilio Carballido, *Rosalba y los Llaveros* (selection). Copyright Editorial Fondo de Cultura Económica, Mexico City.

Rafael Sánchez Ferlosio, *El Jarama* (selection). Copyright Ediciones Destino, Barcelona.

Julio Cortázar, "Los amigos," from *Relatos*. Copyright Editorial Sudamericana, Buenos Aires.

Octavio Paz, "Máscaras mexicanas," from *El laberinto de la soledad*. Copyright Editorial Fondo de Cultura Económica, Mexico City.

Diario de las Américas, "Prohíben definitivamente el aborto en México," 256, May 1, 1977. Copyright EFE, Washington, D. C.

Vanidades, "Entrevista con Ernesto Sábato," October 12, 1976. Copyright *Vanidades*, Miami.

Horacio Quiroga, "Tres cartas... y un pie," from *El salvaje*. Copyright Azucena García Marco de Quiroga.

Ernesto Sábato, *El túnel* (selection). Copyright Ernesto Sábato.

Federico García Lorca, *La casa de Bernarda Alba* (selection), in Federico García Lorca, *Obras completas*. Copyright © Herederos de Federico García Lorca, 1954. All rights reserved. Reprinted by permission of New Directions Publishing Corporation.

José Santos Chocano, "Nostalgia," from *José Santos Chocano, Antología poética*. Copyright Espasa Calpe, Buenos Aires.

Herib Campos Cervera, "Un puñado de tierra," from *Ceniza redimida*. Copyright Editorial Tupa, Buenos Aires.

César Vallejo, "Masa," from *España aparta de mí este cáliz*. Copyright Editorial Perú, Lima.

Julia de Burgos, "Letanía del mar," in *Literatura chicana,* ed. Antonia Castañeda. Copyright Yvette Jimenez de Baez.

Germán Arciniegas, "La América del Pacífico," from *La Nación* (Buenos Aires), October 26, 1941. Copyright Germán Arciniegas.

PREFACE

¡Continuemos! is a complete second-year program designed for students who have completed one year of college Spanish or its equivalent in secondary schools.

The program presents a thorough review of Spanish structures, provides ample practice in active conversation and creative composition, and promotes a greater understanding of the Hispanic cultures through the study and enjoyment of contemporary Spanish and Hispanic American literature.

The text consists of a preliminary lesson, twelve regular lessons, two reviews, four appendices, and end vocabularies.

The *Lección preliminar* presents orthographic rules and reviews basic grammar structures with the aid of examples and exercises. Each of the twelve regular lessons is divided into two parts, *Sección gramatical* and *Sección de lectura.* In the *Sección gramatical,* grammatical points are usually introduced by short dialogues that serve to exemplify natural, practical usage. Each dialogue is followed by a grammar explanation with examples and then by reinforcing exercises. The section ends with *Palabras problemáticas,* which examines the relationships between groups of Spanish and English words that may be troublesome for an English speaker, and *Ejercicio final*—a translation exercise that includes all grammar concepts covered in the lesson.

In the *Sección de lectura,* important vocabulary *(Vocabulario activo)* is listed first so that new words can be learned before they are encountered in the reading. The reading selections have been chosen to include examples of diverse forms of expression—for example, short stories, essays, excerpts from novels or plays, poems, or journalistic prose. Some of the selections have been adapted for easy comprehension; in addition, all of them have been glossed. Individual selections are introduced by biographical and literary information on the author and are followed by comprehension questions. A variety of exercise material appears in the *Sección de lectura:* The *Repaso de vocabulario* reviews and reinforces the new vocabulary; *Debate* and *Composición* promote active conversation and creative composition; *¡Vámonos de caza!* reviews structures found in the reading selections. Optional literary exercises, based on the reading(s) and on the *Apéndice literario,* end each lesson.

After Lessons 6 and 12, general reviews are provided in the form of exercises coordinated with the grammatical points as presented in the preceding lessons. The reviews serve to check and to reinforce all concepts previously learned. The *Lecturas suplementarias* consist of supplementary reading material. Because these selections are not part of a specific lesson, no other material, except the footnotes and glosses, accompanies them. Thus, they may be read for any special project, or simply for pleasure.

Supplementary materials include the *Workbook/Laboratory Manual* and a tape program. The *Manual* contains pronunciation drills, to be done in conjunction with the tape program, and listening and writing drills which focus on listening comprehension and writing (also to be done in conjunction with the tapes). The *Workbook* provides additional writing practice and varied exercises. An answer key to the *Workbook* exercises and to the crossword puzzles appears as an appendix.

¡Continuemos! has been designed to be flexible enough to be used as an extension of most basic first-year programs. It contains ample reading material for a one-semester course, without the need for adopting additional texts. In courses meeting three times a week, several of the reading selections and some exercises could be omitted without diminishing the book's effectiveness.

In this book, as in our first-year text, *¿Cómo se dice…?,* we have tried to present the Spanish language as a living, practical medium of communication. In addition, we have introduced students to Spanish and Hispanic American literature in the hope that they may gain greater insights into the culture, customs, civilization, and philosophies of the Spanish and Hispanic American people.

Ana C. Jarvis

Raquel Lebredo

Francisco Mena

CONTENIDO

LECCIÓN PRELIMINAR 3

Algunas reglas ortográficas

Separación de sílabas / El acento ortográfico / Uso de las mayúsculas / Puntuación

Repaso gramatical

Género / Adjetivos posesivos / Pronombres posesivos / Adjetivos demostrativos / Pronombres demostrativos / Verbos regulares: Presente, pretérito e imperfecto de indicativo; el gerundio y el participio pasado / Verbos irregulares en la primera persona del presente de indicativo / Verbos irregulares en el presente de indicativo

LECCIÓN 1 15

Sección gramatical

Verbos de cambios radicales / Complementos directo e indirecto / Verbos reflexivos / Usos del artículo definido

Sección de lectura "El tiempo y el espacio," JULIO CAMBA

LECCIÓN 2 35

Sección gramatical

Imperfecto: Verbos irregulares **ser, ir** y **ver** / Usos del imperfecto / Verbos irregulares en el pretérito / Usos del pretérito / Pretérito vs. imperfecto (Resumen) / Cambios de significado con el pretérito y el imperfecto / Posición de los adjetivos

Sección de lectura "Último acto," PABLO DE LA TORRIENTE BRAU

LECCIÓN 3 57

Sección gramatical

Usos de los verbos **ser** y **estar** / Verbos que tienen participios pasados irregulares / Presente perfecto / Pluscuamperfecto / El participio pasado usado como adjetivo

Sección de lectura *La mordaza* (Selección), ALFONSO SASTRE

LECCIÓN 4 77

Sección gramatical

Futuro: Verbos regulares e irregulares / Condicional: Verbos regulares e irregulares / Usos del futuro y del condicional para expresar probabilidad / Comparativos de *(A)* igualdad y *(B)* desigualdad de adjetivos y adverbios / Usos del articulo indefinido

Sección de lectura Selección de poemas

LECCIÓN 5 103

Sección gramatical

Futuro perfecto / Condicional perfecto / Más sobre el pretérito: *(A)* Verbos de cambios ortográficos; *(B)* Verbos de cambios radicales / Pronombres relativos

Sección de lectura *La colmena* (Selección), CAMILO JOSÉ CELA

LECCIÓN 6 121

Sección gramatical

Presente de subjuntivo (formas y usos) / Imperativo indirecto / Imperativo (**Ud.** y **Uds.**) / El subjuntivo usado con verbos de emoción / Usos de las preposiciones **por** y **para**

Sección de lectura *Rosalba y los Llaveros* (Selección), EMILIO CARBALLIDO

REPASO: Lecciones 1–6 143

LECCIÓN 7 157

Sección gramatical

El subjuntivo usado para expresar incertidumbre o irrealidad / La irrealidad en relación a algo indefinido o negativo / Conjunciones que expresan incertidumbre o irrealidad / Imperativo (**tú** y **vosotros**)

Sección de lectura *El Jarama* (Selección), RAFAEL SÁNCHEZ FERLOSIO

LECCIÓN 8 179

Sección gramatical

Expresiones impersonales que requieren el subjuntivo, el indicativo o el infinitivo / Más sobre el subjuntivo / El equivalente español de *let's* / Usos de **hay que** y **haber de**

Sección de lectura "Mi raza," JOSÉ MARTÍ

LECCIÓN 9 197

Sección gramatical

Imperfecto de subjuntivo / Presente perfecto de subjuntivo / Pluscuamperfecto de subjuntivo / Otros usos del reflexivo / Pronombres indefinidos y negativos

Sección de lectura "Los amigos," JULIO CORTÁZAR

LECCIÓN 10 217

Sección gramatical

Concordancia de los tiempos con el subjuntivo / La voz pasiva / Otras formas de expresar la voz pasiva / Usos de las preposiciones

Sección de lectura "Máscaras mexicanas" (Selección), OCTAVIO PAZ

LECCIÓN 11 239

Sección gramatical

Frases verbales / Usos del infinitivo / Usos del participio pasado / Usos del gerundio

Sección de lectura Selección de artículos periodísticos

LECCIÓN 12 259

Sección gramatical

Usos de **hace... que, hacia... que; hace** como equivalente de *ago;* **llevar** y **soler** / Cambios de significado según el género / Singulares y plurales / Formación de palabras: Prefijos y sufijos

Sección de lectura "Ernesto Sábato" (Entrevista publicada en la revista *Vanidades*)

REPASO: Lecciones 7–12 283

LECTURAS SUPLEMENTARIAS 296

"Tres cartas... y un pie," Horacio Quiroga
El túnel (Selección), Ernesto Sábato
La casa de Bernarda Alba (Selección), Federico García Lorca
Cuatro poetas latinoamericanos
"La América del Pacífico," Germán Arciniegas

APÉNDICES 325

Apéndice literario
Apéndice de material útil
Apéndice de pronunciación
Apéndice de verbos

VOCABULARIO 361

Español-Inglés
Inglés-Español

ÍNDICE 377

¡CONTINUEMOS!

LECCIÓN PRELIMINAR

ALGUNAS REGLAS ORTOGRÁFICAS

- Separación de sílabas
- El acento ortográfico
- Uso de las mayúsculas
- Puntuación

REPASO GRAMATICAL

- Género
- Adjetivos posesivos
- Pronombres posesivos
- Adjetivos demostrativos
- Pronombres demostrativos
- Verbos regulares: Presente, pretérito e imperfecto de indicativo; el gerundio y el participio pasado
- Verbos irregulares en la primera persona del presente de indicativo
- Verbos irregulares en el presente de indicativo

ALGUNAS REGLAS ORTOGRÁFICAS

A. Separación de sílabas

1. Una sola consonante va unida a la vocal siguiente (**ch, ll** y **rr** son una sola consonante):

   ca-sa   te-lé-fo-no   ca-lle   le-che   ca-rro

2. Dos consonantes generalmente se dividen:

   tar-de   al-to   es-pa-ñol   her-mo-so

3. Cuando la segunda consonante es **l** o **r,** generalmente no se separan:

   ha-bla-mos   a-bri-go   lá-gri-ma   re-cli-nan

4. Los grupos **nl, rl, sl, nr** y **sr** se dividen:

   en-la-ta-do   Car-los   dis-lo-ca-do   En-ri-que

5. Cuando hay tres o más consonantes juntas, sólo la última va unida a la siguiente vocal:

   obs-tá-cu-lo   ins-ta-la-do   ins-pi-ra-ción

6. Cuando dos vocales fuertes (**a,e,o**) están juntas, se separan:

   le-o   ca-e-mos   lo-a   a-é-re-o

7. Las combinaciones de una vocal fuerte y una débil (**i,u**), o de dos débiles, forman diptongos y no se separan:

   bue-nos   Ma-rio   Luis   bai-la-mos   rei-na

8. Si el acento ortográfico cae sobre la vocal débil, en una combinación de vocal débil y fuerte, se destruye el diptongo:

   Ma-rí-a   rí-o   re-í-mos   ac-tú-an

9. Si el acento ortográfico cae en la vocal fuerte, no se destruye el diptongo:

   A-sun-ción   co-mió   si-tué   tam-bién

10. Las combinaciones **gue, gui** y **que, qui** no se separan:

    a-pa-gue-mos   si-guien-te   to-que-mos   te-qui-la

B. El acento ortográfico

1. Si una palabra termina en vocal, **n** o **s,** la acentuación natural es en la penúltima sílaba:

   lec-**tu**-ra   **sa**-len   in-**cen**-dio   pa-**re**-ces

2. Si la palabra termina en consonante (excepto **n** o **s**) la acentuación natural es en la última sílaba:

   pro-fe-**sor** es-pa-**ñol** pa-**red** re-**loj**

3. Las palabras que no se pronuncian de acuerdo a estas reglas, tienen un acento ortográfico en la sílaba acentuada:

   pá-ja-ro tam-**bién** fran-**cés** **án**-gel

4. Todas las palabras interrogativas y exclamativas llevan acento ortográfico en la sílaba acentuada:

   ¿**qué** desea? ¿**cómo** están? ¡**qué** hermoso!

5. Las palabras de una sola sílaba, exceptuando las palabras mencionadas en la sección 6, no llevan acento ortográfico:

   vais bien fui los rey pues le

6. El acento ortográfico se usa también para diferenciar dos palabras que se escriben de la misma manera, pero que tienen distintos significados:

mi	*my*	mí	*me*
si	*if*	sí	*yes*
se	*himself,* etc.	sé	*I know, be*
te	*you, yourself*	té	*tea*
tu	*your*	tú	*you*
el	*the*	él	*he*
de	*of, from*	dé	*give*
solo	*alone*	sólo	*only*

C. Uso de las mayúsculas

En español, solamente se escriben con mayúscula los nombres propios. Los nombres de nacionalidades, idiomas, días de la semana y meses del año, no se consideran nombres propios:

> **J**aime **B**allesteros es de **B**uenos **A**ires, pero sus padres no son **a**rgentinos. Son de **E**spaña. El **s**ábado, tres de **j**unio, **J**aime y sus padres—el **d**octor[1] **J**uan **B**allesteros y su esposa, la **s**eñora **C**onsuelo **B**allesteros—salen para **M**adrid.

D. Puntuación

1. Los signos de interrogación y admiración van al comienzo y al final de la pregunta o la exclamación:

[1]Los títulos **doctor, señor, señora** y **señorita** no se escriben con mayúscula, a menos que estén abreviados: **Dr.** Ballesteros, **Sr.** Vera, **Sra.** Ibarra, **Srta.** Mena.

—¿Sabes dónde vivimos? Tú has estado en nuestra casa, ¿no?
—¡Ya lo creo!

2. No se usa la coma entre las dos últimas palabras de una serie:

   Estudio francés, historia, geografía y matemáticas.

3. Para mostrar los cambios de personajes en un diálogo, se usa el guión y no las comillas:

   —¿Qué necesitas?
   —No necesito nada, gracias.

REPASO GRAMATICAL

A. Género

1. En español, todos los nombres son masculinos o femeninos. En la mayoría de los casos, las palabras terminadas en **-a** son femeninas, y las terminadas en **-o** son masculinas:

   la montañ**a** — **el** recib**o**
   la ventan**a** — **el** horari**o**
   la matrícul**a** — **el** libr**o**

   Tres excepciones importantes son:

   el día — **la** mano
   el mapa

2. Algunas palabras que terminan en **-ma**, procedentes del griego, conservan en español su género masculino:

   el poe**ma** — **el** idio**ma**
   el siste**ma** — **el** proble**ma**
   el progra**ma** — **el** te**ma**
   el cli**ma** — **el** telegra**ma**
   el teore**ma**

3. Los nombres que terminan en **-ción, -sión, -tad, -dad** y **-umbre** son femeninos:

   la conversa**ción** — la ciu**dad**
   la compren**sión** — la certid**umbre**
   la amis**tad**

4. El género de los nombres que no tienen las terminaciones señaladas, debe ser memorizado:

   el borde — **la** clase
   el nivel — **la** cárcel
   el fin — **la** orden
   el lápiz — **la** raíz

B. Adjetivos posesivos

FORMAS DE LOS ADJETIVOS POSESIVOS

	Singular	*Plural*
my	mi	mis
your (forma: **tú**)	tu	tus
your (forma: **Ud.**)	su	sus
our	nuestro, nuestra	nuestros, nuestras
your (forma: **vosotros**)	vuestro, vuestra	vuestros, vuestras
your (forma: **Uds.**)	su	sus
their	su	sus

Si el uso de las formas **su** o **sus** no señala con claridad al posesor, utilice las formas siguientes:

el los la las	NOMBRES(S) **de**	Ud. él ella Uds. ellos ellas

Por ejemplo: *his father* } **su** padre / **el** padre **de él**

C. Pronombres posesivos

FORMAS DE LOS PRONOMBRES POSESIVOS

	Singular		***Plural***	
	Masculino	Femenino	Masculino	Femenino
mine	el mío	la mía	los míos	las mías
yours (forma: **tú**)	el tuyo	la tuya	los tuyos	las tuyas
yours (forma: **Ud.**)	el suyo	la suya	los suyos	las suyas
his, hers (its)	el suyo	la suya	los suyos	las suyas
ours	el nuestro	la nuestra	los nuestros	las nuestras
yours (forma: **vosotros**)	el vuestro	la vuestra	los vuestros	las vuestras
yours (forma: **Uds.**)	el suyo	la suya	los suyos	las suyas
theirs	el suyo	la suya	los suyos	las suyas

Si el uso de las formas **suyo(a)** y **suyos(as)** no es claro, utilice:

El dinero es **de**	Ud. él ella Uds. ellos ellas

Por ejemplo: *The money is his.* } El dinero es **suyo.** / El dinero es **de él.**

D. Adjetivos demostrativos

FORMAS DE LOS ADJETIVOS DEMOSTRATIVOS

	Masculino		***Femenino***	
	Singular	Plural	Singular	Plural
this, these	este	estos	esta	estas
that, those	ese	esos	esa	esas
that, those (at a distance)	aquel	aquellos	aquella	aquellas

este hombre y **esta** mujer — **estos** hombres y **estas** mujeres
ese hombre y **esa** mujer — **esos** hombres y **esas** mujeres
aquel hombre y **aquella** mujer — **aquellos** hombres y **aquellas** mujeres

E. Pronombres demostrativos

FORMAS DE LOS PRONOMBRES DEMOSTRATIVOS

	Masculino		***Femenino***		***Neutro***
	Singular	Plural	Singular	Plural	
this (one), these	éste	éstos	ésta	éstas	esto
that (one), those	ése	ésos	ésa	ésas	eso
that (one), those (at a distance)	aquél	aquéllos	aquélla	aquéllas	aquello

¿Quiere **éstos, ésos** o **aquéllos?**

Las formas neutras, que se usan solamente en el singular y no llevan acento ortográfico, se refieren más bien a una idea que a un nombre;

Eso no me gusta.
¡**Esto** es horrible!

F. Verbos regulares. Presente, pretérito e imperfecto de indicativo; el gerundio y el participio pasado

PRIMERA CONJUGACIÓN, **-ar: llamar** *(to call)*

	Presente	***Pretérito***	***Imperfecto***	***Gerundio***	***Participio pasado***
yo[1]	llam**o**	llam**é**	llam**aba**	llam**ando**	llam**ado**
tú	llam**as**	llam**aste**	llam**abas**		
Ud., él, ella	llam**a**	llam**ó**	llam**aba**		
nosotros	llam**amos**	llam**amos**	llam**ábamos**		
vosotros	llam**áis**	llam**asteis**	llam**abais**		
Uds., ellos, ellas	llam**an**	llam**aron**	llam**aban**		

SEGUNDA CONJUGACIÓN, **-er: comer** *(to eat)*

	Presente	***Pretérito***	***Imperfecto***	***Gerundio***	***Participio pasado***
yo	com**o**	com**í**	com**ía**	com**iendo**	com**ido**
tú	com**es**	com**iste**	com**ías**		
Ud., él, ella	com**e**	com**ió**	com**ía**		
nosotros	com**emos**	com**imos**	com**íamos**		
vosotros	com**éis**	com**isteis**	com**íais**		
Uds., ellos, ellas	com**en**	com**ieron**	com**ían**		

[1]El pronombre personal no es necesario como sujeto; se emplea para aclarar o dar énfasis.

TERCERA CONJUGACIÓN, **-ir** **vivir** *(to live)*

	Presente	Pretérito	Imperfecto	Gerundio	Participio pasado
yo	viv**o**	viv**í**	viv**ía**		
tú	viv**es**	viv**iste**	viv**ías**		
Ud., él, ella	viv**e**	viv**ió**	viv**ía**	viv**iendo**	viv**ido**
nosotros	viv**imos**	viv**imos**	viv**íamos**		
vosotros	viv**ís**	viv**isteis**	viv**íais**		
Uds., ellos, ellas	viv**en**	viv**ieron**	viv**ían**		

G. Verbos irregulares en la primera persona del presente de indicativo

conocer *to know (be acquainted with)*	(yo) conozco
saber *to know (how to, a fact)*	(yo) sé
parecer *to seem*	(yo) parezco
poner *to put, place*	(yo) pongo
traer *to bring*	(yo) traigo
salir *to go out, leave*	(yo) salgo
hacer *to do, make*	(yo) hago
caer *to fall*	(yo) caigo
ver *to see*	(yo) veo
valer *to be worth*	(yo) valgo

H. Verbos irregulares en el presente de indicativo

estar *(to be)*	estoy, estás, está, estamos, estáis, están
ser *(to be)*	soy, eres, es, somos, sois, son
ir *(to go)*	voy, vas, va, vamos, vais, van
dar *(to give)*	doy, das, da, damos, dais, dan
tener *(to have)*	tengo, tienes, tiene, tenemos, tenéis, tienen
venir *(to come)*	vengo, vienes, viene, venimos, venís, vienen
oír *(to hear)*	oigo, oyes, oye, oímos, oís, oyen

EJERCICIOS

A. Separe en sílabas las siguientes palabras.

1. muchacha
2. ramita
3. caballo
4. zorrillo
5. torta
6. Alvarado
7. carne
8. hablará
9. peregrino
10. enlatada
11. Enrique
12. obstinado
13. poeta
14. caigamos
15. envía

B. Escriba el acento ortográfico si la palabra lo necesita.

1. can**tar**	6. conversa**cion**	11. **ar**bol
2. ferroca**rril**	7. a**pren**den	12. **ingles**
3. re**loj**	8. re**greso**	13. dais
4. ciu**dad**	9. ¡**don**de!	14. **pa**ra mi
5. tam**bien**	10. ¿**cuan**do?	15. tu **ca**sa

C. ¿Masculino o femenino?

1. capacidad	6. ilusión
2. idioma	7. diario
3. recomendación	8. mano
4. día	9. voluntad
5. pesadumbre	10. mesa

D. Complete las frases con el equivalente en español de los adjetivos posesivos.

1. Yo le presté *(my)* ____ abrigo.
2. *(Our)* ____ habitaciones no están listas.
3. *(Your)* ____ madre está aquí, querido.
4. Son *(their)* ____ libros.
5. Yo siempre traigo a *(my)* ____ hijos.
6. Este muchacho quiere *(our)* ____ número de teléfono.
7. Nunca veo a *(your)* ____ primos, señor Díaz.
8. Yo no conozco a *(his)* ____ amigos.

E. Yo no hablo inglés. ¿Qué quiere decir lo siguiente?

1. My books are here. Yours are on the table, Miss Vega.
2. I don't do his work, I do mine.
3. Your house is bigger than ours, dear.
4. I know her address, but not yours, John.
5. I hear his voice, but not hers.

F. Reescriba el modelo, sustituyendo los nombres dados, haciendo los cambios necesarios.

EJEMPLO: vestido
—¿Quieres este vestido o ése?
—No, prefiero aquél.

1. corbatas	4. lámpara
2. cortina	5. pañuelo
3. cuchillos	

G. Dé el presente, el pretérito y el imperfecto de indicativo de los siguientes verbos, de acuerdo al sujeto. Dé también el gerundio y el participio pasado.

amar (yo)	llegar (ella)
aprender (nosotros)	beber (vosotros)
recibir (tú)	vivir (ellos)

H. Conteste las siguientes preguntas en forma negativa.

1. ¿Sales con Carlos?
2. ¿Hace Ud. el trabajo?
3. ¿Sabe usted francés?
4. ¿Ves a la profesora?
5. ¿Conoces a Roberto Vera?
6. ¿Pareces una bruja?
7. ¿Pones los libros en el escritorio?
8. ¿Trae Ud. dinero?
9. ¿Vale Ud. poco?
10. ¿Caes?

I. Complete las siguientes oraciones, usando el presente de indicativo de los verbos entre paréntesis.

1. Ellas (venir) ____ mañana.
2. Yo no (ser) ____ norteamericano.
3. Nosotros (ir) ____ al teatro.
4. Vosotros (estar) ____ ocupados.
5. Ellos (oír) ____ la música.
6. José no (dar) ____ dinero.
7. Tú (ser) ____ muy hermosa.
8. Yo no (ir) ____ a la biblioteca.
9. Uds. (oír) ____ a la profesora.
10. Nosotros no (estar) ____ cansados.
11. Yo (tener) ____ hambre.
12. (dar) ¿____ él su nombre y dirección?
13. Nosotros no (ser) ____ de California.
14. Yo no (oír) ____ nada.
15. Yo siempre (venir) ____ sola.

Plantación de plátanos, Honduras

J. Yo no hablo inglés. ¿Qué quiere decir lo siguiente?

1. My mother drinks only tea, milk, and coffee.
2. He doesn't wait for the bus.
3. I know German, but I'm not from Germany.
4. They called a taxi.
5. We used to work in Buenos Aires.
6. You didn't eat the apple, Miss Nieto.
7. I am learning.
8. Did she receive the letter in May?
9. They used to live in Madrid.
10. They are not studying with Mary. They work on Mondays.

LECCIÓN 1

SECCIÓN GRAMATICAL

- Verbos de cambios radicales
- Complementos directo e indirecto
- Verbos reflexivos
- Usos del artículo definido

SECCIÓN DE LECTURA "El tiempo y el espacio," JULIO CAMBA

SECCIÓN GRAMATICAL

1. Verbos de cambios radicales

► HABLANDO CON EL MOZO ◄

MOZO —¿Qué prefieren Uds.? ¿Cerveza o vino?
PACO —Preferimos vino. ¿Cuál sugiere Ud.?
MOZO —Puedo servirles vino español o importado.
PACO —Queremos vino español. Yo siempre pido productos nacionales. ¡Soy muy patriota!
CARMEN —¿Patriota... o tacaño? ¡Los vinos importados cuestan más!

¿Recuerda Ud. los verbos de cambios radicales? ¡Aquí están!

VERBOS DE CAMBIOS RADICALES

e: ie	*o: ue*	*e: i*
preferir	poder	pedir
pref**ie**ro pref**ie**res pref**ie**re preferimos preferís pref**ie**ren	p**ue**do p**ue**des p**ue**de podemos podéis p**ue**den	p**i**do p**i**des p**i**de pedimos pedís p**i**den

Otros verbos de cambios radicales:

e: ie

advertir *(to warn),* asentir *(to say yes),* cerrar, comenzar, convertir(se), despertar(se), empezar, encender, entender, mentir, negar, pensar, perder, querer, sentar(se), sentir(se), sugerir

o: ue

acordarse, acostar(se), almorzar, contar, costar, dormir, encontrar(se), morder *(to bite),* morir(se), mover(se), probar *(to taste),* recordar, rodar *(to roll),* volver

e: i

conseguir, decir,[1] desvestir(se), despedir *(to fire),* seguir, servir, vestir(se), repetir

---

[1]Primera persona: **digo.**

EJERCICIOS

A. Complete las frases con el presente de indicativo de los siguientes verbos:

volver	**morder**
decir	**repetir**
comenzar	**conseguir**
costar	**cerrar**
perder	**probar**

1. Nosotros ____ la ventana.
2. Ese perro ____ a todo el mundo.
3. Ellas ____ las frases.
4. Roberto ____ el té.
5. ¿A qué hora ____ Ud.?
6. Yo no ____ nada.
7. Las clases ____ en septiembre.
8. El libro ____ diez dólares.
9. Él siempre ____ dinero.
10. Nuestro equipo nunca ____.

B. Pregúnteles a sus compañeros

1. a qué hora almuerzan.
2. cuándo comienzan a estudiar para los exámenes.
3. si entienden al profesor.
4. si recuerdan todos los verbos irregulares.
5. si visten a la moda.
6. cuándo pueden ir de vacaciones.
7. qué quieren beber.
8. si piensan ir al cine.
9. si mienten siempre.
10. si duermen bien.

2. Complementos directo e indirecto

► DOS AMIGAS ◄

EVA —¿Quién te compró ese vestido?
ANA —Me lo compró tía Isabel.
EVA —¿Sabes dónde lo compró?
ANA —No, pero puedo preguntárselo.
EVA —¿Vas a verla hoy?
ANA —Sí, la veo todos los días.

Vamos a repasar el uso de los pronombres:

Sujeto	*Complemento directo*	*Complemento indirecto*	*Reflexivo*
yo	me	me	me
tú	te	te	te
usted *(f.)*	la	le	se
usted *(m.)*	lo	le	se
él	lo[1]	le	se
ella	la	le	se
nosotros(as)	nos	nos	nos
vosotros(as)	os	os	os
ustedes *(f.)*	las	les	se
ustedes *(m.)*	los	les	se
ellos	los	les	se
ellas	las	les	se

Con respecto al uso de los pronombres personales en función de complemento directo, indirecto o reflexivo, debemos recordar lo siguiente:

A. Posición:

1. Los pronombres van delante de un verbo conjugado y de un imperativo negativo:

   La ve todos los días.
   No **lo** compre.

2. Los pronombres van detrás del imperativo afirmativo y del infinitivo o del gerundio cuando se usan solos, formando una sola palabra con el verbo:

   Cómpre**lo.**
   Díga**selo.**
   Recuérda**melo.**
   Para comprar**los,** necesito dinero.
   Hablándo**les** en español, nos entenderán.

3. Con un infinitivo o un gerundio los pronombres pueden ir delante del verbo conjugado o después del infinitivo o del gerundio formando una sola palabra:

   Puedo preguntár**selo.** **Se lo** puedo preguntar.
   Están estudiándo**las.** **Las** están estudiando.

B. Orden:
Si hay más de un pronombre con función de complemento en la oración, el pronombre usado como complemento indirecto va siempre delante del directo y el pronombre reflexivo es siempre el primero:

[1]En España las formas **le** y **les** se usan frecuentemente como objeto directo refiriéndose a personas del sexo masculino.

Me lo compró tía Isabel.
I D

Ella va a comprár**melo.**
I D

¿Ese vestido? ¡No **me lo** pongo nunca!
R D

C. Cuando los pronombres indirectos y directos de la tercera persona aparecen juntos en una oración, el indirecto cambia a **se:**

COMPLEMENTOS DIRECTO E INDIRECTO USADOS JUNTOS

Indirecto		*Directo*		
le les	+	lo la los las	=	**se** + { lo la los las

Compro **el libro para ella.**
(lo) (le)

Le compro el libro. / **Lo** compro para ella.
I D

~~Le~~ lo compro. → **Se lo** compro.
I D

Con los complementos indirectos **le** o **les,** es necesario a veces aclarar a qué persona se refiere el pronombre:

Se lo compro: ¿A quién?

Se lo compro { a Ud.
a él
a ella
a Uds.
a ellos
a ellas

EJERCICIOS

A. Conteste las siguientes preguntas, usando siempre el pronombre correspondiente.

EJEMPLOS: ¿Cierras la ventana?
Sí, la cierro.

¿Traes los libros para mí?
Sí, te los traigo.

1. ¿Prueban Uds. la sangría?
2. ¿Ves a Inés?
3. ¿Compraste las flores para ella?
4. ¿Siempre recuerdas el aniversario de tus padres?
5. ¿Te gusta la comida mejicana?
6. ¿Van a traer la cena para ti?
7. ¿Va a hacer Ud. la maleta?
8. ¿Quién les da a Uds. los exámenes?
9. ¿Me regalas ese perfume francés?
10. ¿Van a comprar Uds. el regalo para el profesor?

B. Yo no sé inglés. ¿Qué quiere decir lo siguiente?

1. The present? I'm going to give it to him today. *(2 formas)*
2. And the letter, are you writing it now?
3. Do you want the tickets? I always bring them.
4. Miss Vega? I don't know her.
5. She doesn't want to tell them her name. *(2 formas)*
6. The books? I sell them to *her*.

La Iglesia Los Dolores, Tegucigalpa, Honduras

3. Verbos reflexivos

► ¡QUÉ CABEZA LA MÍA! ◄

ANITA —¡Qué cansada estoy!
MARÍA —¡Claro! Siempre te acuestas tarde y te levantas temprano...
ANITA —¡Y a veces me despierto por la noche!
MARÍA —Bueno, ¡no debes preocuparte tanto por la casa, tu trabajo y los niños!
ANITA —Tienes razón. Bueno, voy a bañarme y vestirme en diez minutos. El banco cierra a las tres.
(después de diez minutos)
MARÍA —Voy contigo. ¡Ah! Tenemos que acordarnos de comprar los libros para los niños...
ANITA —¿No vas a ponerte el abrigo...?
MARÍA —¡Ay, caramba! ¡Qué cabeza la mía!

En español, la mayoría de los verbos pueden usarse como reflexivos cuando el sujeto realiza y recibe la acción del verbo:

Tú siempre **te** acuestas tarde.

Cuando el sujeto realiza pero no recibe la acción del verbo, no se usa la forma reflexiva:

Tú siempre acuestas a los niños.

afeitarse *(to shave)*

yo me afeito:	*I shave myself*
tú te afeitas:	*you shave yourself* (**tú** *form*)
Ud. se afeita:	*you shave youself* (**Ud.** *form*)
él se afeita:	*he shaves himself*
ella se afeita:	*she shaves herself*
nosotros nos afeitamos:	*we shave ourselves*
vosotros os afeitáis:	*you shave yourselves* (**vosotros** *form*)
Uds. se afeitan:	*you shave yourselves* (**Uds.** *form*)
ellos se afeitan:	*they (m.) shave themselves*
ellas se afeitan:	*they (f.) shave themselves*

EJERCICIOS

A. Conteste las siguientes preguntas basándose en el diálogo entre Anita y María.

1. ¿Por qué está siempre cansada Anita?
2. ¿Se despierta Anita por la noche?

3. ¿Qué le dice María a Anita?
4. ¿Cuánto tiempo tiene Anita para bañarse y vestirse?
5. ¿Qué pasa a las tres?
6. ¿De qué tienen que acordarse Anita y María?
7. ¿De qué se olvida María?
8. ¿Qué dice María?

B. Conteste las siguientes preguntas siguiendo el modelo.

EJEMPLO: —¿Por qué te levantas temprano?
—*¡Porque me gusta levantarme temprano!*

1. ¿Por qué te burlas de él?
2. ¿Por qué te quejas?
3. ¿Por qué te quedas en casa?
4. ¿Por qué te quitas[1] los zapatos?
5. ¿Por qué te pones las botas?

C. Describa en detalle lo que hace durante el día, desde que se levanta por la mañana hasta que se acuesta.

4. Usos del artículo definido

► HABLANDO DE LAS VACACIONES ◄

CARLOS —¿Dónde pasaron Uds. el verano?
NANCY —Lo pasamos en la Argentina.
CARLOS —¿Llevaron a la señora Martínez?
NANCY —Sí, la llevamos a ella y a la simpática Elenita.
CARLOS —¿Qué tal les fue con el español?
NANCY —Lo entendimos bastante bien.
CARLOS —Y la política. ¿Qué tal?
NANCY —Muchos problemas. Allí la democracia está en peligro [*danger*] ahora. Hay muchos presos políticos en las cárceles.
CARLOS —¿Les costó mucho el viaje?
NANCY —Sí. La comida no está muy barata. La carne, por ejemplo, está a cien pesos el kilo.
CARLOS —¿Y cuándo regresaron?
NANCY —Llegamos el lunes pasado a las ocho de la noche.

El artículo definido se emplea en español mucho más que en inglés. A diferencia del inglés, se usa en los siguientes casos:

1. Con los nombres abstractos y también con los nombres genéricos y de materia:

---

[1]**quitarse:** *to take off*

La democracia es una forma de gobierno.
El agua es buena, pero **el** vino es mejor.
El hombre es mortal.

El artículo definido no se usa cuando la idea de cantidad indeterminada de una materia *(some, any)* está implícita:

No quiero vino sino agua.

2. Con los nombres que se refieren a las partes del cuerpo y a la ropa, en lugar de los pronombres posesivos que se usan en inglés:

   Me duele **la** cabeza.
   Tiene **los** ojos azules.
   Él se pone **los** pantalones y **la** camisa.

3. Después de una preposición, con los nombres **cárcel, iglesia** y **escuela:**

   Hay muchos presos en **las** cárceles.

4. Con los adjetivos **pasado** y **próximo:**

   La semana pasada fuimos a México.

5. Delante de títulos como **señor, señora, doctor, profesor,** etc., cuando se habla de la persona y no directamente con ella:[1]

   Señora Pérez, **el** doctor Mendoza no está.

6. Delante de los nombres propios cuando están precedidos de un adjetivo:

   ¡Qué lástima!, **la** simpática Julia no viene hoy.

7. Delante de los nombres de idiomas, excepto después de las preposiciones **en** o **de,** o después del verbo **hablar:**

   Me gusta **el** inglés, pero sólo hablo español.
   No tenemos clase de alemán hoy.
   No saben escribir en francés.

   Si el nombre del idioma está separado del verbo **hablar** por otra palabra, debe usarse el artículo:

   Hablan bien **el** español.

8. Delante de los nombres de las estaciones del año, los días de la semana y las horas:

   Me gusta más **el** verano que **el** invierno.
   Las clases son **los** lunes a **las** tres y media.

   Con los días de la semana, se omite el artículo después del verbo **ser** en las expresiones **hoy es... , ayer fue...** , etc.:

   Hoy es sábado. Mañana será domingo.

---

[1]Se exceptúan los tratamientos de respeto como **don** y **doña.**

Cuando se hace referencia a un hecho repetido utilizando la expresión **de... a,** se omite el artículo delante de los días de la semana o de las horas:

Las clases son de lunes a viernes.
Siempre estudiamos de dos a cuatro.

9. Con los nombres que expresan clases o especies:

Los mamíferos [*mammals*] tienen sangre caliente.
La entomología, una rama de la zoología, estudia **los** insectos.

10. Delante de los nombres que indican cantidad o medidas:

Los huevos cuestan ochenta centavos **la** docena.
La carne se vende a cien pesos **el** kilo.

11. Con los nombres de los siguientes países, el artículo puede usarse o no:

(**el**) Canadá	(**la**) Gran Bretaña
(**el**) Japón	(**los**) Estados Unidos
(**la**) China	(**el**) Paraguay
(**el**) Brasil	(**el**) Ecuador
(**el**) Perú	(**el**) Uruguay
(**la**) Argentina	

Sin embargo, se dice siempre *El Salvador* y *La Habana* porque el artículo es parte del nombre.

12. Para evitar la repetición de un mismo nombre en la oración:

Las **clases** de química y **las** de física son los jueves.
Los **libros** de Juan y **los** de Rosa están aquí.
Mis **hijos** y los tuyos son amigos.

EJERCICIOS

A. Use el artículo definido donde sea necesario.

1. ____ inteligencia no es lo más importante.
2. ____ otoño es una estación del año.
3. No habla ____ alemán.
4. Tienes que lavarte ____ manos antes de comer.
5. ¿Cómo está Ud. ____ doña María?
6. Tenemos que ir hoy a ____ clase de historia y a ____ de ciencias.
7. Necesito dinero para comprar ____ pan.
8. Mañana es ____ domingo.
9. Vamos a viajar por ____ España y por ____ Japón.
10. ____ profesor siempre escribe en ____ inglés.
11. ____ avión llega a ____ nueve.
12. ____ señorita Díaz, ¿dónde están ____ libros?
13. En la clase de ____ español aprendemos mucho.
14. Juanito, tienes que ponerte ____ zapatos.
15. ____ bailes son ____ sábados y ____ domingos de ____ nueve a ____ doce.

B. Yo no sé inglés. ¿Qué quiere decir lo siguiente?

1. Good morning Miss Ruiz. Where is Mr. Pérez?
2. She speaks French. She says that English is too difficult.
3. My feet hurt. I'm going to take off my shoes.
4. We go there on Mondays at six-thirty.
5. Spanish wine is very good.

PALABRAS PROBLEMÁTICAS

A. **Dolerle (algo a alguien), lastimar(se), herir, hacer(se) daño:**

1. **Dolerle (algo a alguien)** significa **sentir dolor en:**

   Me duele la cabeza. (Siento dolor en la cabeza)
   ¿Le duelen las muelas? (¿Siente dolor en las muelas?)

2. **Lastimar** y **hacerle daño** (a alguien) son sinónimos:

   Debes tener cuidado cuando juegas con el bebé. Puedes **lastimarlo (hacerle daño).**

3. **Lastimarse** y **hacerse daño** son sinónimos:

   Raúl siempre **se lastima (se hace daño)** cuando arregla el coche.

4. **Herir** es el equivalente de *to wound* (o de *to hurt* cuando se habla de sentimientos):

   ¡Cuidado con el cuchillo, te puedes **herir!**
   Sus palabras siempre me **hieren.**

B. **Atender, asistir, ayudar, socorrer:**

1. **Atender** significa **cuidar** u **ocuparse de:**

   El empleado **atiende** a la señora.
   ¿Quién va a **atender** a los niños?

2. **Asistir** significa **ir** o **estar presente:**

   Nosotros **asistimos** a la universidad.
   Tú nunca **asistes** a nuestras fiestas.

3. **Ayudar** significa **prestar cooperación:**

   Los niños nunca me **ayudan** a limpiar la casa.
   No puedo subir la ventanilla. ¿Puede **ayudarme,** por favor?

4. **Socorrer**[1] significa **salvar a alguien** (de un peligro o remediar un mal):

   ¡Ay, Dios mío! La pobre niña se está ahogando y no puedo **socorrerla.**

---

[1]El equivalente de *help!* es **¡socorro!**

C. **Perder, extrañar (echar de menos), errar:**

1. **Perder** es el equivalente de *to lose* (o de *to miss* cuando se habla de medios de transporte):

   Este niño siempre **pierde** el dinero que le doy.
   Si no te apresuras vas a **perder** el avión.

2. **Extrañar (echar de menos)** significa **sentirse triste** (debido a que se está lejos de alguien o de un lugar):

   ¿Te vas mañana? ¡Cuánto voy a **extrañarte (echarte de menos)!**
   Nosotros **extrañamos (echamos de menos)** nuestro país.

3. **Errar** significa **fallar, cometer un error, equivocarse:**

   Si tiras la pelota desde aquí, vas a **errar.**
   ¡Claro que tengo razón! ¡Yo nunca **yerro!**[1]
   Errar es humano, perdonar es divino.

EJERCICIO

Complete las frases, usando las palabras estudiadas en esta sección, según corresponda.

1. No quiero prestarte el libro porque tú siempre ___ todo lo que te presto.
2. ¡Siempre ___ cuando no estoy contigo, mi amor! *(2 maneras)*
3. Si tú me ___ a traducir esta lección, podemos ir al cine.
4. Puedes estar seguro de que nuestro equipo va a marcar otro gol. ¡David no ___ jamás!
5. ¿No van a ___ ustedes a clase?
6. ¿Qué ___, querido? ¿La garganta?
7. El dependiente que nos ___ no habla muy bien el inglés.
8. Vas a ___ si continúas corriendo dentro de la casa. *(2 maneras)*
9. El policía va a ___ a los heridos.
10. Si sigues empujando al perrito lo vas a ___.
11. Tú no te das cuenta de que ___ a tu madre cuando hablas así.
12. No quiero usarte para demostrar mis habilidades en el arte del karate, porque te puedo ___. *(2 maneras)*

EJERCICIO FINAL

En este ejercicio encontrará usted todos los puntos gramaticales estudiados en esta lección. Pero... ¿qué dice aquí?

My husband and I always go to bed late and get up early. Our daughter Mary tells us that we don't sleep enough, but we don't worry about that.

I generally start to teach at nine o'clock in the morning, and I don't return

[1]El presente de indicativo del verbo **errar** es: yerro, yerras, yerra, erramos, erráis, yerran.

home until seven o'clock in the evening. My husband and I have lunch together on Thursdays.

On Sundays, we all go to church. Religion is very important in life! Mary goes to school Monday through Friday, and she studies with Dr. Vega's daughter from three to five every afternoon. I serve dinner at nine, and then we watch television or read. Next week we are going to Mexico City.

I always talk too much! I'm going to get dressed and then we can go shopping together. Mary wants a pair of shoes, and I'm going to buy them for her. Shall I put on my red blouse or my blue (one).

Oh! Do you have a headache, dear?

SECCIÓN DE LECTURA

Vocabulario activo

Aprenda usted las siguientes palabras y expresiones que van a aparecer en la lectura:

NOMBRES

el **asunto** business, affair
el **derecho** right, justice
el **espacio** space
la **rana** frog

VERBOS

acudir to come, to attend, to respond
aguardar to wait for
citar to make an appointment with
convencer to convince
despreciar to scorn, to despise, to reject
exclamar to exclaim
fijar to establish, to fix, to settle
invertir (e:ie) to invest
marchar(se) to leave, to go away
opinar to give an opinion
retrasar(se) to delay, to be late
sugerir (e:ie) to suggest

ADJETIVOS

curioso(a) funny, odd, curious
demasiado(a) too, too much
genial brilliant
vago(a) vague

OTRAS PALABRAS

debajo (de) under, beneath
encima (de) on top of, above, on

ALGUNAS EXPRESIONES

desde luego of course, naturally
en fin... well . . .
es decir that is to say
no hay derecho it's not fair
por ahí, por ahí more or less
por último finally
¡Qué diablo! what the heck!
¿qué le parece...? what do you think about . . .?
quedar en to agree on
sin falta without fail

JULIO CAMBA

Julio Camba nació en España en 1882 y murió en 1962. Escritor de estilo satírico y humorístico, publicó numerosos artículos, en los cuales da sus impresiones sobre la vida y la cultura de los distintos países que visitó.

El artículo que se ofrece a continuación pertenece al libro de ensayos *La rana viajera,* publicado en 1920. En este ensayo Camba critica la falta de puntualidad del español. Otros libros del autor son *Alemania* (1916), *Londres* (1916), *Aventuras de una peseta* (1923), *Lúculo o el arte de comer* (1929), *La ciudad automática* (1932), *Haciendo de República* (1934), *Mis páginas mejores* (1956) y *Millones al horno* (1958).

► EL TIEMPO Y EL ESPACIO ◄

(Adaptado)

a... *to discuss*

Tengo un asunto urgente a ventilar° con un amigo. Desde luego el amigo dice que no podemos ventilarlo hoy.

—¿Qué le parece a usted si nos vemos[1] mañana?

—Muy bien. ¿A qué hora?

—A cualquier hora. Después de almorzar, por ejemplo...

Yo le hago observar a mi amigo que eso no es una hora. Después de almorzar es algo demasiado vago, demasiado elástico.

—¿A qué hora almuerza usted? —le pregunto.

—¿Que a qué hora almuerzo? Pues a la hora en que almuerza todo el mundo: a la hora de almorzar...

—Pero ¿qué hora es la hora de almorzar para usted? ¿El mediodía? ¿La una de la tarde? ¿Las dos...?

—Por ahí, por ahí... —dice mi amigo—. Yo almuerzo de una a dos. A veces me siento a la mesa cerca de las tres... De todos modos a las cuatro siempre estoy libre.

agrees

—Perfectamente. Entonces podemos citarnos para las cuatro. Mi amigo asiente.°

—Claro que, si me retraso unos minutos —añade—, usted me puede esperar, ¿verdad? Quien dice a las cuatro, dice a las cuatro y cuarto o a las cuatro y media. En fin, de cuatro a cinco yo estoy sin falta en el café. ¿Le parece a usted?

to be exact

Yo quiero puntualizar:°

—¿A las cinco?

—Muy bien. A las cinco... Es decir, de cinco a cinco y media... Uno no es un tren ¡qué diablo! Vamos a suponer que me rompo una pierna...

—Pues podemos citarnos para las cinco y media —propongo yo. Entonces mi amigo tiene una idea genial.

—¿Por qué no nos citamos a la hora del aperitivo? —sugiere.

terms

dan... *the clock strikes eight / show up*

echando... *out of breath*

Hay una nueva discusión para fijar en términos° de reloj la hora del aperitivo. Por último, quedamos en reunirnos de siete a ocho. Al día siguiente dan las ocho,° y claro está, mi amigo no comparece.° Llega a las ocho y media echando el bofe,° y el camarero le dice que yo me he marchado.

—No hay derecho —exclama días después al encontrarnos en la calle—. Me hace usted fijar una hora, me hace usted correr, y no me aguarda usted ni diez minutos. Yo llego a las ocho y media en punto, y usted no está en el café.

Y lo más curioso es que la indignación de mi amigo es auténtica. La puntualidad le parece algo completamente absurdo.

Lo lógico, para él, es llegar media hora, tres cuartos de hora, o una hora después.

---

[1]El presente de indicativo puede usarse en español para expresar un futuro inmediato.

—Pero —le digo—una cita es una cosa que tiene que estar tan limitada en el tiempo como en el espacio. ¿Qué pasa si tenemos una cita en la Puerta del Sol, y yo acudo a la cita en los Cuatro Caminos? Pues eso digo yo de usted cuando tenemos una cita a las ocho, y usted no llega hasta las ocho y media. De despreciar el tiempo, podemos despreciar también el espacio. Y de respetar el espacio, ¿por qué no guardarle también al tiempo un poco de consideración?

accuracy

—Pero con esa precisión, con esa exactitud,° la vida es imposible —opina mi amigo.

—¿Cómo explicarle que esa exactitud y esa precisión sirven, al contrario, para simplificar la vida? ¿Cómo convencerle de que, acudiendo puntualmente a las citas, se ahorra mucho tiempo para invertirlo en otras cosas?

Imposible. El español no acude puntualmente a las citas, no por considerar que el tiempo es una cosa preciosa, sino al contrario, porque el tiempo no tiene importancia para nadie en España. No somos superiores, somos inferiores al tiempo. No estamos por encima, sino por debajo, de la puntualidad.

Conteste usted las siguientes preguntas, basándose en la selección presentada.

1. ¿Qué dice el autor sobre "la hora de almorzar"?
2. ¿A qué hora almuerza el amigo del autor?
3. ¿A qué hora está siempre libre?
4. ¿A qué hora dice el señor que va a estar en el café "sin falta"?
5. ¿Qué idea genial tiene el amigo del autor?
6. ¿A qué hora quedan en reunirse los dos camaradas?
7. ¿A qué hora llega el amigo?
8. ¿Qué piensa el señor sobre la puntualidad?
9. ¿Qué es lo lógico para él?
10. ¿Qué dice el autor sobre las citas?
11. ¿Qué piensa el amigo del autor sobre la precisión y la exactitud?
12. ¿Por qué es una buena idea acudir puntualmente a las citas?
13. Los norteamericanos dicen que "el tiempo es dinero". ¿Y los españoles?
14. Según el autor, ¿están por encima o por debajo de la puntualidad los españoles?
15. ¿Cómo se llama el autor del relato? ¿De dónde es?

REPASO DE VOCABULARIO

1. ¿Son éstas las actitudes de un buen amigo?
   a. Acude cuando lo necesitamos.
   b. Nos desprecia.

c. Nos aguarda pacientemente si nos retrasamos.
d. Se marcha cuando nos ve llegar.
e. Convence a todos de que somos geniales.

2. ¿Puede una rana hacer estas cosas?
   a. Opinar sobre política
   b. Sugerir una buena idea
   c. Invertir dinero
   d. Dormir debajo de una mesa
   e. Cantar encima de un escritorio

3. ¿Le interesan estos asuntos a un presidente?
   a. Los derechos del pueblo
   b. Los programas del espacio
   c. Los niños curiosos
   d. La opinión de la gente
   e. La política

4. ¿Son éstas las cosas que dice un niño si su mamá le da una paliza?
   a. ¡Desde luego que quiero otra más!
   b. ¡No hay derecho! ¡Soy inocente!
   c. ¡Mi mamá es demasiado estricta!
   d. ¡Qué diablo! ¡Todo fue culpa de mi hermana!
   e. ¿Qué te parece si nos citamos para otra paliza, mami?

La estación de Cuzco, Perú

DEBATE

La clase se divide en dos grupos. Cada estudiante escoge el punto de vista con el que está de acuerdo, y lo defiende.

1. Los españoles tienen razón. Los norteamericanos le dan demasiada importancia a la puntualidad y a la vida organizada y metódica.
   a. Un hombre no es una máquina.
   b. La puntualidad no es sinónimo de eficiencia.
   c. Los verdaderos amigos aceptan nuestra idiosincracia.
   d. Si somos esclavos del reloj no disfrutamos de la vida.

2. Los norteamericanos tienen razón. Una persona que es puntual, organizada y metódica tiene más tiempo libre para invertirlo en otras cosas.
   a. La puntualidad demuestra consideración hacia los demás.
   b. "El tiempo es oro."
   c. La puntualidad simplifica la vida.
   d. La persona que no es puntual demuestra falta de responsabilidad.

COMPOSICIÓN

A. Plan de trabajo
   1. Introducción
      Explique brevemente los problemas que tienen los jóvenes con el tiempo: asistir a la universidad / trabajar parte del día para pagar los estudios / la distancia que tienen que viajar / tiempo para estudiar y tiempo para las diversiones.
   2. Desarrollo
      a. Discuta las ventajas e inconvenientes de ser puntual en los Estados Unidos.
      b. Compárelo con el valor del tiempo para el español según el artículo de Camba.
   3. Conclusión
      Analice todos los aspectos del problema y exprese su opinión personal: Por qué soy (no soy) puntual.

B. Basándose en la estructura, organización y detalle de la composición anterior, prepare una de tema libre usando las siguientes palabras y expresiones.

(el) derecho	aguardar	vago	quedar en...
asunto	citar	demasiado	es decir...
espacio	convencer	curioso	por último
	marcharse	debajo (de)	¡qué diablo!
	retrasarse	encima (de)	sin falta

¡Vámonos de caza!

Busque usted en la lectura ejemplos de: *(a)* verbos de cambios radicales, *(b)* complementos directos e indirectos, *(c)* verbos reflexivos, *(d)* usos del artículo definido. Haga una lista de ellos.

SECCIÓN LITERARIA

A. Basándose en la selección literaria presentada en la lectura, conteste las siguientes preguntas. (Use los términos literarios que aparecen en el apéndice.)

1. ¿Cuál es el tema principal de la selección?
2. ¿Qué usa el autor para presentar a los personajes sin describirlos?
3. ¿Hay desarrollo de personaje en la selección?
4. ¿Cree Ud. que el amigo del autor es un personaje típico? ¿Por qué?
5. ¿Ve Ud. un poco de caricatura en la presentación de este personaje? ¿Por qué?
6. ¿Cree Ud. que el autor usa la exageración para dar énfasis al tema? Dé ejemplos.
7. ¿Desde qué punto de vista está contada la historia?
8. ¿Cuál es la crítica que hace el autor sobre la sociedad española?
9. ¿Cómo es el lenguaje de la historia? ¿Poético o cotidiano [*everyday*]?
10. ¿Hace el autor un resumen [*summary*] de sus ideas al final de la selección? ¿Qué dice?

B. Composición

Imitando el estilo humorístico de Julio Camba, escriba Ud. una composición criticando algún defecto de la sociedad americana o de algún otro país.

C. Prepare un breve informe sobre el autor y su obra, completando la información que aparece al comienzo.

PENSAMIENTOS DE HOMBRES ILUSTRES

Sobre el lenguaje

Juzgo importante la conservación de la lengua de nuestros padres en su posible pureza.

Andrés Bello (Venezuela: 1781–1865)

El lenguaje, para ser puro, ha de tener° la primera cualidad del cristal: la transparencia.

Enrique José Varona (Cuba: 1849–1893)

ha... *must have*

LECCIÓN 2

SECCIÓN GRAMATICAL

- Imperfecto: Verbos irregulares **ser, ir** y **ver**
- Usos del imperfecto
- Verbos irregulares en el pretérito
- Usos del pretérito
- Pretérito vs. imperfecto (Resumen)
- Cambios de significado con el pretérito y el imperfecto
- Posición de los adjetivos

SECCIÓN DE LECTURA "Último acto," PABLO DE LA TORRIENTE BRAU

SECCIÓN GRAMATICAL

1. Imperfecto: Verbos irregulares **ser, ir** y **ver**

► EL ESTUDIO ES BELLO ◄

JUAN —¿Es verdad que eras tan estudiosa de niña como ahora?
RAQUEL —Desde luego. Iba a la escuela todos los días, y estudiaba toda la tarde.
JUAN —¿Y no te aburrías un poco?
RAQUEL —¡Al contrario! Yo creía que el estudio era lo más bello del mundo, y todavía lo creo.
JUAN —¿Y no jugabas con tus amigas?
RAQUEL —No mucho... Las veía los domingos, ¡y gracias!

Como usted recordará, la mayoría de los verbos son regulares[1] en el imperfecto de indicativo. Sólo hay tres excepciones:

VERBOS IRREGULARES EN EL IMPERFECTO DE INDICATIVO

ser *to be*	**ir** *to go*	**ver** *to see*
era eras era éramos erais eran	iba ibas iba íbamos ibais iban	veía veías veía veíamos veíais veían

EJERCICIOS

A. Complete las siguientes oraciones, usando el imperfecto de indicativo de los verbos en paréntesis.

1. ¿La (ver) ____ tú frecuentemente?
2. Nosotras (ir) ____ temprano siempre.
3. Yo (ver) ____ a mis abuelos todos los domingos.
4. (ser) ¿____ simpáticos tus amigos?
5. Todas las tardes Ud. (retrasarse) ____.
6. Tú (ir) ____ al teatro en esos días.
7. Uds. siempre (ver) ____ la televisión los lunes.
8. Yo (ser) ____ muy joven entonces.
9. Él no (estudiar) ____ demasiado cuando (ser) ____ joven.
10. Papá nos (dar) ____ muchos regalos cuando (ser) ____ chicos.

[1]Vea Lección preliminar, páginas 9–10.

11. Todo el mundo (ir) ____ de prisa porque (ser) ____ tarde.
12. Nosotros no (ver) ____ a nuestro padre a menudo.

B. Conteste las siguientes preguntas con frases completas.

1. ¡Tenía mucha importancia para Ud. el estudio cuando era niño(a)?
2. ¿A dónde iba Ud. a pasar las vacaciones cuando era niño(a)?
3. ¿Veías a tus abuelos todos los días?
4. ¿Qué hora era cuando Ud. llegó a clase?
5. ¿Iban Uds. siempre a la iglesia los domingos?
6. ¿Hablaban Uds. español cuando eran chicos(as)?
7. Ayer te vi en el centro. ¿A dónde ibas?
8. ¿Eran muy estrictos tus padres contigo?

2. Usos del imperfecto

► MIGUEL LLEGA TARDE ◄

ANA —Cuando salía de casa, me encontré con Miguel.
ROSA —¿Qué te dijo?
ANA —Dijo que iba al dentista porque le dolía una muela, y que venía a la cita después.
ROSA —¿Qué hora era?
ANA —Eran las cuatro, pero ¿qué te parece? ¿Esperamos cinco minutos más?
ROSA —No. Nos citó a las cinco y ya son las cinco y media.

Recordemos los usos del imperfecto de indicativo:

1. Describe el escenario o ambiente en el que otra acción va a ocurrir:

   La noche lo **cubría** todo.
   Hacía frío y **llovía** mucho.

2. Describe una acción en progreso en un tiempo determinado en el pasado:

   Cuando **salía** de casa, me encontré con Miguel.
   Jorge **estaba** en la tienda cuando yo llamé.

3. Se usa para hablar de una acción que se repetía periódicamente o que ocurría frecuentemente. Cuando se utiliza de esta manera, lo acompaña casi siempre una expresión temporal o de hábito: **todas las noches, cada semana, a menudo, de vez en cuando, rara vez,** etc.

   Todos los días, sin falta, la mujer lo **aguardaba** en la esquina.
   José raras veces **practicaba** el español.

4. Describe un estado emocional, mental o físico en el pasado:

   Fue al dentista porque le **dolía** una muela.
   El niño **lloraba** porque **tenía** frío.

5. Se usa para expresar la hora en el pasado:

   ¿Qué hora **era?**
   Vino tarde. Es decir, **eran** las seis cuando llegó.

6. Se utiliza en el discurso indirecto, cuando el verbo de la cláusula principal está en el pasado.

   Juan: Voy al dentista. *(Discurso directo)*
   Juan dijo que **iba** al dentista. *(Discurso indirecto)*
   Los chicos: Despreciamos a Juan. *(Discurso directo)*
   Los chicos me dijeron que **despreciaban** a Juan. *(Discurso indirecto)*

7. Se usa para expresar cortesía cuando indica un hecho actual:

   ¿Qué **quería** Ud.? (*en vez de:* ¿Qué quiere Ud.?)

8. Puede emplearse refiriéndose a una acción futura cuando el verbo de la cláusula principal está en el pasado:

   Dijo que **venía** a la cita después.
   Vine porque me aseguraste que **llegabas** a las ocho.

EJERCICIOS

A. Escriba diez oraciones, ilustrando los diferentes usos del imperfecto. Utilice los siguientes verbos:

   ser, acudir, ir, opinar, ver, hacer, citar, doler, preferir, exclamar.

B. Escriba el siguiente diálogo en forma de relato. Comience así: "El jefe de personal le dijo a la mecanógrafa que..."

EL JEFE DE PERSONAL —Necesito estas cartas para esta tarde.
LA MECANÓGRAFA —No puedo terminarlas porque no tengo tiempo para escribir a máquina.
JEFE —¿Puede enviarle este memorándum a la doctora Nuñez?
MECANÓGRAFA —No necesita enviarle ningún memorándum porque la ve todos los días...
JEFE —¿Puede llamar entonces al ingeniero Villegas?
MECANÓGRAFA —En este momento estoy ocupada. ¡Además ya son las doce y tengo hambre!
JEFE —¿No quiere ir al cine esta tarde?
MECANÓGRAFA —Yo nunca voy al cine cuando tengo mucho trabajo.

C. Yo no sé inglés. ¿Qué quiere decir lo siguiente?

1. When I was a child, I used to go to church every Sunday.
2. It was a cold night and the stars were shining.
3. It was nine o'clock. Michael was still working.
4. What do you want, Madam? Your husband said you wanted to see me.
5. The little boy was sad because his frog was dead.

3. Verbos irregulares en el pretérito

► ROSA DISCUTE CON MIGUEL ◄

MIGUEL —No vine a la cita porque fui al dentista.
ROSA —¡Eso dices tú! Seguro que estuviste con otra chica...
MIGUEL —¿Por qué eres tan celosa? ¿No te dijo Ana lo que me pasó?
ROSA —Sí, pero quería saber si era verdad.
MIGUEL —Estuve dos horas con el dentista. ¿No te dijo Ana que le di una nota para ti?
ROSA —Pues ella no me la dio.

Vamos a estudiar los verbos irregulares en el pretérito,[1] agrupados según su irregularidad:

1. Los verbos **ser, ir** y **dar:**

ser *to be*	**ir** *to go*	**dar** *to give*
fui	fui	di
fuiste	fuiste	diste
fue	fue	dio
fuimos	fuimos	dimos
fuisteis	fuisteis	disteis
fueron	fueron	dieron

Aunque **ser** e **ir** tienen las mismas formas, el contexto de la frase evita la confusión:

Anoche Rosa **fue** al cine con Miguel. (ir)
Jorge Washington **fue** el primer presidente. (ser)

2. Los verbos que presentan irregularidades tanto en la raíz como en las terminaciones:

[1]Para repasar [*review*] las formas regulares del pretérito, vea la Lección preliminar, páginas 9–10.

tener estar andar poder poner saber hacer venir querer	tuv- estuv- anduv- pud- pus- sup- hic- vin- quis-	-e -iste -o -imos -isteis -ieron
decir traer conducir traducir producir	dij- traj- conduj- traduj- produj-	-e -iste -o -imos -isteis -eron

El verbo **hacer** cambia la **c** en **z** en la tercera persona del singular para conservar el sonido suave de la **c** en hac**e**r: él hi**z**o.

Todos los verbos del último grupo que aparecen en la tabla (**decir, traer,** etc.) omiten la **-i** en la tercera persona del plural.

3. Los verbos de la tercera conjugación **-ir,** de cambio radical en el presente de indicativo, sufren los siguientes cambios en el pretérito: la **e** cambia a **i** y la **o** cambia a **u** en la tercera persona del singular y del plural:

p**e**dir:	p**i**dió	p**i**dieron
d**o**rmir:	d**u**rmió	d**u**rmieron

Otros verbos que tienen los mismos cambios son: advertir, conseguir, convertir, corregir, desteñir(se) [*to fade*], mentir, morir, perseguir, reir, repetir, reñir, teñir, seguir, sentir, servir, sonreir, vestir(se).

EJERCICIOS

A. Conjugue los siguientes verbos en el pretérito, de acuerdo con los sujetos dados.

yo:	dar, tener, poder, querer, traer, pedir, mentir
tú:	venir, conducir, estar, ir, poner, vestirse, reir
él:	poder, hacer, decir, andar, ser, sentir, seguir
nosotros:	traducir, ir, detener, poner, dar, teñir, morir
ellos:	producir, querer, decir, andar, traer, morir, reñir

B. Complete las frases, usando el pretérito de los siguientes verbos, según corresponda: **andar, conducir, hacer, saber, dar, poder, ir, estar, querer, producir.**

1. Anoche yo ____ que ellos venían.
2. Nosotros no ____ al teatro ayer.
3. Los chicos ____ el carro de papá.

4. Tú no ____ bien el trabajo.
5. Anoche yo no ____ en casa.
6. ¿Quién te ____ esa rana?
7. Nosotros ____ por el parque.
8. Ellos no ____ citarlo para mañana.
9. Él no ____ hablar del asunto.
10. California ____ muchas naranjas el año pasado.

4. Usos del pretérito

► ROSA Y MIGUEL HACEN LAS PACES ◄

ROSA —En fin, como tuviste que ir ayer al dentista, te perdono.
MIGUEL —No sólo fui al dentista. Estuve también en el banco.
ROSA —¿Qué hiciste allí?
MIGUEL —Tuve que ir a abrir una cuenta corriente.
ROSA —Bueno, entonces quedamos en vernos esta tarde.
MIGUEL —Desde luego. Te veo a las siete.

Como ya saben Uds. el pretérito es un tiempo "narrativo" y por lo tanto expresa una acción completamente terminada en el pasado. Lo usamos en los siguientes casos:

1. Para narrar, registrar, apuntar e informar acerca de una acción como una unidad completa e independiente. La acción se considera terminada:

   Estuve también en el banco.
   Todo el mundo en este pueblo **luchó** en la guerra.
   Concha se **marchó** sin decir adiós.

2. Para resumir una condición física o un estado mental vistos como una unidad completa:

   Raquel **estuvo** anoche con mucho dolor de cabeza.
   Cuando ella se lo dijo, se **volvió** loco de contento.

EJERCICIOS

A. Escriba diez oraciones, ilustrando los diferentes usos del pretérito. Utilice los siguientes verbos: **servir, dormir, ser, decir, hacer, andar, poner, querer, pedir, traducir.**

B. Yo no sé inglés. ¿Qué quiere decir lo siguiente?

   1. I went to his house and gave him the money.
   2. They put the books on the table last night.
   3. Francisco was sad all day long yesterday.
   4. I was sick last summer.
   5. They came to see me and brought me flowers.

Una calle en Guyaquil, puerto principal del Ecuador

5. Pretérito vs. imperfecto (Resumen)

► EN LA ESTACIÓN DE POLICÍA ◄

POLICÍA —¿Qué deseaba, señor?

SR. ROBLES —Anoche me robaron el auto... Cuando salí a trabajar esta mañana ya no estaba.

POLICÍA —¿Dónde lo dejó anoche y qué hora era cuando lo dejó?

SR. ROBLES —Eran las once cuando lo dejé frente a mi casa. Como no llovía no lo puse en el garaje.

POLICÍA —¿Vio a alguien cuando salía del coche?

SR. ROBLES —No, no vi a nadie... pero la verdad es que me dolía mucho la cabeza y entré directamente... Estuve enfermo toda la noche...

POLICÍA —No es una buena idea dejar el coche en la calle...

SR. ROBLES —Cuando yo vivía en mi otra casa siempre lo dejaba en la calle y nunca me lo robaron...

POLICÍA —¿Ud. le dijo al sargento de guardia que venía a denunciar [*report*] un robo?

SR. ROBLES —No, señor.

POLICÍA —Bueno, entonces debe darme a mí toda la información acerca del coche.

La diferencia entre el pretérito y el imperfecto se puede visualizar así:

El pretérito expresa una acción completamente terminada en el pasado, en tanto que el imperfecto se refiere a una acción en progreso:

PRETÉRITO VS. IMPERFECTO

Pretérito	*Imperfecto*
1. Narra o informa sobre una acción completa e independiente que ocurrió en el pasado. Anoche me **robaron** el auto.	1. Describe el escenario o ambiente. No **llovía.**
2. Resume una condición física o mental como unidad completa, también en el pasado. **Estuve** enfermo toda la noche.	2. Describe una acción en progreso. ¿Vio a alguien cuando **salía** del coche?
	3. Se refiere a una acción que se repite en el pasado. Cuando **vivía** en mi otra casa siempre lo **dejaba** en la calle.
	4. Describe un estado emocional, mental o físico. **Me dolía** mucho la cabeza.
	5. Expresa la hora. **Eran** las once cuando lo dejé.
	6. Se usa en el discurso indirecto. ¿Ud. le dijo al sargento que **venía** a denunciar un robo?
	7. Expresa cortesía con referencia a un hecho presente. ¿Qué **deseaba,** señor?

EJERCICIO

Complete las frases, usando el pretérito o el imperfecto, según corresponda.

DOCTORA FERRARI —¿Cómo ____ (romperse) el brazo su hijo, señora?
SEÑORA VEGA —____ (estar) jugando a la pelota y ____ (caerse).

Anoche ____ (tener) mucho dolor en el brazo y en la pierna derecha, pero hoy no le duele tanto.

DOCTORA FERRARI —¿Por qué no lo ____ (traer) usted ayer?

SEÑORA VEGA —Porque ya ____ (ser) las seis y su consultorio ____ (estar) cerrado. Además, el niño no me ____ (decir) que le ____ (doler) el brazo hasta muy tarde...

DOCTORA FERRARI —Pues anoche yo ____ (estar) aquí hasta las ocho porque ____ (haber) muchos niños enfermos.

SEÑORA VEGA —Es que cuando ____ (trabajar) aquí el doctor Díaz, nunca ____ (contestar) el teléfono después de las cinco.

DOCTORA FERRARI —Pues a mí, en caso de emergencia, puede llamarme a cualquier hora.

6. Cambios de significado con el pretérito y el imperfecto

► EN UNA FIESTA ◄

INÉS —¿Por qué no vino René?

GUSTAVO —No quiso venir porque no se sentía bien.

INÉS —Yo tampoco quería venir, pero cuando supe que iba a tocar esta banda, me decidí.

GUSTAVO —Es fantástica, ¿verdad? Yo no sabía que estaba en la ciudad.

INÉS —Yo conocí hoy al director, ¡es guapísimo!

GUSTAVO —¿Carlos? Yo ya lo conocía.

INÉS —Estoy muy contenta porque pude conseguir su autógrafo para mi hermanita.

GUSTAVO —Yo podía habértelo conseguido.

INÉS —Sí, pero el autógrafo me dio una excusa para hablar con él...

Vamos a repasar los verbos que cambian de significado según se usen en el pretérito o en el imperfecto:

conocer: **conocí** (pretérito) *I met*
conocía (imperfecto) *I knew*

Yo **conocí** hoy al director.
Yo ya lo **conocía.**

costar: **costó** (pretérito) *It cost (It's assumed that I bought it.)*
costaba (imperfecto) *It was priced at*

Yo creo que el aperitivo nos **costó** mucho.
No compró la casa porque **costaba** demasiado.

poder: **pude** (pretérito) *I succeeded in*
podía (imperfecto) *I was able*

Pude conseguir su autógrafo.
Yo **podía** habértelo conseguido.

querer: **quise** (pretérito) *I tried*
quería (imperfecto) *I wanted*

Quise invertir más dinero, pero no pude.
Es curioso; ellos siempre **querían** venir con nosotros.

no querer: **no quise** (pretérito) *I refused*
no quería (imperfecto) *I didn't want to (but . . .)*

No quiso venir porque no se sentía bien.
Yo tampoco **quería** venir, pero aquí estoy.

tener: **tuve** (que) (pretérito) *I had to*
tenía (que) (imperfecto) *I felt obligated to*

Pedro **tuvo** que tomar un examen.
Luisa siempre **tenía** que decir que sí a todo.

saber: **supe** (pretérito) *I found out*
sabía (imperfecto) *I knew*

Cuando **supe** que iba a tocar esta banda me decidí.
Yo no **sabía** que estaba en esta ciudad.

EJERCICIOS

A. Complete las frases, usando el pretérito o el imperfecto de los verbos estudiados, según corresponda.

1. Elena no ____ venir a la fiesta, pero cuando ____ que Juan iba a estar, decidió asistir.
2. No compré el abrigo porque ____ demasiado.
3. Yo no ____ a la mamá de Marisol. La ____ anoche.
4. Al principio Teresa no ____ entender al profesor.
5. Los zapatos me ____ cincuenta dólares. Como no tenía más dinero, no ____ comprar el vestido.
6. Yo no ____ que ella siempre ____ que quedarse con su tía.
7. Ellos ____ que estudiar toda la noche para el examen de hoy.
8. Lo invité pero no ____ venir. Prefirió quedarse en casa.

B. Yo no sé inglés. ¿Qué quiere decir lo siguiente?

1. I refused to buy it because it was priced at ninety dollars.
2. I wanted to go, but I found out that he wasn't going.
3. He didn't know it, but I met his wife last month.
4. She tried to get out, but couldn't. She died in the fire.
5. I was tired, but I had to come to work.

7. Posición de los adjetivos

► UNA MUCHACHA GENIAL ◄

OLGA —Espero poder ir con Raúl al baile de fin de año.
ANA —¿Quién es Raúl? ¿Ese muchacho moreno y simpático que conocimos ayer en clase?
OLGA —No. Es su amigo; el muchacho alto, rubio, de ojos azules.
ANA —Pues puedes invitarlo tú. ¿No eres una mujer liberada?
OLGA —Pero no sé cómo hacerlo.
ANA —Puedes pedirle ayuda con los experimentos de química y así tienes una excusa...
OLGA —Es una idea estupenda, y tú una muchacha genial. ¡Ah, sus rubios cabellos!

En español, por lo general, los adjetivos tienen gran movilidad y pueden colocarse delante o detrás del nombre. Sin embargo, hay varios adjetivos que tienen una posición fija:

A. Adjetivos que van detrás del nombre:

1. Los adjetivos descriptivos y aquéllos que sirven para diferenciar el nombre de los otros de su clase:

   Compré los zapatos **blancos.**
   Es una muchacha **elegante.**

2. Los adjetivos que indican nacionalidad o religión:

   Quiero un vermut **italiano.**
   Luchó en la Revolución **mexicana.**
   Se casó con una muchacha **católica.**

3. Los adjetivos de color y de forma:

   Quiero la camisa **azul.**
   Compré una mesa **rectangular.**

4. Los adjetivos que se refieren a los estudios, clasificaciones y terminología científica:

   Recibo una revista **literaria.**
   Está haciendo un estudio **sicológico.**

5. Todos los participios usados como adjetivos:

   Su esposa era una mujer **liberada.**

6. Los adjetivos modificados por adverbios:

   Es un asunto muy **interesante.**
   Julia es la muchacha más **genial** del mundo.

Patio de estilo andalúz regalado por la ciudad de Sevilla a la ciudad de Buenos Aires. Los bancos y fuentes están hechos de azulejos multicolores.

B. Adjetivos que van delante del nombre:

1. Todos los adjetivos que indican una cualidad propia o aceptada del nombre que acompañan:

   La **blanca** nieve cubría las montañas.
   Visité la **antigua** ciudad del Cuzco.

2. Los adjetivos posesivos cortos, los demostrativos, indefinidos, negativos y los números ordinales y cardinales:[1]

   Yo sé cuáles son **mis** derechos.
   Ese asunto es muy serio.
   Vamos a viajar **algún** día.
   No quiero **ningún** libro.
   Enrique tiene **dos** casas.
   Ésta es la **primera** clase.

3. Los adjetivos **bueno, malo, joven** y **pequeño** que son de uso muy común, por lo general van delante del nombre, pero a veces pueden ser usados después del nombre:

---

[1]Excepto con títulos personales: Enrique **Octavo** y Alfonso **Trece.** Encabezamientos de capítulos: Lección **Primera,** Capítulo **Tercero.**

Es un **joven** maestro.
Es un maestro **joven.**

4. Los adjetivos que normalmente van detrás del nombre pueden ir delante para dar a la palabra un sentido más poético o dramático:

¡Ah, sus **rubios** cabellos!
Recuerdo las **largas** y **silenciosas** noches del invierno.

C. Adjetivos que cambian de significado según su posición:

nuevo:	un coche **nuevo**	*(new, unused)*
	un **nuevo** coche	*(new, different)*
grande:	un hombre **grande**	*(big)*
	un **gran** hombre	*(great)*
pobre:	el señor **pobre**	*(poor, not rich)*
	el **pobre** señor	*(poor, unfortunate)*
único:	una mujer **única**	*(unique)*
	la **única** mujer	*(the only)*
viejo:	un amigo **viejo**	*(old, elderly)*
	un **viejo** amigo	*(long-lasting)*
mismo:	la mujer **misma**	*(herself)*
	la **misma** mujer	*(the same)*
medio:	el hombre **medio**	*(average)*
	medio hombre	*(half a)*
	la clase **media**	*(middle)*
	media clase	*(half a)*

Si dos o más adjetivos se consideran del mismo valor, se colocan detrás del nombre. Los dos últimos van unidos por la conjunción **y:**

Es una casa **blanca, grande** y **bonita.**
Es un reloj **precioso** y **barato.**

EJERCICIO

Yo no sé inglés. ¿Qué quiere decir lo siguiente?

1. The poor (unfortunate) girl was sick.
2. She married an Italian man.
3. My mother doesn't want any frogs in this house.
4. I love her long, blonde hair! (**¡sea poético!**)
5. The tall, handsome man danced with me all night.
6. I didn't bring the red purse.
7. It was a very interesting movie.
8. Finally, his brother is working on a scientific experiment.

9. It was a very boring lesson.
10. Everybody visited the old city of Athens [**Atenas**].

PALABRAS PROBLEMÁTICAS

A. **Pequeño, poco, un poco de:**

1. **Pequeño** significa **chico,** y se refiere al tamaño [*size*] de algo o de alguien:

   Comíamos trozos muy **pequeños** de carne.
   Ella era **pequeña,** pero tenía mucha fuerza.

2. **Poco** significa **no mucho.** El plural **(pocos)** significa **no muchos:**

   Tenemos **poco** dinero.
   Había **pocos** estudiantes en esa clase.

3. **Un poco de** significa **una pequeña cantidad de:**

   Quería **un poco de** vino tinto.

B. **Emplear, alquilar:**

1. **Emplear** significa **darle trabajo** (a alguien):

   El jefe de personal **empleó** a dos secretarias más.

2. **Alquilar** significa **usar algo** (un coche, una casa, un apartamento, etc.), pagando por ello cierta cantidad de dinero:

   Ellos **alquilaron** un coche y fueron a Santiago.
   ¿Vas a **alquilar** un apartamento, o vas a comprar casa?

C. **Cita, hora, turno, compromiso, fecha:**

1. **Cita** significa **arreglo para encontrarse con alguien** (en cierto lugar y a cierta hora):

   Marta tiene una **cita** con Roberto esta noche.

2. **Hora (turno)** es el equivalente de *appointment:*

   Tengo **hora (turno)** en la peluquería.

3. **Compromiso** es el equivalente de *engagement,* y puede referirse a una situación social o de negocios:

   Elena tiene muchos **compromisos** sociales.

   El presidente no puede atenderlo esta tarde porque tiene otros **compromisos.**

4. **Fecha** significa **día y mes:**

   —¿Qué **fecha** es hoy? —Es el 3 de septiembre.

EJERCICIO

Complete las frases, usando las palabras estudiadas en esta sección, según corresponda.

1. ¿Quieres ___ agua? ¿No tienes sed?
2. La verdad es que Pablito es muy ___ para su edad.
3. Teníamos ___ paciencia con los niños.
4. Dicen que el director de la fábrica ___ a diez obreros más ayer.
5. Podemos ___ un coche y viajar a Acapulco.
6. ¿Cuándo tienes ___ con el médico? *(2 maneras)*
7. ¡Qué fantástico! Silvia tiene una ___ con José Luis.
8. ¿Qué ___ es hoy?
9. No puedo asistir a la reunión esta tarde. Tengo varios ___.
10. Soy nuevo en esta ciudad y tengo ___ amigos.

EJERCICIO FINAL

En este ejercicio encontrará usted todos los puntos gramaticales estudiados en esta lección. Pero... ¿qué dice aquí?

It was two o'clock in the morning. I was going home after a very interesting evening at the theater. I decided to walk through the park where Susan and I used to see each other when we were young. It was a beautiful night. The moon was shining and I could see beautiful flowers.

Suddenly I saw an old man walking toward me. I knew he was sick, because he wasn't able to walk very well. He told me he needed money because he was hungry. He said he was going to start to work the following day. I gave him all the money I had. He gave me a rose and asked me for my coat, saying he was cold. I couldn't say no! I gave him my coat, my hat and my gloves. He continued to walk (walking). I wanted (tried) to follow him, but I had to go home because it was late.

The next day I went shopping. I bought a pair of shoes, a rectangular table and a bottle of Spanish wine. I also bought the newspaper. The first thing I saw was a picture of the poor old man. He was a famous millionaire [**millonario**]!

SECCIÓN DE LECTURA

Vocabulario activo

Aprenda Ud. las siguientes palabras y expresiones que van a aparecer en la lectura:

NOMBRES

el **amante** lover
el **balazo** shot, bullet
el **bolsillo** pocket
el **cerebro** brain
el **cobarde** coward
el **disparo** shot, firing
la **esperanza** hope
la **fiera** wild animal
la **garganta** throat

el **gato** cat
la **grasa** grease
el **llanto** weeping, crying
la **patada** kick
la **pena** grief
la **rabia** rage
la **sangre** blood
la **sonrisa** smile

VERBOS

ahogar to choke, to strangle
coger to pick, to take hold of, to seize
comprender to understand
desdoblar to unfold
esconder(se) to hide
escuchar to listen
espiar to spy
pegar to beat, to knock, to hit
saltar to jump, to leap

ADJETIVOS

avergonzado(a) ashamed
cobarde cowardly
dirigido(a) addressed (to)
extraño(a) strange
manchado(a) stained
obscuro(a) dark
poderoso(a) powerful
quieto(a) calm, still
subrayado(a) underlined

ALGUNAS EXPRESIONES

con cuidado carefully
de todas maneras anyway
en el acto instantly
quedarse mudo to remain silent, to become mute
sin sentido unconscious

PABLO DE LA TORRIENTE BRAU

Pablo de la Torriente Brau nació en Puerto Rico en 1901 y murió en España a la edad de 35 años.

Aunque su obra° narrativa no tuvo un éxito total, se ve en ella los comienzos de un cuentista verdaderamente brillante. Sus escritos son ágiles, líricos a veces, y generalmente revelan un sano sentido humorístico.

work

Publicó once de sus narraciones en el libro *Batey* (1930). En 1949 se publicó una colección de artículos y narraciones titulada *Pluma en ristre*.[1] Escribió también una novela: *Historia del soldado desconocido cubano* (1940).

► ÚLTIMO ACTO ◄

(Adaptado)

En el patio, allí donde se alzaba la palma, el hombre esperaba. La noche profunda y silenciosa lo envolvía todo. Su traje de overall, azul obscuro, lo convertía en sombra. Sus brazos poderosos, velludos,° manchados por la grasa, apenas se distinguían.° Estaba inmóvil. Esperaba.

hairy
apenas... *could hardly be seen*

Aquél era su patio y aquélla era su casa, pero en la medianoche llena de frío él esperaba. Dentro del bolsillo, su mano ruda de hombre de las máquinas estrujaba° el papel, hallado° casualmente sobre una mesa de la oficina, hacía apenas una hora, cuando fué a hacer una consulta° al Ingeniero Jefe. Había visto una carta dirigida a su mujer, abandonada sobre la mesa, la había cogido y ahora estaba detrás de la palma, a la hora de la cita trágica. El papel decía: "Esta noche está de guardia° en la casa de máquinas tu marido y a las doce iré de todas maneras"... "De todas maneras" estaba subrayado. Era el Administrador quien lo afirmaba. Él sólo había tenido tiempo para correr a su casa y esconderse en el fondo del patio. Todavía su cerebro estaba lleno de sorpresa, de cólera y de humillación. Detrás de la palma él sólo era un hombre, es decir, una fiera.

squeezed / *found*
hacer... *to consult*
está... *is on duty*

Y poco antes de las doce apareció el otro. Con cuidados infinitos, saltó la cerca. Estuvo un rato escuchando los rumores de la noche, el

[1]*Lance rest.*

noise	estruendo° de su corazón precipitado... (Desde detrás de la palma los ojos que lo espiaban llegaron a esta conclusión despreciativa: "Si es un cobarde!...") Fue avanzando con cuidado y llegó hasta la misma palma... Es extraño, pero no percibió al enemigo, y sin embargo, sólo la palma los separaba.
fright	Fue todo muy rápido, eléctrico. La mano del hombre de las máquinas apretó su garganta y ahogó el espanto° terrible, dejándole en el acto sin sentido. El hombre de las máquinas, rudo y violento, no tuvo la paciencia que se había propuesto y ahora estaba a su lado, contemplando su mano llena de sangre y con el cerebro vacío de impresiones. Así estuvo un rato quieto, inmóvil, cuando pensó: "Si no pude hablar con él, voy a hablar
going toward	con ella". Y le pegó una patada brutal a su enemigo, dirigiéndose° a la casa... Iba con la silenciosa e[1] invisible velocidad de un gato negro.
disturbing	Cerca de la puerta del fondo, se detuvo. Un raro miedo lo paralizaba. Por un momento sintió la extraña emoción perturbadora° de que él era en realidad el amante, que era a él a quien ella esperaba. Y el corazón
se... *shook*	se le agitó° con perversa esperanza.
se... *began to listen* *pressure* le... *made him throw the door open*	Pero llegó a la puerta. Se puso a escuchar° y no se oía nada. Hizo una suave presión° sobre la puerta, pensando: "¡Lo esperaba!..." y la rabia le hizo abrir la puerta de un golpe...°
a... *a short distance* *scoundrel*	Pero, antes de llegar a dos pasos,° sintió el balazo y la voz de ella que decía: "Canalla,° te lo dije"...
	A su "¡Ah!" de dolor y de sorpresa, siguió el silencio. Luego, cuando encendió la luz, él vio su cara llena de una pena infinita. Arrodillada estaba a su lado y decía: "¿Por qué, por qué?..." sin comprender nada todavía... Pero su rostro comenzaba a ser alegre, alegre, como la cara de un niño que mejora.
anguish *suspicion*	Más que el disparo, la angustia° de la voz le disipaba todas las sospechas.° Avergonzado y feliz le dio el papel y se quedó mudo. Y ella lo vio y le gritó: "¿Pero lo leíste todo? ¿Viste lo mío, lo que le contesté?". Y, desdoblando el papel le dijo: "Mira, mira"...

El papel decía con su letra: "Canalla, si se atreve a venir lo mato".

Y la cara del hombre se iba poniendo cada vez más pálida, pero cada vez era más alegre su sonrisa bajo el llanto inconsolable de la mujer arrodillada...

Conteste Ud. las siguientes preguntas, basándose en la selección literaria.

1. ¿Dónde esperaba el hombre?
2. ¿Qué tenía dentro del bolsillo?
3. ¿Qué fue a hacer a la oficina del Ingeniero Jefe?
4. ¿Qué es lo que vio encima de la mesa?
5. ¿Qué decía el papel?
6. ¿Qué le hizo el hombre al Ingeniero Jefe?
7. ¿Cómo caminaba hacia la casa?
8. ¿Qué es lo que siente cuando está en la puerta?
9. ¿De qué manera entra en la casa?

[1]**e:** *and* delante de una palabra que comienza con **i-** o **hi-**.

10. ¿Qué es lo que hace la mujer?
11. ¿Sabía la mujer que era su esposo el que entró en la casa?
12. ¿Qué le dice la mujer al arrodillarse a su lado?
13. ¿Qué le contestó la mujer al Ingeniero Jefe en la nota?

REPASO DE VOCABULARIO

Busque en la columna *B* las definiciones de las palabras que aparecen en la columna *A*.

A	B
1. cerebro	a. opuesto de "valiente"
2. coger	b. expresión facial que expresa alegría
3. gato	c. animal salvaje
4. espiar	d. no claro
5. cobarde	e. tranquilo
6. sonrisa	f. señalado con una línea
7. subrayado	g. observar en secreto
8. quieto	h. tomar
9. obscuro	i. la materia gris
10. fiera	j. animal doméstico

DEBATE

La clase se divide en dos grupos. Cada estudiante escoge el punto de vista con el que está de acuerdo, y lo defiende.

A. 1. El hombre hizo bien en matar al Administrador. Una persona tiene derecho a defender su propiedad y su persona.
   2. El hombre hizo mal en matar al Administrador. Una vida humana es más importante que las demás cosas.

B. 1. La culpa de lo que pasó la tiene la mujer por no contarle al esposo lo que estaba pasando.
   2. La culpa de lo que pasó la tiene el marido por no tener confianza en su mujer.

COMPOSICIÓN

A. Escriba una composición sobre el siguiente tema: La pena capital
   Plan de trabajo
   1. Introducción
      Hágase Ud. las siguientes preguntas:
      a. ¿Puede justificarse el matar a alguien?

b. ¿Tiene el estado el derecho de quitarle la vida a una persona?
c. ¿No dice la Biblia que debemos perdonar?
d. ¿Es verdad que la justicia es igual para todos?
e. ¿Es la pena capital una manera de evitar [*prevent*] el crimen?

2. Desarrollo
   a. Trate de contestar las preguntas dadas, ofreciendo diferentes puntos de vista.
   b. Si no existe la pena capital, ¿qué otras alternativas hay?

3. Conclusión
   Analice todos los aspectos del problema y exprese su opinión personal...
   Por qué creo (no creo) en la pena capital

B. Basándose en la estructura, organización y detalle de la composición anterior, prepare una de tema libre usando las siguientes palabras y expresiones.

amante	comprender	cobarde	con cuidado
balazo	esconderse	extraño	de todas maneras
bolsillo	escuchar	manchado	en el acto
disparo	pegar	poderoso(a)	sin sentido
esperanza	saltar		quedarse mudo
garganta			

¡Vámonos de caza!

Busque Ud. en la lectura ejemplos de: *(a)* imperfectos de los verbos **ser, ir** y **ver;** *(b)* usos del imperfecto; *(c)* verbos que presentan irregularidades en el pretérito; *(d)* usos del pretérito; *(e)* cambios de significado con el pretérito y el imperfecto; y *(f)* usos de la posición del adjetivo. Haga una lista de ellos.

SECCIÓN LITERARIA

A. Basándose en la selección literaria presentada en la parte gramatical, conteste las siguientes preguntas. (Use los términos literarios que aparecen en el apéndice.)

1. Estudiando con cuidado el uso de los adjetivos diga cómo contribuyen éstos al ambiente del relato.
2. ¿Cómo logra el autor el suspenso en el cuento?
3. ¿Puede Ud. indicar dónde se encuentra el punto culminate del cuento? ¿Por qué?
4. ¿Cómo clasifica usted a los personajes del relato?
5. ¿Usa el autor imágenes y metáforas para narrar su historia? ¿Cuáles son?
6. ¿Puede Ud. explicar en qué consiste la ironía del cuento?
7. ¿Qué clase de desenlace tiene el relato?
8. ¿Qué estilo usa el autor? ¿Por qué?

9. ¿Desde qué punto de vista está contada la historia? ¿Cuáles son sus ventajas?
10. ¿Cree Ud. que la obra tiene un mensaje? ¿Cuál es?

B. Composición

Tratando de imitar el estilo del autor, termine Ud. la siguiente narración, dándole un final inesperado:

Cerca del mar violento, el rojo de la sangre teñía la arena. La muchacha gritó...

PENSAMIENTOS DE HOMBRES ILUSTRES

Sobre la nobleza

La nobleza se define por la exigencia, por las obligaciones, no por los derechos.

José Ortega y Gasset (España: 1883 – 1955)

Para mí, nobleza es sinónimo de vida esforzada, puesta siempre a superarse a sí misma°...

José Ortega y Gasset

itself

LECCIÓN 3

SECCIÓN GRAMATICAL

- Usos de los verbos **ser** y **estar**
- Verbos que tienen participios pasados irregulares
- Presente perfecto
- Pluscuamperfecto
- El participio pasado usado como adjetivo

SECCIÓN DE LECTURA *La mordaza* (Selección) ALFONSO SASTRE

SECCIÓN GRAMATICAL

1. Usos de los verbos **ser** y **estar**

► TERESA VISITA AL ENFERMO ◄

TERESA —Hola, Rosa. ¿Cómo está Carlos? ¿Mejor?

ROSA —Un poco. No está bien todavía, pero como él es tan terco [*stubborn*], quiso levantarse... Ahora está escribiendo a máquina.

TERESA —¿Está levantado? ¿No está en su cuarto?

ROSA —No, y lo malo es que quiere volver a la universidad.

TERESA —Bueno, ya sabes que él sólo es feliz cuando está trabajando...

ROSA —¿Qué traes ahí? ¿Es algo para Carlos?

TERESA —Sí, es sopa de pollo. Como es la hora de almorzar...

ROSA —¿Ya son las doce? ¡Qué tarde es! Bueno, hasta luego. Este Carlos es mimado de toda la familia...

TERESA —Como el pobre ángel está malo...

ROSA —*(Riendo)* ¿Ángel? ¡Pero si es un diablo!

El verbo **ser** se usa en los siguientes casos:

1. Con un adjetivo, para expresar una cualidad esencial o característica de un sujeto, que es relativamente permanente. Por ejemplo, cualidades personales como: **alto, bajo, guapo** (incluyendo **feliz, viejo, rico, pobre**). También con adjetivos que denotan color, forma, medida, nacionalidad, religión, etc.:

   Como él **es** tan **terco** quiso levantarse.
   El pañuelo que trajo **era rojo.**
   Tú no **eres rico.**
   El bolsillo no **es rectangular.**
   El señor Quintana **es español.**
   Carlos y su mujer **son** muy **felices.**
   La madre de Teresa **es vieja.**

2. Para identificar el sujeto y, a veces, con infinitivos, adverbios o cláusulas usadas como nombres:

   Es sopa de pollo.
   Morir por la patria **es** vivir.
   Lo malo **es** que quiere volver a la universidad.
   ¡Qué tarde **es!**

3. Con la preposición **de,** para denotar origen, material, posesión y relación:

   Ese cobarde no **es de** mi pueblo.
   Los relojes **son de** oro.
   De todas maneras los gatos no **eran** míos; **eran de** Luis.
   No **es** mi amante. **Es** un amigo **de** la familia.

4. Con la preposición **para,** cuando se indica para quién, o para qué, algo o alguien está destinado:

   ¿**Es** algo **para** Carlos?
   Las lámparas **son para** la sala.
   Esas copas **son para** vino.

5. En expresiones impersonales:

   Es mejor cooperar con la policía.
   Fue necesario transportarlo con mucho cuidado.

6. Con la hora:

   Es la hora de almorzar.
   ¿Ya **son** las doce?

7. En la voz pasiva:

   Este Carlos **es** mimado de toda la familia.
   Esos poemas **fueron** escritos por Poe.

El verbo **estar** se usa en los siguientes casos:

1. Para indicar lugar:[1]

   ¿No **está** en su cuarto?
   Yo **estaba** cerca de la puerta, espiándolos.

2. Para indicar condición o estado:

   ¿Cómo **está** Carlos? ¿Mejor?
   Como el pobre ángel **está** malo...
   La niña **estaba** pálida.

3. Con el participio pasado, para describir una condición o estado que resultó de una acción previa. En estos casos, el participio pasado tiene el mismo número y género que el sujeto:

   Todas las puertas **estaban** cerradas.
   Aquel rey tan poderoso **estaba** muerto...

4. Con las formas **—ando** e **—iendo** *(gerundio),* para formar los tiempos progresivos:

   Ahora **está** escribiendo a máquina.
   Él sólo es feliz cuando **está** trabajando.
   Nosotros no **estábamos** jugando.

---

[1]Cuando *to be* es el equivalente de *to take place,* en español se usa el verbo **ser:** La conferencia **es** en la universidad.

Ciertos adjetivos cambian de significado según se usen con el verbo **ser** o con el verbo **estar.** He aquí algunos ejemplos:

Roberto **está malo.**	*Robert is sick.*
Roberto **es malo.**	*Robert is bad.*
Ana **está lista.**	*Ann is ready.*
Ana **es lista.**	*Ann is smart.*

En general, el verbo **ser** + adjetivo o ciertos participios expresa una cualidad o característica del sujeto, mientras que **estar** + adjetivo o ciertos participios expresa una condición o estado:

Carlos **está pálido.**	*Carlos looks pale.*
Carlos **es pálido.**	*Carlos is pale.*
Teresa **es** muy **terca.**	*She is a very stubborn person.*
Teresa **está** muy **terca** en estos días.	*She is acting stubborn now (or does frequently).*

EJERCICIOS

A. Forme oraciones con los siguientes pares de palabras, usando **ser** o **estar,** según corresponda.

EJEMPLO: hombre / cobarde
El hombre aquel era muy cobarde.

1. profesores / chilenos
2. mujeres / felices
3. estudiantes / listos
4. bibliotecaria / universidad
5. ingenieros / trabajando
6. abuelos / de Lima
7. ventanas / abiertas
8. la una / de la mañana
9. muchachos / despreciativos
10. amante / malo [*evil*]
11. *Don Quijote* / Cervantes
12. primo / abogado
13. amigo / hermano
14. dónde / tío
15. café / frío
16. vivir / sufrir
17. los niños / sentados
18. lo importante / aprender
19. hombre / rico
20. cuadernos / del contador

B. Yo no sé inglés. ¿Qué quiere decir lo siguiente?

1. There is no hope. She is very sick.
2. Where is the girl? She must come instantly.
3. The man was unconscious. He was on the floor.
4. It is strange. The children are very quiet.
5. It's three-thirty. What are you doing? Are you hiding?

2. Verbos que tienen participios pasados irregulares

abrir: abierto	morir: muerto
cubrir: cubierto	poner: puesto
decir: dicho	ver: visto
escribir: escrito	volver: vuelto
hacer: hecho	romper: roto

EJERCICIO

Yo no sé inglés. ¿Qué quiere decir lo siguiente? (¡Son participios pasados!)

1. broken
2. covered
3. died
4. seen
5. opened
6. said
7. done
8. written
9. put
10. returned

3. Presente perfecto

► LA INVITACIÓN ◄

RICARDO —¿Ya has hecho la tarea [*homework*]?
JOSÉ —No la he terminado todavía. ¿Por qué?
RICARDO —Los Vivar nos han invitado al teatro.
JOSÉ —Lo siento. No puedo ir con ustedes. Mi tía me ha dicho que me necesita hoy...
RICARDO —¡Qué lástima! Como Marisol les ha escrito diciendo que quiere verte...
JOSÉ —*(rápido)* ¿Marisol? Bueno, en ese caso... Marisol y yo siempre hemos sido muy buenos amigos...
RICARDO —*(sarcástico)* ¡Prácticamente hermanos...! Claro que ella va con el novio...
JOSÉ —*(que ha vuelto a su tarea)* ¡Ya te he dicho que hoy me necesita mi tía!

El presente perfecto se forma con el presente del verbo auxiliar **haber,** y el participio pasado del verbo correspondiente:

PRESENTE PERFECTO

	Pronombre	***Haber (pres. ind.)***	***Participio pasado***
I have spoken	yo	he	hablado
you have eaten **(tú)**	tú	has	comido
you have received **(Ud.)**	Ud.	ha	recibido
he has returned	él		vuelto
she has said	ella		dicho
we have opened	nosotros	hemos	abierto
you have broken **(vos.)**	vosotros	habéis	roto
you have done **(Uds.)**	Uds.	han	hecho
they have seen (m.)	ellos		visto
they have written (f.)	ellas		escrito

EJERCICIOS

A. Lea lo siguiente, dando el presente perfecto de los verbos entre paréntesis.

Yo nunca ___ (ser) bonita, pero los muchachos siempre me ___ (considerar) simpática. Mi hermana ___ (tratar) de enseñarme a bailar, pero nunca ___ (poder) aprender. ¡Qué lástima! Por eso, siempre que yo ___ (ir) a una fiesta, ___ (tener) que encargarme de los refrescos.

Roberto quiere llevarme al baile de fin de año. ¡Eso es porque nunca me ___ (ver) bailar! Mis padres y yo siempre ___ (ser) muy buenos amigos. Mi madre me ___ (prometer): "Si para el domingo (tú) aún no ___ (aprender) a bailar, vamos a traer al mejor profesor de baile del pueblo."

Amigos míos: yo ___ (ver) a ese señor. Es feo, odioso y antipático, y les ___ (dar) patadas a muchas víctimas que ___ (tratar) de aprender a bailar con él. Por lo tanto, (yo) ___ (decidir) continuar sirviendo refrescos.

Esta escultura moderna en un parque de Belgrano, suburbio de Buenos Aires, y el grupo de edificios de apartamentos que la rodean muestran el progreso y la elegancia de Buenos Aires, una de las metrópolis más importantes de Hispanoamérica.

B. Yo no sé inglés. ¿Qué quiere decir lo siguiente?

1. Have you broken your mother's glass?
2. Have they opened the windows and closed the doors?
3. I have seen him with your wife. He was unconscious.
4. I don't understand. He has jumped from the fifth floor?
5. We have heard the shot.

4. Pluscuamperfecto

► UN BUEN AMIGO ◄

NORA —¿No vino Rafael contigo?

FERNANDO —No... cuando salí del apartamento, todavía no se había bañado...

NORA —Pero entonces, ¿a qué hora piensa venir?

FERNANDO —No sé... tampoco había terminado su trabajo...

NORA —¡No va a llegar a tiempo para el baile!

FERNANDO —Posiblemente... y eso que yo le había dicho lo del baile hacía meses...

NORA —*(enojada)* ¡Entonces es que no quiere venir!

FERNANDO —Quizás... Es que Estela le había escrito diciéndole que hoy venía a Buenos Aires...

NORA —*(furiosa)* ¡Ahora entiendo! ¡El muy hipócrita! ¡Lo odio!

FERNANDO —*(cariñoso)* Y tú que siempre habías sido tan buena con él. Pero aquí estoy yo... Vamos a divertirnos juntos...

El pluscuamperfecto se forma usando el imperfecto del verbo auxiliar **haber,** y el participio pasado del verbo a conjugarse:

PLUSCUAMPERFECTO

	Pronombre	***Haber (imperfecto)***	***Participio pasado***
I had spoken	yo	había	hablado
you had eaten	tú	habías	comido
you / he / she had returned	Ud. / él / ella	había	vuelto
we had said	nosotros	habíamos	dicho
you had broken	vosotros	habíais	roto
you / they (m.) / *they* (f.) *had done*	Uds. / ellos / ellas	habían	hecho

EJERCICIOS

A. Conteste las preguntas, siguiendo el modelo.

EJEMPLO: —¿Trajiste los libros?
—Ya los había traído.

1. ¿Hicieron ustedes la tarea?
2. ¿Fueron ustedes al mercado?
3. ¿Escribiste las cartas?
4. ¿Abriste una cuenta de ahorros?
5. ¿Hicieron la consulta con el médico?
6. ¿Subrayaron las frases?
7. ¿Desdoblaron las sábanas?
8. ¿Vio ella a sus abuelos?
9. ¿Dijiste que sí?
10. ¿Cubrió usted el coche?

B. Yo no sé inglés. ¿Qué quiere decir lo siguiente?

1. The murderer had beaten the poor woman.
2. I had gone to the doctor because my throat ached.
3. We had never seen blood before.
4. The children had stained their pants with grease.
5. He had been speechless.

5. El participio pasado usado como adjetivo

► CON LA FAMILIA ◄

EL PAPÁ —¿Ya están cerradas todas las puertas?
LA MAMÁ —Sí, pero una de las ventanas está abierta.
EL NIÑO —¿Vamos a llevar el maletín roto?
PAPÁ —¿Qué maletín roto? ¿Cuándo se rompió el maletín?
MAMÁ —Este... ¿no era que estábamos muy apurados? Vamos a llegar tarde a la estación.
PAPÁ —¿Y qué significan estas palabras escritas en las maletas?
MAMÁ —¡Ah! La niña estaba escribiendo su lección de inglés.
PAPÁ —¡¿En las maletas?!

En español, la mayoría de los participios pasados se pueden usar como adjetivos, y, como tales, deben tener el mismo número y género que los nombres a los que modifican:

Una de las ventanas está **abierta.**
¿Ya están **cerradas** todas las puertas?
¿Vamos a llevar el maletín **roto?**
Nosotros estábamos **apurados.**

EJERCICIO

Yo no sé inglés. ¿Qué quiere decir lo siguiente?

1. The poor girls were ashamed.
2. We were tired of all that crying.
3. I had put the broken cups on the table.
4. All the women were dead. There was a gun beside one of them.
5. The magazines were written in English, but the book was written in French.

PALABRAS PROBLEMÁTICAS

A. **Confiar, tener confianza (en), tener confianza (con), ser de confianza:**

1. **Confiar** es el equivalente de *to entrust:*

   Voy a **confiar**te estos documentos que son muy importantes.

2. **Tener confianza (en)** es el equivalente de *to trust:*

   No soy celoso. **Tengo confianza en** mi esposa.

3. **Tener confianza (con)** significa **"tener cierto grado íntimo de amistad":**

   Puedo ir a su casa a cualquier hora. **Tengo confianza con** su familia.

4. **Ser de confianza** se aplica a cosas o personas que merecen fe:

   Puedes dejarle tus hijos a Rita. **Es** persona **de confianza.**
   No debes usar esos productos; no **son de confianza.**

B. **Feliz, alegre, contento, dichoso:**

1. **Feliz** y **dichoso** son sinónimos. Son equivalentes de *happy* y considerados como una característica; deben usarse con el verbo **ser:**

   Ellos son muy **felices (dichosos)** en su matrimonio.

2. **Alegre** es el equivalente de *joyous, jovial* y *happy*. Puede referirse a una característica o a un estado emocional:

   Las fiestas en España son muy **alegres.**
   Después de tomarse tres cervezas estaban muy **alegres.**

3. **Contento(a)** implica satisfacción:

   No estoy **contenta** con mi trabajo.
   Mi cuñado está muy **contento** porque mañana regresa su esposa.

C. **Mismo, igual:**

1. **Mismo** es sinónimo de **igual** cuando son equivalentes a *just like:*

   Su sonrisa es **igual** a la de su padre.
   Su sonrisa es la **misma** de su padre.

2. **Mismo** es el equivalente de *one and the same:*

Siempre tiene los **mismos** problemas.

D. **Realizar** y **darse cuenta:**

1. **Realizar** significa **hacer algo, efectuar, llevar a cabo:**

Él siempre **realiza** todo su trabajo.

2. **Darse cuenta (de)** significa **notar, comprender:**

No **me di cuenta de** que el vestido estaba roto.

EJERCICIO

Complete las frases, usando las palabras estudiadas en esta sección.

1. Le ____ todo su dinero a Rubén porque sabía que él ____ persona de ____.
2. Cuando me levanté, Julio ____ de que yo era más alta que él.
3. La niña está muy ____ porque le regalaron un gato.
4. Tenemos el ____ profesor que tuvimos el año pasado.
5. Ellos eran muy ____ en ese pueblo. *(2 maneras)*
6. El coche de Pedro es ____ al de Juan.
7. Puedo pedirle prestado el dinero porque tengo mucha ____ con él.
8. Los españoles ____ grandes empresas en América.
9. No tenían ____ él, porque era un cobarde.
10. Siempre se está riendo. Tiene un carácter muy ____.

EJERCICIO FINAL

En este ejercicio encontrará Ud. todos los puntos gramaticales estudiados en esta lección. Pero... ¿qué dice aquí?

Clara is my niece. She is very young and beautiful. She is Argentinian, but now she lives in Chile. Her husband is from Caracas and is very rich. The bad thing is that he is very sick and is now in the hospital because he needs an operation. He had an accident two months ago, and it was necessary to take him to the hospital and leave him there.

Clara is taking two classes at the university. She is very smart, and her teachers have said she is the best student they have had. She has written several articles and done very surprising [**sorprendentes**] things. I have seen them!

She went to Buenos Aires last month, but she has now returned to Santiago.

I had decided that I wasn't going to visit them this year, but I think I'm going to go to Chile next month.

Well, I have to start getting dressed to go to the post office. I must tell my mother that all the stores are closed today. (Some are open, but I don't like them.) She had told me that she wanted to go shopping with me.

SECCIÓN DE LECTURA

Vocabulario activo

Aprenda usted las siguientes palabras y expresiones que van a aparecer en la lectura:

NOMBRES

el **auxilio** help, aid
el **barranco** ravine
el **castigo** punishment
la **celda** cell
el **conductor** driver
la **cosa** thing
el (la) **forastero(a)** stranger
el **golpe** strike, blow
el **recuerdo** memory, souvenir
la **venganza** revenge

VERBOS

apresurarse to hurry up
descansar to rest
despedir to fire, to throw out
merecer (yo merezco) to deserve
pretender to attempt, to endeavor
retirarse to withdraw, to leave
soltar (o : ue) to let go, to set free

ADJETIVOS

cansado(a) tired
cierto(a) certain
doloroso(a) painful
extrañado(a) surprised, bewildered
inquieto(a) restless, uneasy
mareado(a) dizzy
vivo(a) alive

OTRAS PALABRAS

bastante quite, enough
justamente exactly, precisely

ALGUNAS EXPRESIONES

a salvo safe
dar una vuelta to take a walk (a trip)
de aquí en adelante from now on
de ningún modo in no way
de pronto suddenly
no me importa I don't care
por aquí around here, this way
por completo completely
quiero decir I mean

ALFONSO SASTRE

Alfonso Sastre, famoso dramaturgo español, nació en 1926. Su teatro es un teatro social, con énfasis en la angustia, la desesperanza y lo brutal en el hombre. En su teatro, Sastre trata de demostrar que todos tenemos derecho a la libertad y a la justicia. El dramaturgo maneja hábilmente el diálogo y sabe crear un ambiente verídico donde se desarrollan sus obras.

La obra *La mordaza,*° de la que ofrecemos una selección es la representación simbólica de la opresión. A través del protagonista, Isaías Krappo, quien mantiene un clima de terror en su casa y en su familia, Sastre representa la dictadura y la falta° de libertad en cualquier país.

gag / *lack*

Otras obras de Alfonso Sastre son: *Escuadra hacia la muerte* (1952), *El pan de todos* (1952), *Tierra roja* (1954), *Ana Kleiber* (1955), *La sangre de Dios* (1955), *El cuervo* (1956), *La cornada* (1959), *Asalto nocturno* (1962).

► LA MORDAZA ◄

(Selección adaptada)

Isaías Krappo, hombre dominante° que inspira en su familia más miedo que cariño, está sentado en la sala de su casa. Todos se han ido a dormir y lo han dejado solo. Él está extrañamente contento. De pronto suenan unos golpes fuertes en la puerta de la calle. Isaías los escucha extrañado. Vuelven a sonar los golpes.

domineering

ISAÍAS —*(llamando a la criada)* ¡Andrea! ¡La puerta de la calle!

(Un silencio. Entra Andrea.)

ANDREA —Es un señor que pregunta por usted.

ISAÍAS —¿Un señor? ¿Quién?

ANDREA —No lo conozco. No es del pueblo ni ha venido nunca por aquí.

se... *shrugs his shoulders*
dile... *tell him to come in*
al... *a little later*

ISAÍAS —*(Se encoge de hombros.°)* No comprendo quién puede ser. Dile que pase.° *(Andrea sale y vuelve al poco° con un hombre delgado, pálido, de ojos inquietos y extraviados. Isaías le observa y frunce el ceño.)* ¿Qué quiere usted? ¿Qué busca a estas horas?

EL FORASTERO —Es... es usted Isaías Krappo, ¿verdad?

ISAÍAS —Sí.

EL FORASTERO —Quería... quería hablar con usted.

ISAÍAS —¿No ha podido esperar hasta mañana?

wandering around

EL FORASTERO —Es que... acabo de llegar. Tengo el coche en la carretera. He estado rodando° siete horas por esos caminos hasta llegar aquí. Estoy muy cansado.

ISAÍAS —Usted me va a explicar si puede... o si quiere...

EL FORASTERO —Desde hace tiempo tenía interés en hablar con usted. Pero no ha podido ser hasta ahora.

ISAÍAS —¿Por qué razón?

a . . . *early in the morning*

terrifying

EL FORASTERO —He estado... *(Trata de sonreír.)*, he estado sin salir durante algún tiempo... he estado... en la cárcel, por decirlo de una vez. Esta mañana, a primera hora,° me han soltado. Después de, ¿sabe usted?, después de tres largos años, ¿se da cuenta? He estado tres años sin hablar con nadie, pensando, esperando el momento de salir para darme una vuelta por estos pueblos, que para mí tienen ciertos recuerdos... aterradores.° ¿Me permite sentarme? Estoy como mareado.

ISAÍAS —Siéntese.

le... *can't breathe*

EL FORASTERO —Sufro mucho con los nervios y no puedo dormir. Así que estoy enfermo y... desesperado... No sé lo que voy a hacer. Espero tranquilizarme haciendo... lo que pretendo hacer; matar a un hombre que no merece vivir... *(Parece que le falta la respiración.°)* en esta tierra: quiero decir, en el mundo.

ISAÍAS —¿De qué me está hablando? ¿Está loco o qué le ocurre?

volviéndome... *going crazy*

EL FORASTERO —Quizá estoy volviéndome loco.° Ha sido demasiado para mí. Y ahora me es imposible dormir. No puedo descansar.

qué... *what does all this have to do with me?*

ISAÍAS —*(que empieza a divertirse con la situación)* ¿Y qué tengo yo que ver en todo esto?° Si usted quiere decírmelo...

FORASTERO —Es difícil hablar de ciertas cosas. Usted ya se puede figurar por qué he estado en la cárcel... desde hace tres años... desde que terminó la guerra justamente.

in a friendly way

ISAÍAS —Supongo que colaboró amigablemente° con las fuerzas de ocupación.

estuvieron... *they almost killed me*

EL FORASTERO —Exacto. Colaboré... amigablemente. Por eso estuvieron a punto de matarme.° Me condenaron a muerte. Luego hubo personas que se interesaron por mí y he estado en una celda tres años, tres largos años, como le digo; tres años que han destrozado mis nervios por completo. Pero lo peor ya me había ocurrido antes, durante la guerra. Yo creo que usted sabe algo de aquello; por eso he venido a hablar con usted. Es lo primero que hago después de salir de la cárcel. Venir a hablar con usted. Yo creo que usted sabe...

ISAÍAS —¿Cómo ha sabido mi nombre?

EL FORASTERO —¿Su nombre? No lo he olvidado. No puedo olvidarlo, naturalmente.

ISAÍAS —¿Lo recordaba... de la guerra?

EL FORASTERO —Sí.

hable... *speak up*

ISAÍAS —*(que está poniéndose nervioso)* Hable de una vez,° si quiere.

en... *around here*

EL FORASTERO —*(Lo mira, imperturbable.)* Le hablaba de algo muy doloroso... de algo que me ocurrió durante la guerra... en estos alrededores;° a cinco kilómetros del pueblo, aproximadamente. Lo recuerdo perfectamente. Fue una cosa tan terrible, que no he podido olvidarla. Y recuerdo hasta las caras de los que intervinieron.

ISAÍAS —Continúe.

group

EL FORASTERO —Íbamos en dos coches. En el primero iba yo con... con una importante personalidad del... sí, del ejército de ocupación... En el otro iban nuestras mujeres y mi hija... mi hija de doce años... Nos asaltaron a unos cinco kilómetros de este pueblo, como le digo. Una partida° de la resistencia... de patriotas..., de los que nosotros llamábamos terroristas... La partida de Isaías Krappo...

ISAÍAS —¿Está seguro? Yo no recuerdo nada. No sé de qué me está hablando.

EL FORASTERO —Las mujeres quedaron en poder de... de los patriotas... El general que iba conmigo recibió un balazo en el pecho, y murió dos horas después. En el momento del ataque traté de ir en auxilio de las mujeres, pero el conductor no tenía otra idea que salir del círculo de fuego. Y lo consiguió. Sólo él y yo quedamos a salvo. Unos días después aparecieron los cadáveres de las mujeres y de la niña en un barranco. Estábamos preparando una expedición de castigo, pero ya no nos dio tiempo. La expedición quedó aplazada° y ahora he venido yo.

quedó... *was postponed*

ISAÍAS —¿A qué ha venido?

EL FORASTERO —A hacer justicia.

ISAÍAS —¿A buscar al que mató a su mujer y a su hija?

EL FORASTERO —A ése ya lo he encontrado.

ISAÍAS —*(Ríe.)* ¿Piensa que fui yo?

EL FORASTERO —No se ría. Sé que fue usted. Es curioso. Cuando venía hacia aquí me figuraba que no iba a poder estar tranquilo ante Isaías Krappo. Me figuraba que iba a tratar de abalanzarme° sobre él y matarlo. Pero ahora estoy aquí y veo que ésa no es la solución. Y se me ocurren *(Sonríe extraviadamente.)* las más distintas y extraordinarias venganzas.

throw myself on

ISAÍAS —Todo eso es una especie de° delirio suyo. No recuerdo nada de lo que dice. No tengo nada que temer.

especie... *sort of*

EL FORASTERO —Eso cree usted...

ISAÍAS —Ahora márchese de mi casa.°

márchese... *get out of my house*

EL FORASTERO —Me voy a ir tranquilamente, sin apresurarme... si usted me lo permite... Y usted me lo va a permitir, porque no le conviene, de ningún modo le conviene, despedirme de mala forma. Usted ya sabe lo que ocurre. Tiene un mal enemigo vivo, desesperado y libre... completamente libre, por fin. Puede que esto llegue a quitarle el sueño.° No le prometo, amigo Krappo, no le prometo una larga vida... y hasta pienso que va a morir de mala forma y que sus últimos días van a ser bastante desagradables...

llegue... *will keep you awake*

ISAÍAS —*(con voz metálica)* Márchese, márchese de aquí.

EL FORASTERO —A mí no me importa ya morir, ¿ve usted? Y, sin embargo, usted desea, fervientemente lo desea, vivir muchos años... ¿cuál de los dos es el que va a sufrir de aquí en adelante? ... *(Ríe nerviosa-*

mente.) Es hasta divertido pensarlo... Y ahora me retiro, señor. Esta noche puede dormir, se lo permito. *(Ríe.)* Buenas noches.

Conteste Ud. las siguientes preguntas, basándose en la selección presentada.

1. ¿Qué clase de persona es Isaías Krappo?
2. ¿Qué pasa mientras él está en la sala?
3. ¿Qué aspecto tiene el hombre que viene a hablar con Isaías?
4. ¿Por qué ha tenido que esperar mucho tiempo el forastero para hablar con Isaías?
5. ¿Cuánto tiempo ha estado en la cárcel? ¿Por qué?
6. ¿Cómo espera tranquilizarse el forastero?
7. ¿A qué distancia del pueblo ocurrió la tragedia que recuerda el forastero? Relate Ud. lo que ocurrió.
8. ¿Qué le pasó al general que iba con el forastero?
9. ¿Por qué no pudo el forastero ir en auxilio de las mujeres?
10. ¿Qué encontraron unos días después en el barranco?
11. ¿A qué ha venido el forastero a casa de Isaías Krappo?
12. ¿Qué cosas le promete el forastero a Isaías?
13. ¿Por qué va a sufrir más Isaías que el forastero de aquí en adelante?
14. ¿Decide el forastero matar inmediatamente a Isaías?
15. ¿Qué cree Ud. que pasa después?

REPASO DE VOCABULARIO

Usando la siguiente lista, complete las oraciones que aparecen debajo. Haga los cambios necesarios.

Nombres	*Adjetivos*	*Verbos*
auxilio	cansado	despedir
conductor	cierto	pretender
cosa	extrañado	retirarse
forastero	mareado	soltar
venganza	vivo	apresurarse

1. Ella estaba muy ____ porque había trabajado mucho.
2. El ____ del autobús no paró en esa esquina.
3. He tenido que ____ porque era tardísimo.
4. El ____ decidió dar una vuelta por el pueblo.
5. Ayer yo ____ al secretario por llegar tarde.
6. Ellas se mostraron muy ____ cuando el profesor anunció el examen.
7. ____ temas de conversación deben ser evitados.

8. Él ____ a la muchacha cuando vio llegar al policía. La muchacha pidió ____.
9. Nosotras estuvimos ____ durante todo el viaje en barco.
10. Roberto ____ cuando le dije que ya era muy tarde.
11. Yo no ____ ser obedecida siempre.
12. Cuando mataron a su padre, dijo que su ____ sería terrible.
13. Tuve que comprar muchas ____ para el viaje.
14. No estaban muertos. Estaban ____.

DEBATE

1. En pro de la pena capital
2. En contra de la pena capital

Valencia, España

COMPOSICIÓN

A. Escriba una composición sobre el siguiente tema: Crimen y castigo. Problemas de las cárceles.

Plan de trabajo

1. Introducción
   Haga breves comentarios sobre los siguientes problemas:
   a. El contacto entre los que han cometido un crimen no muy serio y los criminales empedernidos [*hardened*]
   b. La cárcel no siempre re-educa al criminal.
   c. Problemas sexuales en las cárceles
   d. Abusos que se cometen en la cárceles
2. Desarrollo
   Discuta las ventajas y desventajas del sistema penal.
3. Conclusión
   Analice todos los aspectos del problema y dé su opinión sobre la mejor forma de castigar el crimen y convertir a los criminales en personas útiles a la sociedad.

B. Basándose en la estructura, organización y detalle de la composición anterior, prepare una de tema libre usando las siguientes palabras y expresiones:

barranco	descansar	a salvo
castigo	apresurarse	de aquí en adelante
celda	merecer	de ningún modo
golpe	soltar	de pronto
recuerdo	doloroso	no me importa
inquieto	bastante	
vivo	justamente	

¡Vámonos de caza!

Busque Ud. en la lectura ejemplos de: *(a)* usos de los verbos **ser** y **estar,** *(b)* el presente perfecto, *(c)* el pluscuamperfecto, *(d)* el participio pasado usado como adjetivo. Haga una lista de ellos.

SECCIÓN LITERARIA

A. Basándose en la selección literaria presentada en la lectura, conteste las siguientes preguntas.

1. ¿A qué género literario pertenece la selección?
2. ¿Es una comedia o un drama? ¿Por qué?
3. ¿Qué temas aparecen en la selección?

4. ¿Cómo es el lenguaje? ¿Poético? ¿Cotidiano?
5. ¿Qué sabemos sobre los acontecimientos [*happenings*] del pasado por medio del diálogo?
6. Compare Ud. el personaje de Isaías Krappo con el del forastero.
7. Explique Ud. de qué se vale Sastre para crear tensión en la escena.
8. Uno de los temas de Sastre es el de la libertad. ¿Cómo está expresada en la selección esta idea de Sastre?

B. Composición

Siguiendo el estilo de Alfonso Sastre, escriba Ud. una continuación del diálogo entre los dos personajes (unas veinte líneas).

C. Dé un pequeño informe sobre el autor y su obra, completando la información que aparece al comienzo.

PENSAMIENTOS DE HOMBRES ILUSTRES

Sobre la conciencia

Un pueblo sin conciencia es un pueblo muerto.
José Martínez Ruiz (España: 1873–1967)

Ninguna justicia puede prevalecer contra la primera libertad, ínsita° a la naturaleza humana, que es la de la conciencia.
Mariano Picón-Salas (Venezuela: 1901–1965)

natural

Teotihuacán, México

LECCIÓN 4

SECCIÓN GRAMATICAL

- Futuro: Verbos regulares e irregulares
- Condicional: Verbos regulares e irregulares
- Usos del futuro y del condicional para expresar probabilidad
- Comparativos de *(A)* igualdad y *(B)* desigualdad de adjetivos y adverbios
- Usos del artículo indefinido

SECCIÓN DE LECTURA Selección de poemas

SECCIÓN GRAMATICAL

1. Futuro: Verbos regulares e irregulares

► PLANEANDO LAS VACACIONES ◄

YOLANDA —Juan, ¿cuándo salimos de vacaciones?
JUAN —Saldremos la próxima semana.
YOLANDA —¿Crees que encontraremos habitaciones en el hotel que está cerca de la playa?
JUAN —Sí, pero estoy seguro de que valdran más que el verano pasado.
YOLANDA —¿Tendré tiempo para visitar a mis padres?
JUAN —Sí, pero no podrás estar con ellos más de dos días.
YOLANDA —Bien; se lo diré, pero probablemente después querrán venir con nosotros.
JUAN —¡Qué horror! Si es así, puedes pasar una semana con ellos.

Como Ud. debe recordar, el futuro se usa en español—igual que en inglés—para expresar lo que va a ocurrir. El futuro es el equivalente del inglés *will* o *shall.*

Cuando *will* significa *to be willing* o *please* se traduce usando el presente del verbo **querer:**

¿Quiere Ud. esperar? *Will you (please) wait?*
¿Quiere Ud. pasar el pan? *Will you (please) pass the bread?*

La mayoría de los verbos son regulares en el futuro. Para formar este tiempo se le añaden al infinitivo de los verbos las terminaciones siguientes:

VERBOS REGULARES EN EL FUTURO

Infinitivos	*Terminaciones*	
hablar- comer- vivir- dar- ir- ser- cerrar- morir- pedir-	**-é**	(yo)
	-ás	(tú)
	-á	(Ud., él, ella)
	-emos	(nosotros)
	-éis	(vosotros)
	-án	(Uds., ellos, ellas)

Todas las terminaciones, excepto la de **nosotros,** llevan acento ortográfico.

Sólo los siguientes verbos son irregulares en el futuro. En ellos las terminaciones se añaden a formas modificadas del infinitivo:

VERBOS IRREGULARES EN EL FUTURO

Infinitivos	*Formas modificadas*	*Terminaciones*	
decir	**dir-**		
hacer	**har-**		
haber	**habr-**		
querer	**querr-**	**-é**	(yo)
saber	**sabr-**	**-ás**	(tú)
poder	**podr-**	**-á**	(Ud., él, ella)
caber	**cabr-**	**-emos**	(nosotros)
poner	**pondr-**	**-éis**	(vosotros)
venir	**vendr-**	**-án**	(Uds. ellos, ellas)
tener	**tendr-**		
salir	**saldr-**		
valer	**valdr-**		

Haber de + un infinitivo se usa a veces como equivalente del futuro. Generalmente denota obligación:

Ellos **han de terminar** el trabajo mañana.

EJERCICIOS

A. Complete las siguientes oraciones con el futuro del verbo que corresponda. Selecciónelos de la siguiente lista: **valer, soltar, venir, saber, descansar, poder, despedir, salir, marcharse, decir, querer, poner, hacer, haber.**

1. El forastero ____ en el hotel del pueblo.
2. Ellos no ____ de la ciudad sin terminar su venganza.
3. El año próximo las casas ____ mucho más por aquí.
4. El conductor del ómnibus ____ muy temprano.
5. El policía ____ al ladrón en la celda.
6. Ese cobarde nunca ____ la verdad.
7. Ellos no ____ a la fiesta mañana.
8. Yo no ____ comprarte todas las cosas que quieres.
9. El jefe de Elena la ____ porque ella no es muy eficiente.
10. Mi madre ____ bastante comida para todos.
11. Los chicos no ____ la lección mañana si no estudian hoy.
12. Mañana ____ una reunión en mi casa.
13. Él está muy cansado y no ____ ir al baile.
14. El juez no ____ al asesino.

B. Yo no sé inglés. ¿Qué quiere decir lo siguiente?

1. He will finish the work today. I mean . . . maybe . . .
2. My mother-in-law will not fit in the car.
3. The test will be postponed until next week.
4. They will be around here tomorrow.
5. In no way will we discuss it with her.

2. Condicional: Verbos regulares e irregulares

► ¡NO HAY PROBLEMA! ◄

ALBERTO —¿Qué dijo Rosa cuando llamó?
JULIA —Dijo que vendría a las tres y que traería a los chicos con ella.
ALBERTO —Ella no haría eso porque sabe que aquí no cabrían todos.
JULIA —¡No hay problema! No van a quedarse a dormir.
ALBERTO —Me alegro, porque no sabría cómo decirles que no tengo espacio para ellos.

El condicional en español es el equivalente del inglés *would* o *should* + un verbo. El condicional representa el futuro en relación con un hecho pasado.

Ella no **haría** eso.
Ella dijo que **vendría** a las tres.
Ellos prometieron que **irían** a la fiesta.

En el condicional, como en el futuro, la mayoría de los verbos son regulares y todos tienen las mismas terminaciones que se le añaden al infinitivo:

VERBOS REGULARES EN EL CONDICIONAL

Infinitivos	*Terminaciones*	
hablar- comer- vivir- dar- ir- ser- cerrar- morir- pedir-	**-ía** **-ías** **-ía** **-íamos** **-íais** **-ían**	(yo) (tú) (Ud., él, ella) (nosotros) (vosotros) (Uds., ellos, ellas)

Los verbos que son irregulares en el futuro lo son también en el condicional y las terminaciones se le añaden a las formas modificadas del infinitivo que se usan para el futuro:

VERBOS IRREGULARES EN EL CONDICIONAL

Infinitivos	*Formas modificadas*	*Terminaciones*	
decir	**dir-**		
hacer	**har-**		
haber	**habr-**		
querer	**querr-**	**-ía**	(yo)
saber	**sabr-**	**-ías**	(tú)
poder	**podr-**	**-ía**	(Ud., él, ella)
caber	**cabr-**	**-íamos**	(nosotros)
poner	**pondr-**	**-íais**	(vosotros)
venir	**vendr-**	**-ían**	(Uds., ellos, ellas)
tener	**tendr-**		
salir	**saldr-**		
valer	**valdr-**		

EJERCICIOS

A. Complete las oraciones con el condicional de los verbos en paréntesis.

1. José dijo que (haber) ____ una fiesta.
2. No vinieron porque sabían que no (caber) ____ en el coche.
3. (saber) ¿____ tú decirlo en francés?
4. Ella prometió que (apresurarse) ____.
5. Nos dimos cuenta de que ella no (poder) ____ hacerlo.
6. Ellos dijeron que no (ir) ____ de ningún modo.
7. Dijo que de aquí en adelante siempre (decir) ____ la verdad.
8. Estoy segura de que el coche no (valer) ____ muy caro.
9. En ese caso creo que ella lo (merecer) ____.
10. Creía que ellos (estar) ____ a salvo aquí.
11. Claro que ellos (venir) ____ temprano.
12. Pensábamos que ellos (hacer) ____ bien el trabajo.

B. ¿Qué haría. Ud. en las siguientes situaciones? Conteste, usando el condicional.

1. Alguien le regala cincuenta dólares.
2. Ud. tiene un examen y lo (la) invitan a una fiesta la noche antes.
3. Ud. tiene mucha hambre y no hay comida en su casa.
4. Desea comprar un coche nuevo y no tiene bastante dinero.
5. Un amigo le pide veinte dólares y Ud. sabe que él siempre se olvida de pagar.
6. Le duelen las muelas.
7. Un(a) chico(a) muy antipático(a) la (lo) invita a salir.
8. Tiene mucho frío.
9. Necesita diez dólares para ir al cine.
10. No tiene pluma y quiere escribir una carta.

3. Usos del futuro y del condicional para expresar probabilidad

► ÉL ES UN DON JUAN ◄

AÍDA —Estela, ¿qué hora es?
ESTELA —No tengo reloj, pero serán más o menos las cinco.
AÍDA —¿Las cinco? ¿Dónde estarán nuestros esposos?
ESTELA —Estarán con tu hermano Paco.[1]
AÍDA —¿Con Paco? ¿Cuándo regresó? Yo lo llamé anoche y nadie contestó.
ESTELA —No estaría en casa. ¿A qué hora llamaste?
AÍDA —Serían como las nueve.
ESTELA —Comería en el restaurante y llegaría más tarde...
AÍDA —¿A qué hora crees que vendrán a comer?
ESTELA —Yo creo que vendrán pronto.
AÍDA —¿Traerá Paco a su esposa?
ESTELA —Probablemente la traerá. Ella nunca lo deja solo.
AÍDA —Es verdad. ¿Será amor o serán celos?
ESTELA —Probablemente celos. ¡Tú sabes que tu hermano es un Don Juan!

En español el futuro y el condicional se usan frecuentemente para expresar probabilidad. El futuro expresa probabilidad en relación con el presente y el condicional la expresa en relación con el pasado:

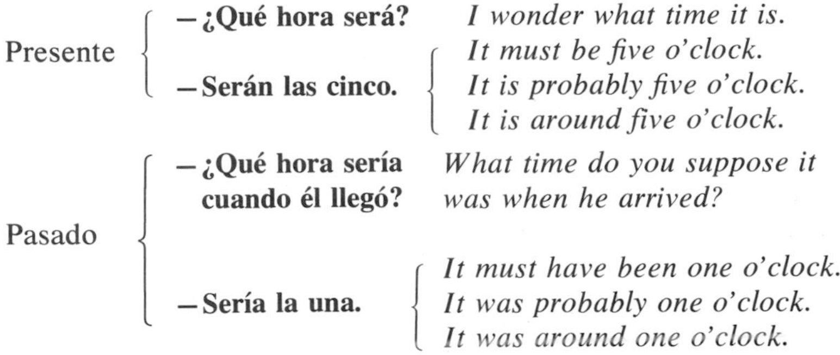

Presente	**—¿Qué hora será?**	*I wonder what time it is.*
	—Serán las cinco.	*It must be five o'clock.* *It is probably five o'clock.* *It is around five o'clock.*
Pasado	**—¿Qué hora sería cuando él llegó?**	*What time do you suppose it was when he arrived?*
	—Sería la una.	*It must have been one o'clock.* *It was probably one o'clock.* *It was around one o'clock.*

EJERCICIOS

A. Reescriba las siguientes oraciones, usando el futuro o el condicional para expresar probabilidad.

1. Él probablemente vive por aquí.
2. Yo creo que el ladrón le dio un golpe en la cabeza.
3. Él debe estar vivo.
4. Son más o menos las ocho.
5. Me pregunto a dónde iban los bomberos.

[1]Paco es el sobrenombre para Francisco.

6. Los hombres deben estar ya en el barranco.
7. Yo supongo que era el novio de Elena.
8. Con el mal tiempo probablemente hubo muchos viajeros mareados.

B. Lea los siguientes diálogos y conteste las preguntas.

LUIS —María dijo que vendría a la fiesta, pero no está aquí.
ANA —Estará enferma.
LUIS —No lo creo porque yo la vi ayer.
ANA —Entonces será que no quiere ver a Pepe[1] con su novia.
LUIS —Claro. La pobre creía que Pepe se casaría con ella.

1. ¿Qué dijo María?
2. ¿Qué cree Ana que le pasa a María?
3. ¿Por qué cree Ana que María no está en la fiesta? ¿Qué creía María?

RITA —¿Quién llamaría anoche tan tarde?
PEDRO —No sé. Sería tu hermano. Querría dinero... Sería la una.
RITA —¿Por qué no contestaste?
PEDRO —Tenía mucho sueño y no quise levantarme.

1. ¿Quién llamaría anoche?
2. ¿Por qué llamaría el hermano de Rita?
3. ¿Qué hora sería cuando llamó?
4. ¿Por qué no se levantó Pedro?

4. Comparativos de *(A)* igualdad y *(B)* desigualdad de adjetivos y adverbios

► LA VIOLENCIA EN LA TELEVISIÓN ◄

JORGE —Este artículo dice que la razón por la cual hay tantos crímenes hoy en día es porque hay demasiada violencia en la televisión.
ESTER —Si hay tanta violencia en los programas, ¿por qué no apagan el televisor?
JORGE —¿Cómo puedes decir tal cosa? Los que se oponen a los programas violentos tienen tanto derecho como tú a mirar televisión.
ESTER —Pues muchos cuentos infantiles son tan violentos como algunos programas.
JORGE —*(Se ríe.)* Es cierto. *Hansel* y *Greta*, por ejemplo, es un cuento tan violento... Recuerdo que cuando lo leí quedé tan aterrorizado que no pude dormir en toda la noche...
ESTER —A mí me aterrorizaban tanto como a ti, ¡pero me gustaban!
JORGE —¡Con razón te gustó tanto aquella película de Drácula!
ESTER —¡No solamente a mí! Ese tipo de película es muy popular, lo cual prueba que el ser humano es violento por naturaleza...

---

[1]Pepe es el sobrenombre para José. (Pepa es el sobrenombre para Josefina.)

Vendedores indígenas, frente a la Iglesia de San Pedro, en Cuzco (Perú)

A. Comparativo de igualdad:

1. Para expresar el comparativo de igualdad se usa **tanto (tan) ... como,** equivalente a: *as (so) . . . as, as much as,* o *as many as.* **Tanto (tan) ... como** se emplea para comparar las cualidades de un mismo sustantivo (ejemplo 1) o de dos (ejemplo 2), o cuando se comparan las cantidades de los sustantivos (ejemplos 6 y 8):

    1. Paco es **tan** feo **como** inteligente.
    2. Ana es **tan** bonita **como** Carmen.
    3. Muchos cuentos infantiles son **tan** violentos **como** algunos programas.
    4. Ellos tienen **tanto** derecho **como** tú a mirar televisión.
    5. Hoy salieron **tan** tarde **como** ayer.
    6. Ellos recibieron **tantos** libros **como** nosostros.
    7. Gasta **tanta** plata **como** tu hermano.
    8. Ana compró **tantas** rosas **como** tú.

2. **Tanto** concuerda en género y número con el nombre que modifica. Tiene entonces función de adjetivo (ejemplos 4, 6, 7, 8). Cuando **tanto** va in-

mediatamente seguido de un adjetivo o un adverbio, pierde la sílaba final: **tanto** → **tan** (ejemplos 1, 2, 3, 5.):

3. **Tanto como** equivale a *as much as*. Se usa cuando comparamos dos verbos (uno de los cuales puede estar sobrentendido). En este caso es invariable y tiene función de adverbio:

   A mí me aterrorizaban **tanto como** a ti (te aterrorizaban).
   Juan sabe **tanto como** yo (sé).
   Yo lo necesito **tanto como** lo necesitas tú.

4. **Tanto** puede usarse sin la conjunción y equivale entonces a *so much:*

   ¡Con razón te gustó **tanto** aquella película!
   No tengo **tanto** dinero.

5. Delante de un adjetivo **tan** es el equivalente de *such (a):*

   ¡*Hansel y Greta* es un cuento **tan** violento!
   ¡Es una playa **tan** hermosa!

   Delante de un nombre se usa **tal:**

   ¿Cómo puedes decir **tal** cosa?

EJERCICIOS

A. Complete las siguientes oraciones con los elementos necesarios para expresar una comparación de igualdad o el equivalente de *such (a)*.

1. Ella es ____ alta ____ su hermana.
2. Tú tienes ____ hermanos ____ yo.
3. Le dieron ____ golpes ____ a mí.
4. Nos falta ____ dinero ____ a ella.
5. Vivo ____ lejos ____ tú.
6. Esta enfermedad es ____ dolorosa ____ ésa.
7. Él pretende saber ____ ____ tú.
8. ¡Ella es ____ inteligente!
9. En esas minas hay ____ plata ____ en éstas.
10. ¡Qué día ____ hermoso!
11. Mis hijos son ____ inquietos ____ los tuyos.
12. ¿Quién dijo ____ cosa?

B. Yo no sé inglés. ¿Qué quiere decir lo siguiente?

1. Your mother—I mean your wife— is as old as my grandmother.
2. She told him she was as rich as Rockefeller.
3. I was kissing her when suddenly she exlaimed, "You are so stupid!"
4. Go for a walk in Central Park? Who would do such a thing?
5. As soon as he saw his mother-in-law, he ran toward her and told her he had nothing to do with his wife's death.

B. Comparativos de desigualdad:

► ¿PUEDES PRESTARME DIEZ DÓLARES? ◄

RAÚL —¿Has visto a Luisa?

BETO[1] —Sí, y es más bonita de lo que me dijiste.

RAÚL —Bueno, pero no es más bonita que Elena y además es menos inteligente que ella.

BETO —Eso no es verdad. Elena es la peor estudiante de la clase; lo que pasa es que Luisa te dio calabazas.

RAÚL —Bueno, no vamos a hablar de eso. ¿Puedes prestarme diez dólares?

BETO —Lo siento. No tengo más que cinco.

RAÚL —Pues yo necesito más de cinco. Quiero llevar a Elena a ver la mejor película del año y hoy tengo menos dinero que nunca.

BETO —Entonces pueden ir al Lux, que es un cine más barato.

RAÚL —No, porque allí las películas son malísimas y siempre terminan más tarde. Nosotros tenemos que regresar lo más temprano posible.

1. Para expresar las comparaciones de superioridad con los adverbios y con los adjetivos, se usan los adverbios de cantidad **más** y **menos,** y la conjunción **que:**

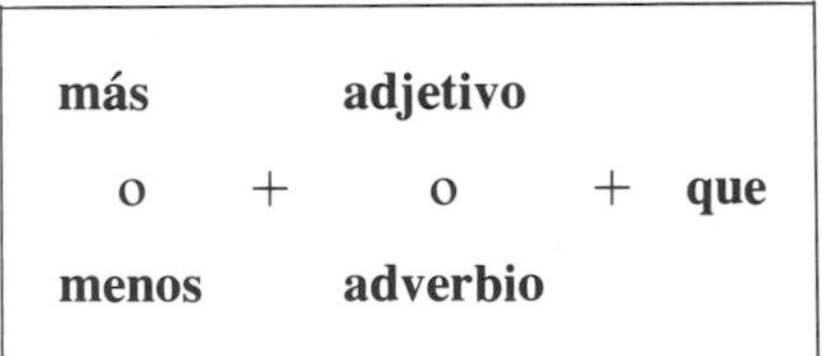

Luisa es **más bonita que** Elena.
Louise is prettier than Helen.

Elena es **menos bonita que** Luisa.
Helen is less pretty than Louise.

Ellos llegan **más tarde que** tú.
They arrive later than you.

2. En las comparaciones afirmativas que incluyen cantidades, la preposición **de** es equivalente a *than:*

Necesito más **de** cinco dólares.
I need more than five dollars.

Ya han llegado más **de** la mitad de los invitados.
More than half of the guests have already arrived.

---

[1]*Beto* es el sobrenombre de *Roberto*.

El vestido cuesta más **de** seiscientos pesos.
The dress costs more than six hundred pesos.

Si la comparación es negativa se usa **no... más de...** cuando no se expresa una cantidad exacta.

No tiene **más de** veinte años.

Si hablamos de una cantidad exacta (o máxima) se utiliza **no más que** [*only*].

No tengo **más que** cinco dólares.
No comieron **más que** la cuarta parte del pastel.

3. Cuando se comparan dos elementos o ideas cercanas y uno no está expresado, se usa una de las formas siguientes: **del que, de la que, de los que, de las que, de lo que:**

Es más bonita **de lo que** me dijiste.
Compra menos ropa **de la que** necesita.
Tiene más dinero **del que** puede gastar.

En este tipo de comparación a veces se usa **que** y no **de,** pero muchos evitan esta combinación por no ser agradable al oído la repetición **que... que.**

Que el **que, que** la **que,** etc. se usan más bien como equivalentes de *than the one which:*

Esta ropa es más bonita **que** la **que** vimos ayer.

4. Cuando expresamos la cualidad en su mayor o menor grado utilizamos el superlativo. El superlativo puede ser absoluto cuando no se establece comparación y relativo cuando se establece comparación.

El superlativo absoluto se forma anteponiendo a los adjetivos o adverbios las palabras **muy, sumamente, extraordinariamente,** etc. o agregándoles la terminación **-ísimo(a).**

muy mala	mal**ísima**[1]
extremadamente difícil	dificil**ísimo(a)**

El superlativo relativo establece una comparación entre varios elementos expresándola en su grado más alto o más bajo. Para ello se usa el adverbio **más** o el adverbio **menos,** precedidos del artículo definido y la preposición **de,** que es el equivalente del inglés *in:*

Juana es **la más** alta **de** su familia.
Jane is the tallest in her family.

Jorge es **el menos** estudioso **de** la clase.
George is the least studious in the class.

5. Hay seis adjetivos y cuatro adverbios que tienen formas irregulares para el comparativo y el superlativo:

[1]Si la palabra termina en vocal, ésta se suprime antes de agregar la terminación **-ísimo(a).**

COMPARATIVOS Y SUPERLATIVOS IRREGULARES

Adjetivos	*Adverbios*	*Comparativo*	*Superlativo*
bueno	bien	mejor	el (la) mejor
malo	mal	peor	el (la) peor
mucho	mucho	más	el (la) más
poco	poco	menos	el (la) menos
grande		mayor	el (la) mayor
pequeño		menor	el (la) menor

Cuando se usan los adjetivos **grande** y **pequeño** para referirse a **tamaño,** se usa la forma regular:

Tu casa es **más grande** que la mía.
Esta mesa es **más pequeña** que la otra.

Cuando estos adjetivos se refieren a edad, se usan las formas irregulares:

Yo soy **mayor** que tú, pero **menor** que Juan.

Cuando **bueno** y **malo** se refieren al carácter de una persona, se usa la forma regular:

Felipe es **el más bueno** de todos.
Teresa es mala, pero su hermana es **más mala** todavía.

Si estos adjetivos se refieren a calidad, se usan las formas irregulares:

Este champú es **mejor** que el que tú usas. El tuyo es **el peor** de todos.

EJERCICIOS

A. Complete las siguientes oraciones con las palabras necesarias para establecer una comparación.

1. Tiene más dinero ____ puede gastar.
2. No puedo comprar este libro. Cuesta cinco dólares y no tengo ____ cuatro.
3. José es menos inteligente ____ Ud.
4. Ayer faltaron más ____ la mitad de los estudiantes.
5. Estos parques son los ____ hermosos ____ la ciudad.
6. Ellos siempre se retiran más temprano ____ nosotros.
7. Necesito más ____ diez dólares para ir al cine.
8. ¡Pobre Juan! Tiene más problemas ____ nosotros.
9. Ella es menos simpática ____ su hermana.
10. Marta es la chica más popular ____ la clase.

B. Lea cuidadosamente y después conteste las siguientes preguntas.

1. Mario sacó una *A* en español. José sacó una *B* y Juan sacó una *F*.
   ¿Quién es el mejor estudiante?
   ¿Quién es el peor estudiante?

2. Juan tiene veinte años, Raúl tiene quince y su hermano tiene dieciocho.
   ¿Quién es el mayor?
   ¿Quién es el menor?

3. La casa de Elena tiene tres cuartos, la de Marta tiene ocho cuartos y la de Rosa tiene dos cuartos.
   ¿Quién tiene la casa más grande?
   ¿Quién tiene la casa más pequeña?

4. Alicia mide [*is*] cinco pies, cuatro pulgadas, Ana mide cinco pies, nueve pulgadas y Ester mide cinco pies, dos pulgadas.
   ¿Quién es la más alta?
   ¿Quién es la menos alta?

C. Escriba el superlativo absoluto de las siguientes palabras y después utilícelo en oraciones originales.

hermosa	malo
grande	rápido
tarde	feliz

5. Usos del artículo indefinido

► ES UN MÉDICO MUY FAMOSO ◄

ADELA —¿Qué profesión tiene el padre de José?
DAVID —Es médico.
ADELA —¿Es buen médico?
DAVID —Sí, es un médico muy famoso. Gana más de mil pesos por día.
ADELA —Yo quiero hablar con él porque necesito cierto informe para mi trabajo.
DAVID —Hoy no puedes verlo, pero ven otro día y podrán hablar largo rato.
ADELA —¿Puedes darme su teléfono y su dirección?
DAVID —¡Cómo no!
ADELA —¡Ah!, no tengo pluma. ¿Puedo usar la tuya?
DAVID —No, no tengo más que una pluma y la estoy usando. Aquí tienes un lápiz.

Las formas del artículo indefinido, como Ud. debe recordar, son: **un, una,**[1] **unos, unas.** Las formas del plural son el equivalente del inglés *some, any, a few, about* (aproximadamente) y *several,* cuando no se le da énfasis a la idea de cantidad:

Por aquí venden **unos** zapatos muy baratos.
Ellos van a comprar **unas** casas magníficas.

[1]Delante de nombres femeninos usados en singular, que comienzan con **a** o **ha,** se usa el artículo indefinido **un** si la fuerza de la pronunciación está en la primera sílaba.

A diferencia del artículo definido, el artículo indefinido se usa menos frecuentemente en español que en inglés. Se omite el artículo indefinido:

1. Cuando los nombres de profesiones u ocupaciones, religión, nacionalidad o partidos políticos se usan después del verbo **ser** y no están modificados por un adjetivo:

   Él **es médico.** Ellas **son católicas.**
   Carlos **es americano.** Mi padre **es republicano.**

   Si los nombres están modificados por un adjetivo, se usa generalmente el artículo indefinido:

   Él es un médico muy famoso. Ella es una católica devota.
   Carlos es un americano puro. Mi padre es un republicano fanático.

   Si los nombres están modificados por los adjetivos **bueno** o **malo** y éstos se colocan delante del nombre, generalmente se omite el artículo indefinido:

   ¿Es buen médico? Es mala persona.

2. Con los nombres de objetos de uso personal cuando no se quiere poner énfasis en la idea de cantidad:

   ¡Ah!, no tengo pluma. Nunca usa sombrero.

   Si se desea hacer énfasis en la idea de cantidad, el uso del artículo es obligatorio:

   No tengo más que **una** pluma. Sólo trajo **un**[1] sombrero.

3. Con los números **ciento** y **mil,** y con el adjetivo **medio:**

   Gana más de mil pesos por día.
   Justamente gastó cien pesetas.
   Necesitamos media botella de vino.

4. En español se omite el artículo indefinido delante de los adjetivos **otro** y **cierto** (cuando van seguidos de un nombre) y después de **tal** y **que** (cuando se usa en exclamaciones):

   Ven **otro** día y podrán hablar.
   Necesito **cierto** informe para mi trabajo.
   En **tal** caso, no me importa.
   ¡Qué ruido tan espantoso!

5. Con frecuencia en oraciones negativas e interrogativas, después de las preposiciones y de algunos verbos como **buscar** y **tener** cuando no se desea poner énfasis en la idea de cantidad:

   Siempre viene **sin** corbata.
   ¿Buscan ustedes apartamento?
   Mi padre no **tiene** trabajo.

---

[1]Recuerde que delante de un nombre masculino singular **uno** cambia a **un.**

6. En expresiones de tiempo o espacio indefinidos:

   Trabajamos por largo rato.
   Buenos Aires no está a gran distancia de aquí.

7. Con sustantivos en aposición cuando nos referimos a algo que consideramos bien conocido:

   Cervantes, gran escritor español, murió en 1616.

EJERCICIOS

A. Complete las siguientes oraciones con el artículo indefinido cuando sea necesario.

1. —¿Ella no sabía que él era ____ famoso cirujano? —No, creía que era ____ oculista.
2. ¡Qué ____ paisaje tan hermoso! Lástima que vinimos sin ____ cámara fotográfica.
3. La ciudad no está a ____ gran distancia. Llegaremos en ____ media hora.
4. No debes salir sin ____ abrigo. Hace mucho frío hoy.
5. Gasté ____ mil pesetas en este vestido y ahora me gusta ____ otro.
6. Nos dio ____ tal alegría verlo, que todo lo olvidamos.
7. —¿Puedes prestarme ____ pluma para escribir? —No tengo ____ pluma, pero puedes hacerlo con ____ lápiz.
8. Buenos Aires, ____ capital de la Argentina, tiene hermosos parques.
9. Para poder hacer el trabajo necesito ____ cierto libro que no puedo encontrar.
10. Esa chica es ____ norteamericana muy españolizada.
11. Cuando llueve siempre uso ____ paraguas.
12. Si no puedes cortarlo con eso, usa ____ hacha.

B. Yo no sé inglés. ¿Qué quiere decir lo siguiente?

1. I found out that he was a doctor—a famous surgeon.
2. I completely forgot that I had left one thousand dollars on my desk.
3. She doesn't wear a watch.
4. Before leaving, he bought another beer.
5. I'm sorry, I don't have a pencil.

PALABRAS PROBLEMÁTICAS

A. **Aguantar, soportar, mantener:**

1. **Aguantar (soportar)** es el equivalente de *to bear, to stand:*

   No puedo **aguantar (soportar)** más este dolor.

2. **Mantener** es el equivalente de *to support:*

   Trabaja para **mantener** a toda su familia.

La sardana es el baile típico de Cataluña (España). Todos los domingos, los catalanes se reúnen en plazas y parques para bailarla. Aquí se ve un grupo bailando frente a la catedral de Barcelona.

B. **Bajo** *(adv.),* **abajo, debajo de:**

1. **Bajo** es el equivalente de *under* o *below* y puede usarse también para indicar *under* (en sentido figurado):

   Me gusta dormir **bajo** la sombra de un árbol.
   Peleó **bajo** las órdenes del general Hidalgo.

2. **Abajo** es el opuesto de **arriba** y al usarlo no se establece ninguna relación de posición:

   Mi hermano me espera **abajo,** en la calle.

3. **Debajo de** equivale a *under, below* o *underneath:*

   El gato está **debajo de** la mesa.

C. **Obra, trabajo, labor:**

1. **Obra** se utiliza principalmente para referirse a un trabajo de tipo artístico o intelectual:

   El Quijote es una **obra** maestra de la literatura española.

2. **Trabajo** es equivalente de *toil* o *task:*

   Siempre hace el **trabajo** mejor que nadie.

3. **Labor** se usa generalmente al referirse a un trabajo o esfuerzo, pero en un sentido poético o figurado.

   Al ayudar a los pobres realiza una gran **labor.**

EJERCICIO

Complete las frases con las palabras estudiadas en esta lección.

1. He leído algunas novelas de Cervantes, pero no conozco toda su ____.
2. El país mejoró económicamente ____ su gobierno.
3. No puedo ____ el ruido de esta ciudad. *(2 maneras)*
4. Mis padres duermen en las habitaciones de arriba y mi hermano y yo en las de ____.
5. Es un buen hijo; ____ a sus padres y a sus hermanos.
6. La ____ de los bomberos en el incendio, fue extraordinaria.
7. El lápiz está ____ de la silla.
8. Estoy muy cansada. Ayer tuve mucho ____ en la oficina.

EJERCICIO FINAL

En este ejercicio encontrará Ud. todos los puntos gramaticales estudiados en esta lección. Pero... ¿qué dice aquí?

JOHN: I'm so worried! I will graduate in June and I don't have a job. I wonder if I will be able to support my family.

PETER: What family?! You are not married! Besides, you will be an engineer, so you will have very good possibilities.

JOHN: You forget that there aren't as many opportunities in that field today.

PETER: If you are a good engineer you will always have a job. You always worry so much! You will earn at least a thousand pesos a day.

JOHN: And if there is a depression? What would I do then? What would happen to my children?

PETER: What children? You don't even [**ni siquiera**] have a wife!

JOHN: Didn't I tell you that your sister and I are getting married next month?

PETER: Really? Now I am as worried as you (are)!

SECCIÓN DE LECTURA

Vocabulario activo

Aprenda Ud. las siguientes palabras y expresiones que van a aparecer en la lectura:

NOMBRES

la **bocina** horn
la **campana** bell
el **cuerpo** body
la **frontera** border
la **huella** track
el **huerto** orchard
el **lío** trouble, mess
la **mirada** glance
el **norte** north
el **pasto** grass
el **pato** duck
la **pesadumbre** grief, heaviness
la **piedra** stone
el **racimo** bunch (e.g., grapes)

el **rocío** dew
el **sur** south
el **temor** fear
la **tumba** grave, tomb

VERBOS

acercar to place near
causar to cause
contentarse to be happy
morirse to die
repasar to review
sospechar to suspect

ADJETIVOS

corto(a) short
dichoso(a) happy
fresco(a) fresh
último(a) last

OTRAS PALABRAS

tal vez perhaps

ALGUNAS EXPRESIONES

a lo lejos far away
es cierto it is true

RUBÉN DARÍO

Nacido en Nicaragua (1867), Rubén Darío se consideró hispánico universal. Sus primeros libros no fueron innovadores, pero con *Azul* (1888 y 1890) su poesía se "afrancesó". *Prosas profanas* (1896) asimila diversos elementos: simbolismo y parnasianismo, exotismo y paganismo.

Insistió en las innovaciones métricas, musicalidad y giros elegantes, pero su mejor poesía es aquélla que tiene como tema el sentido de la vida y la desesperación del hombre.

Escribió también artículos y narraciones, pero lo mejor de su obra está en su poesía.

En 1905 publicó su mejor libro: *Cantos de vida y esperanza,* donde reflexiona sobre el arte, el placer, el amor, el tiempo, la vida, la muerte y la religión. Otros libros son *El canto errante* (1907), *Poema del otoño y otros poemas* (1910) y *Canto a la Argentina y otros poemas* (1914). Murió en 1916.

► LO FATAL ◄

Dichoso el árbol que es apenas sensitivo,
y más la piedra dura, porque ésta ya no siente,
pues no hay dolor más grande que el dolor de ser vivo,
ni mayor pesadumbre que la vida consciente.

Ser, y no saber nada, y ser sin rumbo cierto,°
y el temor de haber sido y un futuro terror...
Y el espanto seguro de estar mañana muerto,
y sufrir por la vida y por la sombra y por

lo que no conocemos y apenas sospechamos.
Y la carne que tienta° con sus frescos racimos,
y la tumba que aguarda con sus fúnebres ramos,

¡y no saber a dónde vamos,
ni de dónde venimos...!

(De *Cantos de vida y esperanza*)

sin... *without knowing where one is going*

tempts

Conteste Ud. las siguientes preguntas, basándose en el poema.

1. ¿Qué envidia Darío?
2. Según Rubén Darío ¿cuál es el dolor más grande y cuál la mayor pesadumbre?

3. ¿Por qué sufre Darío?
4. ¿A qué se refiere Rubén Darío cuando habla de "la carne que tienta con sus frescos racimos"?

ALFONSINA STORNI

Alfonsina Storni nació en la Argentina en 1892. Como mujer, la poetisa resentía al hombre y su drama consistía en no poder amarlo libremente. Su poesía es a veces torturada, intelectual, de ritmos duros.

De todos sus libros – *El dulce daño* (1918), *Ocre* (1925), *El mundo de siete pozos* (1934) y *Mascarilla y trébol* (1938) – éste último es el mejor.

En 1938 escribió un soneto titulado "Voy a dormir", y se suicidó en el mar.

► CUADRADOS Y ÁNGULOS ◄

Casas enfiladas, casas enfiladas,
casas enfiladas,
cuadrados, cuadrados, cuadrados.
Casas enfiladas.
Las gentes ya tienen el alma cuadrada,
ideas en fila
y ángulo en la espalda,
yo misma he vertido ayer una lágrima,
Dios mío, cuadrada.

(De *El dulce daño*)

Conteste Ud. las siguientes preguntas, basándose en el poema.

1. Según la poetisa, ¿cómo es el alma de la gente?
2. ¿Cómo ve el mundo la poetisa?
3. ¿Qué crítica hace Alfonsina Storni en su poema?

PABLO NERUDA

Pablo Neruda nació en Chile en 1904. Sus primeros poemas revelan todavía la influencia del modernismo. En su libro *Crepusculario* (1923) ya se asoma el Neruda original. En 1924, publicó *Veinte poemas de amor y una canción desesperada,* donde todavía sigue la forma tradicional. En *Tentativa del hombre infinito,* vemos al Neruda del verso y la sintaxis libres. Es ésta una poesía oscura, intuitiva, superrealista. Con *España en el corazón* (1937), despierta su conciencia política y su voz se hace cada vez más hermética. De *Tercera residencia* (1947) a *Canto general* (1950) su poesía se hace más política. Neruda abraza la ideología comunista. En *Odas elementales* (1954) el poeta quiere llegar al hombre sencillo.

Neruda obtuvo el premio Nobel en literatura en 1971. Murió en el año 1973.

► POEMA 20 ◄

Puedo escribir los versos más tristes esta noche.

Escribir, por ejemplo: "La noche está estrellada,
y tiritan,° azules, los astros° a lo lejos."

shiver / stars

El viento de la noche gira° en el cielo y canta.

spins

Puedo escribir los versos más tristes esta noche.
Yo la quise, y a veces ella también me quiso.

En las noches como ésta la tuve entre mis brazos.
La besé tantas veces bajo el cielo infinito.

Ella me quiso, a veces yo también la quería.
¡Cómo no haber amado sus grandes ojos fijos!

Puedo escribir los versos más tristes esta noche.
Pensar que no la tengo. Sentir que la he perdido.

Oír la noche inmensa, más inmensa sin ella
Y el verso cae al alma como al pasto el rocío.

¡Qué importa que mi amor no pudiera guardarla!
La noche está estrellada y ella no está conmigo.

La misma noche que hace blanquear° los mismos árboles.
Nosotros, los de entonces, ya no somos los mismos.

whiten

Ya no la quiero, es cierto, pero cuánto la quise.
Mi voz buscaba el viento para tocar su oído.

De otro. Será de otro. Como antes de mis besos.
Su voz, su cuerpo claro. Sus ojos infinitos.

Ya no la quiero, es cierto, pero tal vez la quiero.
Es tan corto el amor, y es tan largo el olvido.

Porque en noches como ésta la tuve entre mis brazos
mi alma no se contenta con haberla perdido.

Aunque éste sea el último dolor que ella me causa,
y éstos sean los últimos versos que yo le escribo.

(De *Veinte poemas de amor y una canción desesperada*)

Conteste Ud. las siguientes preguntas, basándose en el poema.

1. ¿Qué es lo que causa la tristeza [*sadness*] del poeta?
2. ¿Qué recuerdos tiene el poeta de su amada?
3. ¿Han cambiado los amantes con el paso del tiempo?
4. ¿Qué dice el poeta sobre el amor y el olvido?

JUAN RAMÓN JIMÉNEZ

Juan Ramón Jiménez nació en Moguer, España, en 1881. Su poesía, al evolucionar, pasa de lo subjetivo sentimental a lo objetivo y finalmente a lo filosófico metafísico. Su mayor preocupación es la estética. Su obra es muy numerosa y el poeta trata constantemente de depurarla.

Sus obras principales son: *Poesías escojidas*[1] (1917), *Segunda antolojía poética* (1922), *Canción* (1936) y *Tercera antolojía* (1957). Escribió también un libro de prosa poética titulado *Platero y yo.*

En 1958, poco antes de morir, recibe el premio Nobel de literatura.

► EL VIAJE DEFINITIVO ◄

...Y yo me iré. Y se quedarán los pájaros cantando;
Y se quedará mi huerto, con su verde árbol,
y con su pozo blanco.
Todas las tardes, el cielo será azul y plácido;
y tocarán, como esta tarde están tocando,
las campanas del campanario.° *bell tower*
Se morirán aquéllos que me amaron;
y el pueblo se hará nuevo cada año;
y en el rincón aquel de mi huerto florido y encalado,° *whitewashed*
mi espíritu errará nostáljico...
Y yo me iré; y estaré solo, sin hogar, sin árbol
verde, sin pozo blanco,
sin cielo azul y plácido...
Y se quedarán los pájaros cantando.

(De *Segunda antolojía poética*)

Conteste Ud. las siguientes preguntas, basándose en el poema.

1. Según el poema ¿qué quedará después de la muerte del poeta?
2. ¿Quedará algo del poeta en el lugar que tanto ama?
3. ¿Cuáles son las cosas que el poeta ama?

ANTONIO MACHADO

La poesía del sevillano Antonio Machado (1875–1939) es de profunda espiritualidad. Su obra poética, que no es muy extensa, se concentra en ciertos temas esenciales: los recuerdos de su juventud, el amor, los paisajes de Castilla, Andalucía, España, y, sobre todo, el tiempo, la muerte y Dios.

Sus obras más importantes son *Soledades* (1903), *Soledades, galerías y otros poemas* (1907), *Campos de Castilla* (1912) y *Nuevas canciones* (1926).

---

[1]Juan Ramón Jiménez usaba la **j** en vez de la **g.**

► XXIII ◄

traveler

al ... when one looks back

path

wake of a ship

Caminante,° son tus huellas
el camino, y nada más;
caminante, no hay camino,
se hace camino al andar.
Al andar se hace camino,
y al volver la vista atrás°
se ve la senda° que nunca
se ha de volver a pisar.
Caminante, no hay camino,
sino estelas° en la mar.

(De *Proverbios y cantares*)

Conteste Ud. las siguientes preguntas, basándose en el poema.

1. ¿Qué representa el caminante?
2. ¿Qué representa el camino?
3. ¿A qué se refiere Antonio Machado cuando habla de "la senda que nunca se ha de volver a pisar"?

BLAS DE OTERO

Blas de Otero, famoso poeta español, nació en Bilbao en 1916. En su primer libro, *Ángel fieramente humano* (1950) y en el segundo *Redoble de conciencia* (1951), vemos dos grandes temas tradicionales: el amor y la muerte.

Blas de Otero escribe para la mayoría, para el hombre de la calle, para el que pide, más que nada, la paz.

► PATO ◄

quien... *if only I were*

dancing

nonsense

Quien fuera° pato
para nadar, nadar por todo el mundo.
pato para viajar sin pasaporte
y repasar, pasar, pasar fronteras.
como quien pasa el rato.
Pato
Patito vagabundo.
Plata del norte.
Oro del sur. Patito danzaderas.°
Permitidme, Dios mío, que sea pato.
¿Para qué tanto lío,
tanto papel,
ni tanta pamplina? °
Pato.
Mira, como aquél

que va por el río
tocando la bocina...

(De *En castellano*)

Conteste Ud. las siguientes preguntas, basándose en el poema.

1. ¿Por qué Blas de Otero querría ser pato?
2. ¿Qué critica Blas de Otero en el poema?

REPASO DE VOCABULARIO

Busque en la columna *B* las definiciones de las palabras que aparecen en la columna *A*.

A	B
1. pato	a. marca que se deja al andar
2. rocío	b. estructura física de un hombre
3. huella	c. miedo
4. tumba	d. gotas de agua que aparecen por la mañana.
5. piedra	e. opuesto de norte
6. sur	f. problema
7. cuerpo	g. pena
8. temor	h. animal que nada
9. lío	i. materia mineral
10. pesadumbre	j. lugar donde se pone a una persona muerta
11. mirada	k. alimento para animales
12. pasto	l. acto de mirar

COMPOSICIÓN

A. Escriba Ud. una composición sobre uno de los temas siguientes.

1. La religión y la vida eterna
2. La deshumanización del hombre moderno
3. Recuerdos de mi primer amor
4. El hombre es el creador de su propio destino.
5. Quien fuera...

B. Escriba una composición de tema libre, usando las siguientes palabras y expresiones.

bocina	acercar	corto	tal vez
norte	contentarse	dichoso	a lo lejos

campana	causar	fresco	es cierto
frontera	morirse	último	
huerto	sospechar		

¡Vámonos de caza!

Busque Ud. en la lectura ejemplos de: *(a)* verbos regulares e irregulares en el futuro y *(b)* uso de los comparativos. Haga una lista de ellos.

SECCIÓN LITERARIA

Basándose en los diferentes poemas presentados en la lectura, haga los siguientes ejercicios.

A. Busque Ud. en los poemas ejemplos de:

1. aliteración
2. asonancia
3. consonancia
4. encabalgamiento
5. personificación
6. ritmo
7. símil
8. versos amétricos
9. versos métricos
10. estrofa

B. Clasifique los siguientes versos de acuerdo con su medida.

1. Dichoso el árbol que es apenas sensitivo.
2. y ángulo en la espalda
3. caminante, no hay camino

C. En los siguientes versos, marque los ejemplos de sinalefa.

1. pues no hay dolor más grande que el dolor de
2. y tocarán como esta tarde están tocando.
3. se hace camino al andar.

D. Señale el tema (o los temas) de cada uno de los poemas.

E. ¿Cuál es el tono del "Poema 20"?

F. Composición
Escriba en prosa el poema "Lo fatal" de Rubén Darío.

G. De los poetas presentados en esta lección escoja el que más le haya gustado y dé un pequeño informe sobre el mismo, completando la información que aparece al comienzo.

PENSAMIENTOS DE HOMBRES ILUSTRES

Sobre la muerte

La cosa es haber entrado en la vida humana, que el salir no tiene importancia.

Ramón Gómez de la Serna (España: 1888–1963)

¡Qué malos actores somos! La muerte es una pieza que ensayamos° todas las noches y no aprendemos nunca.

we rehearse

Enrique José Varona (Cuba: 1849–1933)

LECCIÓN 5

SECCIÓN GRAMATICAL

- Futuro perfecto
- Condicional perfecto
- Más sobre el pretérito: *(A)* Verbos de cambios ortográficos; *(B)* Verbos de cambios radicales
- Pronombres relativos

SECCIÓN DE LECTURA La colmena (Selección), CAMILO JOSÉ CELA

SECCIÓN GRAMATICAL

1. Futuro perfecto

► LOS CHICOS DE HOY ◄

ALFREDO —Mamá, ¿a dónde habrá ido Tito? Tiene que vestirse para la fiesta de esta noche y todavía no está aquí.

DA. PILAR —¡Pero si la fiesta no es hasta las nueve! Para esa hora ya habrá vuelto.

ALFREDO —Bueno, con Tito nunca sabe uno qué esperar. La semana pasada fue a visitar a un amigo y no volvió hasta el día siguiente.

DA. PILAR —¡Qué horrible! ¡Te habrás vuelto loco de preocupación!

ALFREDO —¡Ya lo creo! No dormí en toda la noche. Estos chicos de hoy en día no tienen consideración con los padres.

DA. PILAR —¡Ja! ¡Si habré pasado yo noches sin dormir preocupada por ti!

ALFREDO —¡Qué va! Yo era un santo.

¿Se acuerda Ud. de cómo se forma el futuro perfecto? Con el futuro del verbo **haber** y el participio pasado del verbo principal:

FUTURO PERFECTO

	Pronombre	*Haber (futuro)*	*Participio pasado*
I will have opened	yo	habré	abierto
you will have said	tú	habrás	dicho
you will have spoken	Ud.	habrá	hablado
he will have written	él	habrá	escrito
she will have come	ella	habrá	venido
we will have done	nosotros	habremos	hecho
you will have put	vosotros	habréis	puesto
you will have drunk	Uds.	habrán	bebido
they (m.) *will have seen*	ellos	habrán	visto
they (f.) *will have gone*	ellas	habrán	ido

El futuro perfecto se usa en los siguientes casos:

1. Para expresar una acción futura anterior a otra también futura:

   Para esa hora ya **habrá vuelto** Tito.
   Ya se **habrán casado** para septiembre.

2. Para expresar probabilidad con referencia a una acción en el pasado:

   ¿A dónde **habrá ido** Tito?
   Habrán dado ya las seis.

3. Con valor de pretérito cuando se expresa sorpresa o concesión:

¡Te **habrás vuelto** loco de preocupación!
¡Si **habré pasado** yo noches sin dormir!

EJERCICIOS

A. Complete las siguientes oraciones, usando el futuro perfecto de los verbos en paréntesis.

1. El niño (repasar) ____ las lecciones.
2. Para entonces, ellos ya (sospechar) ____ la causa.
3. Nosotros (terminar) ____ el trabajo para las ocho.
4. ¡Si yo (tener) ____ paciencia todo el día!
5. María (limpiar) ____ el huerto ya.
6. (pintar) ¿____ ellos la pared para el miércoles?
7. Cuando yo vuelva no (contentarse) ____ todavía el niño.
8. Nosotros ya (retirarse) ____ para las ocho.
9. Los policías ya (soltar) ____ al prisionero.
10. Después del accidente, el conductor (pedir) ____ auxilio enseguida.

B. Conteste las siguientes preguntas con frases completas.

1. ¿Es cierto que tus padres habrán vuelto para la hora de cenar?
2. ¿Se habrá apresurado el profesor en corregir los exámenes?
3. ¿Habrá habido rocío anoche?
4. ¿Crees que habrá llovido igual en el norte que en el sur del país?
5. La cena era a las nueve. Ya son las once. ¿Crees que nos habrán aguardado?

2. Condicional perfecto

► LAS MADRES SON ASÍ ◄

DOÑA MARÍA —Anoche no dormí nada... Luis dijo que para las nueve ya habría llegado, y eran casi las cinco de la mañana y todavía no había venido... Pensé que habría tenido un accidente...

JOSEFA —Si hubiera tenido un accidente, la policía la habría llamado...

DOÑA MARÍA —¡Es verdad! Pero tú sabes cómo somos las madres...

JOSEFA —¡Pobre doña María! Me habría gustado estar aquí para consolarla... !

El condicional perfecto se forma con el condicional del verbo **haber** más el participio pasado del verbo principal:

CONDICIONAL PERFECTO

	Pronombre	Haber (condicional)	Participio pasado
I would have missed	yo	habría	faltado
you would have deserved	tú	habrías	merecido
you would have covered	Ud.	habría	cubierto
he would have come	él	habría	venido
she would have died	ella	habría	muerto
we would have come in	nosotros	habríamos	entrado
you would have eaten	vosotros	habríais	comido
you would have come back	Uds.	habrían	vuelto
they (m.) *would have finished*	ellos	habrían	terminado
they (f.) *would have broken*	ellas	habrían	roto

En español se usa el condicional perfecto en los siguientes casos:

1. Para expresar una acción futura en relación con un momento pasado:

   Luis dijo que para las nueve ya **habría llegado.**
   Juan es un fresco; me dijo que ya **habría leído** la novela para el viernes y todavía no me la ha devuelto.

2. Para expresar probabilidad en el pasado:

   Pensé que **habría tenido** un accidente.
   ¿Dónde **habría comprado** Julio ese cuadro?

3. Con las oraciones condicionales:

   Si hubiera tenido un accidente, la policía la **habría llamado.**
   Petra se **habría muerto** de risa, si hubiera oido el chiste.

EJERCICIOS

A. Complete las siguientes oraciones, usando el condicional perfecto de los verbos en paréntesis.

1. El hombre (ahogarse) ____ por no saber nadar.
2. Ellas (acercarse) ____ a ver a sus abuelos.
3. ¿Dónde (ver) ____ el policía la huella del criminal?
4. Ese vestido (ser) ____ corto para Elena.
5. La carretera (volverse) ____ blanca por la nieve.
6. Si hubiéramos llegado temprano a la frontera (ver) ____ la ciudad.
7. Ellos (ser) ____ los últimos de la clase.
8. Ud. me dijo que (volver) ____ para las tres.
9. De no haber ido nosotros a la fiesta (ser) ____ muy aburrida.
10. Yo (tocar) ____ la bocina si me lo hubieras dicho.

B. Conteste las siguientes preguntas con frases completas.

1. ¿Habrían sido dichosos Ud. y su primer amor si se hubieran casado?
2. Ayer hubo una reunión de estudiantes. ¿Habrías asistido si te hubiera llamado?

3. ¿Habría estado bien si te hubiera comprado un regalo para tu cumpleaños?
4. Yo necesitaba cien dólares. ¿Me los habrías prestado?
5. El coche costaba veinte mil dólares. ¿Uds. lo habrían comprado?

3. Más sobre el pretérito: *(A)* Verbos de cambios ortográficos; *(B)* Verbos de cambios radicales

► HABLANDO DE LIBROS ◄

NORA —¿Cuándo compraste la última novela de Cela?

QUIQUE[1] —No la compré, la saqué de la biblioteca. Pero sí compré esta obra de Sastre.

NORA —¿Cuánto pagaste por ella?

QUIQUE —Pagué 350 pesetas.

NORA —Pues no es mucho.

QUIQUE —¿Has leído *La colmena?*

NORA —No, pero Adela me leyó algunos capítulos y parece ser una obra muy interesante.

QUIQUE —¿Sabes una cosa? Esa novela que tiene Adela es mía. Me la pidió prestada y todavía no me la ha devuelto.

A. Verbos de cambios ortográficos:

1. Vamos a repasar los verbos que cambian la última consonante de la raíz para conservar el sonido de la misma delante de la **e** en la primera persona del singular del pretérito. Todas las demás formas son regulares:

a. Los verbos que terminan en **-car** cambian la **c** en **qu:**

sacar *to take out*	yo saqué *I took out*
buscar *to look for*	yo busqué *I looked for*
pescar *to fish*	yo pesqué *I caught* (fish)

Otros verbos del mismo grupo son: tocar, atacar, comunicar, explicar, indicar.

b. Los verbos que terminan en **-gar** cambian la **g** en **gu:**

llegar *to arrive*	yo llegué *I arrived*
negar *to deny*	yo negué *I denied*
pagar *to pay*	yo pagué *I paid*

Otros verbos del mismo grupo son: jugar, rogar, apagar, colgar *(to hang)*, regar *(to water)*, pegar.

c. Los verbos que terminan en **-zar** cambian la **z** en **c:**

empezar *to begin*	yo empecé *I began*
gozar *to enjoy*	yo gocé *I enjoyed*
rezar *to pray*	yo recé *I prayed*

[1] Sobrenombre de *Enrique*.

Otros verbos del mismo grupo son: comenzar, cazar, alcanzar *(to reach),* almorzar, forzar, abrazar, cruzar.

d. Los verbos que terminan en **-guar** cambian la **gu** en **gü:**

averiguar *to find out*	yo averigüé *I found out*
apaciguar *to pacify*	yo apacigüé *I pacified*

2. Algunos verbos presentan cambios ortográficos en la tercera persona del plural. Estos verbos cambian la **i** inacentuada entre dos vocales en **y:**

leer *to read*	él leyó	ellos leyeron
oír *to hear*	Ud. oyó	Uds. oyeron
caer *to fall*	ella cayó	ellas cayeron

Otros verbos del mismo grupo son: creer, construir, huir, concluir, contribuir, poseer, incluir, atribuir.

B. Verbos de cambios radicales:

Todos los verbos de la tercera conjugación (**-ir**) que presentan cambios radicales en el pretérito cambian la **e** de la raíz a **i,** y la **o** a **u** en la tercera persona del singular y del plural:

p**e**dir *to ask for*	d**o**rmir *to sleep*
pedí	dormí
pediste	dormiste
p**i**dió	d**u**rmió
pedimos	dormimos
pedisteis	dormisteis
p**i**dieron	d**u**rmieron

Otros verbos del mismo grupo son: morir, advertir, consentir, concebir, competir, convertir, elegir, impedir, perseguir, divertir(se), herir, mentir, preferir, reír(se), repetir, seguir, servir, vestir(se).

EJERCICIOS

A. Conteste las siguientes preguntas, usando siempre la primera persona del singular.

EJEMPLO: ¿Quién buscó el libro?
Lo busqué yo.

1. ¿Quién sacó la piedra del río?
2. ¿Quién tocó la bocina del coche?
3. ¿Quién apagó la luz?
4. ¿Quién comenzó a pintar el cuarto?
5. ¿Quién averiguó lo que había sucedido?
6. ¿Quién le comunicó la noticia al periodista?
7. ¿Quién colgó el cuadro?
8. ¿Quién empezó la pelea?

9. ¿Quién pagó la cuenta?
10. ¿Quién apaciguó las fieras?

B. Conteste las siguientes preguntas, siguiendo el modelo.

EJEMPLO: ¿Leyó Ud. el poema de Rubén Darío?
No lo leí yo. Lo leyeron ellos.

1. ¿Huyó Ud. de la mirada de Pedro?
2. ¿Se cayó Ud. en el río?
3. ¿Oyó Ud. las campanas anoche?
4. ¿Creyó Ud. que le iba a dejar todo el dinero?
5. ¿Construyó Ud. una casa en la montaña?
6. ¿Concluyó Ud. el trabajo?
7. ¿Contribuyó Ud. con dinero?
8. ¿Incluyó Ud. los datos necesarios.

C. Yo no sé inglés. ¿Qué quiere decir lo siguiente?

1. They lied when they said that I wasn't coming.
2. She asked to see the tomb of her husband.
3. The boys fought over the big bunch of grapes.
4. The stranger chose the north road instead of the south road.
5. You served dinner very early, sir.

D. Haga frases originales, usando los pronombres y los verbos siguientes en el pretérito.

apaciguar (yo)	caer (ellos)
dormir (ella)	vestirse (Ud.)
incluir (él)	tocar (yo)
reirse (ellas)	cazar (yo)
herir (Uds.)	colgar (yo)

4. Pronombres relativos

► DESPUÉS DEL EXAMEN FINAL ◄

LAURA —¿Cómo te fue en el examen?
TOMÁS —Terrible. No quiero hablar de eso.
LAURA —¿Te acuerdas de los capítulos que repasamos ayer?
TOMÁS —¿Cuáles? ¿Los que explicaban el pretérito y el imperfecto?
LAURA —Sí, ésos. Pues todo salió en el examen.
TOMÁS —¿Recuerdas ese ejercicio sobre verbos irregulares que nos dio la profesora, y el cual yo hice tan bien? Pues hoy no pude hacerlo...
LAURA —Tú eres quien tiene la culpa. Te he dicho muchas veces que no debes estudiar hasta tan tarde.
TOMÁS —Lo cual es cierto. Antes de un examen debo dormir más.

Vamos a repasar los usos de los pronombres relativos:

1. **Que** es el pronombre que se usa con más frecuencia. Sirve para todos los géneros y números, y su antecedente puede ser una persona o una cosa:

   ¿Te acuerdas de los capítulos **que** repasamos ayer?
   El hombre **que** causó ese lío tan grande era mi hermano.
   Las casas **que** están allá son mías.

   Puede emplearse como sujeto de la oración, y se usa con el artículo correspondiente:

   Los que explicaban el pretérito y el imperfecto eran los profesores.
   Las que te hablaron fueron **las que** llamaron ayer.

2. **Quien (quienes)** se usa solamente cuando el antecedente es una persona. Normalmente se emplea con preposiciones. Como se puede ver, *no* cambia de acuerdo con el género, pero *sí* con el número:

   Ella es **quien** tiene la culpa.
   Ellas son **quienes** dicen que yo hablo muy mal el español.
   Llegó Jorge, para **quien** compré este libro.

   Quien se usa también como equivalente de *he who:*

   Quien ríe último, ríe mejor.

3. **Cual (cuales),** que sustituye al pronombre **que,** se usa cuando el antecedente está muy lejos del pronombre o puede haber confusión. Sirve para personas y cosas, como sujeto o como complemento, y lleva siempre el artículo. Se usa también después de las preposiciones **sin** y **por:**

   ¿Recuerdas ese ejercicio sobre verbos irregulares que nos dio la profesora, y **el cual** yo hice tan bien?
   El hermano de Inés, **del cual** te hablé, se cayó por el barranco.
   El libro, **sin el cual** no puedo estudiar, no ha llegado.
   Su novio, **por el cual** dejó a su familia, se casó con otra.

4. **Cuyo, cuya, cuyos** y **cuyas** tienen carácter posesivo y concuerdan en género y número con la cosa poseída, no con el poseedor:

   Esa estrella, **cuya** luz es tan brillante, apareció ayer.
   Esa chica, **cuyos** padres son tan ricos, es mi novia.

   A veces **cuyo** se usa después de una preposición como equivalente del adjetivo inglés *which:*

   Es probable que me paguen hoy, **en cuyo** caso iremos al cine.

5. **Lo que** y **lo cual** pertenecen al género neutro y se emplean cuando uno se refiere a una idea:

   Piensa que soy listo, **lo cual** es cierto.
   Me dijo que ella había muerto, **lo cual** me sorprendió.
   No le diría a nadie **lo que** te conté anoche.

Muelle del Lago Titicaca en Puno (Perú)

EJERCICIOS

A. Complete las frases siguientes, usando el pronombre relativo más adecuado.

1. Sospecho que el hombre ____ vino ayer era su amante.
2. La chica de ____ te hablé es la hija de Pepe.
3. ____ te contaron es mentira.
4. ¿Es cierto que Inés, ____ hermano está en París, va a ir a verlo?
5. Las amigas de Adolfo de ____ te hablé llegan esta noche.
6. Ése es el camino ____ tenemos que seguir.
7. Las campanas, ____ sonido oyes desde la frontera, son las de mi pueblo.
8. Juan es el ____ tocó la bocina tanto.
9. ¿Son ellas ____ tenían tanto miedo?
10. A lo lejos, se ve el árbol a ____ sombra siempre descansábamos.

B. Yo no sé inglés. ¿Qué quiere decir lo siguiente?

1. The grass has grown a great deal, which worries me.
2. Ana is a woman who deserves to be happy.
3. The children, whose parents died, are in our house.
4. This is the man with whom I'm in love.
5. Is it true that Carmen's father, who is the richest man in this town, died without leaving (a) will [**testamento**]?

PALABRAS PROBLEMÁTICAS

A. **Tomar, coger (agarrar), llevar:**

1. **Tomar** y **coger** son sinónimos y equivalen a *to lay hold of, to take* o *seize*. En algunos países (Chile, Paraguay, México, Argentina) sólo se usa **tomar (agarrar).**

   Yo **tomé (cogí, agarré)** el sombrero y salí.
   Tomaremos (cogeremos) el tren para ir a Barcelona.

2. **Llevar:**
   a. **Llevar** se usa cuando se quiere expresar la idea de *to take someone someplace:*

   Llevó a mi hija al hospital.

   b. **Llevar** se usa también para expresar la acción de *to take, to carry* refiriéndose a cosas:

   Pedro **llevará** los libros a la escuela.

B. **Ahorrar, guardar, salvar:**

1. **Ahorrar** equivale a *not to spend* o *not to waste,* o *to save:*

   Él está **ahorrando** dinero para comprarse un coche.
   Todos debemos **ahorrar** electricidad.

2. **Guardar** es el equivalente de *to put aside, to keep:*

   Voy a **guardar** mis documentos en la caja de seguridad.
   Él quiere **guardar** la comida para después.

3. **Salvar** equivale a *to rescue* o *to save:*

   El doctor no pudo **salvar** al enfermo.
   Ella me **salvó** de ahogarme en el río.

C. **A mediados de, mediano, medio:**

1. **A mediados de** se usa como equivalente de *around the middle of:*

   Saldremos **a mediados de** año.

2. **Mediano** equivale a *average, middle:*

   Es de estatura [*height*] **mediana.**

3. **Medio** equivale a *(the) middle* o *half.*

   No debes estar en el **medio** de la calle.
   Quiero **medio** pastel.

EJERCICIO

Complete las frases, usando las palabras estudiadas en esta sección.

1. Está triste porque no pudo ____ a su perrito del incendio.
2. Mi cumpleaños es ____ de agosto.
3. La maleta pesa mucho; yo no puedo ____.
4. No es viejo, ni joven; es de edad ____.
5. Voy a ____ este vaso para beber agua. *(2 maneras)*
6. Voy a ____ para poder ir de vacaciones a México.
7. Necesito ____ botella de vino para esta receta.
8. ¿Puedes ____ esta frazada en el armario [*closet*]?

EJERCICIO FINAL

En este ejercicio encontrará usted todos los puntos gramaticales estudiados en esta lección. Pero... ¿qué dice aquí?

"I wonder what my husband has bought me for Christmas."

"Well, I don't know. I explained to him that you didn't like things for the house."

"Good! I told him that last year, I would have liked to receive a beautiful evening gown."

"My husband gave me a dress last year. I hung it in the closet and never wore it. I told him it was beautiful, but he didn't believe me."

"Poor Louis! I started my Christmas shopping yesterday. Around the middle of December, I will have bought everything I need."

"Who took you downtown?"

"I took a bus. Did you go shopping?"

"No, I'm saving my money to go to Spain. We are leaving on the tenth of December and will not have returned by Christmas."

"Oh! I bought you a beautiful purse, which is a pity, because you are not going to be here."

SECCIÓN DE LECTURA

Vocabulario activo

Aprenda Ud. las siguientes palabras y expresiones que van a aparecer en la lectura:

NOMBRES

la **banqueta** (el **taburete**) stool
la **cajetilla** pack (of cigarettes)
la **colmena** hive
el **desprecio** scorn
el (la) **desgraciado(a)** creep
las **facciones** features
el **gesto** gesture
el **mostrador** counter
el **músico** musician
el **recado** message
la **simpatía** charm

el **sindicato** trade union
la **traición** treason
el **vendedor** salesman

VERBOS

acercarse to approach
arrastrar to drag
proporcionar to supply
reaccionar to react

ADJETIVOS

digno(a) worthy
fino(a) refined

OTRAS PALABRAS

apresuradamente in a hurry
precipitadamente hastily

ALGUNAS EXPRESIONES

a lo mejor maybe
dar fuego to give light
darle a uno la gana de to feel like
para servirle at your service
ponerse colorado to blush
por poco almost
tomar una decisión to make a decision

CAMILO JOSÉ CELA

Famoso novelista español de post-guerra, nació en 1916. Su primer libro, *La familia de Pascual Duarte* (1942), da un nuevo ímpetu a la novela española. En esta novela el autor pone énfasis en la violencia, el crimen y lo trágico de la vida.

En todas sus obras usa técnicas estilísticas diferentes, las cuales están de acuerdo con el tema de la misma. La crítica considera *La colmena* como su mejor obra. En ella el escritor nos presenta la vida de Madrid después de la guerra civil. Es una obra fragmentaria y esquemática. Como el título indica, lo que se describe en la novela son cuadros de la vida de la ciudad y episodios aislados° de la vida de sus personajes.

isolated

Otras obras del autor son *Pabellón de reposo* (1943), *Nuevas andanzas y desventuras de Lazarillo de Tormes* (1944), *Mrs. Caldwell habla con su hijo* (1953) y *San Camilo, 1936* (1969). También ha escrito numerosos cuentos y libros de viajes como *Viaje a la Alcarria* (1948).

► LA COLMENA ◄

(Selección adaptada)

(Elvira, uno de los muchos personajes de la obra, representa la miseria humana y la situación de España después de la Guerra Civil. En ella muestra Cela la desesperación y también la esperanza. La novela no es la historia de una sola persona, sino la presentación de 160 personajes en un Madrid donde domina el hambre y el ansia de satisfacción sexual.)

La señorita Elvira llama al hombre que vende cigarrillos.

—¡Padilla!

—¡Voy, señorita Elvira!

—Dame dos cigarrillos; mañana te los pago.

—Bueno.

Padilla sacó los cigarrillos y se los puso sobre la mesa.

—Uno es para luego, ¿sabes?, para después de la cena.

—Bueno, ya sabe usted, aquí hay crédito.

El hombre sonrió con un gesto de galantería.° La señorita Elvira sonrió también.

gallantry

—Oye, ¿quieres darle un recado a Macario?

—Sí.

—Que si puede tocar "Luisa Fernanda", por favor.

El hombre se marchó arrastrando los pies, camino de la tarima° de los músicos. Un señor que llevaba ya un rato mirando a Elvirita, se decidió por fin a romper el hielo.

stage

—Son bonitas las zarzuelas, ¿verdad, señorita?

La señorita Elvira asintió con una sonrisa que él interpretó como un gesto de simpatía.

—Y muy sentimentales, ¿verdad?

La señorita Elvira entornó° los ojos. El señor tomó nuevas fuerzas.

half closed

—¿A usted le gusta el teatro?

—Si es bueno...

El señor se rió como festejando una ocurrencia muy chistosa,° y continuó:

festejando... *applauding a very funny saying*

—Claro, claro. ¿Y el cine? ¿También le gusta el cine?

—A veces...

El señor hizo un esfuerzo tremendo, un esfuerzo que le puso colorado hasta las cejas.

—Esos cines oscuritos, ¿eh?, ¿qué tal?

La señorita Elvira se mostró digna y suspicaz.°

se... *behaved in a dignified, mistrustful way*

—Yo al cine voy siempre a ver la película.

El señor reaccionó.

—Claro, naturalmente, yo también... Yo decía por los jóvenes, claro, por las parejitas, ¡todos hemos sido jóvenes! ... Señorita, he observado que es usted fumadora; si usted me lo permite, yo tendría mucho gusto en... vamos, en proporcionarle una cajetilla de cigarrillos.

El señor habla precipitadamente, azoradamente.° La señorita Elvira le respondió con cierto desprecio, con el gesto de quien tiene la sartén por el mango.°

anxiously

tiene... *has the upper hand*

—Bueno, ¿por qué no? ¡Si es capricho!°

whim

El señor llamó al vendedor, le compró la cajetilla, se la entregó con su mejor sonrisa a la señorita Elvira, se puso el abrigo, cogió el sombrero y se marchó. Antes le dijo a la señorita Elvira:

—Bueno, señorita, tanto gusto.° Leoncio Maestre, para servirla. Como le digo, ya nos veremos otro día. A lo mejor somos buenos amiguitos.

tanto... *a pleasure*

A don Leoncio Maestre por poco lo mata un tranvía.°

streetcar

—¡Burro!

—¡Burro será usted, desgraciado!° ¿En qué va usted pensando?

you miserable . . . !

Don Leoncio Maestre iba pensando en Elvirita.

—Es mona,° sí, muy mona. ¡Ya lo creo! Y parece chica fina... No, una golfa° no es. ¡Cualquiera sabe! Cada vida es una novela. Parece una chica de buena familia. Ahora estará trabajando en alguna oficina, seguramente en algún sindicato. Tiene las facciones tristes y delicadas; probablemente lo que necesita es cariño y mucho mimo.°

cute

tramp

pampering

A don Leoncio Maestre le saltaba el corazón debajo de la camisa.

—Mañana vuelvo. Sí, sin duda. Si está, buena señal. Y si no... Si no está... ¡A buscarla!

Don Leoncio Maestre se subió el cuello del abrigo y dio dos saltitos.

—Elvira, señorita Elvira. Es un bonito nombre. Yo creo que la cajetilla de cigarrillos le habrá gustado. Mañana le repetiré el nombre. Leoncio. Leoncio. Leoncio. Ella, a lo mejor, me pone un nombre más cariñoso. Leo. Oncio. Oncete... Me tomo una caña° porque me da la gana.

a glass of beer (España)

Don Leoncio Maestre se metió en un bar y se tomó una caña en el mostrador. A su lado, sentada en una banqueta, una muchacha le sonreía. Don Leoncio se volvió de espaldas. Aguantar aquella sonrisa le habría parecido una traición; la primera traición que le habría hecho a Elvirita.

—No; Elvirita, no. Elvira. Es un nombre sencillo, un nombre muy bonito.

La muchacha del taburete le habló por encima del hombro.

—¿Me da usted fuego, tío° serio?

guy (España)

Don Leoncio le dio fuego, casi temblando. Pagó la caña y salió a la calle apresuradamente.

—Elvira... , Elvira...

La señorita Elvira deja la novela sobre la mesa de noche y apaga la luz. "Los misterios de París" se quedan a oscuras al lado de un vaso de agua, de unas medias usadas y de una barra de rouge ya en las últimas.

Antes de dormirse, la señorita Elvira siempre piensa un poco.

Doña Rosa tiene razón. Es mejor volver con el viejo, así no puedo seguir. Es un baboso,° pero, ¡después de todo! yo ya no tengo mucho donde escoger.

drooling old man

Don Leoncio Maestre tomó dos decisiones fundamentales. Primero: es evidente que la señorita Elvira no es una cualquiera, se le ve en la cara. La señorita Elvira es una chica fina, de buena familia, que habrá tenido algún disgusto con los suyos y se habrá largado y ha hecho bien, ¡qué caramba!

La segunda decisión de don Leoncio fue la de acercarse de nuevo, después de cenar, al Café de doña Rosa, a ver si la señorita Elvira había vuelto por allí.

Conteste Ud. las siguientes preguntas, basándose en la lectura.

1. ¿Qué compra Elvira?
2. ¿Cuál es el favor que le pide Elvira al vendedor?
3. ¿Cómo anda el vendedor de cigarrillos?
4. ¿Qué le pregunta el señor a Elvira la primera vez?
5. ¿Cómo reacciona Elvirita, cuando el hombre le dice: "Esos cines oscuritos, ¿eh?, ¿qué tal?"?

6. ¿Qué quiere regalarle el señor a Elvirita?
7. ¿Cómo se despide de ella?
8. ¿Qué le pasa a don Leoncio en la calle?
9. ¿En qué va pensando?
10. ¿Cómo cree don Leoncio que es Elvira?
11. Cuando la muchacha le sonríe en el bar, ¿qué cree don Leoncio que le está haciendo a Elvirita?
12. Describa el cuarto de Elvira.
13. ¿Qué es lo que le ha aconsejado Doña Rosa a Elvira?
14. ¿Cuáles son las decisiones que toma don Leoncio?
15. ¿Cómo cree usted que terminará la historia?

REPASO DE VOCABULARIO

¿Puede ser o no?

1. La niña tiene unas facciones muy bonitas.
2. Compró una cajetilla de cigarrillos para ponerla en la sopa.
3. Cruzó la calle sin mirar, y por poco lo mata un tranvía.
4. Una persona antipática tiene muchísima simpatía.
5. Salió precipitadamente porque estaba muy apurado.
6. Es fumador. Fuma dos cajetillas al día.
7. Es muy tímida. Se pone colorada muy fácilmente.
8. La traición es algo que todos admiramos.
9. En ese restaurante sirven sindicatos sabrosísimos.
10. Un gesto de desprecio no es agradable.

DEBATE

1. Es mucho mejor vivir en la ciudad, pues ésta ofrece más oportunidades de trabajo, y la educación y la cultura son superiores.
2. Es mejor vivir en el campo, cerca de la naturaleza y respirando aire puro. La vida simple, sin problemas, es ideal para una familia.

COMPOSICIÓN

A. Escriba Ud. una composición sobre uno de los siguientes temas.

1. Ventajas y desventajas de ser casado(a)
2. La ciudad (el pueblo) ideal
3. Problemas de las grandes ciudades
4. Un marciano describe una ciudad norteamericana típica
5. El papel de la mujer en la sociedad norteamericana

Centro comercial en Lima, Perú. Note los arcos, característicos de la arquitectura española.

B. Escriba una composición de tema libre, usando las siguientes palabras y expresiones.

banqueta	acercarse	fino	dar fuego
músico	arrastrar	digno	para servirle
mostrador	proporcionar	¡desgraciado!	darle a uno la gana
recado	reaccionar	apresuradamente	tomar una decisión
vendedor			

¡Vámonos de caza!

Busque Ud. en la lectura ejemplos de: *(a)* futuro perfecto, *(b)* condicional perfecto, *(c)* verbos de cambios radicales, *(d)* verbos de cambios ortográficos, *(e)* pronombres relativos. Haga una lista de ellos.

SECCIÓN LITERARIA

A. Basándose en la selección literaria presentada en la lectura, conteste las siguientes preguntas.

1. ¿Qué clase de personaje es Elvira?
2. ¿Qué clase de personaje es don Leoncio?
3. ¿Cómo es el estilo de la obra?
4. ¿Cuál es la atmósfera general de la selección (en el café, en la casa de Elvira)?
5. ¿Hay un punto culminante? ¿Dónde está?
6. ¿Usa el autor el monólogo interior? ¿Con qué propósito?
7. ¿De qué forma contrasta el autor la realidad y la apariencia de lo que es Elvira?
8. ¿Hay ironía al final de la selección? ¿Cómo se consigue?
9. ¿Cuántos puntos de vista puede usted encontrar en la selección?
10. ¿Cree usted que hay una crítica social? ¿En qué consiste?

B. Composición

Tratando de imitar el estilo del autor, continúe Ud. la situación presentada en la novela. ¿Cómo la terminaría Ud.?

C. Dé un pequeño informe sobre el autor y su obra, completando la información que aparece al comienzo.

PENSAMIENTOS DE HOMBRES ILUSTRES

Sobre la belleza

La belleza, como no tiene reglas ni modelos prescritos, carece de definición.

Juan Montalvo (Ecuador: 1832 – 1889)

Con la belleza hay que vivir – y morir – a solas.

Juan Ramón Jiménez (España: 1881 – 1958)

SE VENDEN

LECCIÓN 6

SECCIÓN GRAMATICAL

- Presente de subjuntivo (formas y usos)
- Imperativo indirecto
- Imperativo **(Ud.** y **Uds.)**
- El subjuntivo usado con verbos de emoción
- Usos de las preposiciones **por** y **para**

SECCIÓN DE LECTURA *Rosalba y los Llaveros* (Selección), EMILIO CARBALLIDO

SECCIÓN GRAMATICAL

1. Presente de subjuntivo (formas y usos)

Formas:

Verbos regulares

Para formar el presente de subjuntivo de los verbos regulares, se agregan las siguientes terminaciones a la raíz de la primera persona del singular del presente de indicativo:

-ar	*-er*	*-ir*
habl-**e**	aprend-**a**	recib-**a**
habl-**es**	aprend-**as**	recib-**as**
habl-**e**	aprend-**a**	recib-**a**
habl-**emos**	aprend-**amos**	recib-**amos**
habl-**éis**	aprend-**áis**	recib-**áis**
habl-**en**	aprend-**an**	recib-**an**

Verbos irregulares

Recuerde que si el verbo es irregular en la primera persona del presente de indicativo, esta irregularidad se conserva en todas las personas del presente de subjuntivo:

Verbo	*Primera persona singular (pres. ind.)*	*Raíz*	*Primera persona singular (pres. sub.)*
conocer	conozco	**conozc-**	**conozca**
traer	traigo	**traig-**	**traiga**
caber	quepo	**quep-**	**quepa**
decir	digo	**dig-**	**diga**
hacer	hago	**hag-**	**haga**
venir	vengo	**veng-**	**venga**
poner	pongo	**pong-**	**ponga**
ver	veo	**ve-**	**vea**

En cuanto al subjuntivo de los verbos que presentan cambios radicales, se debe recordar lo siguiente:

1. Los verbos de primera y segunda conjugación (**-ar** y **-er**) mantienen el patrón básico del presente de indicativo o sea cambian la **e** en **ie** y la **o** en **ue:**

cerrar *to close*		**renovar** *to renew*	
cierre	cerremos	renueve	renovemos
cierres	cerréis	renueves	renovéis
cierre	cierren	renueve	renueven

perder *to lose*		**volver** *to return*	
pierda	perdamos	vuelva	volvamos
pierdas	perdáis	vuelvas	volváis
pierda	pierdan	vuelva	vuelvan

2. Los verbos de la tercera conjugación (**-ir**) que en el presente de indicativo cambian la **-e** en **-ie** y la **-o** en **-ue,** cambian en el presente de subjuntivo la **-e** en **-i** y la **-o** en **-u** en la primera y segunda persona del plural:

sentir *to feel*		**morir** *to die*	
sienta	sintamos	muera	muramos
sientas	sintáis	mueras	muráis
sienta	sientan	muera	mueran

3. Los verbos de la tercera conjugacion (**-ir**) que en el presente de indicativo cambian la **-e** en **-i,** conservan este cambio en todas las personas del presente de subjuntivo:

pedir *to request*	
pida	pidamos
pidas	pidáis
pida	pidan

Los siguientes verbos son irregulares en el presente de subjuntivo:

dar: dé, des, dé, demos, deis, den
estar: esté, estés, esté, estemos, estéis, estén
haber: haya, hayas, haya, hayamos, hayáis, hayan
saber: sepa, sepas, sepa, sepamos, sepáis, sepan
ser: sea, seas, sea, seamos, seáis, sean
ir: vaya, vayas, vaya, vayamos, vayáis, vayan

EJERCICIO

Dé la forma correspondiente del presente de subjuntivo, siguiendo el modelo; añada además, una palabra o expresión que complete la idea.

EJEMPLO: abrir yo
(que) yo abra la puerta

Infinitivo	*Sujeto*	*Infinitivo*	*Sujeto*
pedir	nosotros	empezar	yo
poder	Estela	probar	nosotros
proporcionar	los vendedores	encender	mi amigo
ir	tú	tener	él y yo
decir	usted	aguantar	mis padres

Usos:
Recuerde que hay tres casos principales que requieren el uso del subjuntivo en una cláusula subordinada:

1. El mandato: indirecto o sobreentendido

   Él quiere que tú **vengas** mañana.

2. Emoción: piedad, alegría, temor, sorpresa, esperanza, etc.

   Me alegro de que los niños **estén** aquí.

3. Irrealidad: calidad de indefinido, duda o incertidumbre y lo no existente

   Necesito una secretaria que **hable** español.
   No hay nadie que **sepa** tocar el piano.

Empezaremos por estudiar el primer caso.

2. Imperativo indirecto

► COSAS DE FAMILIA ◄

PAULA —Esteban, quiero que vayas al mercado y compres huevos.

ESTEBAN —Bueno, pero voy a tardar un poco porque mamá quiere que la lleve al dentista.

PAULA —Si es así... tía Inés dice que le pidamos una cita con el doctor.

ESTEBAN —Sí, cómo no... ¡Ah! Te ruego que les digas a los chicos que no dejen las ventanas abiertas. Anuncian lluvia...

PAULA —Bueno... Vas a volver pronto, ¿verdad? Mis padres quieren que almorcemos con ellos...

ESTEBAN —Está bien. ¿Quieres que te traiga alguna otra cosa?

PAULA —Nada... eso sí... te aconsejo que te pongas corbata...

ESTEBAN —Sí, sí... ya sé que para comer con ella, tu mamá exige que uno se vista como para ir al Astoria...

Cuando el verbo de la oración principal expresa la idea de deseo, pedido, orden, sugerencia, consejo, etc., y el sujeto de la cláusula subordinada es diferente al de la principal, se usa el subjuntivo. La cláusula subordinada se introduce con la palabra **que.** Recuérdese que si no hay cambio de sujeto se usa el infinitivo.

Compare:

Elsa quiere	que yo **vaya** al centro.
CLÁUSULA PRINCIPAL	CLÁUSULA SUBORDINADA
Elsa quiere	**ir** al centro

Note, en las siguientes combinaciones, el uso del subjuntivo o del infinitivo:

Elsa quiere (pide, desea, ruega, exige, dice, insiste en, aconseja) que

- **yo vaya** al centro.
- **tú compres** huevos.
- **usted lleve** a su padre.
- **él traiga** las cajetillas.
- **ella venga** sola.
- **nosotros almorcemos** ahora.
- **vosotros hagáis** la tarea.
- **ustedes se vistan** en seguida.
- **ellos dejen** el dinero.
- **ellas se pongan** los zapatos.

Recuerde que si el sujeto es el mismo, se usa el infinitivo:

Elsa quiere (desea, insiste en)

- **ir** al centro.
- **comprar** huevos.
- **llevar** a su padre.
- **traer** las cajetillas.
- **venir** sola.
- **almorzar** ahora.
- **hacer** la tarea.
- **vestirse** en seguida.
- **dejar** el dinero.
- **ponerse** los zapatos.

EJERCICIO

Complete la siguiente historia, usando el infinitivo o el presente de subjuntivo, según corresponda.

Yo no quiero (invitar) ____ a los músicos, pero mamá sugiere que los (invitar), ____, pues sería un gesto de simpatía. Pablo y yo siempre tratamos de obedecer a mamá, pero cuando ella nos pide que (hacer) ____ algo que no nos parece una buena idea, nosotros le aconsejamos que (sugerir) ____ alguna otra cosa. Ahora mamá quiere (comprar) ____ una banqueta nueva para la cocina, pero quiere que la (escoger) ____ nosotros. Simple, ¿verdad? Pablo y yo podemos (ir) ____ a la tienda y (escoger) ____ una... ¡No señor! Mamá siempre nos ruega que la (ayudar) ____ a escoger cosas. Ella nunca puede tomar una decisión sola, pero nunca le gustan nuestras sugerencias. Todo esto puede indicarles que mamá es un poco difícil... Voy a darles otro ejemplo: A veces mamá insiste en que Pablo y yo (ir) ____ a visitarla. Si le decimos que no podemos, se enoja muchísimo y asegura que ella no quiere (vivir) ____ sin ver a sus hijos por lo menos una vez al mes y nos ruega que la (visitar) ____ más a menudo. Ella quiere que Pablo la (acompañar) ____ a ir de compras, y que yo le (limpiar) ____ el apartamento dos veces por semana y les (escribir) ____ a sus amigas, pues ella no quiere (escribir) ____...

¿Un poco difícil dicen ustedes? ¿Insufrible, dicen...? ¿Una tirana? ¡Por favor! ¡Les ruego que no (exagerar)! ____ Este... ¿No quieren que mamá (ir) ____ a pasar unos meses con ustedes... ?

3. Imperativo (**Ud.** y **Uds.**)

► SI ES ASÍ AHORA... ¡¿CÓMO SERÁ DESPUÉS...?! ◄

SR. RUIZ —Llene este formulario, féchelo, fírmelo y entrégueselo a la secretaria.
SRTA. MÉNDEZ —Muy bien.
SR. RUIZ —Dígale a la otra señorita que haga lo mismo.
SRTA. MÉNDEZ —Sí señor.
SR. RUIZ —Y después empiecen a copiar esos documentos... Y no los dejen aquí...
SRTA. MÉNDEZ —Bien. ¿Algo más?
SR. RUIZ —Sí, vayan a la oficina de personal...
SRTA. MÉNDEZ —¿Qué hago con estos papeles? ¿Se los doy a la secretaria?
SR. RUIZ —No, no se los dé a ella. Démelos a mí...
SRTA. MÉNDEZ —¿Eso es todo?
SR. RUIZ —Sí... ¡Ah! Cierren ustedes la puerta, por favor.
SRTA. MÉNDEZ —¡Uf! ¡Cuántas órdenes! ¡Haga esto! ¡Haga lo otro! ¡Pues no me da la gana! ¡Ese hombre es un dictador!

El subjuntivo se usa para la forma imperativa de segunda persona formal (usted / ustedes), tanto en el afirmativo como en el negativo:

Llene (usted) este formulario.
No llene (usted) este formulario.

Empiecen (ustedes) a copiar esos documentos.
No empiecen (ustedes) a copiar esos documentos.

En cuanto a la posición de los pronombres usados como objetos directos e indirectos y con verbos reflexivos, deben recordarse las siguientes reglas:

Con el imperativo afirmativo, los pronombres van detrás del verbo, formando con éste una sola palabra:

Obrera de una fábrica textil en San José, Costa Rica

Fírme**lo.**
Entrégue**selo** a la secretaria.
Siénte**se.**

Con el imperativo negativo, los pronombres van delante del verbo:

No **lo** firme.
No **se lo** entregue a la secretaria.
No **se** siente.

EJERCICIOS

A. Conteste las preguntas, siguiendo el modelo.

EJEMPLO: —¿Traigo los cigarrillos?
—Sí, tráigalos, por favor.

1. ¿Pido el préstamo?
2. ¿Le doy el recado a él?
3. ¿Me marcho ahora?
4. ¿Voy con ellos?
5. ¿Le vendo esta cajetilla de cigarrillos a su papá?
6. ¿Vengo mañana?
7. ¿Le doy fuego a Don Ricardo?
8. ¿Pongo las bebidas en el mostrador?
9. ¿Le entrego las tarjetas al vendedor?
10. ¿Cierro las ventanas?

B. Ahora conteste todas las preguntas del ejercicio *A* en forma negativa.

EJEMPLO: —¿Traigo los cigarrillos?
—*No, no los traiga, por favor.*

C. Yo no sé inglés. ¿Qué quiere decir lo siguiente?

1. The forms? Fill them out now, ladies.
2. Bring the stool, but don't drag it.
3. The letters? Don't write them yet, gentlemen.
4. The money? Well, don't give it to him, Mr. Smith.
5. Tell it to *him,* ladies. He is a dignified man.
6. Don't do it hastily.
7. She is a very refined girl. Invite her to the party.
8. Don't eat in a hurry!

4. El subjuntivo usado con verbos de emoción

► **EN LA OFICINA** ◄

MAURICIO —¡Hola, Carolina! Espero que podamos terminar el trabajo...
CAROLINA —Yo también. Siento que estemos tan atrasados. La culpa es mía...
MAURICIO —¡Qué va! Es lástima que tengamos que trabajar en un día tan lindo...
CAROLINA —Pues yo me alegro de que no llueva... Odio los días de lluvia...
MAURICIO —*(Mira unos papeles.)* A ver... Temo que esto esté un poco desorganizado...
CAROLINA —*(sarcástica)* ¿Un poco... ?
MAURICIO —¡Nada de sarcasmos! ¡Vamos a trabajar!

En español, se usa siempre el subjuntivo en la cláusula subordinada cuando el verbo de la cláusula principal expresa emoción (temor, alegría, lástima, esperanza, placer, sorpresa, ira, pena, etc.). Note que el sujeto de la cláusula subordinada debe ser distinto al de la cláusula principal:

(Yo) espero — que hoy (nosotros) **podamos** terminar el trabajo.
CL. PRINC. — CLÁUSULA SUBORDINADA

(Yo) siento — que (nosotros) **estemos** tan atrasados.
CL. PRINC. — CLÁUSULA SUBORDINADA

Si no hay cambio de sujeto, se usa el infinitivo:

(Yo) espero **poder** terminar hoy el trabajo.
(Yo) siento **estar** tan atrasado.

EJERCICIOS

A. Si se combinan las palabras y expresiones que aparecen en las columnas siguientes, conjugando los verbos entre paréntesis en el presente de subjuntivo, se pueden formar muchas oraciones. Prepare quince de ellas.

Ojalá que	Estela (mejorarse) ____
Nosotros esperamos que	los chicos (volver) ____.
Yo temo que	abuela (estar) ____ aquí.
Uds. se alegran de que	tú no lo (saber) ____.
Ellos sienten que	ella no los (conocer) ____.
Ella tiene miedo de que	Marisa (encontrarlos) ____.
Es una lástima que	mamá (averiguarlo) ____.
Es una suerte que	ellos no lo (querer) ____.
Lamento que	Carlos no (poder) ____ venir.

B. Combinando las palabras que aparecen en las tres columnas siguientes (una palabra de cada columna, comenzando con la columna *A*), se pueden formar diferentes oraciones. Trate de escribir cinco oraciones en las que el sujeto de la cláusula principal y el de la subordinada sean distintos y cinco en las que no haya cambio de sujeto. Siga los modelos.

EJEMPLOS: gustar ir la playa
Me gusta que los niños vayan a la playa.

esperar ir vacaciones
Espero ir de vacaciones.

A	B	C
1. ojalá	a. proporcionar	a. el vendedor
2. esperar	b. ir	b. el niño
3. temer	c. venir	c. la playa
4. alegrarse	d. dar	d. el gato
5. sentir	e. salir	e. el balazo
6. tener miedo	f. ahogar	f. el forastero
7. lamentar	g. coger	g. vacaciones
8. es lástima	h. sufrir	h. su traición
9. sorprender	i. reaccionar	i. Elena
10. gustar	j. acercarse	j. los músicos

C. Yo no sé inglés. ¿Qué quiere decir lo siguiente?

1. I hope she can give him the message.
2. I hope this breaks the ice.
3. I'm sorry he is a smoker. I know you don't smoke.
4. It's a pity she isn't a member of the union.
5. She's afraid they will treat her with scorn.

5. Usos de las preposiciones **por** y **para**

► DE VIAJE... ◄

ADELA —¿Cuándo sales para Nueva York?
RAFAEL —El domingo por la noche. Estaré allí por un mes. Voy por avión.
ADELA —¡Fabuloso! ¿Y qué planes tienes para tus vacaciones?
RAFAEL —Pienso ir al teatro, visitar museos... Quiero verlo todo... Por desgracia tengo que estar de vuelta para agosto...
ADELA —*(Se ríe.)* ¡Necesitarías por lo menos un año para hacer todo eso! ¡Ah! ¿Y qué tal tu inglés?
RAFAEL —Bueno... mi amigo Jack dice que para colombiano lo hablo bastante bien... Yo creo que me van a tomar por americano...
ADELA —¿En serio? ¡Pues me alegro por ti!
RAFAEL —¡Ah! Ayer vi a Julio y me preguntó por "Adelita"; además me dio un recado para ti.
ADELA —*(poniéndose colorada)* ¡Ah! ¡Ese antipático! Me llamó por teléfono la semana pasada y habló por dos horas.
RAFAEL —*(Le toma el pelo.)* ¡Pero si el pobre está loco por ti!
ADELA —*(Por poco le pega.)* ¡Odioso! ¿Por qué no me llevas a cenar para celebrar tu viaje?

A. Usos de la preposición **por:**

1. Para expresar el tiempo durante el cual tiene lugar una acción (como equivalente de *during* o *for*):

   Salgo el domingo **por** la noche.
   Estaré allí **por** un mes.

2. Para expresar agente, medio, modo o unidad de medida (como equivalente de *by, for* o *per*):

   A lo mejor voy **por** avión.
   Me llamó **por** teléfono.
   El coche iba a cien kilómetros **por** hora.

3. Como equivalente de *for* en *to take for:*

   Yo creo que me van a tomar **por** americano.
   Por sus facciones, la tomaron **por** japonesa.

4. Para expresar causa o motivo, (como equivalente de *for the sake of, on behalf of, because of*):

   ¡Pues me alegro **por** ti!
   Mis padres hicieron mucho **por** mí.
   Llegamos tarde **por** el mal tiempo.

Con verbos como **venir, ir, enviar, mandar y preguntar,** equivale a *for:*

Me preguntó **por** Adelita.
Vengo **por** ti a las nueve.
Roberto fue **por** el médico.
Mandé **por** las cajetillas.

Puede también ser el equivalente de *about:*

¡Pero si el pobre está loco **por** ti!
No se preocupe **por** ese desgraciado.

5. Para expresar intercambio, equivalencia o substitución (como equivalente de *in exchange for):*

   Me ofreció mil pesos **por** mi coche.

6. Con los verbos de movimiento significa **a través de** (como equivalente de *by, through* o *along):*

   Anoche pasé **por** tu casa.
   Paseamos **por** la ciudad.
   Caminábamos **por** la Quinta Avenida, en Nueva York.

7. Con la voz pasiva (como equivalente de *by*):

   Esa novela fue escrita **por** Camilo José Cela.

8. Para referirse a algo que todavía está por hacerse (como equivalente de *yet*):

   Ya son las cinco y las cartas todavía están **por** escribirse.

9. Para formar ciertas expresiones idiomáticas:

   por aquí *around here, this way*
   por cierto *certainly*
   por completo *completely*
   por desgracia *unfortunately*
   ¡por Dios! *for heaven's sake!*
   por ejemplo *for example*
   por eso *for that reason, that's why*
   por falta de *for lack of*
   por fin *at last, finally*
   por lo menos *at least*
   por lo tanto *therefore*
   por medio de *through*

B. Usos de la preposición **para:**

1. Para expresar el propósito o el lugar para el cual alguien o algo está destinado (como equivalente de *for*):

   ¿Cuándo sales **para** Nueva York?
   ¿Es **para** mí ese vestido?
   La mesa es **para** la oficina del jefe de personal.
   ¿Y qué planes tienes **para** tus vacaciones?

2. Para indicar un punto determinado en el futuro (como equivalente de *by*):

   Tengo que estar de vuelta **para** agosto.
   Necesito la ropa **para** el sábado.

3. Usado con un infinitivo, para expresar propósito (como equivalente de *in order to*):

   Necesitarías por lo menos un mes **para** hacer todo eso.
   ¿Por qué no me llevas a cenar **para** celebrar tu viaje?

4. Como equivalente de *about to* o *on the point of:*

   Estábamos **para** salir cuando llegaron los muchachos.

5. En ciertos casos de comparación implícita (como equivalente de *by the standard of* o *considering*):

   Dicen que **para** colombiano lo hablo bastante bien.
   El niño no es muy grande **para** su edad.

6. Con algunas expresiones:

   para siempre *for ever*
   para siempre jamás *for ever and ever*
   sin qué ni para qué *without rhyme or reason*

EJERCICIOS

A. Lea usted la siguiente historia, llenando los espacios en blanco con las preposiciones **por** o **para.**

Hoy he venido expresamente ____ contarles las aventuras de mi primo Faustino, alias "el Brujo".

Faustino nació un viernes trece ____ la noche, y ____ eso lo llamaban "el brujo" cuando era chico. La gente de ____ aquí todavía le da ese nombre, pero lo quieren mucho. Doña Tomasa, ____ ejemplo, lo llama "Brujito."

¡Pero qué loco es Faustino! Un día salió ____ el campo, diciendo que quería ser ranchero. Cuando estaban ____ venderle un rancho, él confesó que no tenía un centavo. ____ desgracia no lo encontraron muy divertido. Faustino tuvo que volver a la ciudad ____ falta de dinero.

Una noche pasaba ____ la casa de la vieja Jacinta, cuando decidió darle una serenata. La vieja lo tomó ____ un ladrón, y lo amenazó con un revólver. Faustino dijo que la vieja se había enojado sin qué ni ____ qué, y que era muy violenta ____ su edad.

Un día su mamá lo envió ____ café, diciéndole que lo necesitaba ____ la hora de la cena. Faustino tardó ____ lo menos dos horas. Cuando ____ fin volvió, dijo que se había olvidado ____ completo del café, pero que le había vendido su chaqueta a un amigo ____ veinte pesos.

Otra vez llamó ____ teléfono a su maestra y le dijo: "No se preocupe ____ el niño Faustino Díaz. Hoy no va a ir a la escuela porque está enfermo; ____ lo tanto le ruego que le mande la tarea ____ medio de un compañero. ____ cierto que usted hace mucho ____ Faustino." Cuando la maestra le preguntó quién era el que llamaba, Faustino contestó: "¡Ay, ____ Dios! Me olvidé de identificarme: habla mi padre..."

Pero ya es tarde, y mi trabajo todavía está ____ hacer. Tengo que escribir una composición sobre las novelas escritas ____ Cervantes.

¡Adiós! Otro día les contaré más cosas sobre Faustino, que vivirá ____ siempre jamás en el corazón de los que lo conocimos...

B. Escriba usted oraciones ilustrando todos los usos de las preposiciones **por** y **para,** incluyendo las expresiones idiomáticas.

PALABRAS PROBLEMÁTICAS

A. **Cálido, caluroso, caliente, tibio, picante:**

1. **Cálido** equivale a *hot* cuando hablamos de clima:

   Vivimos en un país muy **cálido.**

2. **Caliente** [*hot*] se usa cuando queremos referirnos a la temperatura de las cosas:

   El café está muy **caliente.**

3. **Tibio** equivale a *lukewarm:*

   No debes bañar al bebé con agua fría; debes bañarlo con agua **tibia.**

4. **Picante** es el equivalente de *hot* [*spicy*] cuando hablamos de comida:

   La carne está muy **picante;** tiene demasiada pimienta.

B. **Bajo, corto:**

1. **Bajo** es el opuesto de **alto;** equivale a *short* cuando se refiere a **estatura** [*height*]:

   Mi hermana sólo mide cuatro pies; es muy **baja.**

2. **Corto** es lo opuesto de **largo;** equivale a *short* cuando se refiere a **longitud** [*length*]:

   Ese vestido no te queda muy bien. Es muy **corto.**
   La distancia entre tu casa y la de mis padres es muy **corta.**

C. **Fracasar, quedar suspendido, dejar de:**

1. **Fracasar** es lo opuesto de **tener éxito:**

   El restaurante **fracasó** porque los precios eran demasiado altos.

2. **Quedar (ser) suspendido** es el equivalente de *to fail* refiriéndose a un examen o a un curso:

   Yo **quedé (fui) suspendido** en química.

3. **Dejar de** (hacer algo) es el equivalente de *to fail (to do something):*

   Señoritas, no **dejen de** revisar las carpetas hoy.

Refinería de azúcar en Honduras

EJERCICIO

Complete las frases, usando las palabras estudiadas en esta sección, según corresponda.

1. La comida mexicana generalmente es ____.
2. El clima del Ecuador es muy ____.
3. Aunque el examen final fue ____, fue muy difícil. Creo que yo ____. *(2 maneras)*
4. En mi vida he visto un muchacho tan ____ como Pedro. Mide menos de cinco pies.
5. El té no está frío. Al contrario, está ____.
6. Ella nunca ha tenido éxito. Siempre ha ____ en todo.
7. La leche no está ni fría ni caliente. Está ____.
8. No ____ cerrar las ventanas porque va a llover.

EJERCICIO FINAL

En este ejercicio encontrará usted todos los puntos gramaticales estudiados en esta lección. Pero... ¿qué dice aquí?

"Miss López: I want you to bring the documents I signed yesterday, and (to) put them in the safe deposit. I also want you to tell Mr. Díaz that the three chairs I bought are for my office. And call Susan."

"Very well, sir. Do you want us to come to your office or do you want us to wait for you in the waiting room?"

"Come to my office. Don't tell her that I said she wasn't a good typist!"

"Yes, sir. Oh, your wife brought all these letters. She wants you to take them to the post office. Do you want me to give them to Martha?"

"No, Martha is busy. Give them to Robert. I'm glad he is here!"

"Yes, sir. It's a pity he has to go to Ecuador. He has done a lot for us."

"When is he leaving for Ecuador? I want to buy his car. He's selling it for eight hundred thousand pesos."

"He's leaving next week, but he'll be back by August. Don't fail to tell him that you want to buy his car."

"Okay. Oh, I want you to call that Mexican restaurant and make reservations for two."

SECCIÓN DE LECTURA

Vocabulario activo

Aprenda usted las siguientes palabras y expresiones que van a aparecer en la lectura:

NOMBRES

el **alfiler** pin
el **bulto** package
el **cajón** box, drawer
la **lancha** boat
la **mercancía** merchandise
la **nube** cloud
la **oración** prayer
el **postizo** false hair
el **suelo** ground, floor

VERBOS

aconsejar to advise
acostumbrar(se) to accustom, to be used to, to get used to
alejarse to get away, to go far away
asomarse to appear
avisar to let know, to advise
cargar to carry, to load
impedir to prevent
padecer (yo padezco) to suffer
pararse to stand up, to stand
quemar(se) to burn (oneself)
quitar to take away, to remove
regresar to return

ADJETIVOS

chistoso(a) funny, comical
horrorizado(a) horrified
humilde humble
ligero(a) light
morado(a) purple
provechoso(a) profitable
sudoroso(a) sweaty
trigueño(a) dark skinned
vulgar ordinary

OTRAS PALABRAS

fuera out, outside

ALGUNAS EXPRESIONES

a sus órdenes at your service
dar la mano to shake hands
de golpe suddenly
dejar caer to drop
pase adelante come on in
tenga la bondad (de) please

EMILIO CARBALLIDO

Nació en 1925 en Veracruz, México. Aunque es más conocido como autor teatral, ha escrito también novelas y cuentos. Sus primeras obras son más bien de tipo realista y crítico, las últimas tienden a un estilo que se puede llamar "un realismo psicológico". Además de *Rosalba y los Llaveros,* de la cual presentamos una selección, otras obras del autor son: *La hebra de oro* (1956), *El lugar y la hora* (1956), *El relojero de Córdoba* (1958), *Medusa* (1958), *Las estatuas de marfil* (1960) y *Un pequeño día de ira* (1961).

► ROSALBA Y LOS LLAVEROS ◄

(Selección adaptada)

Esta obra presenta el conflicto entre las costumbres tradicionales de los pueblos pequeños y los de las grandes ciudades, así como el efecto que tiene el exceso de autoridad del padre sobre la vida de los hijos.

El personaje de Rosalba representa los valores y las actitudes modernas frente a los demás personajes, que representan las costumbres anticuadas y tradicionales.

V

Nativitas, Rita, Lorenzo, Lola, Rosalba, Luz (Lucha) y Aurora (Aurora y su hija Rosalba están de visita° en la casa de los Llaveros. Se oye fuera la voz de Nativitas Llavero o Encarnación de la Cruz.)

NATIVITAS —*(fuera)* ¡Ave° María Purísima de la Santísima Encarnación de la Cruz! *(Y entra. Nativitas viste en forma bastante irregular. Trae un traje sastre° que le queda muy grande y que se ajusta al cuerpo con alfileres; una camisa de hombre; una corbata ennegrecida° por la edad. El pelo simula peinado alto pero se asoman los postizos por todas partes. Una camelia roja sobre la oreja y un cajoncito con mercancías completan el atavío.°)*

NATIVITAS —¡Ave la Encarnación Purísima de la Cruz que inmaculadamente fue concebida! Los espíritus se alejen de esta casa para bien de los congregados, los espíritus se alejen de esta casa para mal de los malos espíritus.

RITA —Llévesela, papá, por favor.

LORENZO —Nativitas, ¿Por qué no regresas más tarde?

NATIVITAS —Hermanito querido. Este dulce es para ti. *(Coge el dulce del cajón y se lo da.)*

LORENZO —Gracias, Nativitas.

NATIVITAS —Lolita, este dulce es para ti.

LOLA —Gracias.

NATIVITAS —No recuerdo su nombre, pero este dulce es para usted.

ROSALBA —Gracias.

NATIVITAS —Y éste para usted, y se acabó. *(con dureza°)* Para Rita no hay, para Lucha menos.

LUCHA —*(Se ríe.)* Ay, déme uno, por favor.

están... *are visiting*

hail

traje... *tailored suit*

blackened

outfit

con... *harshly*

AURORA —Gracias. *(Se lo va a comer, pero Rita se lo quita casi de la boca.)*

RITA —¡No!

NATIVITAS —¿Le impides que coma mi dulce sacramentado?

RITA —Es que le haría daño así, antes de comer. Guárdelo, tía.

NATIVITAS —*(Se sienta.)* No, no le haría daño. Es de los más ligeros. ¿La señora acostumbra las aves?

AURORA —¿Las aves?

NATIVITAS —Las Ave Marías, sí.

AURORA —Pues tanto como acostumbrarlas... ¿Cómo dice usted?

NATIVITAS —No se las aconsejo. Como salutación, tengo una más completa. ¿Quién es ella?

LORENZO —Es mi hermana Aurora, Nativitas.

NATIVITAS —¡Tu hermana! ¡Nuestra hermana! ¡Aurora! *(Corre a besarle las manos.)*

AURORA —*(horrorizada)* ¡Ay, Lorenzo! Espero que no sea nuestra hermana...

NATIVITAS —*(sin cesar de besarla)* Lo soy, lo soy.

qué... *she's not your sister*

LUCHA —Qué hermana va a ser,° no lo crea usted.

LORENZO —No... no es nuestra hermana de ese modo. Lo es... en espíritu. ¿Verdad Nativitas?

she stops

género... *mankind*

NATIVITAS —Sí, sí. *(Cesa° de besar y se para frente a Rosalba.)* Yo soy la Encarnación de la Cruz, para servir a usted y a todo el género humano.° ¿Quiere que le bese las manos?

ROSALBA —Gracias. Mejor a la tarde. Es más provechoso, ¿verdad?

NATIVITAS —Mucho más.

LOLA —Te ruego que vuelvas más tarde, Nativitas. *(Se levanta y la toma del brazo.)* Tienes que hacer tus dulces.

NATIVITAS —No, no tengo que hacerlos.

LOLA —Y tu oración del mediodía.

NATIVITAS —Yo no hago oraciones, yo invoco.

LOLA —Bueno, siento que tengas que irte... *(La conduce a la puerta.)*

entourage

NATIVITAS —Sale la Encarnación de la Cruz con su séquito° de ángeles, arcángeles y serafines. *(Sale.)*

VI

Rosalba, Aurora, Lorenzo, Lola, Luz, Rita

ROSALBA —¡Qué cosa más irritante!

AURORA —¿Quién es? Es chistosísima.

LORENZO —Es una prima. También se llama Llavero, Nativitas Llavero.

ROSALBA —A mí me irrita especialmente la gente que padece este tipo de trastornos.°

disorders

AURORA —¿Pero de dónde la sacaste?

RITA —De la calle, de dónde había de ser.

LOLA —Niña. Te van a malentender.°

misunderstand

LUZ —Anda vendiendo° sus dulces y hay gente que se los compra para curar enfermedades...

anda... *she goes around selling*

ROSALBA —Es una cierta forma de paranoia. Sin duda hay deseo de cariño y un complejo espectacular. Si esto es de origen sexual, como creo, se ha agravado por la menopausia.

LORENZO —¡Rita! Creo que se está quemando algo en la cocina...

RITA —*(muerta de vergüenza)* Sí, papá. *(Sale corriendo.)*

VII

Rosalba, Aurora, Lorenzo, Luz y Lola

LOLA —Por Dios, Rosalba, no quiero que hables de esas cosas de... sexos y... esas cosas delante de Rita.

ROSALBA —Ay tía, me sorprende que Rita tenga esas inhibiciones...

LOLA —Pues no, no tiene esas... visiones que dices, pero es una señorita. Yo no sé cómo tú puedes hablar de esas cosas.

ROSALBA —Pues el estudio, tía, principalmente de Freud. Los miedos sexuales desaparecen con la práctica.

LOLA —*(con horror)* ¿Cuál práctica?

ROSALBA —Quiero decir, tía, que soy estudiante de pedagogía y tengo que tratar esos temas.

LOLA —Ajá, pedagogía.

AURORA —Me tiene tan cansada con sus estudios. Y a propósito: ¿Dónde vamos a dormir? Porque quiero cambiarme.

LOLA —Voy a arreglarles nuestro cuarto. Después veremos. *(Sale.)*

VIII

Rosalba, Lorenzo, Luz, Aurora

AURORA —Yo quiero ver cómo está el pueblo después de tantos años.

ROSALBA —Hay gente por todas partes.

LORENZO —Son peregrinos° y vendedores. Nunca habían estado las fiestas como este año. Y el Santuario está precioso.

pilgrims

AURORA —Todos los años decía lo mismo todo el mundo, me acuerdo.

LUZ —Ahí están otros.

atavíos... *Sunday best* / trenzas... *rolled up braids* / terciopelo... *shiny velvet* / *cheap fur* / *panting*

(Por la puerta se asoman Felipe Gálvez y su hermana Soledad, cargando un número increíble de bultos y maletas. Él es trigueño, más que feo, vulgar. Ella es de origen humilde mucho más evidentemente. Trae sus atavíos domingueros,° que son así: trenzas enrolladas° en la cabeza, y un vestido morado de terciopelo lustroso:° un abrigo de peluche.° Los dos vienen jadeantes° y sudorosos.)

IX

Dichos, Felipe y Soledad Gálvez

FELIPE —Buenas tardes. ¿Aquí vive la familia Llavero?

LORENZO —Pase adelante, señor. Usted es don Felipe Gálvez, ¿no?

FELIPE —A sus órdenes, señor. *(Quiere darle la mano, pero no puede por los velices.°)* ¿Puedo bajar esto en el suelo, señor?

suitcases (México)

LORENZO —Naturalmente, está usted en su casa.

FELIPE —Gracias. *(Deja caer todo de golpe.)* ¿Cómo está usted?

LORENZO —Pero siéntese, tenga la bondad.

SOLEDAD —*(aún en la calle)* ¿Y yo qué?°

y... *and what about me?*

FELIPE —Chole, yo puedo llevar los velices. *(Se los va quitando uno por uno y los va dejando en el suelo.)*

ROSALBA —A ver, déme unos. ¡Y trae el abrigo puesto!

SOLEDAD —Claro, para no cargarlo. *(Se lo quita furiosa.)*

ROSALBA —Ustedes venían en la lancha con nosotras, ¿no?

FELIPE —Sí, recuerdo haberla visto.

AURORA —¿Vienen a las fiestas del Santuario?

FELIPE —Sí, señora.

SOLEDAD —¿A qué otra cosa habíamos de venir?

ROSALBA —Rita estaba angustiadísima por usted.

FELIPE —¿Recibió mi carta? Pero cómo... es decir... yo creía que como no sabíamos el camino... usted sabe...

LORENZO —Señor, le pido mil perdones. Mi hijo fue a recibirlos...

FELIPE —Señor...

SOLEDAD —Hemos andado perdidos en el pueblo.

AURORA —Ay, yo fui tan idiota que me perdí. ¿Conque ustedes también?

LORENZO —Pero siéntense, por favor.

LUZ —¿Usted viene a trabajar acá a la casa?

SOLEDAD —¿A trabajar?

FELIPE —Perdón, es mi hermana, señor. Soledad Gálvez, mi hermana.

LORENZO —Señorita, a los pies de usted.

SOLEDAD —*(furiosa)* Mucho gusto.

FELIPE —Señorita: Felipe Gálvez, para servirla.

ROSALBA —Soy Rosalba Landa, prima de Rita. Ésta es mi mamá. *(Están dándose la mano y diciendo las fórmulas cuando entra Rita.)*

X

Dichos, Rita

RITA —¡Felipe!

FELIPE —¡Rita!

(Felipe abre los brazos y Rita va a precipitarse en ellos, pero se contiene y él rectifica. Se dan la mano y se contemplan, sin saber qué decir.)

LUZ —¿Y van a comer todos aquí? Porque no hay comida para tantos.

SOLEDAD —Vaya. ¿No vamos a tener dónde comer?

LORENZO —¡Cómo! ¡Ustedes van a comer aquí! ¡Todos! ¡Y tú, avísale a la señora que llegaron los señores! ¡Ya!° ¡Y a la cocina! ¡Todos comerán aquí!

(Luz sale y Lorenzo se desploma° jadeante en el sillón. Soledad se sienta en el que estaba Lucha y se mece,° furiosa. Felipe y Rita siguen flotando en una nube.)

now!
se... *collapses*
se... *rocks*

Conteste usted las siguientes preguntas, basándose en la seleción presentada.

1. ¿Cómo viste Nativitas Llavero?
2. ¿Qué trae Nativitas en el cajoncito?
3. ¿Qué hace Rita cuando Aurora trata de comer el dulce?
4. ¿Qué dice Rosalba sobre los "trastornos" de Nativitas?
5. ¿Por qué le dice Lorenzo a Rita que vaya a la cocina?
6. ¿Por qué dice Rosalba que ella ha "perdido los miedos sexuales"?
7. ¿Quiénes vienen al pueblo, y para qué?
8. ¿Cómo son Felipe Gálvez y su hermana Soledad? ¿Por qué llegan "jadeantes y sudorosos"?
9. ¿Qué le pregunta Luz a Soledad? ¿Por qué cree Ud. que Luz le hace esa pregunta?
10. ¿Qué pasa cuando entra Rita y ve a Felipe?
11. ¿Es Luz una mujer de mucho tacto? ¿Por qué?
12. ¿Qué hace Lorenzo cuando sale Luz?
13. ¿Qué hace Soledad?
14. ¿Por qué dice el autor que Felipe y Rita siguen "flotando en una nube"?
15. ¿Cree Ud. que Rita es una chica tímida? ¿Por qué?

REPASO DE VOCABULARIO

Escoja las palabras apropiadas para completar cada oración.

1. Necesito un (bulto, alfiler, suelo) ____ porque a mi camisa le falta un botón [*button*].
2. Elena (se asomó, se acostó, se durmió) ____ a la ventana.

3. Hay muchas (naranjas, mercancías, nubes) ____ en el cielo.
4. Había corrido unas veinte cuadras. Estaba (trigueño, sudoroso, vulgar) ____.
5. Cuando me saludó, (me dio la mano, me mostró el pie, se quitó los zapatos) ____.
6. Vinieron los bomberos porque (se decoró, se alejó, se quemó) ____ la casa.
7. Como era calvo, usaba (alfileres, postizo, nubes) ____.
8. Mi padre siempre (me aconseja, me prohibe, me impide) ____ que sea honesto.
9. Está muy enferma. (se divierte, padece, baila) ____ mucho.
10. Cuando tocan el himno nacional debemos (pararnos, sentarnos, salir corriendo) ____.
11. Si mezclamos azul y rojo, tendremos el color (verde, amarillo, morado) ____.
12. Abrió la puerta de golpe y (se hizo daño, pasó adelante, se hizo millonario) ____.

DEBATE

1. Hay más posibilidades de que un matrimonio tenga éxito cuando los dos son de un mismo nivel económico, social y cultural y pertenecen a la misma religión.
2. El único factor importante para el éxito de un matrimonio es el amor. El resto no tiene importancia.

COMPOSICIÓN

A. Escriba Ud. una composición sobre uno de los siguientes temas.

1. Los valores tradicionales vs. los valores modernos
2. Mi lugar ideal para vivir
3. La falta de [*lack of*] comunicación entre dos generaciones. ¿Es un mito?
4. Prejuicio de clases
5. Mi familia y yo

B. Escriba Ud. una composición de tema libre, usando las siguientes palabras y expresiones.

bulto	acostumbrar	chistoso	a sus órdenes
cajón	avisar	horrorizado	dejar caer
lancha	cargar	ligero	pase adelante
mercancía	impedir	trigueño	tenga la bondad de...
oración	regresar	vulgar	fuera
suelo		humilde	

¡Vámonos de caza!

Busque Ud. en la lectura ejemplos de: *(a)* presente de subjuntivo, *(b)* imperativo indirecto, *(c)* el imperativo con **Ud.** y **Uds.**, *(d)* el subjuntivo usado con verbos de emoción, *(e)* usos de las preposiciones **por** y **para.** Haga una lista de ellos.

SECCIÓN LITERARIA

A. Basándose en la selección literaria presentada en la lectura, conteste las siguientes preguntas.

1. ¿Qué sabemos sobre los siguientes personajes a través del diálogo?
   a. Nativitas
   b. Rita
   c. Rosalba
   d. Luz (Lucha)
2. Dé algunos ejemplos del uso del humor en la obra.
3. ¿Ve usted alguna crítica social en la obra?
4. ¿Cree usted que los personajes son más bien "tipos" que reales? ¿Por qué?
5. ¿Qué tipo de lenguaje utiliza el autor?

B. Composición
Describa usted brevemente el argumento de esta selección.

C. Dé un pequeño informe sobre el autor y su obra, completando la información que aparece al comienzo.

PENSAMIENTOS DE HOMBRES ILUSTRES

Sobre la dignidad humana

La dignidad humana exige que se piense en el futuro y se trabaje para él.
José Enrique Rodó (Uruguay: 1871–1917)

El hombre es un fin, no un medio. La civilización toda se endereza° al hombre, a cada hombre, a cada yo.
Miguel de Unamuno (España: 1864–1936)

dedicates itself

REPASO Lecciones 1–6

LECCIÓN 1

A. Verbos de cambios radicales

Conteste todas las preguntas, siguiendo el modelo.

EJEMPLO: —¿Qué prefieren Uds.? (cerveza / vino)
—*Juan prefiere cerveza. María y yo preferimos vino.*

1. ¿Qué sugieren Uds.? (helado / flan)
2. ¿Qué dicen Uds.? (que no / que sí)
3. ¿Qué quieren hacer Uds.? (irse / aguardar)
4. ¿Qué sirven Uds. en las fiestas? (la sopa / la ensalada)
5. ¿Dónde almuerzan Uds.? (restaurante / casa)
6. ¿Qué piensan hacer Uds.? (estudiar / ir al cine)
7. ¿Dónde se sientan Uds.? (en la silla / en el taburete)
8. ¿En qué invierten Uds. el dinero? (apartamentos / casas)
9. ¿A quiénes despiden Uds.? (las secretarias / las mecanógrafas)
10. ¿Cómo se sienten Uds.? (cansados / inquietos)

B. Complementos directo e indirecto

Conteste, siguiendo el modelo.

EJEMPLO: —¿Quién va a traernos el aperitivo a Marta y a mí?
—*Yo te lo traigo a ti y Roberto se lo trae a Marta. Pero, ¿quién me lo trae a mí?*

1. ¿Quién va a contarnos a Marta y a mí lo del disparo?
2. ¿Quién va a mostrarnos los gatos a Marta y a mí?
3. ¿Quién va a proporcionarnos las cajetillas a Marta y a mí?
4. ¿Quién va a darnos la banqueta a Marta y a mí?
5. ¿Quién va a comprarnos los alfileres a Marta y a mí?
6. ¿Quién va a conseguirnos la mercancía a Marta y a mí?
7. ¿Quién va a regalarnos el vestido a Marta y a mí?
8. ¿Quién va a hacernos las camisas a Marta y a mí?

Supermercado,
San Juan, Puerto Rico

C. Verbos reflexivos

Conteste, siguiendo el modelo.

EJEMPLO: —¿A qué hora se levantan Ud. y Rosa? (seis / ocho)
—*Yo me levanto a las seis y Rosa se levanta a las ocho. ¿A qué hora te levantas tú?*

1. ¿Cuándo se marchan Ud. y Rosa? (el lunes / el jueves)
2. ¿Por qué no se paran Ud. y Rosa? (estoy cansado / está enferma)
3. ¿Con cuánto se contentan Ud. y Rosa? (mil pesos / cien pesos)
4. ¿Cuándo van a bañarse Ud. y Rosa? (mañana a primera hora / esta noche)
5. ¿Qué se ponen Ud. y Rosa para ir a clase? (pantalones / un vestido)

D. Usos del artículo definido

Necesito un intérprete. Traduzca lo siguiente, por favor.

1. From now on, I'm not going to believe in revenge or punishment.
2. The driver of the car said his legs hurt. His car had fallen in the ravine.
3. She isn't in church, she's in jail. I saw her in a cell.
4. I want to rest next week, naturally. What the heck! I deserve it!
5. When I set the dog free, Miss Taylor was bewildered.

6. Mary and I want to go for a walk, but we promise to be back at eight without fail.
7. He's not going to teach German? I don't care! I speak German very well.
8. Maybe they are coming on Thursday. Are the musicians here Monday through Friday?
9. She blushed when I asked her what she did from nine to twelve at night.
10. When she looked out, I let her know that breakfast was at eight.
11. She didn't return when I told her eggs cost a dollar a dozen.
12. My son is a lawyer. Yours is selling ducks in Havana.

LECCIÓN 2

A. Imperfecto (formas y usos); pretérito (formas y usos)

Conteste, siguiendo el modelo.

EJEMPLO: —¿Dónde se escondieron Ud. y María anoche? (sala / dormitorio)
—*Yo me escondí en la sala. María se escondió en el dormitorio.*

1. ¿Qué hacían Ud. y María mientras nosotros escuchábamos la radio? (repasar la lección / estudiar)
2. ¿Adónde iban Ud. y María de niños? (campo / playa)
3. ¿Por qué lloraban Ud. y María cuando yo vine? (sentirse mal / estar triste)
4. ¿Qué pasó ayer cuando Ud. y María trataron de preparar la cena? (quemarse / cortarse el dedo)
5. ¿Qué dijeron Ud. y María de Marcos? (ser humilde / ser vulgar)
6. ¿Qué querían hacer Ud. y María? (acercarse / alejarse)
7. ¿Qué trajeron Ud. y María ayer? (el cajón / los bultos)
8. ¿Qué tuvieron que hacer Ud. y María la semana pasada? (trabajar / estudiar)
9. ¿Cuándo supieron Ud. y María quién era el asesino? (anoche / esta mañana)
10. ¿Qué oyeron Ud. y María? (campana / bocina)
11. ¿Con quiénes vinieron Ud. y María anoche? (forastero / su amante)
12. ¿Dónde pusieron Ud. y María las piedras que les di? (huerto / patio)
13. ¿A quiénes veían Ud. y María cuando se iban de vacaciones? (mis abuelos / sus tíos)
14. ¿Por qué mintieron Ud. y María anoche? (estar mareado / estar avergonzada)
15. ¿Dónde estuvieron Ud. y María anoche? (la misa / el bar)

B. El pretérito vs. el imperfecto

Complete las siguientes oraciones, usando el pretérito o el imperfecto de indicativo de los verbos entre paréntesis, según sea necesario.

1. (ser) ____ las dos de la tarde cuando las fieras (saltar) ____ la cerca y (entrar) ____ en la casa.

2. Anoche (venir) ____ dos soldados, le (dar) ____ patadas y luego lo (ahogar) ____ en el lago.
3. El hombre (ser) ____ fuerte y sano.
4. Yo no (poder) ____ comprar el vestido morado porque me (faltar) ____ cien pesos.
5. Todos los días, sin falta, los hombres (cruzar) ____ la frontera y (dejar) ____ sus huellas en el camino.
6. Nosotros (tener) ____ que cargar con tu suegra porque tú (estar) ____ trabajando...
7. Yo no (saber) ____ que él (estar) ____ borracho; por eso lo (invitar) ____ anoche.
8. Ayer los niños me (decir) ____ que tú no (aguantar) ____ a esa mujer.
9. ¿Qué (querer) ____ Ud., señor? ¿Puedo servirle en algo?
10. Yo no (conocer) ____ a mis suegros. Los (conocer) ____ anoche.
11. Ayer (comprar) ____ un abrigo nuevo. Me (costar) ____ diez mil pesos.
12. Yo no te (comprar) ____ el abrigo porque (costar) ____ demasiado.
13. En esa escuela todos los niños (poder) ____ estudiar por la tarde.
14. Inés no (poder) ____ venir ayer porque su mamá (estar) ____ muy enferma.
15. Roberto no (venir) ____ a la fiesta anoche. El pobre muchacho no (querer) ____ venir porque no (tener) ____ nada que ponerse.
16. ¿No (saber) ____ tú que él (ser) ____ casado? Yo lo (saber) ____ la semana pasada.
17. Ella (tratar) ____ de salir de la casa, pero no (poder) ____. La pobre chica (morir) ____ en el incendio.
18. Anoche los actores no (mostrarse) ____ a la gente. El público (reaccionar) ____ muy mal.
19. ¿Quién (traducir) ____ esta carta ayer? (ser) ¿____ la señorita Ibáñez?
20. Yo no (estar) ____ muy enferma, pero (estar) ____ cansada.

C. Posición de los adjetivos

Necesito un intérprete. Traduzca lo siguiente, por favor.

1. He was a powerful man.
2. That is typical of Latin men.
3. The dog dragged my red dress through the kitchen.
4. I saw a rectangular counter.
5. We are doing a psychological study about cowardly men.
6. White walls are beautiful.
7. It was a very strange crying.
8. Far away was the ancient city of Cuzco.
9. It is true that her grave was there.
10. Third chapter: "The Last Star"
11. We don't want any trouble.
12. There were two bodies in the car.
13. ¡Ah, her black hair! **(sea poético)**
14. He was a big man, but he wasn't a great man.

15. Poor man! Grief killed him!
16. She was a poor woman! She didn't have (any) money.
17. She's a unique woman. She's the only woman for me.
18. Do you like my new dress? I have a new (different) dress every day!

LECCIÓN 3

A. Usos de los verbos **ser** y **estar**

Conteste, usando el verbo **estar** o **ser** en sus respuestas, según sea necesario.

EJEMPLOS: —Quiero saber la nacionalidad de Pablo. (chileno)
—*Pablo es chileno.*

—Quiero saber si han abierto la puerta. (sí, abierta)
—*Sí, está abierta.*

1. Quiero saber de qué material está hecho el reloj. (oro)
2. Quiero saber si Ana ya puede salir. (lista)
3. Quiero saber el país de origen de esos vendedores. (Ecuador)
4. Quiero una descripción del señor Quintana. (trigueño y alto)
5. Quiero saber qué forma tenía el mostrador. (rectangular)
6. Quiero saber dónde queda la oficina de correos. (calle Sexta)
7. Quiero saber cómo sigue el niño. (todavía enfermo)
8. Quiero saber a quiénes pertenecían las últimas lanchas. (nuestras)
9. Quiero saber quién escribió ese poema. (Machado)
10. Quiero saber qué hacía mi abuela. (meciéndose)
11. Quiero saber el grado de inteligencia de Ana. (muy lista)
12. Quiero saber si han cerrado las ventanas. (sí, cerradas)
13. Quiero saber la hora. (las ocho y cuarto)
14. Quiero saber si Susana sigue enferma. (sí, mala)
15. Quiero saber la identidad de esa señorita. (la hija de Pedro)

B. Presente perfecto

Conteste las preguntas, usando siempre el presente perfecto. Siga el modelo.

EJEMPLO: —¿No se van a retirar los alumnos?
—*Ya se han retirado.*

1. ¿No van a volver los obreros?
2. ¿No se va a quitar ella el postizo?
3. ¿No vas a tomar una decisión?
4. ¿No van a escribir ustedes el recado?
5. ¿No vas a devolver los bultos?
6. ¿No van a discutir Uds. ese asunto?
7. ¿No van a coger ellos las ranas?
8. ¿No voy a decirle lo que pasó?

9. ¿No vas a desdoblar las sábanas?
10. ¿No van a hacer Uds. la torta?
11. ¿No va a abrir ella la puerta?
12. ¿No van a recibir ellos el periódico?

C. Pluscuamperfecto

Conteste, siguiendo el modelo.

EJEMPLO: —¿Trajeron Uds. las cosas?
—¡Ya las habíamos traído antes!

1. ¿Convenciste a tu mamá?
2. ¿Vieron ellos la sangre?
3. ¿Se murió el esposo de ella?
4. ¿Pintaron la puerta?
5. ¿Cubrieron Uds. la máquina de escribir?
6. ¿Me puse la falda roja?
7. ¿Le hablaste al sicólogo sobre tus temores?
8. ¿Yo rompí el vaso?

D. El participio pasado usado como adjetivo

Conteste, siguiendo el modelo.

EJEMPLO: —¿Cerraste las puertas?
—Sí, están cerradas.

1. ¿Rompiste las tazas?
2. ¿Abriste la ventana?
3. ¿Se cansó mucho Carlos?
4. ¿Murieron todos?
5. ¿Se manchó la blusa?

LECCIÓN 4

A. Futuro: Verbos regulares e irregulares

Responda, usando el futuro en sus respuestas. Siga el modelo.

EJEMPLO: —¡Nunca vamos al norte! (en junio)
—¡Pues iremos en junio!

1. ¡Nunca vemos el rocío! (mañana)
2. ¡Ella nunca acude cuando la llamo! (esta noche)
3. ¡Ellos nunca citan a mi hermano! (la semana próxima)
4. ¡Tú nunca le dices que la quieres! (hoy)
5. ¡Uds. nunca hacen tortas! (esta tarde)
6. ¡Yo nunca puedo hacerlo! (el domingo)
7. ¡Nunca hay fiestas! (el año próximo)
8. ¡Yo nunca he sabido lo que pasó! (el sábado)

9. ¡Ellos nunca vienen! (en agosto)
10. ¡Uds. nunca salen juntos! (el viernes)

B. Condicional: Verbos regulares e irregulares

Conteste, siguiendo el modelo.

EJEMPLO: —Ella nunca quiere venir con él. (tú)
—¡Tú tampoco querrías venir!

1. Ellos nunca caben en el coche. (Uds.)
2. Tú nunca comprendes. (tú)
3. Yo nunca opino. (nosotros)
4. Ella nunca se retrasa. (yo)
5. Él nunca mira debajo de la cama. (tú)
6. Yo nunca me apresuro. (él)
7. Nosotros nunca sabemos qué hacer. (yo)
8. Ella nunca hace lo que le pido. (nosotros)

C. Usos del futuro y del condicional para expresar probabilidad

Conteste, usando el futuro o el condicional para expresar probabilidad. Siga el modelo dado.

EJEMPLO: —¿Sabes quién era ese hombre? (el esposo de Ana)
—No sé... sería el esposo de Ana...

1. ¿Sabes con quién vino Ricardo? (Adela)
2. ¿Sabes de quién sospechan? (de ti)
3. ¿Sabes quién causó el lío? (el forastero)
4. ¿Sabes cuándo fueron al sur? (en enero)
5. ¿Sabes qué hora es? (las seis y media)
6. ¿Sabes cuánto vale ese abrigo? (unos dos mil pesos)
7. ¿Sabes qué querían esos chicos? (dulces)
8. ¿Sabes dónde están las chicas? (playa)

D. Comparativos de *(A)* igualdad y *(B)* desigualdad de adjetivos y adverbios

Necesito un intérprete. Traduzca lo siguiente, por favor.

1. He is happier than I.
2. The lettuce is less fresh than the tomato.
3. The union has more than ninety thousand dollars.
4. It jumped no more than five minutes.
5. They only erred twice.
6. There are more roads than you know, sir.
7. The program was extremely short last night.
8. What does it matter if she's the most beautiful girl in the world?
9. I know that book was the worst of all!
10. My sister is older than my brother, but she's younger than I.

E. Usos del artículo indefinido

Necesito un intérprete. Traduzca lo siguiente, por favor.

1. At the bottom of the ravine we could see some birds on the grass.
2. I knew he was a Spaniard; his features were Spanish.
3. She closed her eyes and said, "I'm a devout Catholic."
4. If he's a good doctor, he's worthy of being my friend.
5. When I told him I earned a thousand dollars a week, he was speechless.
6. He can't be on duty, that is to say, he's just drunk half a bottle of rum.
7. Anyway, I never wear a coat.
8. We can spy another day.
9. I understand, dear. You feel a certain grief when you talk about your father.
10. What a beautiful smile! I fell in love instantly!
11. He tried to go without a tie.
12. Are you looking for a house? There aren't many around here.
13. I didn't realize that the city was a long way from there.

LECCIÓN 5

A. Futuro perfecto

Necesito un intérprete. Traduzca lo siguiente, por favor.

1. Do you think man will have ceased to exist by the year three thousand?
2. I must have collapsed on the ground.
3. They must have misunderstood what I said to them.
4. By next month we will have cut your hair.
5. You must have advised him to do that, dear.

B. Condicional perfecto

Necesito un intérprete. Traduzca lo siguiente, por favor.

1. Would you have gotten used to that, madam?
2. I would have prevented the fire.
3. Do you suppose they have caused all those problems?
4. He said we would have (already) been back by Monday.
5. I would have liked to see her.

C. Pretérito: Verbos de cambios ortográficos; verbos de cambios radicales

Complete las siguientes frases, usando el pretérito de los verbos entre paréntesis.

1. Cuando yo (sacar) ____ el cuchillo, dejé caer la cuchara.
2. Yo le (explicar) ____ que Juan estaba sin sentido.
3. Yo (llegar) ____ y le di la mano.
4. Yo (pagar) ____ la cuenta.
5. Yo (empezar) ____ la oración.

6. Yo no (almorzar) ____ hoy.
7. Yo (averiguar) ____ dónde vive.
8. Raúl (leer) ____ la novela anoche.
9. (oír) ¿____ Ud. lo que le dije?
10. Ellos no (incluir) ____ ese artículo.
11. (pedir) ¿____ Ud. la cuenta?
12. Ellos no (dormir) ____ bien anoche.
13. Ella no (competir) ____ el mes pasado.
14. ¿Quién (servir) ____ la comida?
15. (morir) ____ todos.

D. Pronombres relativos

Cambie, según el modelo.

EJEMPLO: —Éste es el libro. Yo quiero este libro.
—Este es el libro que yo quiero.

1. Aquél es el hombre. Él maneja el tranvía.
2. Éstas son las señoras. Ellas me dieron fuego.
3. Ayer llegó Pedro. Compré un libro para él.
4. Hablé con la cuñada de Pedro. Ella vende ropa usada.
5. Ese señor murió ayer. Su hijo está en el hospital.
6. Yo creo que salen hoy. En caso de que salgan hoy, vamos a divertirnos solos.
7. No le cuentes nada a ella. Yo te lo conté a ti.
8. Me dijo que su novia era muy rica. Eso me sorprendió.

LECCIÓN 6

A. Presente de subjuntivo (formas y usos)

Necesito un intérprete. ¿Qué quiere decir lo siguiente?

1. They want me to say something about the musicians.
2. The child is tired and is begging you to let her rest, dear.
3. We insist that he do something profitable.
4. They advise us to eat something light.
5. She wants us to come in.
6. Do you want them to go to the library, sir?

B. Imperativo **(Ud.** y **Uds.)**

Conteste, siguiendo el modelo.

EJEMPLO: —No sé si debo pedirle el préstamo.
—¿Por qué no? ¡Pídaselo ahora mismo!

1. No sé si debo mandarle la mercancía...
2. No sé si debemos acercarnos...

Trabajadores lavando y secando granos de café en la Finca Isabel cerca de Copán, Honduras

3. No sé si debo decirle que el cuarto es muy oscuro...
4. No sé si debemos fijar la fecha...
5. No sé si debo darles el espacio...
6. No sé si debemos hacer una sangría...
7. No sé si debo ponerme esta camisa...
8. No sé si debemos renovar la suscripción...

C. El subjuntivo usado con verbos de emoción

Conteste, usando el subjuntivo en las cláusulas subordinadas. Siga el modelo dado.

EJEMPLO: —Yo creo que ellos van a venir. (ojalá)
—*¡Ojalá que vengan!*

1. Yo creo que él va a ser el primero. (espero)
2. Yo creo que ella padece de asma. (es una lástima)
3. Los muebles están afuera y creo que va a llover. (temo)
4. Yo creo que él no se lo va a dar. (me alegro)
5. Yo creo que Uds. no pueden hacerlo. (siento)
6. Yo creo que no te lo van a traer. (tengo miedo)

7. Yo creo que ella no se levanta temprano. (es una suerte)
8. Yo creo que no voy a poder ir con ustedes. (lamento)

Palacio Municipal, Ciudad de Guatemala

D. Usos de las preposiciones **por** y **para**

Necesito un intérprete. Traduzca lo siguiente, por favor.

1. He's crazy about me, therefore he can't go out with you.
2. She called me on the telephone and told me she would be here for two months.
3. For heaven's sake! I told you the money was for you!
4. Who do you take me for? I didn't come here in order to ask you for money!
5. You won? I'm happy for you! Unfortunately, dear, I can't pay you for lack of money.
6. I need the dress by tomorrow. At least try to finish it, madam.
7. You aren't very big for your age, dear. That's why everybody hits you.
8. I was about to leave when he went by my house.
9. We were late on account of the rain. We certainly tried to arrive early!
10. These poems, for example, were written by a Spanish poet.

11. I have finally finished the book, but it's six-thirty and dinner is still to be cooked!
12. I came for you at nine, but they told me you weren't here.
13. I paid only fifty thousand pesos for this house. I bought it through a friend of mine.
14. I completely forgot that I had told him I would love him for ever and ever.
15. She dismissed her secretary without rhyme or reason.

Expresiones idiomáticas

¿Puede usted recordar las expresiones idiomáticas que expresan las siguientes ideas?

1. lastimar
2. por favor
3. sentir deseos de...
4. casi
5. ¡Entre!
6. fuera de peligro
7. de ninguna manera
8. de pronto
9. completamente
10. cuidadosamente
11. naturalmente
12. todos
13. no es justo
14. más o menos
15. finalmente

Repaso de vocabulario

A. Busque los sinónimos de las siguientes palabras.

1. ayuda
2. memorias
3. marcharse
4. sorprendido
5. suficiente
6. venir
7. esperar
8. brillante
9. agarrar
10. entender
11. golpear
12. dar
13. apresuradamente
14. paquete
15. bote
16. sufrir
17. volver
18. cómico
19. aterrorizado
20. útil
21. común
22. moreno
23. problema
24. pena
25. miedo
26. feliz
27. bonita
28. automóvil
29. avaro
30. luego

B. Busque los opuestos de las siguientes palabras.

1. tardar
2. trabajar
3. emplear
4. asistir
5. agarrar
6. incierto
7. quieto
8. muerto
9. adelantarse
10. encima
11. valiente
12. risa
13. alegría
14. doblar
15. claro
16. antipatía
17. comprador
18. alejarse
19. indigno
20. sentarse
21. poner
22. orgulloso
23. pesado
24. moreno
25. dentro
26. sur
27. primero
28. nacer
29. recibir
30. mal

¿Femenino o masculino?

1. golpe
2. mostrador
3. sur
4. temor
5. traición
6. sangre
7. alfiler
8. pesadumbre
9. cajón
10. norte
11. nube
12. oración

LECCIÓN 7

SECCIÓN GRAMATICAL

- El subjuntivo usado para expresar incertidumbre o irrealidad
- La irrealidad en relación a algo indefinido o negativo
- Conjunciones que expresan incertidumbre o irrealidad
- Imperativo **(tú** y **vosotros)**

SECCIÓN DE LECTURA El Jarama (Selección), RAFAEL SÁNCHEZ FERLOSIO

SECCIÓN GRAMATICAL

1. El subjuntivo usado para expresar incertidumbre o irrealidad

► DE COMPRAS ◄

ANA —¿Te gusta ese vestido?
RITA —Sí, pero dudo que lo tengan en mi talla.
ANA —Estoy segura de que esta tienda tiene ropa para personas altas. ¿Por qué no te pruebas esta falda roja? Creo que haría juego con tu suéter.
RITA —Sí, pero no creo que el rojo sea un buen color para mí.
ANA —¿Por qué? No es verdad que el rojo les quede mal a las rubîas.
RITA —Eso no quiere decir que me quede bien a mí. ¡Voy a probarme este vestido gris!
ANA —No es que el color gris sea feo, pero el rojo me gusta más.

Como usted recordará, el subjuntivo se usa en oraciones en las que se expresa algo subjetivo. Siempre que en español se quiere expresar duda, incertidumbre, negación, incredulidad, vaguedad o algo que no corresponde a la realidad, se utiliza el subjuntivo.

1. Cuando el verbo de la oración principal expresa incredulidad o duda, esta cualidad subjetiva se manifiesta usando el subjuntivo en la oración subordinada:

    Dudo que lo **tengan** en mi talla.
    No estoy segura de **que** esta tienda **tenga** ropa para personas altas.
    Dudan que la mercancía **sea** barata aquí.
    Dudo que yo **pueda**[1] abrir ese cajón.

    Si no se expresa ninguna duda y el que habla está seguro de lo que dice, se usa el indicativo:

    No dudo que lo **tienen** en mi talla.
    Estoy segura de **que** en esta tienda **tienen** ropa para personas altas.
    No dudan que la mercancía **es** barata aquí.
    No dudo que yo **puedo** abrir ese cajón.

2. Con el verbo **creer,** si la cláusula principal es negativa, se usa el subjuntivo en la cláusula subordinada:

    No creo que el rojo **sea** un buen color para mí.
    No creemos que se asomen a la ventana ahora.

[1]Aun en los casos en que no hay cambio de sujeto, se usa el subjuntivo después del verbo **dudar,** usado en el afirmativo.

Se usa el indicativo si la oración es afirmativa:

Creo que haría juego con tu suéter.
Creemos que sus pestañas **son** postizas.

En las oraciones interrogativas con el verbo **creer,** se usa el indicativo si no hay indicación alguna de duda o no se expresa opinión, y el subjuntivo si se expresa duda sobre lo que se dice en la cláusula subordinada:

¿Creen ustedes **que** ella **se cortará** el pelo? (Yo creo que sí, o no expreso mi opinión.)
¿Creen ustedes **que** ella **se corte** el pelo? (Yo lo dudo.)
¿Cree usted que esto **es** fácil? (Yo creo que sí, o no expreso mi opinión.)
¿Cree usted que esto **sea** fácil? (Yo lo dudo.)

3. Cuando en la cláusula principal se niega lo que se dice en la cláusula subordinada, se usa el subjuntivo:

No es verdad que el rojo les **quede** mal a las rubias.
No es que el color gris **sea** feo.
Niego que sea una mujer vulgar.
No es cierto que ellos me **hagan** daño.

Si en la cláusula principal no se niega lo que se dice en la cláusula subordinada, se usa el indicativo:

Es verdad que el rojo les **queda** mal a las rubias.
Es que el color gris **es** feo.
No niego que es una mujer vulgar.
Es cierto que ellos me **hacen** daño.

EJERCICIOS

A. Conteste las siguientes preguntas en forma negativa.

1. ¿Es verdad que sus padres están de vacaciones?
2. ¿Cree usted que todos los pobres son humildes?
3. ¿Es cierto que ustedes siempre regresan a casa temprano?
4. ¿Dudan ustedes que los viejos puedan acostumbrarse a las cosas nuevas?
5. ¿Están seguros de que deben alejarse de su familia?
6. ¿Cree usted que sus amigos siempre le aconsejan bien?
7. ¿Niegan Uds. que estudien muy poco?
8. ¿Cree usted que el hombre llegará a Marte?

B. Seleccione un verbo de la siguiente lista, y utilícelo en el indicativo o el subjuntivo para completar cada una de las oraciones.

quitarse	padecer	poder	recibir	saber
olvidar	impedir	quemarse	tener	llover

1. Creo que él ____ de cáncer.
2. Niego que ellos ____ tanto dinero.

3. No dudo que la policía ____ la huelga.
4. Dudo que tú ____ dormir con tanto ruido.
5. No creo que él ____ los zapatos en la fiesta.
6. Es verdad que siempre ____ mucho en el verano.
7. No niego que nosotros ____ los bultos.
8. No es verdad que la carne ____ con tan poco fuego.
9. Dudo que ellos ____ todas las respuestas porque nunca estudian.
10. No es cierto que ella ____ decir sus oraciones.

C. Escriba oraciones originales, comenzando con las siguientes expresiones.

1. Dudamos que...
2. No niegan...
3. Es cierto...
4. No creo...
5. Creo...
6. No dudo...
7. Niegas...
8. No es verdad...

D. Yo no sé inglés. ¿Qué quiere decir lo siguiente?

1. Do you think your husband can carry all this?
2. It isn't true that I always drop things on purpose.
3. Please come in! I'm sure he's here. I'm Peter Smith, at your service.
4. It is true that he was sweaty after running.
5. I deny that I am a member of that union.

2. La irrealidad en relación a algo indefinido o negativo

► EN LA AGENCIA DE EMPLEOS ◄

SRA. MORA —Busco[1] una secretaria que hable inglés y sepa escribir a máquina.

EMPLEADA —Tenemos una señorita que es taquígrafa y mecanógrafa y habla muy bien el inglés.

SRA. MORA —Muy bien, pero necesitamos que tenga experiencia en trabajos administrativos.

EMPLEADA —No hay nadie aquí que tenga experiencia en ese tipo de trabajo.

SRA. MORA —¿Hay alguien que usted considere muy eficiente y que pueda aprender muy rápidamente?

EMPLEADA —Sí, aquí hay alguien que yo puedo recomendarle. La señorita Ruiz es excelente.

Como usted sabe, en español siempre se usa el subjuntivo cuando la cláusula subordinada se refiere a alguien o algo hipotético, indefinido, impreciso o inexistente:

[1]La **a** personal no se usa cuando el nombre no se refiere a una persona determinada.

Busco **una** secretaria **que hable** inglés.
No hay **nadie que tenga** experiencia en trabajos administrativos.
¿Hay **alguien que** usted **considere** muy eficiente?
Aquí no hay **nada que** me **guste.**

Si la oración subordinada se refiere a una persona o cosa definida, específica o existente, se usa el indicativo en lugar del subjuntivo:

Tenemos **una** señorita **que es** taquígrafa y mecanógrafa.
Aquí hay **alguien que** yo **puedo** recomendarle.
Hay **una** blusa blanca **que** me **gusta** mucho.

Si la cláusula subordinada describe una acción que se repite como regla general, se usa el indicativo:

Ella **siempre** consigue todo lo **que quiere.**

EJERCICIOS

A. Complete la siguiente historia con la forma necesaria del verbo entre paréntesis.

La familia García quiere comprar un coche nuevo y está buscando uno que (tener) ____ aire acondicionado, que (ser) ____ del último modelo, que (haber) ____ recorrido muy pocas millas y sobre todo que (costar) ____ poco, pues no tienen mucho dinero.

La familia tiene un coche que (ser) ____ muy viejo y (funcionar) ____ muy mal. A los muchachos no les gusta el coche porque no hay ninguna chica que (querer) ____ salir en él. El señor García conoce a un hombre que (vender) ____ coches usados que (estar) ____ en buenas condiciones, pero sus hijos dicen que necesitan un coche que (ser) ____ la admiración de sus amigos. El pobre señor García va a tener que buscar un empleo que (pagar) ____ más para complacer a sus hijos. ¿Conoce usted alguien que (tener) ____ los mismos problemas que el señor García?

B. Yo no sé inglés. ¿Qué quiere decir lo siguiente?

1. We are looking for a boat that's big enough for my mother-in-law – I mean, she likes big boats.
2. There is a Mexican restaurant where they serve excellent food.
3. Is there anybody here who has a pin?
4. I don't know anybody who wears her best dress to clean the kitchen floor.
5. You say there is no one outside. I am sure I saw someone.

El equivalente español de *no matter how* + un adjetivo o un adverbio, es **por** + un adjetivo o un adverbio + **que.** Si esta expresión implica un grado o una cantidad indefinida, se usa el subjuntivo:

No matter how bad it is . . . (and we don't know how bad . . .)
Por malo que sea...

Por pobre que sea siempre tendrá dinero para comer.
Por mucho que la **quiera,** no podrá perdonarla.

Si se expresa una cantidad o un grado definido, se usa el indicativo:

> **Por poco que estudia,** siempre saca buenas notas.
> **Por mucho** dinero **que** le **damos,** nunca tiene suficiente.

EJERCICIOS

A. Conteste, siguiendo el modelo.

EJEMPLO: —María es tan pobre que no tiene dinero para comer.
—*¡Vamos! Por pobre que sea siempre tendrá dinero para comer.*

1. Ella está tan enojada que no quiere verlo.
2. Ellos son tan estúpidos que no podrán entenderlos.
2. José va a estar tan horrorizado cuando la vea que no podrá hablar.
4. Este cuchillo está tan negro que no puedo limpiarlo.
5. Están tan cansados que no van a querer ir al baile.

B. Cambie las oraciones siguientes, según el modelo.

EJEMPLO: —Le damos mucho dinero y nunca tiene lo suficiente.
—*Por mucho dinero que le damos nunca tiene lo suficiente.*

1. Trabaja muy poco y siempre tiene dinero.
2. Baila mucho y nunca se cansa.
3. Como muy poco y sin embargo siempre engordo [*I gain weight*].
4. Gastamos muy poco, pero nunca podemos ahorrar nada.
5. Ella come muchísimo y siempre está delgada.

C. Los indefinidos **cualquiera** *(whichever),* **quienquiera** *(whoever)* y **dondequiera** *(wherever)* van seguidos de un subjuntivo cuando se refieren a cosas inciertas o vagas:

> **Cualquiera que** me **manden,** será malo.
> **Quienquiera que venga** querrá mucho dinero.
> **Dondequiera que esté,** siempre te recordaré.

Si no existe incertidumbre o vaguedad, se usa el indicativo:

> Siempre compro **cualquiera que** me **enseñan.**
> **Quienquiera que vino** rompió la puerta.
> **Dondequiera que vive,** siempre tiene problemas.

EJERCICIOS

A. Conteste, siguiendo el modelo.

EJEMPLO: —No sé cuál me van a comprar. (Te va a ser muy útil.)
—*Cualquiera que te compren, te va a ser muy útil.*

1. No sé quién va a venir. (Puede ayudarte.)
2. No sé dónde vamos a vivir. (Seremos felices.)
3. No sé cuál me van a enviar. (Será demasiado caro.)

4. No sé quién me va a recibir. (Hablará inglés.)
5. No sé dónde están los niños. (Estarán molestando.)

B. Conteste, siguiendo el modelo.

EJEMPLO: —Esta vez compré un perfume francés. (Siempre es malo.)
—Eso no importa. Cualquiera que tú compras, siempre es malo.

1. Esta vez contraté un cocinero italiano. (Siempre cocina mal.)
2. Esta vez dejé el reloj en casa. (Siempre se pierde.)
3. Esta vez me van a mandar un buen libro. (Tú nunca lees.)
4. Esta vez va a venir el jefe. (Nunca resuelve el problema.)
5. Esta vez voy a pasar las vacaciones en las montañas. (Nunca te diviertes.)

3. Conjunciones que expresan incertidumbre o irrealidad

► ¡QUÉ SUERTE TIENE ELENA...! ◄

ALICIA —¿Cuándo vas a llamar a Carlos?
RAÚL —Lo llamaré así que llegue Elena.
ALICIA —¿Y cuándo crees que vendrá a vernos?
RAÚL —Vendrá tan pronto como sepa que ella está aquí.
ALICIA —¿Cuándo piensan casarse? ¿Después que él se gradúe?
RAÚL —No, lo harán cuando él consiga un buen puesto.
ALICIA —Él está muy enamorado. El mes pasado tan pronto como tuvo dinero le regaló el anillo.
RAÚL —Sí, y en cuanto regresaron sus padres de Europa la llevó a casa de ellos.
ALICIA —¡Qué suerte tiene Elena!

Si la acción a la cual se refiere la cláusula subordinada no se ha completado aún, se usa el subjuntivo después de ciertas conjunciones de tiempo: **así que, tan pronto como, en cuanto, hasta que, cuando, apenas, después que:**

Lo **llamaré así que llegue** Elena.
Vendrá tan pronto como sepa que ella está aquí.
Lo **harán cuando** él **consiga** un buen puesto.
Usará ese traje **hasta que compre** otro.
Llamaré apenas [*the minute*] ella **llegue.**
Lo **compraré después que** ellos lo **vean.**
Vamos a decírselo en cuanto llegue.

Si no hay indicación de acción futura, se usa el indicativo después de las conjunciones de tiempo antes señaladas:

El mes pasado **tan pronto como tuvo** dinero le **regaló** el anillo.
En cuanto regresaron sus padres, la **llevó** a la casa de ellos.

Le **avisaron así que** él **llegó.**
Siempre **llamo apenas** ella **llega.**
Todas las tardes, **en cuanto** me **ve, corre** a abrazarme.

La conjunción **antes (de) que** indica siempre que la acción de la cláusula subordinada no se ha realizado aún y por lo tanto va siempre seguida del subjuntivo:

Lo haremos **antes (de) que** tú te **vayas.**
Ella siempre prepara el desayuno **antes (de) que** nosotros nos **levantemos.**

EJERCICIOS

A. Complete las siguientes oraciones, usando el subjuntivo o el indicativo de los verbos entre paréntesis, según corresponda.

1. Iremos apenas Elsa (llegar) ____.
2. Saldremos así que Ud. (llamar) ____.
3. Comieron después que los chicos (terminar) ____ de comer.
4. Se lo diré cuando la (ver) ____.
5. No lo va a hacer hasta que tú lo (recibir) ____.
6. Fuimos apenas Marta (venir) ____.
7. Siempre hace la comida cuando ellos (llegar) ____.
8. Volvimos en cuanto ella nos (dar) ____ el dinero.
9. Voy a escribir tan pronto como Raúl me lo (pedir) ____.
10. La niña siempre espera hasta que la mamá (volver) ____.

Casa de estilo español en las lomas de Chapultepec, Ciudad de México

B. Yo no sé inglés. ¿Qué quiere decir lo siguiente?

1. We always shake hands with him when he comes.
2. I'm going to look for her everywhere, until I find her.
3. He is going to clean the floor until it is shiny.
4. As soon as I start singing to the baby, he falls asleep.
5. When the people arrive, the priest will speak to them.
6. Every day, the minute I get home, I take my shoes off.
7. I always talk to him when I see him.
8. I generally help him until he finishes his work.

► VIDA DE ESTUDIANTES ◄

MERCEDES —¿Piensas asistir a la conferencia de la profesora Rojas sobre la delincuencia juvenil?... Yo no podré ir a menos que tú me lleves. Mi auto está roto.

CARLOS —Te llevaré a la conferencia con tal que después me ayudes a estudiar para el examen de filosofía.

MERCEDES —¿Cuándo es el examen?... Aunque estudiemos como locos no lo vas a pasar pues has faltado a la mayoría de las clases...

CARLOS —Aunque no he asistido a muchas clases, tengo todas las notas. Arturo me las prestó.

MERCEDES —Bueno... no sé si la doctora Ramírez te dará una buena nota sin que asistas a sus clases y tomes parte en todos los proyectos del curso...

CARLOS —¡Mujer de poca fe [*faith*]! Yo pienso presentar todos los trabajos en forma escrita... Además... no estoy haciendo planes para el verano, en caso de que no pase el examen...

MERCEDES —¡Buena idea! Bueno... te espero a las siete, ¿vale?

CARLOS —¡Vale!

Algunas conjunciones, como por ejemplo **con tal que, sin que, en caso de que** y **a menos que,** por su mismo significado, siempre implican incertidumbre o restricción y, por consiguiente, van siempre seguidas del subjuntivo.

Estas conjunciones se usan por lo general en oraciones condicionales, donde se hace depender el cumplimiento de lo enunciado en la oración principal, de la realización de lo que se indica en la subordinada:

> Yo no podré ir **a menos que** tú me **lleves.**
> No estoy haciendo planes **en caso de que** no **pase** el examen.
> Te llevaré **con tal que** me **ayudes** a estudiar.
> No te dará una buena nota **sin que**[1] **asistas** a sus clases.

---

[1]Si no hay cambio de sujeto, se usa la preposición **sin,** seguida del infinitivo: Pasaré el examen **sin asistir** a las clases.

La conjunción **aunque** requiere el subjuntivo cuando se expresa incertidumbre y es el equivalente del inglés *even if:*

> **Aunque estudiemos** como locos, no vamos a pasar el examen.
> **Aunque se caiga** la casa, no nos pasará nada.
> Mañana iremos a la playa, **aunque llueva.**

Si no se expresa incertidumbre sino certeza, se usa el indicativo en lugar del subjuntivo. En este caso **aunque** es el equivalente del inglés *even though:*

> **Aunque no he asistido** a clase, tengo las notas.
> **Aunque se cayó** la casa, no nos pasó nada.
> **Aunque está lloviendo,** iremos a la playa.

EJERCICIOS

A. Complete usted las frases en la columna *A* con la forma apropiada del verbo de la columna *B*.

A	B
1. No tendrá dinero a menos que	a. (parar) de llover
2. Aunque le canté al niño por dos horas	b. él nos (dar) el dinero
3. No podrá pararse sin que	c. los bomberos (apagar) el fuego
4. Compraremos el pasaje con tal que	d. (trabajar) mucho
5. Va a limpiar la casa en caso de que	e. (poder) ir al baile
6. No podremos salir a menos que	f. (venir) sus suegros
7. No contestó aunque	g. no (dormirse)
8. Todos se quemarán a menos que	h. nosotros lo (ayudar)
9. Ayer fuimos de pic-nic aunque	i. (llover) todo el día
10. Vamos a tratar de terminar el trabajo en caso de que	j. (saber) la respuesta

B. Yo no sé inglés. ¿Qué quiere decir lo siguiente?

1. Even though the sky was covered with black clouds, it didn't rain.
2. He will understand what you say, unless he's stupid.
3. Why don't you wear a light coat in case it is cold in the city?
4. I will not marry that hateful man, even if he is rich.
5. Unless it is a profitable business, I don't want to buy the store.

4. Imperativo **(tú** y **vosotros)**

► LA SEÑORA VA A SALIR... ◄

SEÑORA —María, voy a salir, así que cierra la puerta y no le abras a nadie.
MARÍA —Está bien, señora. ¿Qué más tengo que hacer?
SEÑORA —A las seis empieza a preparar la cena y pon los platos en la mesa.
MARÍA —¿Qué preparo para comer?
SEÑORA —Haz un pastel de carne y tenlo caliente para cuando regresemos. Prepara una ensalada de lechuga y tomates.
MARÍA —¿A qué hora vendrán?
SEÑORA —A las ocho. Ah, dile a Rosa que vaya a comprar frutas, pero no vayas tú con ella. Quédate con la niña.
MARÍA —¿Quiere que bañe a Olguita?
SEÑORA —Sí, hazme el favor de bañarla, y no la dejes jugar afuera después.
MARÍA —Muy bien, señora.

Las únicas formas del imperativo que no usan el presente de subjuntivo son las que corresponden a **tú** y **vosotros** en el afirmativo.

1. La forma para el imperativo correspondiente al pronombre **tú** es igual a la de la tercera persona del presente de indicativo:

EL IMPERATIVO AFIRMATIVO (TÚ)

Verbo	*Presente de indicativo (tercera persona)*	*Imperativo (tú)*
trabajar	él trabaja	trabaja (tú)
beber	él bebe	bebe (tú)
escribir	él escribe	escribe (tú)
cerrar	él cierra	cierra (tú)
volver	él vuelve	vuelve (tú)
pedir	él pide	pide (tú)

Cierra la puerta, María.
Empieza a preparar la cena.
Quédate con la niña.
Abre la ventana.

Hay ocho verbos que tiene formas irregulares para el imperativo que corresponde al pronombre **tú:**

decir:	**di**	salir:	**sal**	ir:	**ve**	tener:	**ten**
hacer:	**haz**	ser:	**sé**	poner:	**pon**	venir:	**ven**

Dile a Rosita que vaya a comprar frutas.
Haz un pastel de carne.
Ve con ellos.
Pon los platos en la mesa.
Sal antes de que lleguen los niños.
Sé bueno y quédate conmigo.
Tenlo caliente para cuando regresemos.
Ven mañana por la tarde y trae a tu hermanito.

2. El imperativo afirmativo de **vosotros** se forma cambiando la **-r** del infinitivo por **-d:**

hablar: → hablar̸ → habla**d**
comer: → comer̸ → come**d**
venir: → venir̸ → veni**d**

Comed temprano.
Poned los platos aquí.
Hablad español todos los días.
Escribid las cartas ahora mismo.

Si la forma afirmativa del imperativo **vosotros** se usa con el pronombre reflexivo **-os,** se suprime la **-d** final (excepto con el verbo **ir: idos**):

bañar: → bañad̸ → baña**os**
poner: → poned̸ → pone**os**
vestir: → vestid̸ → vest**íos**[1]

¡Niños! **Bañaos** ahora mismo si queréis ir al teatro.
Poneos los zapatos negros.
Vestíos pronto.

3. La forma imperativa y negativa de los pronombres **tú** y **vosotros** usa las formas correspondientes del presente de subjuntivo:

abrir:	**no abras** (tú)	**no abráis** (vosotros)
ir:	**no vayas** (tú)	**no vayáis** (vosotros)
decir:	**no digas** (tú)	**no digáis** (vosotros)
poner:	**no pongas** (tú)	**no pongáis** (vosotros)

No le **abras** la puerta, niño.
No vayas tú con ella.
No digas nada.

No le **abráis** la puerta, niños.
No vayáis vosotros con ella.
No digáis nada.

[1]Los verbos terminados en **-ir** llevan acento ortográfico cuando se les agrega el pronombre reflexivo **os.**

EJERCICIOS

A. Pídale a un(a) compañero(a) que haga lo siguiente, según el modelo.

EJEMPLO: —...que escriba su nombre.
—*Escribe tu nombre, por favor.*

1. ...que salga.
2. ...que no venga tarde.
3. ...que le dé dinero.
4. ...que apague la luz.
5. ...que ponga los libros en la mesa.
6. ...que escriba con lápiz.
7. ...que tenga paciencia.
8. ...que se levante.
9. ...que no trabaje mucho.
10. ...que coma poco.
11. ...que vaya a la pizarra.
12. ...que diga su nombre.
13. ...que cierre la puerta.
14. ...que haga el trabajo.
15. ...que traiga la pluma.
16. ...que sea bueno(a).
17. ...que abra la ventana.
18. ...que hable español.
19. ...que le pida el lápiz.
20. ...que no fume en la clase.

B. Imagínese que usted es uno de los siguientes personajes, y dé dos órdenes en cada situación.

1. Un abuelo (una abuela) hablándole a su nieto
2. Una madre (un padre), hablándole a su hija de dieciséis años
3. Un maestro (una maestra) hablándole a un estudiante que siempre saca malas notas
4. Un dentista hablándole a un paciente de diez años
5. Un hombre (una mujer) hablándole a un amigo que quiere visitarlo(a) y no sabe cómo llegar a su casa
6. Un médico hablándole a un niño que tiene fiebre
7. El dependiente de una zapatería hablándole a una niña
8. Un hombre hablándole a su esposa
9. Una mujer hablándole a su esposo
10. El supervisor de una estación de servicio, hablándole a un empleado
11. El oculista hablándole a un paciente de ocho años
12. El barbero hablándole a un cliente de cinco años
13. Una muchacha hablándole a su hermano
14. Una señora hablándole a la criada
15. Una secretaria hablándole a una compañera de trabajo

C. Cambie al negativo las órdenes siguientes.

1. Usa el vestido morado hoy.
2. Sal con la chica trigueña.
3. Acércate a mí.
4. Ten paciencia con él.
5. Ve con su hermana.
6. Dame los alfileres.
7. Toca la campana.
8. Póntelos ahora mismo.
9. Llévale los bultos a él.
10. Explícale los problemas.
11. Tráemelo esta noche.
12. Díselo a Elena.
13. Ven a mi casa esta tarde.
14. Hazlo ahora.
15. Báñate antes de cenar.

PALABRAS PROBLEMÁTICAS

A. **Levantar, subir, criar, cultivar:**

1. **Levantar** significa "poner una cosa en un lugar más alto de lo que estaba antes":

   Si quieren hacerme una pregunta, **levanten** la mano.

2. **Subir** significa **elevar** o **ascender** y puede referirse a precios, calidad, etc.:

   Este año los precios han **subido** muchísimo.
   Con las lluvias, el nivel del agua del río **subió** bastante.

3. **Criar** es el equivalente de *to raise* cuando se habla de personas o animales:

   Crió nueve hijos y ahora está sola.
   En el rancho de mi tío **criaban** caballos de carrera.

4. **Cultivar** es el equivalente de *to raise,* cuando se habla de plantas:

   En el Brasil se **cultiva** café.

Estudiantes de Asunción, Paraguay, conmemoran la festividad católica del Miércoles de Ceniza.

B. **Obtener, conseguir, recibir:**

1. **Obtener** significa **lograr algo** (que se solicita o pretende):

   Juan Carlos **obtuvo** el puesto de administrador.

2. **Conseguir** significa **alcanzar:**

   Ana **consiguió** terminar la carrera.

   (A veces **obtener** y **conseguir** se pueden usar indistintamente)

   Juan Carlos **consiguió** el puesto de administrador.

3. **Recibir** significa **tomar lo que le dan** (o le envían) **a uno** o **admitir visitas:**

   Recibí una carta muy larga de Tomás.
   Ellos no **reciben** a nadie esta noche.

EJERCICIO

Complete las frases, usando las palabras estudiadas en esta sección, según corresponda.

1. ¡Necesito aire! No ___ la ventanilla del coche, por favor...
2. Ellos ___ un telegrama de su padre ayer.
3. Después de dos años de trabajar allí, Javier ___ un aumento de sueldo.
4. En el estado de Idaho ___ papas.
5. Mi hermano ___ convencerlos de que eso era lo mejor.
6. Yo quiero mucho a mi sobrino. Lo ___ desde pequeño.
7. Federico ___ la mano y pidió permiso para salir.
8. Los señores Díaz ___ visitas los jueves y sábados.

EJERCICIO FINAL

En este ejercicio encontrará usted todos los puntos gramaticales estudiados en esta lección. Pero... ¿qué dice aquí?

"Do you like this dress? Try it on."
"I don't think it's my size." (She tries it on.)
"You're right; it's too big, and I'm sure you don't want to use pins. Let's see; turn around."
"This dress is horrible. Help me take it off. Don't leave it on the floor. Give it to the maid, or put it in that drawer."
"Okay. Now, you need a dress that you can wear on the boat. I advise you to buy a white dress. You're dark skinned."
"No, I doubt that I can buy a dress now. I don't have (any) money."
"Can't you get money? Ask your father (for it)! Or marry a rich man – someone who can buy you whatever you want."

SECCIÓN DE LECTURA

Vocabulario activo

Aprenda usted las siguientes palabras y expresiones que van a aparecer en la lectura:

NOMBRES

el **comercio** store, business
el **fresco** fresh person
el **hueco** space, hole
la **lana** wool
la **mentira** lie
la **nuca** neck, nape
el **tronco** trunk of a tree
la **vuelta** turn, twirl

VERBOS

agacharse to bend over
empujar to push
envidiar to envy
frotar(se) to rub (oneself)
impacientarse to become impatient
intentar to try, to attempt
llorar to cry, weep
marearse to get dizzy
rechazar to reject
recostarse to lean, to lie down

ADJETIVOS

chino(a) Chinese
emocionante thrilling
oculto(a) hidden
rabioso(a) furious

OTRAS PALABRAS

bocabajo face down
encima over

ALGUNAS EXPRESIONES

de veras really
hacer el ridículo to make a fool of oneself
hacerse ilusiones to dream (*figuratively*)
merecer la pena to be worthwhile

RAFAEL SÁNCHEZ FERLOSIO

Sánchez Ferlosio, novelista español, nació en 1927. Aunque sólo ha escrito dos obras —*Industrias y Andanzas de Alfanhuí* (1950) y *El Jarama* (1956)—, sobresale como uno de los grandes escritores del Siglo XX.

Su primera obra es una novela en la que narra las andanzas° de un niño por distintos pueblos de España. En ella se mezclan la realidad del paisaje español y la fantasía de las aventuras.

adventures

En *El Jarama,* del cual presentamos una selección, el autor usa la técnica "testimonial", que consiste en representar objetivamente sucesos° de la vida cotidiana. En la novela no hay protagonista y la trama es mínima. Los personajes son presentados a través del diálogo. Todo ocurre un domingo cuando un grupo de jóvenes va a pasar el día a orillas del río Jarama.

happenings

► EL JARAMA ◄

(Selección adaptada)

—Anda, cuéntame algo, Tito.

—Que te cuente ¿qué?

—Hombre, algo, lo que quieras, mentiras, da igual.° Algo que sea interesante.

da... *it doesn't matter*

—¿Interesante? Dudo que pueda contarte nada, qué ocurrencia. ¿De qué tipo? ¿Qué es lo interesante para ti, vamos a ver?

—Tipo aventuras, por ejemplo, tipo amor.

—¡Ay, amor! —sonreía, sacudiendo los dedos—. ¡No has dicho nada! ¿Y de qué amor? Hay muchos amores distintos.

—De los que tú quieras. Con tal que sea emocionante.

—Pero si yo no sé contar cosas románticas, mujer, ¿de dónde quieres que lo saque? Eso, mira, te compras una novela.

ya... *it's enough*

—¡Bueno! Hasta aquí estoy ya de novelas hijo mío. Ya está bien° de novelas, bastante me tengo leídas. Además eso ahora, ¿qué tiene que ver?, que me contaras tú algo interesante, aquí, en este rato.

lying down

bathing suit (Espãna)

Tito estaba sentado, con la espalda contra el tronco; miró al suelo, hacia el bulto de Lucita, tumbada° a su izquierda; apenas le veía lo blanco de los hombros, sobre la lana negra del bañador,° y los brazos unidos por detrás de la nuca.

waiting on people

—¿Y quieres que yo sepa contarte lo que no viene en las novelas? —le dijo—. ¿Qué me vas a pedir?, ¿ahora voy a tener más fantasía que los que las escriben? ¡Entonces no estaba yo despachando° en un comercio!

—Por hacerte hablar, ¿qué más da?, no cuentes nada. Pues todas traen lo mismo, si vas a ver, tampoco se rompen la cabeza, unas veces te la ponen a Ella rubia y a Él moreno, y otras sale Ella de morena y Él de rubio; no tienen casi más variación...

Tito se reía:

—¿Y pelirrojos nada? ¿No sacan nunca a ningún pelirrojo?

—¡Qué tonto eres! Pues vaya una novela, que tenga un pelirrojo, qué cosa más desagradable. Todavía si lo era Ella...

hair

—Pues un pelaje° bien bonito —se volvía a reír—. ¡Pelo zanahoria!

—Bueno, ya no te rías, para ya de reírte. Déjate de eso, anda, escucha, ¿me quieres escuchar?

—Mujer, ¿también te molesta que me ría?

se... *was sitting up*

Lucita se incorporaba°; quedó sentada junto a Tito; le dijo:

—Que no, si no es eso, es que ya te has reído, ahora a otra cosa. No quería interrumpirte, sólo que tenía ganas de cambiar. Vamos a hablar de otra cosa.

—¿De qué?

—No lo sé, de otra cosa. Tito, de otra cosa, de lo que quieras. Oye, déjame un poco de árbol, que me apoye también. No, pero tú no te vayas, si cabemos, cabemos los dos juntos. Sólo un huequecito quería yo.

Se apoyó contra el árbol, a la izquierda de Tito, hombro con hombro. Dijo él:

—¿Estás ya bien así?

—Sí, Tito, muy bien estoy. Es que creo yo que tumbada me mareaba más. Así estoy mucho mejor —le dio unos golpecitos en el brazo—. Hola.

Tito se había vuelto:

—¿Qué hay?

—Te saludaba... Estoy aquí.

—Ya te veo.

—Oye, y no me has contado nada. Tito, parece mentira, cómo eres. No has sido capaz de contarme algún cuento y yo de escuchártelo contar. Me gusta estar escuchando y que me cuenten y cuenten. Los hombres siempre contáis unas cosas mucho más largas. Yo os envidio lo bien que contáis. Bueno, a ti no. O sí. Porque estoy segura que tú sabes contar cosas estupendas cuando quieres. Se te nota en la voz.

—Pero ¿qué dices?

—Tienes la voz de ello. Haces la voz del que cuenta cosas largas. Tienes una voz muy bonita. Aunque hables en chino y yo sin entenderte, me gusta escucharte contar. De veras.

—Dices cosas muy raras, Lucita —la miró sonriendo.

—¿Raras? Pues bueno, si tú lo dices lo serán. Yo también estoy rara esta noche, y lo veo todo raro a mi alrededor, así que no me choca° si digo cosas raras, cada uno hace lo que puede, ¿no crees? ¡Demasiado hago ya! con un tiovivo° metido en la cabeza...

—Pues lo llevas muy bien, di tú que sí, estás la mar de salada° esta noche.

—¿Esta noche? Sí, claro, porque he bebido un poco, simpatía de prestado. Cuando se pase, se acabó. En cuanto baje el vino, vuelta a lo de siempre,° no nos hagamos ilusiones. ¡Ay, ahora qué mareo tengo! Creo que es el tiovivo que se pone en marcha.° Si antes lo mencionamos... ¡Qué horror, qué de vueltas, vaya un mareo ahora de pronto...!

—¿Mucho? —Tito se había acercado más a ella echándole el brazo° encima de los hombros—. Ven, anda, recuéstate contra mí.

—No, no, déjame, Tito, se pasa, pasa en seguida, no merece la pena, es como el oleaje,° viene y se va, viene y se va...

—Tú, recuéstate, mujer, por mí no lo hagas, ven.

—¡Déjalo, estoy bien aquí, se me quita solo, ¿por qué insistes?, estoy bien como estoy...!

Se cubría los ojos y la frente con las manos. Tito dijo:

—Lo decía por tu bien, no es para impacientarse, Lucita. Vamos, ¿se pasa ese mareo? -le ponía una mano en la nuca y le acariciaba el pelo—. ¿Se va pasando ya? ¿No quieres que te moje un pañuelo en el río? Eso te alivia, ¿voy?

Lucita negó con la cabeza.

—Bueno, como tú quieras. ¿Estás mejor?

Ella no dijo nada; giró la cabeza y empujó la mejilla, frotándose como un gato, contra la mano que la acariciaba, y deslizó° la cara por todo el brazo arriba hasta esconderla en el cuello de Tito. Lo tenía abrazado por detrás de la nuca y se hizo besar.

—Soy una fresca, ¿verdad Tito?, dirás que soy una fresca, a que sí.°

—A mí no me preguntes.

—Es culpa tuya... Me dices, recuéstate en mí, me lo repites, ¿ves ahora?, ¿no sabías cómo estoy esta noche?, pues ya me tienes, ya estoy recostada, ¿no ves lo que ocurre? ... ¿Qué me habrás dado tú a mí? Oye, otra vez.

Volvieron a besarse y luego Lucita, de pronto, lo rechazó violentamente, y se tiró en el suelo. Se puso a llorar.°

—Pero Lucita, ¿qué te pasa ahora?, ¿qué te ha entrado de pronto?

no... *it doesn't shock me*
merry-go-round
la... *awfully witty*
vuelta... *back to the same thing*
se... *is starting*
echándole... *putting his arm*
succession of waves
slid
a... *I'll bet*
se... *she started crying*

Tenía el rostro escondido entre las manos. Tito se había agachado sobre ella y la cogía por un hombro, intentando verle la cara.

—Déjame, déjame, vete.

—Dime lo que te ocurre, mujer, ¿qué es lo que tienes? ¿qué te ha pasado así de pronto?

—Déjame ya, tú no tienes la culpa, tú no me has hecho nada, soy yo..., soy yo la única que tiene la culpa, la que ha hecho el ridículo, el ridículo...

Su voz sonaba rabiosa entre el llanto.

—Pero yo no te entiendo, mujer, ¿de qué ridículo me hablas?

—¿Y más ridículo quieres? ¿Te crees que yo no sé lo que te importo? ¡Vaya si me lo sé!, ¡ay, qué vergüenza tengo, qué vergüenza tan grande! ...olvídate de esto, Tito, por lo que más quieras...° me escondería, me querría esconder...

por... *for heaven's sake*

Se calló y continuaba llorando bocabajo, con la cara oculta. Tito no dijo nada; tenía una mano en el hombro de ella.

Conteste usted las siguientes preguntas sobre la selección.

1. ¿Qué quiere Lucita que haga Tito?
2. ¿Qué dice Tito del amor?
3. ¿Qué le aconseja Tito a Lucita que haga?
4. ¿Qué dice Lucita de las novelas?
5. ¿En qué trabaja Tito?
6. Según Lucita, ¿qué tipo de personaje no aparece nunca en las novelas?
7. ¿Por qué quiere Lucita recostarse contra el árbol?
8. ¿Por qué envidia Lucita a los hombres?
9. ¿Cómo se siente Lucita?
10. ¿Cómo dice Tito que es Lucita?
11. ¿Qué va a ocurrir cuando a Lucita se le pase el mareo?
12. ¿Qué hace Tito para tratar de consolarla y hacer que se sienta mejor?
13. ¿Por qué llora Lucita y dice que es una fresca?
14. ¿Por qué dice ella que ha hecho el ridículo?
15. ¿Cuál es la actitud de Tito frente a la actitud de su amiga?

REPASO DE VOCABULARIO

¿Sí o **no?**

1. ¿Son éstas las actitudes de una persona madura?
   a. Envidia a todos sus amigos.
   b. Intenta suicidarse cada vez que algo le sale mal.
   c. Rechaza las proposiciones deshonestas.
   d. Llora cuando algo no le sale bien.
   e. Nunca dice mentiras.

2. ¿Merece la pena que me preocupe por estas cosas?
   a. A mi hijo le duele la nuca.
   b. Cuando me agacho, me duele la espalda.
   c. Mi hija empujó a Juan y el niño se hizo mucho daño.
   d. Cuando mi esposo ve las comidas que yo preparo, se frota las manos.
   e. Nunca me mareo cuando viajo en barco.

3. ¿Es bueno hacer estas cosas?
   a. Hacer el ridículo delante de la gente.
   b. Hacerse ilusiones vanas.
   c. Ponerse rabioso cuando un amigo tiene suerte.
   d. Acostarse bocabajo para comer.
   e. Recostarse un rato si uno no se siente bien.

DEBATE

Lucita piensa que ha hecho el ridículo y se siente muy avergonzada de su comportamiento. Esta reacción es típica:

1. de una chica criada [*raised*] en un ambiente o en una sociedad hispánica.
2. de cualquier chica que se encuentre en la misma situación.

COMPOSICIÓN

A. Escriba usted una composición sobre uno de los siguientes temas.

   1. Un día de pic-nic
   2. Diálogo entre una chica y su novio
   3. Mis libros favoritos
   4. La mejor película que he visto en mi vida

B. Escriba una composición de tema libre, usando las siguientes palabras y expresiones.

fresco	agacharse	chino	de veras
hueco	impacientarse	emocionante	merecer la pena
lana	empujar	oculto	hacerse ilusiones
nuca	intentar	rabioso	

¡Vámonos de caza!

Busque Ud. en la lectura ejemplos de los puntos gramaticales estudiados en la lección. Haga una lista de ellos.

SECCIÓN LITERARIA

A. Basándose en la selección literaria, conteste las siguientes preguntas.

1. ¿De qué se vale el autor para presentar a sus personajes?
2. ¿A cuál de los personajes conocemos mejor en esta selección? ¿Por qué?
3. Hable de los conflictos emocionales de Lucita reflejados en el diálogo. Dé ejemplos.
4. ¿Qué temas encuentra usted en esta selección?
5. ¿Hay o no descripción de ambiente en esta selección? ¿Es necesaria?
6. ¿Hay un punto culminante? ¿Dónde está?
7. ¿Qué punto de vista usa el autor?
8. ¿Qué tipo de lenguaje usa el autor? ¿Cree usted que es adecuado? ¿Por qué?

B. Composición
Escriba usted una continuación del diálogo entre Lucita y Tito. Cada personaje debe hablar unas diez veces.

C. Dé un pequeño informe sobre el autor y su obra, completando la información que aparece al comienzo.

PENSAMIENTOS DE HOMBRES ILUSTRES

Sobre la convivencia

El respeto al derecho ajeno° es la paz.

Benito Juárez (México: 1806–1872)

derecho... *other people's rights*

Si te sientes muy solo, busca la compañía de otras almas y frecuéntalas. Pero no olvides que cada alma está especialmente construida para la soledad.

Juan José Arreola (México: 1918–)

LECCIÓN 8

SECCIÓN GRAMATICAL

- Expresiones impersonales que requieren el subjuntivo, el indicativo o el infinitivo
- Más sobre el subjuntivo
- El equivalente español de *let's*
- Usos de **hay que** y **haber de**

SECCIÓN DE LECTURA "Mi raza," JOSÉ MARTÍ

SECCIÓN GRAMATICAL

1. Expresiones impersonales que requieren el subjuntivo, el indicativo o el infinitivo

► ¿DEBAJO DEL COLCHÓN O EN EL BANCO? ◄

MARTA —Ramón, es conveniente que abramos una cuenta de ahorros en el banco, porque si tenemos el dinero en casa es fácil que nos lo roben.

RAMÓN —Parece mentira que pienses así. Aquí es difícil que nadie pueda entrar.

MARTA —Es verdad que vivimos en el séptimo piso, pero no es imposible entrar.

RAMÓN —Es dudoso que los ladrones traten de robarnos; recuerda que vivimos al lado de la estación de policía.

MARTA —Es cierto que ésa es una ventaja, pero es preferible evitar [*to avoid*] problemas.

RAMÓN —Pues yo no quiero poner mi dinero en el banco. Aquí debajo del colchón está más seguro.

MARTA —¡Ramón! ¡Es increíble que digas eso! ¿Cómo va a estar más seguro el dinero aquí que en el banco?

RAMÓN —¡Ay, Marta, Marta! Es evidente que tú no sabes que los ladrones siempre roban los bancos...

MARTA —Sí, hombre... ¡Y es lástima que tú seas tan tonto!

1. El subjuntivo se usa después de ciertas expresiones impersonales que indican emoción, duda, incertidumbre, irrealidad o una orden indirecta o implícita, cuando el verbo de la cláusula subordinada tiene un sujeto que está expresado. Las expresiones más comunes son:

Emoción

Es de esperar	Es sorprendente
Es lamentable	Ojalá
Es lástima	

¡Es lástima que tú **seas** tan tonto!

Duda, incertidumbre o irrealidad

Es difícil	Es increíble
Es dudoso	Puede ser
Es fácil	Es (im)posible
Es (im)probable	Parece mentira

Es difícil que nadie **pueda** entrar.

Es dudoso que los ladrones **traten** de robarnos.
Es fácil que nos lo **roben.**
Es increíble que digas eso.
Parece mentira que pienses así.

Orden indirecta o implícita

Es mejor (Más vale)	Conviene (Es conveniente)
Es necesario	Importa (Es importante)
Es preferible	Urge (Es urgente)

Es conveniente que abramos una cuenta de ahorros.

2. Si las expresiones impersonales indican certidumbre, van seguidas por el indicativo:

   Es verdad que vivimos en el séptimo piso.
   Es cierto que ésa **es** una ventaja.

3. Cuando las oraciones son completamente impersonales, es decir, que el sujeto ni se expresa, ni se sobreentiende, las expresiones van seguidas de un infinitivo:

   Es preferible evitar problemas.
   No es imposible entrar en él.
   Es difícil entrar aquí.

EJERCICIOS

A. Complete lo siguiente, usando las expresiones impersonales estudiadas. Use una expresión diferente en cada oración.

1. ____ que el suéter sea de lana porque yo soy alérgica.
2. ____ que lleven seis horas tomando vino y no estén mareados.
3. ____ que se ha roto la pierna porque no puede moverla.
4. ____ que los estudiantes chinos sepan español.
5. ____ matar al perro porque está rabioso.
6. ____ que salgan ahora mismo si quieren llegar a tiempo.
7. ____ que fue una pelea emocionante porque el campeón perdió el título.
8. ____ que me envidia porque nunca se alegra con mis triunfos.
9. ____ que se maree tomando solamente refrescos.
10. ____ cubrir el hueco para que el niño no se caiga en él.
11. ____ que el médico pueda aliviarme pronto.
12. ____ que la niña llore porque no tengan pato asado en el restaurante.
13. ____ conseguir lechuga fresca en esta época.
14. ____ nadar con tantas olas.
15. ____ que el viaje merezca la pena, porque nos ha costado mucho dinero.

B. Escriba usted diez oraciones originales, usando las expresiones impersonales estudiadas. Use el subjuntivo en cuatro de ellas, el infinitivo en tres y el indicativo en las otras tres.

2. Más sobre el subjuntivo

► EN EL CONSULTORIO DE LA DOCTORA RUIZ ◄

DRA. RUIZ —Ud. continúa ganando peso, señor Plaza. ¡Qué barbaridad!

PACIENTE —No es que yo sea gordo porque coma mucho, doctora. Yo creo que tengo problemas glandulares...

DRA. RUIZ —¡Qué va! Ud. no tiene problemas glandulares. Ud. aumenta de peso porque come más de lo que necesita y no hace ejercicios.

PACIENTE —¿Por qué no me receta algunas pastillas de modo que no tenga tanto apetito?

DRA. RUIZ —No, las pastillas pueden hacerle daño. Voy a darle una dieta que Ud. debe seguir para que pueda perder peso gradualmente.

PACIENTE —El hecho de que coma menos no va a resolver el problema. Yo necesitaría también un programa de ejercicios.

DRA. RUIZ —Ajá... veo que Ud. tiene la presión un poco alta, de manera que debemos empezar la dieta y el programa de ejercicios lo antes posible.

PACIENTE —No tengo mucho tiempo libre, pero tal vez pueda ir a un gimnasio por la noche... o los sábados...

DRA. RUIZ —Hágalo como pueda. Lo importante es que comience cuanto antes.

1. Las oraciones que se introducen con **porque** llevan el verbo en indicativo si se refieren a algo cierto. Se usa el subjuntivo si expresan una posible causa que se desea negar:

   No es que yo sea gordo **porque coma** mucho. (Niego que yo coma mucho.)
   Ud. aumenta de peso **porque come** más de lo que necesita. (La razón por la cual Ud. aumenta de peso es que come más de lo que necesita.)
   No me lo dice **porque quiera** molestarme. (No es ésa la razón por la cual no me lo dice.)
   No me lo dice **porque quiere** molestarme. (Es ésa la razón por la cual no me lo dice.)

2. **El que, el hecho de que** o **que** va seguido del subjuntivo cuando la oración subordinada se coloca delante de la oración principal o siempre que se desea expresar un sentimiento de duda:

   El hecho de que tu mamá **viva** con nosotros no quiere decir que yo no pueda salir.
   El que Carlos **esté** o no **esté** no tiene importancia.
   Que sea rico no quiere decir **que tenga** clase.

3. Las conjunciones **para que** y **a fin de que** indican propósito, y van seguidas por el subjuntivo:

Tienes que quedarte en casa **para que** mamá no **esté** sola.
Trabaja **para que** sus hijos[1] **tengan** dinero.
Lo mandaremos hoy **a fin de que llegue** a tiempo.

También van seguidas por el subjuntivo las conjunciones **de modo que** y **de manera que** cuando indican propósito, pues entonces son sinónimos de **para que:**

Tienes que quedarte en casa **de modo que** mamá no **esté** sola.
Lo mandaremos hoy **de manera que llegue** a tiempo.

Si las conjunciones **de modo que** y **de manera que** solamente señalan el resultado de la acción, van seguidas del indicativo:

Me quedé en casa, **de modo que** mamá no **estuvo** sola.
Lo mandamos ayer, **de modo que llegó** a tiempo.
No te doy permiso, **de manera que** no **puedes** ir.

4. Con los adverbios **quizás, tal vez** y **acaso,** que son equivalentes del inglés *perhaps,* se usa el subjuntivo cuando se expresa duda:

Quizás no te **preocupe** ahora.
Tal vez ellos **hagan** el ridículo en la fiesta.
Acaso el pobre se **esté** haciendo ilusiones.

Si no se expresa duda se usa el indicativo:

Quizás no te **preocupó** mucho anoche.
Tal vez ellos **hicieron** el ridículo en la fiesta.
Acaso el pobre se **está** haciendo ilusiones.

5. Se usa el subjuntivo después de la conjunción **como** para expresar algo indefinido. Si se expresa algo específico o definido, se usa el indicativo:

Hazlo **como** tú **quieras.**
Siempre lo hacemos **como** tú **quieres.**

EJERCICIOS

A. Complete las frases con el infinitivo, el indicativo o el subjuntivo de los verbos dados.

1. El hecho de que tú (tomar) ____ un vaso de vino no quiere decir que (ser) ____ un borracho.
2. Lo que me dijiste era mentira, de modo que ya no te (creer) ____.
3. Cortó el tronco del árbol para (hacer) ____ una mesa.
4. No me recuesto porque (estar) ____ cansada, sino porque estoy un poco mareada.
5. Quizás (intentar) ____ venir anoche, pero no pudo.

---

[1]Si no hay cambio de sujeto, se usa la preposición **para** seguida por el infinitivo: Trabaja **para tener** dinero.

6. ¿Prefieres quedarte en casa o salir? Como (querer) ____. A mí no me importa.
7. El que no le (importar) ____ si se casa con ella o no, indica que no está enamorado.
8. Le doy masajes en la nuca para que (aliviarse) ____.
9. Tal vez (estar) ____ oculto porque teme que la policía lo encuentre.
10. Voy a trabajar ahora a fin de que ella (poder) ____ encontrarlo todo listo.
11. Vamos a salir temprano de manera que los niños (estar) ____ de vuelta para las ocho.
12. Siempre hago las cosas como tú (querer) ____.
13. Se impacientó porque la cena no (estar) ____ preparada aún.
14. Tú no hiciste el trabajo, de modo que yo no te (ir) ____ a pagar.
15. Voy a hablar claramente, de manera que todos me (entender) ____.

B. Yo no sé inglés. ¿Qué quiere decir lo siguiente?

1. Really! He always brings his daughter so that I don't have to do the work.
2. The idea that this is romantic is ridiculous!
3. He studies in order to get good grades.
4. She works so that her son can buy a car.
5. I know she doesn't want me to go, so I'm not going to ask her.

Una de las más hermosas playas chilenas es la de Viña del Mar.

3. El equivalente español de *let's*

► SOBRE RUEDAS... ◄

MARGA —Vamos a llevar el coche al taller ahora.
RAÚL —No, Margarita, llevémoslo mañana. Esta noche lo necesito.
MARGA —Pero esta vez no vayamos al taller de la calle Libertad, porque los mecánicos no son muy buenos.
RAÚL —¿Por qué dices eso? La última vez lo arreglaron muy bien.
MARGA —¿Ah, sí? No arreglaron los frenos y casi me mato...
RAÚL —Como quieras. Llevémoselo entonces al mecánico de Juan. Pero oye, vistámonos, porque ya es tarde.
MARGA —¿A qué hora empieza la fiesta?
RAÚL —A las nueve y media.
MARGA —¡Pero son sólo las ocho!
RAÚL —¡Pues apresurémonos! Una hora y media no es mucho tiempo. ¡Seamos puntuales!

¿Recuerda usted que el equivalente de *let's* más infinitivo se expresa en español usando la primera persona del plural del presente de subjuntivo?

Seamos puntuales.
Agachemos la cabeza.
No **hagamos** eso.

Si se usa un verbo reflexivo, se suprime la **-s** de la terminación **-mos** antes de añadir el pronombre **nos:**

Vistamo~~s~~ + nos: **Vistámonos** que ya es tarde.
Quedemo~~s~~ + nos: **Quedémonos** aquí.

También se suprime la **-s** de la terminación **-mos** si se añade el pronombre **-se:**

Llevemo~~s~~ + se: **Llevémoselo** entonces al mecánico de Juan.
Digamo~~s~~ + selo: **Digámoselo** ahora mismo.

Para la forma afirmativa puede usarse la expresión **vamos a** + infinitivo. En la forma negativa sólo puede usarse el subjuntivo:

Seamos puntuales. **Vamos a ser** puntuales.
Vistámonos. Vamos a vestirnos.
No seamos puntuales.
No nos **vistamos.**

Con el verbo **ir** (irse), no se usa el subjuntivo en la forma afirmativa, pero sí en la negativa:

Let's go: Vamos. (Vámonos.)
Let's not go: No vayamos. (No nos vayamos.)

EJERCICIOS

A. Conteste, siguiendo el modelo.

EJEMPLO: —¿Con quién salimos? (con Juan)
—Salgamos con Juan.

1. ¿Dónde almorzamos? (en la cafetería)
2. ¿Qué nos ponemos? (pantalones)
3. ¿A qué hora vamos? (a las nueve)
4. ¿A quién se lo damos? (a Teresa)
5. ¿A quién se lo preguntamos? (a nadie)
6. ¿Qué comemos? (arroz con pollo)
7. ¿Cuándo los llamamos? (ahora mismo)
8. ¿Con quién vamos? (con nadie)
9. ¿Cuántas cajetillas de cigarrillos compramos? (diez)
10. ¿Cuánto tiempo nos quedamos? (dos semanas)

B. Yo no sé inglés. ¿Qué quiere decir lo siguiente? (Use las dos formas.)

1. Let's take off our shoes.
2. Let's tell him not to work tomorrow afternoon.
3. Let's travel by boat.
4. Let's send it to her by mail.
5. Let's let him know that she is coming.

4. Usos de **hay que** y **haber de**

► UN PESIMISTA ◄

TOMÁS —Estoy desesperado. ¡Soy un fracaso!
BERTA —No hables así, por favor. Hay que ser fuerte.
TOMÁS —Nunca hago nada bien ni consigo lo que quiero. ¡He de haber nacido un viernes trece!
BERTA —Algo ha de haber que puedas hacer bien...
TOMÁS —Nada, nada. Siempre he de ser el mismo estúpido...
BERTA —No hay que decir eso... Pero, ¿qué es lo que te ha pasado? ¿Por qué estás así?
TOMÁS —¡Soy un idiota! ¡Debería suicidarme!
BERTA —Ésos son complejos. Hay que pensar positivamente... Hay que tener paciencia...
TOMÁS —¿Paciencia cuando acaban de despedirme del empleo?
BERTA —¡¿Y por eso has de sentir tanta angustia y has de pensar en el suicidio?! Hoy mismo vamos a la agencia de empleos para buscar otro trabajo. ¡Los problemas hay que enfrentarlos!

1. La forma impersonal **hay que** + infinitivo es el equivalente español de *one must* o *it is necessary:*

   Hay que ser fuerte.
   No **hay que decir** eso.
   Hay que pensar positivamente.
   Hay que tener paciencia.

   Para los demás tiempos, se conjuga el verbo **haber** según corresponda:

   En mi casa **había que sentarse** a la mesa a las tres.
   Hubo que abrir un hueco en el tronco del árbol.
   Siempre **habrá que comprar** en ese comercio.
   Ha habido que acostarlo bocabajo.

2. **Haber de,** seguido de un infinitivo, puede ser usado:

   a. como equivalente de *to be expected,* o *to be supposed to* o *must:*

   Algo **ha de haber** que puedas hacer bien.
   ¿Y por eso **has de sentir** tanta angustia y **has de pensar** en el suicidio?
   El tren **ha de llegar** a las tres.

   b. como equivalente de *must,* para expresar probabilidad:

   He de haber nacido un viernes trece.
   Ha de regresar algún día.
   Carmen **ha de ser** una chica muy simpática.

   c. para indicar futuro:

   Cuando lo conozcas mañana **ha de sorprenderte** su aspecto.
   Hemos de comprarlo mañana.

EJERCICIOS

A. Conteste las siguientes preguntas.

1. ¿Qué hay que hacer para sacar una "A" en español?
2. ¿Qué ropa hay que usar cuando hace frío?
3. ¿Qué hay que tener para ir a acampar?
4. ¿Cuántas horas hay que estudiar para sacar buenas notas?
5. ¿Qué hay que usar en la playa?
6. ¿Qué hay que hacer para tener mucho dinero?
7. ¿Cuántas horas diarias hay que dormir?
8. ¿Cuántos años hay que estudiar para hacerse abogado?
9. ¿Qué hay que hacer cuando se tiene un problema?
10. ¿A quién hay que llamar si hay un accidente?

B. Conteste, siguiendo el modelo.

EJEMPLO: —Nadie puede hacer eso. (yo)
—*¡Pues yo he de hacerlo!*

1. Nadie puede nadar hasta allí. (nosotros)
2. Nadie puede darle lo que ella pide. (ellas)
3. Nadie puede contestar esa pregunta. (tú)
4. Nadie puede escribir esa carta. (Roberto)
5. Nadie puede encontrar el dinero que se perdió. (yo)
6. Nadie puede vender esa casa. (él)
7. Nadie puede trabajar tantas horas. (ella)
8. Nadie puede montar ese caballo. (mi hermano)
9. Nadie puede despedir a esa secretaria. (ustedes)
10. Nadie puede ver al preso. (yo)

C. Yo no sé inglés. ¿Qué quiere decir lo siguiente?

1. The train must arrive here tonight.
2. It will be necessary to operate.
3. One must work in order to eat.
4. She will come back to her country.
5. It was necessary to cut the tree.
6. One must say what one feels.

PALABRAS PROBLEMÁTICAS

A. **Señal, signo, letrero, muestra:**

1. **Señal** significa **marca** o **nota** que se pone en las cosas para distinguirlas de otras:

   Pon una **señal** en el libro para saber dónde quedamos.

2. **Signo** es una **indicación** que se usa en la escritura o en las matemáticas:

   Si es una pregunta, necesita un **signo** de interrogación, no un **signo** de admiración.
   El **signo** × indica multiplicación.

3. **Letrero** equivale a *printed sign:*

   Hay un **letrero** que dice: "Prohibido fumar".

4. **Muestra** significa **indicio** o **evidencia:**

   ¿Qué **muestras** les ha dado él de sus conocimientos de química?

B. **Estar de acuerdo, ponerse de acuerdo, quedar en, concordar, caer:**

1. **Estar de acuerdo** significa **ser de la misma opinión:**

   Ella dice que el negocio es provechoso y yo **estoy de acuerdo.**

2. **Ponerse de acuerdo** equivale a *to come to an understanding:*

Se pusieron de acuerdo para volver juntos.

3. **Quedar en** significa **consentir en:**

   La doctora Martínez **quedó en** dar una conferencia sobre economía.

4. **Concordar** es un término gramatical equivalente a *to agree:*

   El adjetivo **concuerda** en género y número con el nombre que modifica.

5. **Caerle a uno (bien** o **mal)** significa **tener un** (buen o mal) **efecto sobre alguien:**

   Esa sopa **me cayó** muy mal.
   Inés **me cae** muy bien. Es muy simpática.

EJERCICIO

Complete las frases, usando las palabras estudiadas en esta sección, según corresponda.

1. Ella nunca ___ con mis ideas.
2. Pusimos un ___ que decía "peligro".
3. La comida tenía demasiada pimienta. No me ___ bien.
4. El ___ + indica "más".
5. Siempre te he dado muchas ___ de mi cariño.
6. Esta oración está mal. El verbo no ___ con el sujeto.
7. Puse una ___ en la novela para seguir leyéndola después.
8. Yo ___ encontrarme con Susana en la biblioteca a las cinco.
9. No se pudo decidir nada en la reunión. Los profesores no lograron ___.
10. Ernesto es un antipático. No me ___ nada bien.

EJERCICIO FINAL

En este ejercicio encontrará usted todos los puntos gramaticales estudiados en esta lección. Pero... ¿qué dice aquí?:

It seems incredible that Susy can beat her brother, who is a very big man! It's true that she's a very strong girl, but she is very small. It's evident that physical exercise is very important.

My father says that the fact that a girl is strong doesn't mean she's going to be a good wife. I tell him I'm going to marry Susy so I'll always have protection [**protección**]. Dad says, "As you wish, but if she gets mad at you, she'll be able to beat you."

Well, whether she's strong or not is not important. She is pretty, smart, and charming. But perhaps she'll reject me.

Oh, well, let's not talk about that! She and I agreed to see each other tonight. Maybe, if I ask her for a kiss, she'll say yes. One must be optimistic.

SECCIÓN DE LECTURA

Vocabulario activo

Aprenda usted las siguientes palabras y expresiones que van a aparecer en la lectura:

NOMBRES

la **astucia** astuteness
la **caridad** charity
el **detalle** detail
el **enemigo** enemy, foe
la **esclavitud** slavery
la **lealtad** loyalty
el **móvil** motive
la **naturaleza** nature
el **orgullo** pride
el **partido** party (i.e., political)
la **paz** peace
el **pecado** sin
la **raza** race
la **sabiduría** wisdom
la **ternura** tenderness
la **validez** validity
la **virtud** virtue

VERBOS

acorralar to intimidate, to corner
aislar(se) to isolate (oneself)
apartar to separate
hallar to find
honrar to honor
nacer to be born
pecar to sin
privar to deprive

ADJETIVOS

culpable guilty
sensato(a) sensible

OTRAS PALABRAS

acaso maybe, perhaps

ALGUNAS EXPRESIONES

poner en claro to clarify, to clear up
por el gusto de for the pleasure (joy) of

JOSÉ MARTÍ

José Martí, famoso escritor y patriota cubano, nació en La Habana en 1853. Dedicó su vida y su obra a la independencia de Cuba, donde murió en el campo de batalla en 1895.

Martí es famoso no sólo como poeta y ensayista, sino también como orador. Con su palabra logró unir a todos los cubanos y los llevó a la lucha, pues con su poder convincente lograba conmover a las muchedumbres.° *(crowds)*

Martí es el creador de la prosa artística, que se caracteriza por la melodía, el ritmo y el uso de frases cortas, con las que expresa ideas muy profundas.

Los temas predilectos° *(favorite)* de Martí son la libertad, la justicia, la independencia de su patria y la defensa de los pobres, de los humildes y de los oprimidos.

El crítico Anderson Imbert ha dicho de él: "Es uno de los lujos que la lengua española puede ofrecer a un público universal."

Entre sus obras poéticas tenemos: *Ismaelillo* (1882), *Versos sencillos* (1891), *Versos libres* (1913) y *Flores del destierro* (1933). También cultivó el cuento infantil. Sin embargo, lo más sobresaliente de su obra son sus ensayos.

► MI RAZA ◄

(Adaptada)

Ésa de racista es una palabra confusa y hay que ponerla en claro. El hombre no tiene ningún derecho especial porque pertenezca a una raza o a otra: dígase hombre, y ya se dicen todos los derechos. El negro, por negro, no es inferior ni superior a ningún otro hombre; peca por redundante el blanco que dice "Mi raza"; peca por redundante el negro que dice "Mi raza". Todo lo que divide a los hombres, todo lo que especifica, aparta o acorrala es un pecado contra la humanidad. ¿A qué blanco sensato se le ocurre envanecerse° de ser blanco, y ¿qué piensan los negros del blanco que se envanece de serlo? ¿Qué han de pensar los blancos del negro que se envanece de su color? Insistir en las divisiones de raza, en las diferencias de raza, de un pueblo naturalmente dividido, es dificultar la ventura° pública y la individual.

to become vain
happiness

Si se dice que en el negro no hay culpa aborigen ni virus que lo inhabilite° para desenvolver° toda su alma de hombre, se dice la verdad, y es necesario que se diga y se demuestre, porque la injusticia de este mundo es mucha, y es mucha la ignorancia que pasa por sabiduría, y aún hay quien cree de buena fe al negro incapaz de la inteligencia y el corazón del blanco... Si se aleja de la condición de esclavitud, no acusa inferioridad la raza esclava, puesto que los galos° blancos, de ojos azules y cabellos de oro, se vendieron como siervos,° con la argolla° al cuello, en los mercados de Roma; eso es racismo bueno, porque es pura justicia y ayuda a quitar prejuicios al blanco ignorante. Pero ahí acaba el racismo justo, que es el derecho del negro a mantener y a probar que su color no le priva de ninguna de las capacidades y derechos de la especie humana.

disqualifies / *to develop*
Welsh
slaves / *large ring*

El racista blanco que le cree a su raza derechos superiores, ¿qué derechos tiene para quejarse del racista negro que también le vea especialidad a su raza? El racista negro que ve en su raza un carácter especial, ¿qué derecho tiene para quejarse del racista blanco? El hombre blanco que, por razón de su raza, se cree superior al hombre negro, admite la idea de la raza y autoriza y provoca al racista negro. El hombre negro que proclama su raza, cuando lo que acaso proclama únicamente en esta forma errónea es la identidad espiritual de todas las razas, autoriza y provoca al racista blanco. La paz pide los derechos comunes de la naturaleza; los derechos diferenciales, contrarios a la naturaleza, son enemigos de la paz. El blanco que se aísla, aísla al negro. El negro que se aísla, provoca a aislarse al blanco.

En Cuba no hay temor a la guerra de razas. Hombre es más que blanco, más que mulato, más que negro. En los campos de batalla murieron por Cuba, han subido juntas por los aires, las almas de los blancos y de los negros. En la vida diaria de defensa, de lealtad, de hermandad,° de astucia, al lado de cada blanco hubo siempre un negro. Los negros, como los blancos, se dividen por sus caracteres, tímidos o valerosos, abnegados o egoístas. . . . .

brotherhood

Los negros están demasiado cansados de la esclavitud para entrar voluntariamente en la esclavitud del color. Los hombres de pompa° e interés se irán de un lado, blancos o negros; y los hombres generosos y desinteresados se irán de otro. Los hombres verdaderos, negros o blancos, se tratarán con lealtad y ternura, por el gusto del mérito y el orgullo de todo lo que honre la tierra en que nacimos, negro o blanco. No cabe duda de que la palabra racista caerá de los labios de los negros que la usan hoy de buena fe, cuando entiendan que ella es el único argumento de apariencia válida y de validez en hombres asustadizos,° para negar al negro la plenitud° de sus derechos de hombre. Dos racistas serían

grandeur
fearful
fullness

igualmente culpables: el racista blanco y el racista negro. Muchos blancos se han olvidado ya de su color, y muchos negros. Juntos trabajan blancos y negros, por el cultivo° de la mente, por la propagación de la virtud y por el triunfo del trabajo creador y de la caridad sublime.

improvement

Conteste usted las siguientes preguntas, basándose en la selección leída.

1. ¿Tiene algún derecho especial un hombre porque pertenezca a una raza determinada?
2. ¿Qué consecuencias trae el insistir en las divisiones de raza?
3. ¿Ha existido la esclavitud en la raza negra solamente? Cite ejemplos de esclavitud en otras razas.
4. ¿Qué consecuencias trae el racismo, ya sea en los negros o en los blancos?
5. ¿Cuáles son, según Martí, los enemigos de la paz?
6. "Hombre es más que blanco, más que mulato, más que negro." Explique usted en sus propias palabras este sentimiento de José Martí.
7. ¿De acuerdo con qué factores se agrupan los seres humanos —blancos o negros?
8. ¿Qué quiere decir Martí al hablar de "la esclavitud del color"?
9. ¿Cuándo dejarán los negros de usar la palabra "racista"?
10. ¿Qué beneficios trae para la sociedad el que blancos y negros olviden las diferencias de color?

REPASO DE VOCABULARIO

Usando la siguiente lista, complete las oraciones que aparecen debajo. Haga los cambios necesarios.

Nombres	*Adjetivos*	*Verbos*
paz	egoísta	autorizar
partido	culpable	hallar
caridad	sensato	honrar
enemigo		nacer
		privar

1. Yo ____ el cuatro de junio de 1950.
2. Acabo de leer la novela titulada *La guerra y la* ____.
3. El soldado mató a uno de los ____.
4. El criminal dijo que él no era ____ de la muerte del policía.
5. Soy miembro del ____ demócrata.
6. Sólo piensa en sí mismo. ¡Es un ____!
7. El jefe de ventas no ____ ese pedido ayer.
8. Siempre obedece a sus padres. Es un chico muy ____.
9. La semana pasada yo ____ diez dólares en la calle.
10. La biblia dice: ¡____ a tu padre y a tu madre!

José Martí

11. La ____ comienza en casa.
12. No se debe ____ a nadie de sus derechos.

DEBATE

1. En los Estados Unidos, los prejuicios raciales y las discriminaciones contra las minorías casi han desaparecido.
2. Los prejuicios raciales y la discriminación todavía son hechos reales en la sociedad norteamericana.

COMPOSICIÓN

A. Escriba usted una composición sobre uno de los siguientes temas.

   1. Problemas raciales en los Estados Unidos
   2. La integración en las escuelas
   3. Problemas que causa la inmigración
   4. Contribución de las diferentes razas y nacionalidades a la cultura de los Estados Unidos

B. Escriba una composición de tema libre, usando las siguientes palabras y expresiones.

astucia	aislarse	acaso
detalle	apartar	poner en claro
esclavitud	privar	por el gusto de
pecado	acorralar	
virtud	pecar	

¡Vámonos de caza!

Busque Ud. en la lectura ejemplos de los puntos gramaticales estudiados en esta lección. Haga una lista de ellos.

SECCIÓN LITERARIA

A. Basándose en la selección literaria, conteste las siguientes preguntas.

1. Martí fija el propósito de su ensayo en la primera frase. ¿Qué logra con esta técnica?
2. ¿Cuál es el tema central del ensayo?
3. Martí utiliza mucho la repetición. ¿Qué logra con eso? Dé ejemplos.
4. ¿Cómo clasificaría usted el ensayo de José Martí (literario, histórico, social, sicológico, político, filosófico, etc.)? ¿Por qué?
5. Martí fue uno de los grandes oradores de habla hispana. ¿En qué forma refleja su estilo este hecho?
6. ¿Cómo son las frases que usa Martí en este ensayo y qué logra con ello?
7. ¿Qué quiere expresar Martí con el título "Mi raza"?
8. ¿Logra el autor el propósito expresado al comienzo de su ensayo? ¿En qué forma?

B. Composición

Raza blanca, raza amarilla, raza cobriza, raza negra ... La única raza que importa es la raza humana.
(Escriba usted un ensayo de unas 250 palabras, desarrollando este tema.)

C. Dé un pequeño informe sobre el autor y su obra, completando la información que aparece al comienzo.

PENSAMIENTOS DE HOMBRES ILUSTRES

Sobre la libertad

Mi único amor siempre ha sido el de la patria; mi única ambición su libertad.

Simón Bolívar (Venezuela: 1783–1830)

Libertad es el derecho que todo hombre tiene a ser honrado y a pensar y a hablar sin hipocresía.

José Martí (Cuba: 1853–1895)

LECCIÓN 9

SECCIÓN GRAMATICAL

- Imperfecto de subjuntivo
- Presente perfecto de subjuntivo
- Pluscuamperfecto de subjuntivo
- Otros usos del reflexivo
- Pronombres indefinidos y negativos

SECCIÓN DE LECTURA "Los amigos," JULIO CORTÁZAR

SECCIÓN GRAMATICAL

1. Imperfecto de subjuntivo

El imperfecto de subjuntivo tiene dos formas: la forma **-ra** (la más común) y la forma **-se.** Para formar el imperfecto de subjuntivo de todos los verbos, se omite la terminación **-ron** de la tercera persona del plural del pretérito, y se agregan las siguientes terminaciones:

TERMINACIONES DEL IMPERFECTO DE SUBJUNTIVO

Forma -ra		Forma -se	
-ra	**´-ramos**[1]	**-se**	**´-semos**[1]
-ras	**-rais**	**-ses**	**-seis**
-ra	**-ran**	**-se**	**-sen**

FORMACIÓN DEL IMPERFECTO DE SUBJUNTIVO

Verbo	*Tercera persona plural del pretérito*	*Raíz*	*Imperfecto de subjuntivo primera persona singular*	
			Forma **-ra**	Forma **-se**
llegar	llegaron	**llega-**	llega**ra**	llega**se**
beber	bebieron	**bebie-**	bebie**ra**	bebie**se**
recibir	recibieron	**recibie-**	recibie**ra**	recibie**se**
ser	fueron	**fue-**	fue**ra**	fue**se**
saber	supieron	**supie-**	supie**ra**	supie**se**
decir	dijeron	**dije-**	dije**ra**	dije**se**
poner	pusieron	**pusie-**	pusie**ra**	pusie**se**
servir	sirvieron	**sirvie-**	sirvie**ra**	sirvie**se**
andar	anduvieron	**anduvie-**	anduvie**ra**	anduvie**se**
traer	trajeron	**traje-**	traje**ra**	traje**se**

EJERCICIO

Dé el imperfecto de subjuntivo de los siguientes verbos.

yo: salir, hallar, hacer, pedir, correr, soñar, bañarse
tú: decir, estar, poder, traducir, tener, volar, lavarse
él: vivir, ir, andar, sentir, jugar, querer, acordarse
nosotros: recordar, dormir, conducir, apartar, medir, levantarse
ellos: estudiar, dar, poner, producir, extraer, ser, morirse

[1]Nótese el acento ortográfico en la primera persona del plural.

► SI... ◄

ROSA —Hola, Manuel. Tu mamá me pidió que te trajera estos libros.
MANUEL —Gracias, Rosita. Siento que tuvieras que cargar con todo esto...
ROSA —No es nada. Si tuviera tiempo te haría la cena.
MANUEL —Y si yo tuviera dinero te llevaría a cenar.
ROSA —*(Se ríe)* ¡Ay! ¡Como si fueras tan pobre!
MANUEL —¡Pobrísimo! Si fuera más pobre viviría en un banco de la plaza.
ROSA —*(riéndose)* ¡Con razón tu mamá quería que te casaras con Penélope, la hija de aquel viejo millonario...
MANUEL —Sí, me acuerdo... Pero el viejo buscaba un yerno que pudiera llevar a Penélope a Europa todos los años.
ROSA —Pues yo estaría muy contenta si me llevaras al cine de vez en cuando...
MANUEL —Bueno, si me ayudas a poner estos libros en mi cuarto, podemos ver una buena película en televisión... Y si prometes ayudarme mañana, te preparo una buena cena.
ROSA —¡Vale!

Recordemos los usos del imperfecto de subjuntivo:

1. El imperfecto de subjuntivo se usa en la cláusula subordinada cuando el verbo de la cláusula principal está en el pasado, y se requiere el subjuntivo:

   Tu mamá me **pidió que** te **trajera** estos libros.
   ¡No **creía que fueras** tan pobre!
   Tu mamá **quería que** te **casaras** con Penélope.
   El viejo **buscaba** un yerno **que pudiese** llevarla a Europa.

2. Cuando el verbo de la cláusula principal está en el presente, pero la cláusula subordinada se refiere al pasado, se usa el imperfecto de subjuntivo:

   Siento que tuvieras que cargar con todo esto.
   Me **alegro** de **que** ella no **viniera** contigo ayer.

3. El imperfecto de subjuntivo se usa en una cláusula subordinada cuando ésta se relaciona con la oración principal mediante la conjunción **si** y expresa algo que es contrario a un hecho, o cuya realización es muy improbable:

   Si tuviera tiempo te haría la cena. *(Pero no tengo tiempo...)*
   Te haría la cena **si tuviera** tiempo.
   Si yo tuviera dinero te llevaría a cenar. *(Pero no tengo dinero...)*
   Te llevaría a cenar **si tuviera** dinero.
   Si el presidente de los Estados Unidos me **invitara** a cenar, aceptaría encantada. *(La posibilidad de que el presidente me invite a cenar es remota.)*
   Aceptaría encantada **si** el presidente de los Estados Unidos me **invitara** a cenar.

Es muy importante recordar que el presente de subjuntivo nunca se usa en una cláusula con la conjunción **si.** Se usa el presente de indicativo. En ese caso no se expresa algo contrario a la realidad:

Si tengo tiempo te haré la cena. *(No sé si voy a tener tiempo o no...)*
Si yo **tengo** dinero te llevaré al cine. *(No sé si tengo dinero o no...)*
Si prometes ayudarme mañana te compro una hamburguesa. *(No sé si me lo vas a prometer o no...)*

4. Para expresar un deseo que se sabe imposible o poco factible:

¡Quién **tuviera** veinte años! *(Imposible para cualquiera que haya pasado esa edad.)*
¡Quién **pudiera** pasar todos los fines de semana en París! *(Poco factible para la mayoría de nosotros.)*

5. Con la palabra **ojalá,** el uso del presente o del imperfecto de subjuntivo depende de lo que se quiera expresar:

Presente de subjuntivo:
¡Ojalá (que)[1] **vengan** los muchachos a la fiesta! *(No sé si vendrán o no pero espero que vengan.)*

Imperfecto de subjuntivo:
¡Ojalá **vinieran** los muchachos a la fiesta! *(Sé que no vendrán, pero me gustaría que vinieran.)*

6. Después de la expresión **como si...** *(as if...),* se usa siempre el imperfecto de subjuntivo:

¡Como si fueras tan pobre!
Gasta dinero **como si fuera** millonario.

EJERCICIOS

A. Conteste las siguientes preguntas en oraciones completas.

1. Si yo te lo pidiera, ¿me llevarías a cenar?
2. ¿Qué harías si un famoso actor (una famosa actriz) te invitara a cenar en su casa?
3. ¿Dudaban ustedes que yo les diera un examen?
4. ¿Buscaba usted una secretaria que hablara una lengua extranjera?
5. ¿Necesitaban ustedes una persona que supiera taquigrafía o escribiera a máquina?
6. ¿Goza usted de cada día como si fuera el último de su vida?
7. ¿Qué haría usted si tuviera un millón de dólares?
8. Si yo te ayudara, ¿podrías escribir una composición de unas quinientas palabras en español?
9. ¿Qué van a hacer ustedes si yo les digo que van a tener un examen mañana?

---

[1]La palabra **que** puede usarse u omitirse en este caso.

10. ¿Nos pidió usted que le diéramos dinero?
11. ¿Gasta usted dinero como si fuera millonario?
12. ¿A qué países viajarían ustedes si tuvieran suficiente dinero y tiempo?
13. ¿Vendrás a visitarme si tienes tiempo?
14. ¿Vas a venir mañana si hay clase?
15. ¿Qué idioma hablarían ustedes si fueran del Brasil?

B. Complete las siguientes frases, usando el presente de subjuntivo o el imperfecto de subjuntivo, según corresponda.

1. ¡Quién (ser) ____ niño otra vez!
2. Viajaría a Egipto si (tener) ____ vacaciones.
3. Me alegro de que todos (venir) ____ ayer.
4. Necesito alguien que (saber) ____ escribir a máquina.
5. No hay nadie que (tener) ____ el orgullo de ese hombre.
6. ¡Ojalá (poder) ____ ir contigo, pero no puedo!
7. ¿Hay alguien que (conocer) ____ todos los detalles?
8. La pobre habla como si su esposo (estar) ____ vivo.
9. Sería fantástico si ellos (ir) ____ con él.
10. Yo quería que tú (autorizar) ____ el pedido.
11. Es importante que ellos no (aislarse) ____.
12. Dudo que ella (actuar) ____ en forma sensata.
13. Me pidió que le (traer) ____ un libro.
14. Si (tener) ____ tiempo, te llevaríamos al cine.
15. Dudo que ellos (andar) ____ por el parque ayer.

2. Presente perfecto de subjuntivo

► ¿DÓNDE ESTARÁ JULIÁN? ◄

SUSANA —Hola, Marisa. ¿Fuiste al banco? Siento que Martita y yo no hayamos podido acompañarte.

MARISA —No importa... Susana... me alegro de que hayas venido... quiero preguntarte algo...

SUSANA —¿De qué se trata? Oye... es extraño que Julián no haya venido todavía. Ya son las siete.

MARISA —Es lo que te iba a decir. Temo que le haya pasado algo.

SUSANA —No... lo más probable es que se haya encontrado con Luis y hayan ido al café.

MARISA —¡Ay! Espero que no haya tenido ningún problema con el coche... Los frenos no funcionan bien...

SUSANA —¡No te preocupes, mujer! Lo más probable es que se haya quedado conversando con alguien...

MARISA —Tienes razón. ¡Alguien abrió la puerta de la calle! ¡Es él...!

El presente perfecto de subjuntivo se forma usando el presente de subjuntivo del verbo auxiliar **haber** y el participio pasado del verbo principal de la oración. Se usa de la misma manera que el presente perfecto se utiliza en inglés, pero en oraciones en las que la cláusula principal requiere el uso del subjuntivo:

I doubt that they have arrived.
Yo dudo que ellos hayan llegado.

PRESENTE PERFECTO DE SUBJUNTIVO

		Presente de subjuntivo del verbo haber	***Participio pasado del verbo principal de la oración***
que	yo	haya	trabajado
	tú	hayas	aprendido
	Ud.	haya	recibido
	él	haya	visto
	ella	haya	puesto
	nosotros	hayamos	abierto
	vosotros	hayáis	escrito
	Uds.	hayan	hecho
	ellos	hayan	dicho
	ellas	hayan	cubierto

El presente perfecto de subjuntivo se usa en español de la misma forma que se usa el presente perfecto en inglés, en las oraciones en que la cláusula principal requiere el uso del subjuntivo.

Siento que Martita y yo no **hayamos podido** acompañarte.
Me alegro de que **hayas venido.**
Temo que le **haya pasado** algo.
Lo más probable es que se **haya encontrado** con Luis y **hayan ido** al café.
Espero que no **haya tenido** ningún problema con el coche.

EJERCICIOS

A. Conteste, según el modelo.

EJEMPLO: —He estado muy enfermo.
—*¿De veras? Siento mucho que hayas estado enfermo.*

1. No hemos podido venir.
2. No lo ha terminado.
3. Han tenido un accidente.
4. No he hecho nada todavía.
5. Hemos esperado en vano.

B. Conteste, según el modelo.

EJEMPLO: —¿Vino Carlos esta mañana?
—*Dudo que haya venido.*

1. ¿Volvieron los chicos?
2. ¿Se abrieron las puertas?
3. ¿Dijeron la verdad?
4. ¿Las escribió él?
5. ¿Me rompí el brazo?

C. Conteste, según el modelo.

EJEMPLO: —Yo creo que todos murieron.
—*¡No es posible que hayan muerto todos!*

1. Yo creo que ustedes tuvieron la culpa.
2. Yo creo que los chicos ya se durmieron.
3. Yo creo que yo he sido la peor.
4. Yo creo que él no lo supo.
5. Yo creo que ella los abandonó.

D. Yo no sé inglés. ¿Qué quiere decir lo siguiente?

1. I hope you have found the guilty one.
2. I don't think he has shown wisdom.
3. It is a pity that he has been so selfish.
4. I'm glad your enemies haven't intimidated you.
5. It is probable that they have considered it a sin.

3. Pluscuamperfecto de subjuntivo

► NUNCA ES TARDE... ◄

TOÑO —¿Sabes que Irene rompió con Ramón? Ahora ella dice que no se habría casado con ese egoísta por nada del mundo.

NINÍ —¿Egoísta? ¡No creo que Irene hubiera encontrado un novio más sensato, más amable... más guapo que Ramón.

TOÑO —¡Vamos! ¿Ramón, sensato? Si hubiera sido sensato se habría casado con Irene... ¡Una chica con tantas virtudes... y unos ojos tan hermosos...!

NINÍ —¡Bah! ¡Esa odiosa! Siempre actúa como si fuera la reina de Inglaterra. La verdad es que fue una lástima que Ramón hubiera perdido su tiempo con ella.

TOÑO —Oye... ¿qué vas a hacer esta noche? Yo voy a salir con Irene...

NINÍ —¿Ah, sí? Bueno... Ramón me va a llevar al baile del club...

TOÑO —¡Ajá! Habría sido mejor si los hubiéramos conocido antes, ¿verdad?

NINÍ —¡Nunca es tarde, hermanito! ¡Nunca es tarde!

¿Recuerda cómo se forma el pluscuamperfecto de subjuntivo? ¡No me diga que ya se olvidó! ¡Es así!

PLUSCUAMPERFECTO DE SUBJUNTIVO

		Imperfecto de subjuntivo del verbo haber	*Participio pasado del verbo principal*
que	yo	hubiera	trabajado
	tú	hubieras	bebido
	Ud.	hubiera	vivido
	él	hubiera	abierto
	ella	hubiera	dicho
	nosotros	hubiéramos	hecho
	vosotros	hubierais	vuelto
	Uds.	hubieran	encontrado
	ellos	hubieran	corrido
	ellas	hubieran	muerto

No creo que Irene **hubiera encontrado** un novio más sensato.
Si **hubiera sido** sensato se habría casado con Irene.
Fue una lástima que Ramón **hubiera perdido** su tiempo con ella.

EJERCICIOS

A. Complete las frases, usando el pluscuamperfecto de subjuntivo de los verbos que aparecen entre paréntesis.

1. Pedro se alegraba de que María no (volver) ____.
2. Ella sintió mucho que tú lo (decir) ____.
3. Mamá dijo que era una lástima que Ud. no (terminarlo) ____.
4. Ellos pensaban que no era posible que yo (gastar) ____ tanto.
5. Yo temía que ella (volver) ____ sola.
6. Juanita esperaba que nosotros ya lo (hacer) ____.
7. Mario no creía que Uds. (irse) ____ tan pronto.
8. El profesor dudaba que ellos (escribirlo) ____.
9. Yo negué que tú lo (robar) ____.
10. Él pensaba que era probable que ella (morir) ____.
11. Yo habría estado muy orgullosa si mi hijo (obtener) ____ el premio.
12. Nosotros lo habríamos hecho si (poder) ____.

B. Yo no sé inglés. ¿Qué quiere decir lo siguiente?

1. If I had known what had happened, I would have told the policeman what the motive had been.
2. I was sorry that we had not had charity.
3. My father was glad that they had found the peace they were looking for.
4. I would have understood it if you had made it clear, sir.
5. We were doubtful that they had shown (any) pride or loyalty.

Bodegas de Pedro Domec, en Jerez de la Frontera, Cádiz, España. En esta región se producen los vinos españoles más famosos.

4. Otros usos del reflexivo

► ¿DÓNDE ESTÁ LA SALIDA...? ◄

SEÑORITA —Perdón, señor... ¿Dónde está la salida?

SEÑOR —Siga derecho por el pasillo y doble a la izquierda al llegar a las escaleras. Dése prisa, señorita. Las puertas se cierran automáticamente dentro de tres minutos.

SEÑORITA —Gracias. Este... ¿señor? Se le cayó este sobre...

SEÑOR —¡Ah, sí! Gracias, señorita. Veo que es la carta que se me había olvidado echar al correo...

SEÑORITA —¡El correo! ¡Apuesto a que fue ahí donde se me perdieron las llaves!

SEÑOR —¿A usted también? A mí siempre se me pierde o se me rompe todo... ¡Es horrible!

SEÑORITA —¿Ah, sí? Dicen que ese tipo de persona es muy inteligente.

SEÑOR —En ese caso yo debo de ser un genio. Oiga, señorita, ¿dónde está la salida?

SEÑORITA —No sé... usted me dijo que doblara a la derecha... ¿o era a la izquierda? ¡Se me olvidó! ¿Qué es ese ruido?

SEÑOR —Son las puertas que se están cerrando automáticamente...

Cuando se habla de una acción accidental o inesperada, el español usa el reflexivo **se** con el pronombre de complemento indirecto correspondiente y el verbo en la tercera persona. El verbo siempre concuerda con el complemento.

Inglés:	*I*	*lost*	*the keys.*
	(sujeto)	(verbo)	(complemento)
Español: Se	me	perdieron	las llaves.
Inglés:	*You*	*dropped*	*this envelope.*
Español: Se	le	cayó	este sobre.

Se me había olvidado echarla en el correo.
Se me pierde o **se me rompe** todo.
Se nos olvidó el paquete.

Para expresar un interés personal o un estado afectivo, se usa también esta construcción:

Se me murió el perro.
Se nos enfermó el bebé.
Se le murieron los dos hijos.

EJERCICIOS

A. Escriba el equivalente en español de las palabras que aparecen entre paréntesis. Siga el modelo.

EJEMPLO: A Marta siempre *(forgets)* ____ las maletas.
A Marta siempre se le olvidan las maletas.

1. *(I broke)* ____ los platos.
2. A él *(forgot)* ____ los libros de historia.
3. *(we lost)* ____ las plumas.
4. Siempre *(break)* ____ las cosas a los chicos.
5. ¡*(I have forgotten)* ____ todo!
6. ¿Qué *(did you drop)* ____ esta vez, querido?
7. A Uds. *(would have lost)* ____ las llaves.
8. Ella te habría dado los boletos si *(hadn't forgotten them)* ____.
9. Estoy triste porque *(has died)* ____ el perrito.
10. Es imposible que *(you have forgotten)* ____ eso, señores.

B. Conteste, siguiendo el modelo.

EJEMPLO: —¿No trajiste la taza? (romper)
—No, se me rompió la taza.

1. ¿No trajeron ustedes los pasajes? (olvidar)
2. ¿No trajo usted el periódico? (perder)
3. ¿No trajeron ellos la lámpara? (romper)
4. ¿No trajo ella el vaso? (caer)
5. ¿No traje yo el formulario? (olvidar)
6. ¿No trajiste a tu perrito? (morir)
7. ¿No trajeron ustedes la máquina de escribir? (descomponerse)
8. ¿No trajo él las flores? (perder)

5. Pronombres indefinidos y negativos

► ¿QUIÉN ESTÁ AHÍ...? ◄

LUISA —¡Hola! ¿Julia? Habla Luisa. Oye... ¿estabas haciendo algo muy importante...?

JULIA —*(medio dormida)* No... no estaba haciendo nada...[1] Estaba durmiendo...

LUISA —¡Ay, perdóname! Pero tú sabes que yo nunca[2] te llamaría a estas horas si no fuera un caso urgente...

JULIA —¡¿Un caso urgente?! ¿Qué pasa? ¿Estás sola? ¿No han venido tus padres todavía?

LUISA —¡No! *(bajando la voz)*. ¡Y creo que hay alguien en el dormitorio de ellos!

JULIA —¡¿Qué dices, mujer?! ¿No será la criada... o tu tía Margarita...?

LUISA —¡Ni la criada ni tía Margarita están[3] en casa!

JULIA —Bueno, no hagas nada. Dentro de unos minutos estoy allí. Habla en voz alta, como si estuviera alguien contigo... ¡Di cualquier cosa!

LUISA —¡Gracias! ¡No sé que haría sin ti!
(Al rato llega Julia. Como no ha podido encontrar los zapatos en ninguna parte se ha puesto unos[4] zapatos de su papá.)

JULIA —*(Abre de golpe la puerta del dormitorio de los padres de Luisa.)* ¡¿Quién está aquí?! ¡Ay, no...!

LUISA —¿Llamo a la policía?

JULIA —¡De ninguna manera! No creo que arresten un gato...

PRONOMBRES INDEFINIDOS Y NEGATIVOS

Pronombres indefinidos	*Pronombres negativos*
algo *(something, anything)*	nada *(nothing)*
alguien *(someone, anyone)*	nadie *(nobody)*
algún *(some, any)*	ningún, ninguno(a) *(none)*
algunos(as) *(some, several, any —of a group)*	ningún, ninguno(a) *(none)*
(en) **algún** lado / (en) **alguna** parte } *somewhere, anywhere*	en **ningún** lado *(nowhere)* en **ninguna** parte *(nowhere)*
(de) **algún** modo / (de) **alguna** manera } *somehow, anyhow*	de **ningún** modo / de **ninguna** manera } *(in) no way*
jamás *(ever*—implica negación)	jamás, nunca *(never)*
alguna vez *(ever, at some time)*	jamás, nunca
algunas veces *(sometimes)*	jamás, nunca

[1]La doble negación es correcta en español.
[2]Se puede decir "nunca te llamo" o "no te llamo nunca".
[3]Con la expresión **ni...ni,** se usa el verbo en la forma plural.
[4]La palabra **unos** equivale a *some* cuando no se le da importancia al número.

Estaba haciendo **algo** importante. *(afirmativo)*
¿Estabas haciendo **algo** importante? *(interrogativo)*
No estaba haciendo **nada** importante. *(negativo)*
Hay **alguien** en el dormitorio. *(afirmativo)*
¿Hay **alguien** en el dormitorio? *(interrogativo)*
No hay **nadie** en el dormitorio. *(negativo)*
Algunos de tus amigos vienen hoy. *(afirmativo)*
¿Algunos de tus amigos vienen hoy? *(interrogativo)*
Ninguno[1] de mis amigos viene hoy. *(negativo)*
Vas a encontrarlos **en alguna parte.** *(afirmativo)*
¿Vas a encontrarlos **en alguna parte?** *(interrogativo)*
No vas a encontrarlos **en ninguna parte.** *(negativo)*
Podemos hacerlo **de alguna manera.** *(afirmativo)*
¿Podemos hacerlo **de alguna manera?** *(interrogativo)*
No podemos hacerlo **de ninguna manera.** *(negativo)*
Ana te llama **algunas veces.** *(afirmativo)*
¿Te llama Ana **algunas veces?** *(interrogativo)*
Ana no te llama **nunca.** / Ana **nunca** te llama. *(negativo)*

Otros negativos

o...o... *either . . . or . . .*	ni... ni... *neither . . . nor . . .*
también *also*	tampoco *neither*
ya *already*	todavía *not yet*

EJERCICIOS

A. Conteste en forma negativa.

1. ¿Has actuado con astucia alguna vez?
2. ¿Hay algún remedio para la calvicie [*baldness*]?
3. ¿Van a venir algunos de los profesores?
4. ¿Vamos a ir a alguna parte tú y yo?
5. ¿Usas abrigo algunas veces?
6. ¿Quieres beber té o café?
7. ¿Has visto jamás algo tan hermoso?
8. ¿Van a ir ustedes a algún lado?
9. ¿Quieres que yo se lo diga de alguna manera?
10. ¿Quieren ustedes que yo diga algo?
11. ¿Tienes algún problema?
12. Yo no quiero ir al cine. ¿Quieres ir tú?
13. ¿Estudias algunas veces sólo por el gusto de estudiar?
14. ¿Te aíslas a veces de las demás personas?
15. ¿Hay alguien aquí que sea miembro del partido republicano?
16. ¿Ya han terminado el examen?

---

[1]Recuerde que **ninguno(a)** se usa usualmente en el singular.

India boliviana, acompañada de su bebé, en un mercado al aire libre en La Paz

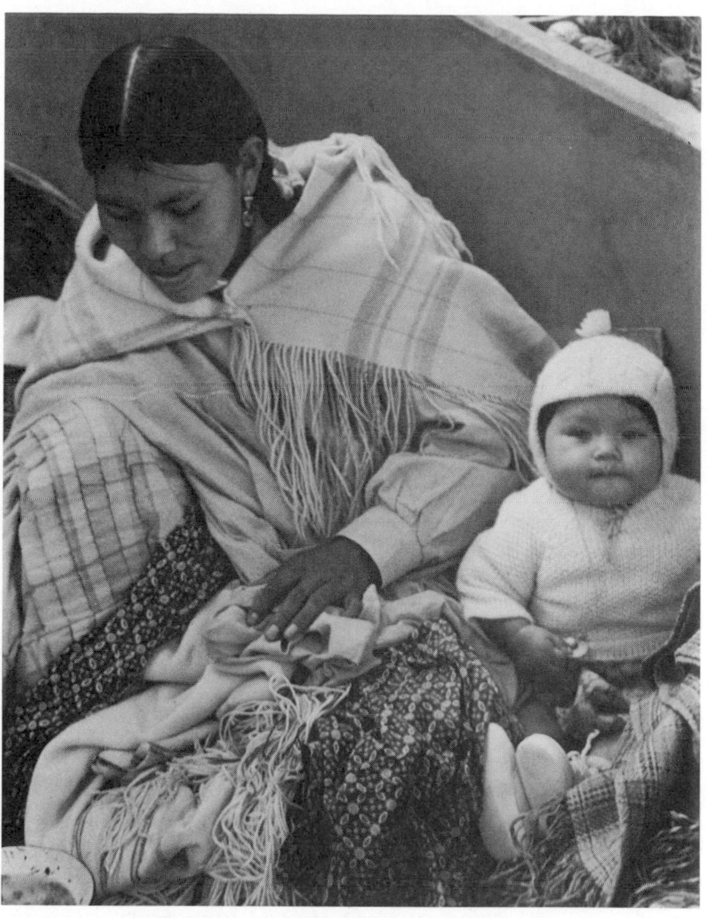

B. Yo no sé inglés. ¿Qué quiere decir lo siguiente?

1. Are they going to eat anything? I don't want anything.
2. Someone has to do it. Nobody can go away yet.
3. Some of your students are already here. None of mine have come yet.
4. Put your books somewhere, darling. I can't find mine anywhere.
5. Somehow I will find it. In no way do I want you to worry.
6. Have you ever been there? I have never been anywhere!
7. I wear sandals sometimes, but I never wear shoes.
8. Do you need food or money? I can give you neither food nor money.
9. He has never shown any tenderness. He thinks tenderness has no validity.
10. I honor my parents. I do not deprive them of anything. It is in my nature to be good!

PALABRAS Y EXPRESIONES PROBLEMÁTICAS

A. **Alguien, cualquiera:**

1. **Alguien** equivale a *someone* o *somebody*. En una pregunta, es el equivalente de *anyone* o *anybody*.

   Habla en voz alta, como si estuviera **alguien** contigo.
   ¿Hay **alguien** contigo?

2. **Cualquiera** equivale a *anybody at all:*

   Ella sale con **cualquiera.** ¡No le importa quién sea!

B. **Algo, cualquier cosa:**

1. **Algo** equivale a *something*. En una pregunta, es el equivalente de *anything:*

   Quiero comprar **algo** de calidad.
   ¿Necesitas **algo,** querida?

2. **Cualquier cosa** equivale a *anything at all:*

   ¡Di **cualquier cosa!** ¡No importa lo que sea!

C. En algunos casos se usa el negativo aun cuando la frase no sea una negación. Estudiemos algunos ejemplos:

1. Después de un comparativo:

   ¡Con razón te quiero más que a **ninguno!** *(anyone)*

2. En oraciones donde se implica un significado negativo:

   Dudo que haya **nada.** *(anything)*
   Casi **nunca** viene. *(ever)*

3. Después de la palabra **sin:**

   Se fue sin decir **nada.** *(anything)*
   Vive sin ver a **nadie.** *(anybody)*

EJERCICIO

Complete las siguientes frases, usando las palabras estudiadas, según corresponda.

1. Voy al mercado. ¿Quieres que te traiga ____?
2. ¿Hay ____ que defienda la esclavitud?
3. Elena me gusta más que ____.
4. Tráeme ____. ¡Lo que tú quieras! No tengo preferencias...
5. Salió sin hablar con ____.
6. ____ puede entrar en esta casa. No importa quién sea.
7. Quiero que ____ venga a quedarse conmigo.
8. Me parece improbable que venga ____ con esta lluvia.

9. ¿Hay ____ que niegue la virtud de esa mujer?
10. Casi ____ vamos al cine.
11. La verdad es que tú eres más alto que ____.
12. Dame ____ para comer. ¡____! Tengo mucha hambre y estoy muy apurado.

EJERCICIO FINAL

En este ejercicio encontrará usted todos los puntos gramaticales estudiados en esta lección. Pero... ¿qué dice aquí?:

It was two o'clock in the morning. There was no one in the street and I couldn't hear anything. Suddenly I saw that someone was coming toward me. I had never been so frightened! I dropped the book I had in my hand and I think I forgot my name! I tried to say something—anything at all! But I couldn't say anything. I looked everywhere and I couldn't see anybody anywhere. I thought I was going to die without seeing anyone!

Suddenly, I heard a voice: "If you hadn't been here, you wouldn't have heard what happened."

"I doubt that I've heard anything!" said I. "I'm sorry you thought I was a witness."

At that moment, someone came into my room, and woke me up.

SECCIÓN DE LECTURA

Vocabulario activo

Aprenda usted el significado de las siguientes palabras y expresiones, que aparecerán en la lectura:

NOMBRES

el **apuro** rush
la **bala** bullet
el **camión de reparto** delivery truck
el **hipódromo** race track
el **juego** game
el **montón** heap
la **ojeada** glance
la **seda** silk, anything running smoothly *(fig.)*
el **sitio** room, place, site
la **ventaja** advantage
la **vitrina** window (i.e., in a store, etc.)

VERBOS

adelantarse (a) to overtake, to pass
comprobar to verify
cruzar to cross
derrumbarse to collapse
detenerse to stop
estacionar to park
fumar to smoke
meterse to get in
tardar to take long, to delay
tirar to shoot, to throw

ADJETIVOS

caliente hot
seco(a) dry
tranquilo(a) calm, peaceful

OTRAS PALABRAS

despacio slow, slowly
enfrente in front, across . . . from

ALGUNAS EXPRESIONES

como es debido properly, as it should be
dar la vuelta to turn
dar una vuelta a la manzana to go around the block
darle rabia a uno to make one angry
en cambio on the other hand
en marcha running
poner cara to look
poner en marcha to start (i.e., a car)
salir bien to turn out well
sin ganas without enthusiasm
tal como exactly as

JULIO CORTÁZAR

Julio Cortázar, un novelista y cuentista argentino, nació en 1914. Sus obras han sido traducidas a innumerables idiomas.

Toda la obra de este escritor denota una constante preocupación por la búsqueda de la verdadera autenticidad, y alrededor de esta idea giran° sus temas.

revolve

Cortázar se rebela contra todo lo que sea automático, rutinario o artificial. Para luchar contra estos males, propone la creatividad, el humor y, sobre todo, la capacidad de ver la vida como la ve un niño, descubriéndola de nuevo cada día.

Entre sus novelas—*Los premios*° (1960), *Rayuela*° (1963) y *Libro de Manuel* (1973)—se destaca la segunda, considerada como la más importante hasta la fecha.

the prizes / hopscotch

Escribió también poesía, una colección de cuentos fantásticos titulada *Bestiario* (1951) y otras colecciones como *Final de juego* (1956) y *Las armas secretas* (1959). En esta última colección figura "El perseguidor", considerado por muchos críticos como su mejor cuento.

► LOS AMIGOS ◄

En ese juego todo tenía que andar rápido. Cuando el Número Uno decidió que había que liquidar° a Romero y que el Número Tres se encargaría del trabajo, Beltrán recibió la información pocos minutos más tarde. Tranquilo pero sin perder un instante, salió del café de Corrientes y Libertad y se metió en un taxi. Mientras se bañaba en su departamento,° escuchando el noticioso,° se acordó de que había visto por última vez a Romero en San Isidro, un día de mala suerte en las carreras. En ese entonces° Romero era un tal° Romero, y él un tal Beltrán; buenos amigos antes de que la vida los metiera por caminos tan distintos. Sonrió casi sin ganas, pensando en la cara que pondría Romero al encontrárselo de nuevo, pero la cara de Romero no tenía ninguna importancia y en cambio había que pensar despacio en la cuestión del café y del auto. Era curioso que al Número Uno se le hubiera ocurrido hacer matar a Romero en el café de Cochabamba y Piedras, y a esa hora; quizá, si había que creer en ciertas informaciones, el Número Uno ya estaba un poco viejo. De todos modos la torpeza° de la orden le daba una ventaja: podía sacar el auto del garaje, estacionarlo con el motor en marcha por el lado de Cochabamba, y quedarse esperando a que Romero llegara como siempre a encontrarse con los amigos a eso de las siete de la tarde. Si todo salía bien evitaría que Romero entrase en el café, y al mismo tiempo que los del café vieran o sospecharan su intervención. Era cosa de suerte° y de cálculo, un simple gesto (que Romero no dejaría de ver° porque era un lince°), y saber meterse en el tráfico y pegar la vuelta a toda máquina.° Si los dos hacían las cosas como era debido—y Beltrán estaba tan seguro de Romero como de él mismo—todo quedaría despachado° en un momento. Volvió a sonreír pensando en la cara del Número Uno cuando más tarde, bastante más tarde, lo llamara desde algún teléfono público para informarle de lo sucedido.

kill

apartment / news

en... *in those days* / un... *a guy named*

stupidity

era... *it was a matter of luck*

no... *was sure to see*

lynx (sharp) / pegar... *turn around at full speed*

quedaría... *would be arranged*

Vistiéndose despacio, acabó el atado° de cigarrillos y se miró un momento al espejo. Después sacó otro atado del cajón, y antes de apagar

pack

people from Galicia

las luces comprobó que todo estaba en orden. Los gallegos° del garaje le tenían el Ford como una seda. Bajó por Chacabuco, despacio, y a las siete menos diez se estacionó a unos metros de la puerta del café, después de dar dos vueltas a la manzana° esperando que un camión de reparto le dejara el sitio. De cuando en cuando apretaba un poco el acelerador para mantener el motor caliente; no quería fumar, pero sentía la boca seca y le daba rabia.

dar... *going around the block twice*

sidewalk

type of hat

A las siete menos cinco vio venir a Romero por la vereda° de enfrente; lo reconoció en seguida por el chambergo° gris y el saco cruzado. Con una ojeada a la vitrina del café, calculó lo que tardaría en cruzar la calle y llegar hasta ahí. Pero a Romero no podía pasarle nada a tanta distancia del café; era preferible que cruzara la calle y subiera a la vereda. Exactamente en ese momento, Beltrán puso el coche en marcha y sacó el brazo por la ventanilla. Tal como había previsto, Romero lo vio y se detuvo sorprendido. La primera bala le dio entre los ojos, después Beltrán tiró al montón que se derrumbaba. El Ford salió en diagonal, adelantándose limpio a un tranvía, y dio la vuelta por Tacuarí. Manejando sin apuro, el Número Tres pensó que la última visión de Romero había sido la de un tal Beltrán, un amigo del hipódromo en otros tiempos.

Conteste usted las siguientes preguntas, basándose en la lectura presentada.

1. ¿Qué decidió el Número Uno y quién se encargaría del trabajo?
2. ¿Qué hizo Beltrán al recibir la información?
3. ¿De qué se acordó mientras se bañaba y escuchaba el noticioso?
4. ¿Conocía Beltrán a Romero? ¿Qué pasó después?
5. ¿Dónde quería el Número Uno que mataran a Romero?
6. ¿Qué ventaja le daba a Beltrán la orden del Número Uno?
7. ¿A qué hora se encontraba Romero con sus amigos generalmente?
8. Según pensaba Beltrán, ¿qué pasaría si todo salía bien?
9. ¿Habían arreglado bien los gallegos el coche de Beltrán? ¿Cómo lo sabe?
10. ¿Qué tuvo que hacer Beltrán antes de estacionar el coche?
11. ¿Qué estaba esperando?
12. ¿Qué hacía de cuando en cuando?
13. Beltrán no cruzó la calle. ¿Qué era preferible?
14. ¿Qué hizo Romero cuando vio a Beltrán?
15. ¿Dónde le dio la primera bala?
16. ¿Qué pensó el Número Tres mientras manejaba su coche?

REPASO DE VOCABULARIO

¿Puede ser o no?

1. El pato ayudó a la señora a cruzar la calle.
2. El camión de reparto está hecho de seda.

3. Susana se detuvo ante la vitrina porque vio un vestido bonito.
4. Los caballos corrieron en el hipódromo.
5. Como tenía mucho apuro, le di sólo una ojeada a la revista.
6. Siempre que tengo mucha hambre como sin ganas.
7. Cuando saco una A en español, me da mucha rabia.
8. Cuando tiro los papeles al suelo, mamá pone mala cara.
9. Siempre que llueve, los niños se meten debajo de un coche en marcha.
10. En el otoño hay siempre hojas secas enfrente de mi casa.
11. Me adelanté despacio y con cuidado porque había mucho tráfico.
12. Cuando comprobó que le habían robado el dinero, se puso muy contento.

DEBATE

1. La censura es necesaria en algunos casos, pues la violencia que se ve en la televisión es causa de muchos crímenes en la sociedad norteamericana.
2. La censura no debe aceptarse en ningún caso. Si a la gente no le gustan los programas que muestran violencia, pueden apagar el televisor.

COMPOSICIÓN

A. Escriba usted una composición sobre uno de los siguientes temas.

1. La violencia en las ciudades norteamericanas
2. Grupos minoritarios en los Estados Unidos
3. ¿Castigo o rehabilitación para el criminal?
4. Los norteamericanos... ¿violentos por tradición?
5. Posibles soluciones al problema del crimen en los Estados Unidos

B. Escriba usted una composición de tema libre, usando las siguientes palabras y expresiones.

ventaja	fumar
sitio	tardar
juego	dar la vuelta
bala	salir bien
montón	como es debido
tranquilo	poner en marcha
caliente	en cambio
estacionar	tal como...

¡Vámonos de caza!

Busque Ud. en la lectura ejemplos de los puntos gramaticales estudiados en esta lección. Haga una lista de ellos.

SECCIÓN LITERARIA

A. Conteste usted las siguientes preguntas, basándose en la selección presentada.

1. ¿A qué género literario pertenece esta selección?
2. El autor comienza el relato sin darnos ninguna información previa. ¿Qué logra Cortázar con esta técnica?
3. ¿Cuál es el tema principal del cuento? ¿Los subtemas?
4. ¿Desde qué punto de vista está narrado el cuento? ¿Le da esto más realidad? ¿Cómo?
5. ¿Cómo es el lenguaje del cuento? ¿Qué vocabulario usa el autor para darle mayor realidad al cuento? Sea específico.
6. ¿Qué sabemos sobre los personajes del cuento?
7. Analice la presentación sicológica de Beltrán.
8. ¿De qué manera presta el autor veracidad al relato?
9. ¿En qué ambiente se desenvuelve el relato?
10. Resuma usted el argumento del cuento.
11. ¿Resulta para usted inesperado el desenlace? ¿Por qué?
12. ¿Cree usted que este cuento está artísticamente bien logrado? ¿Por qué?

B. Composición
Imagínese los motivos por los cuales Romero debe ser liquidado.
(Escriba unas 200 palabras.)

C. Dé un pequeño informe sobre el autor y su obra, completando la información que aparece al comienzo.

PENSAMIENTOS DE HOMBRES ILUSTRES

Sobre el esfuerzo

La obra mejor es la que se realiza sin las impaciencias del éxito inmediato; y el más glorioso esfuerzo es el que pone la esperanza más allá del horizonte visible.

José Enrique Rodó (Uruguay: 1871–1917)

Cada generación debe proponerse un ideal y, de acuerdo con sus fuerzas, caminar hacia él.

Rufino Blanco-Fombona (Venezuela: 1874–1944)

LECCIÓN 10

SECCIÓN GRAMATICAL

- Concordancia de los tiempos con el subjuntivo
- La voz pasiva
- Otras formas de expresar la voz pasiva
- Usos de las preposiciones

SECCIÓN DE LECTURA "Máscaras mexicanas" (Selección), OCTAVIO PAZ

SECCIÓN GRAMATICAL

1. Concordancia de los tiempos con el subjuntivo

¡NO QUEREMOS EXCUSAS...!

LA JEFA DE REDACCIÓN —Espero que haya terminado de escribir el artículo sobre la inflación... Le dije que lo tuviera listo para las tres...

EL EMPLEADO —No he tenido tiempo. Le he pedido a la señorita Vega que me ayude, pero ella tiene que entrevistar a la doctora Rivas.

LA JEFA —Pues dígale que deje la entrevista para mañana, pues es urgente que publiquemos ese artículo en la edición de esta noche.

EL EMPLEADO —Si ella me hubiera ayudado cuando yo se lo pedí, no habríamos tenido este problema...

LA JEFA —Bueno, siento que ella no trabajara con usted, pero de todas maneras la responsabilidad era suya. Tiene usted dos horas para terminar el artículo, con o sin la ayuda de la señorita Vega.

Como usted recordará, el tiempo del verbo de la cláusula principal determina el tiempo del verbo en subjuntivo que se usa en la cláusula subordinada: **Yo quiero** (cláusula principal) **que usted vaya a la tienda.** (cláusula subordinada).

Las combinaciones[1] posibles son:

Cláusula principal	*Cláusula subordinada*
Indicativo	Subjuntivo
Presente Futuro Presente perfecto	Presente de subjuntivo o Presente perfecto de subjuntivo

Es urgente que publiquemos ese artículo.
Serán las cuatro **cuando lleguen.**
Le **he pedido** a la señorita Vega **que** me **ayude.**
Me **alegro** de **que hayas venido.**
Sentirá mucho **que** no lo **hayan esperado.**

[1]Si se usa el imperativo en la cláusula principal, se utiliza el presente de subjuntivo en la subordinada: **Dígale** que **venga.**

Cláusula principal	*Cláusula subordinada*
Indicativo	Subjuntivo
Pretérito Imperfecto Condicional (perfecto)	Imperfecto de subjuntivo o Pluscuamperfecto de subjuntivo

Le **dije que** lo **tuviera** listo para las tres.
Yo no **pretendía que** ellos me **obedecieran.**
Me **gustaría que** los chicos **vieran** el coche.
No **habríamos tenido** este problema si ella me **hubiera ayudado.**
Yo me **alegré** de **que** ellos **hubieran encontrado** el dinero.

Cláusula principal	*Cláusula subordinada*
Indicativo	Subjuntivo
Presente	Imperfecto de subjuntivo (cuando la acción se refiere a una acción pasada)

Siento que ella no **trabajara** con usted.
Lamento que el camión de reparto no **viniera** ayer.

EJERCICIOS

A. Complete las siguientes oraciones, usando el presente, presente perfecto, imperfecto o pluscuamperfecto de subjuntivo. Use todas las combinaciones posibles.

1. Siento que el camión de reparto...
2. Yo no me habría metido allí si ellos...
3. Preferiríamos que el juego...
4. El señor González les ordenó que...
5. Pídale a su hermano que...
6. Los chicos cruzarán la esquina cuando...
7. Esperábamos que Adela...
8. Te he rogado muchas veces que no...
9. Siento que ayer nosotros...
10. Ella no creía que la vitrina...
11. Nosotros ya lo habríamos matado si no...
12. Dudan que la seda...
13. Espero que los cigarrillos que te mandé ayer...
14. Pedro temía que...
15. Trabajábamos para que nuestros hijos...

B. Yo no sé inglés. ¿Qué quiere decir lo siguiente?

1. I'm afraid the building has collapsed.
2. We're glad that things turned out well yesterday.
3. They told us to watch the program.
4. He has told me to be sure to start the car every day.
5. I would have talked to him if he hadn't left.
6. Will there be room when we get there?
7. Tell her to drive slowly.
8. The doctor wanted her to be calm.

2. La voz pasiva

► COMENTANDO UN ACCIDENTE ◄

DANIEL —¿Te has enterado del accidente que hubo ayer?, la noticia fue publicada en todos los periódicos.

LAURA —No. ¿Qué ocurrió?

DANIEL —Treinta pasajeros fueron encontrados muertos en el accidente que ocurrió al descarrilarse el tren [*when the train derailed*] de Chicago a Nueva York.

LAURA —¿Hubo heridos?

DANIEL —Sí, los heridos fueron llevados por la policía a un hospital cercano.

LAURA —¡Pobre gente! ¿Te acuerdas del último accidente de aviación?

DANIEL —Sí... los cuerpos nunca fueron recuperados...

LAURA —¡Qué horrible! Por eso yo nunca viajo en avión... ni en tren... ni en barco... ni en ómnibus...

La voz pasiva se forma en español de la misma manera que en inglés. El sujeto de la frase no desempeña la acción del verbo sino que la recibe:

Treinta pasajeros **fueron encontrados** muertos.

La voz pasiva se forma así:

SUJETO + SER + PARTICIPIO PASADO + POR + COMPLEMENTO AGENTE

Note que sólo se puede usar el verbo **ser,** y que el participio pasado concuerda con el sujeto en género y número:

Los heridos	**fueron**	**llevados**	**por**	**la policía.**
(SUJETO)	+ (SER)	+ (PART. PASADO)	+ (POR)	+ (COMPL. AGENTE)

Se usa la voz pasiva siempre que el agente de la acción esté presente o sobreentendido:

Esa ciudad **fue fundada** por los franceses. *(agente presente)*
Don Quijote **fue escrito** en 1605. *(agente sobreentendido)*

Cuando la acción expresada en la frase es mental o emocional, **por** puede ser sustituido por **de:**

Era amado de todos.

EJERCICIOS

A. Sustituya los infinitivos por la voz pasiva, usando los tiempos indicados.

1. Todos los documentos (firmar) por el secretario. *(imperfecto)*
2. La bala (encontrar) en la pared. *(pretérito)*
3. Los muchachos (asesinar) ahí enfrente. *(presente perfecto)*
4. Todos los empleados (entrevistar) por el jefe de personal. *(presente)*
5. La nueva revista (publicar) por esa compañía. *(futuro)*
6. Sus cuadros (admirar) por todos los críticos. *(pluscuamperfecto)*
7. Él (amar) de todos si fuera más simpático. *(condicional)*
8. Temo que la cena no (servir) a tiempo. *(presente de subjuntivo)*
9. Nos parecía imposible que los astronautas no (recibir) por todo el pueblo. *(pluscuamperfecto de subjuntivo)*
10. Ordenó que los libros (devolver) a la biblioteca inmediatamente. *(imperfecto de subjuntivo)*

B. Cambie las siguientes oraciones a la voz pasiva.

1. La compañía Herrera construyó esas casas.
2. El agente ha comprobado los datos.
3. Shakespeare escribió *Romeo y Julieta.*
4. Fundaron la ciudad en 1870.
5. Todas las chicas admiran a ese actor.
6. Pusieron los muebles en el dormitorio.
7. El presidente firmará la ley.
8. No creo que un solo empleado haya estacionado todos los coches.
9. Siempre traían a los heridos en esa ambulancia.
10. El jefe va a despedir a todas las secretarias.

3. Otras formas de expresar la voz pasiva

► ¿QUIÉN ES EL AUTOR...? ◄

IRMA —¿Te gusta este manuscrito que he encontrado?
JAIME —Sí. ¿De qué año es?
IRMA —Se dice que fue escrito en 1450.
JAIME —¿Quién es el autor...?
IRMA —No se sabe. Creen que lo escribió Santillana.
JAIME —¿Estás segura?
IRMA —Bueno, dicen que se escribió en ese año y lo creo, pero en cuanto al autor, ¿cómo se va a saber con seguridad?

Además del uso del reflexivo presentado en la lección 9 para indicar una acción inesperada o accidental, la voz pasiva puede sustituirse por las siguientes construcciones, con el verbo en la voz activa:

A. Con la forma impersonal "ellos":

Creen que lo escribió Santillana.
Piensan que es cosa de suerte.

B. Con una construcción reflexiva:

1. Cuando el sujeto de la frase no es una persona, usamos el impersonal **se** con el verbo en la tercera persona singular o plural:

   El manuscrito **se escribió** en ese año.
   Los manuscritos **se escribieron** en ese año.

2. Cuando se quiere expresar que cualquier persona podría ser el sujeto de la acción del verbo, se usa el impersonal **se** y el verbo en la tercera persona singular o plural y entonces equivale al inglés *one:*

   ¿Cómo **se va a saber** con seguridad?
   ¿Cómo **se sale** de este edificio?

EJERCICIOS

A. Conteste las siguientes preguntas.

1. ¿A qué hora se abren las tiendas en la ciudad donde usted vive?
2. ¿A qué hora se cierran los bancos?
3. ¿Se habla portugués o español en el Brasil?
4. ¿Qué dicen del crimen en las grandes ciudades?
5. ¿A qué hora se termina la clase?
6. ¿Qué piensan del presidente de los Estados Unidos?
7. ¿Con qué se hace una hamburguesa?
8. ¿Cómo se dice "unwillingly" en español?
9. ¿Cómo se sale de este edificio?
10. ¿Qué se vende en una zapatería?

B. Cambie las siguientes oraciones, según el modelo.

EJEMPLO: La carta fue entregada ayer.
Entregaron la carta ayer.
Se entregó la carta ayer.

1. El libro fue publicado ese año.
2. Pronto serán construídas las casas.
3. El programa es presentado a las ocho.
4. Los papeles fueron quemados anoche.
5. Los documentos son firmados por el jefe de personal.
6. El camión de reparto será estacionado aquí.
7. El trabajo ha sido terminado como es debido.
8. Las copas siempre eran puestas en la vitrina.

C. Yo no sé inglés. ¿Qué quiere decir lo siguiente?

1. That's not done!
2. They say next summer will be very dry.
3. They had already arrested the thief.
4. How does one say that word in English?
5. They must be done properly.

4. Usos de las preposiciones

► PREPARANDO UNA FIESTA ◄

PILAR —¿Te gusta el ramo de flores que he comprado?
ELENA —Sí. ¿Dónde lo vas a poner?
PILAR —En el centro de la mesa, sobre el mantel.
ELENA —Ponlo entre las dos velas [*candles*]. Todavía tienes la mesa sin los platos. ¿Te ayudo?
PILAR —Sí, gracias. Pon los platos y las servilletas según te parezca mejor.
ELENA —Voy a poner éstas de hilo.
PILAR —Se te ha caído una servilleta bajo la mesa.
ELENA —¿Pongo la tarjeta con el nombre contra el vaso?
PILAR —No. Ponla junto al plato. Y pon la cuchara con el cuchillo a la derecha.
ELENA —Oye, Pilar, mueve aquel plato hacia la izquierda.
PILAR —Hemos terminado. Voy a casa a arreglarme. No estés tan nerviosa. Todo va a salir bien. Hasta luego.
ELENA —¡Ay, estoy histérica! Menos mal que dicen que "tras la tempestad viene la calma". Espero que sea verdad.

En español, las preposiciones se usan de la siguiente forma:

A. La preposición **a** significa básicamente "dirección hacia un punto en el espacio o en el tiempo." También indica dirección hacia un objetivo o meta que se quiere alcanzar. Tiene los siguientes usos:

1. delante del complemento directo, cuando éste es una persona[1] o animal o cosa personificada:

   Quiero saludar **a** la señora Olmo.
   Voy a bañar **al** perro.

2. para indicar relación espacial:

   Pon la cuchara con el cuchillo **a** la derecha.

---

[1]Recuerde que si el complemento directo es una persona indeterminada, no se usa la **a**: Busco un buen maestro.

3. para indicar la hora:

   Terminaremos el trabajo **a** las tres.

4. para expresar el modo como se hace una acción:

   Pilar cose toda su ropa **a** máquina.

5. para indicar término o fin:

   Si ahorras tu dinero puedes llegar **a** ser rico.

6. para indicar precio:

   La carne se vende **a** dos dólares la libra.

7. para expresar causa:

   Vengo **a** traerte los libros.

8. detrás de los verbos de movimiento, cuando van seguidos de un infinitivo. un nombre o un pronombre:

   Todo va **a** salir bien.
   Voy **a** casa **a** arreglarme.

9. con los verbos **enseñar, aprender, comenzar** y **empezar** cuando van seguidos de un infinitivo:

   Comienza **a** poner la mesa.
   Ella me enseño **a** bailar el tango.

10. después del verbo **llegar:**

    Llegamos **a** Montevideo anoche.

B. La preposición **ante** significa **delante de:**

Paula se arrodilló **ante** el altar.

Combinada con otras palabras, expresa prioridad:

anteayer, **ante**sala, **ante**pecho, **ante**brazo, **ante**ojos

C. La preposición **bajo** indica:

1. situación o lugar:

   Se te ha caído una servilleta **bajo** la mesa.

2. dependencia de otra persona:

   Ellos trabajan **bajo** la supervisión del jefe de ventas.

D. La preposición **con:**

1. significa compañía:

   Voy al cine **con** Rosita.
   Pon la cuchara **con** el cuchillo a la derecha.

2. indica medio o instrumento:

   Me cepillo los dientes **con** un cepillo de dientes eléctrico.

3. indica la manera en que se ejecuta una acción:

   Lo empujó **con** fuerza.

4. cuando se usa unida al nombre, puede sustituir al adverbio:

   El profesor se movió **con** rapidez. (rápidamente)

5. se usa detrás de algunos verbos muy comunes:

   Cuento con usted, señor Ferreyra.
   Alicia **se casó con** José María.
   Clotilde **tropezó** [*stumbled*] **con** los pies del viejo.
   Anoche **soñé con** Drácula. ¡Qué horrible!

E. La preposición **contra** indica:

1. oposición

   Ella siempre está **contra** todo el mundo.

2. situación, lugar:

   Pon la tarjeta **contra** el vaso.

3. contrariedad, repetición o duplicación, unida a otras palabras:

   contraveneno, **contra**poner, **contra**peso, **contra**decir

Familia reunida a la hora de comer, Valencia, España

F. La preposición **de** puede indicar:

1. posesión o pertenencia:

   La casa es **de** Enrique.

2. materia con que está hecha una cosa:

   Voy a poner éstas **de** hilo.

3. cantidad parcial:

   Dame un poco **de** pan.

4. origen:

   Mis hermanos y yo somos **de** Madrid.

5. modo como ocurre una acción:

   Me caí **de** espaldas en el río.

6. un tiempo determinado:

   Mi hijo estudia **de** noche.

Se usa:

1. con el superlativo:

   Es la mejor alumna **de** la clase.
   Roberto es el más alto **de** la familia.

2. para describir las características personales:

   La muchacha **de** ojos negros es mi novia.
   El muchacho **de** pelo negro es mi primo.

3. para describir la función de una máquina o equipo:

   Compré una máquina **de** calcular.
   Necesito una máquina **de** escribir.

4. con ciertos verbos, dándoles a veces un significado idiomático:

   acabar **de**
   acordarse **de**
   alegrarse **de**
   burlarse **de**
   cansarse **de**
   darse cuenta **de**
   dudar **de**
   enamorarse **de**
   estar **de** vacaciones
   estar seguro **de**
   gozar **de** (disfrutar de)
   quejarse **de**
   olvidarse **de**
   sacar **de**

5. con otras preposiciones y expresiones idiomáticas:

   antes **de**
   acerca **de**
   a eso **de**
   después **de**
   de todos modos
   detrás **de**

alrededor **de**
cubierto **de**
delante **de**
de negocios
de nuevo
lleno **de**
rodeado **de**
un poco **de**
vestido **de**

6. para formar frases preposicionales que corresponden al uso adjetival en inglés de la combinación de dos o más sustantivos:

caja **de** seguridad
cuenta **de** ahorros
límite **de** tiempo
número **de** teléfono
reloj **de** pulsera
talonario **de** cheques

G. La preposición **desde** sirve para:

1. indicar cuándo comenzó una acción:

   Estoy limpiando la casa **desde** ayer.

2. indicar lugar o distancia:

   Este tren va **desde** Los Ángeles hasta Nueva York.

H. La preposición **en** se usa:

1. para expresar un lugar determinado:

   Mi madre está **en** casa. Elena está **en** la biblioteca.

2. para indicar dónde descansa o está colocado algo (Con este significado es sinónima de la preposición **sobre.**):

   El ramo de flores está **en** el centro de la mesa.

3. para indicar medio de transporte:

   Siempre viajo **en** avión. No me gusta viajar **en** tren.

4. para expresar el modo como se dice algo:

   Lo digo **en** broma. No estoy hablando **en** serio.

5. con ciertos verbos y expresiones:

confiar **en**
convenir **en**
en fin
en la actualidad
en realidad
en todo caso
entrar **en**
insistir **en**
pensar **en**
quedar **en**
tardar **en**
vivir **en**

I. La preposición **entre:**

1. expresa situación en medio de dos o más objetos o personas:

   Ponlo **entre** las dos velas.
   Julio está **entre** sus compañeros de clase.

2. expresa cooperación:

El libro fue escrito **entre** los tres profesores.

3. unida a otras palabras, tiene el significado de unión entre los dos conceptos:

entretela, **entre**meter, **entre**tejer, **entre**suelo

J. La preposición **hacia** se usa para:

1. indicar el lugar aproximado de un sitio:

Vivo **hacia** el sur de Guadalajara.

2. indicar dirección:

Mueve el plato **hacia** la derecha.
Caminaban **hacia** la casa de Josefina.

3. indicar un tiempo aproximado:

Llegaré **hacia** las seis y media.

K. La preposición **hasta** indica:

1. término:

Corrió **hasta** la calle Quinta.
El partido duró **hasta** que uno de los equipos ganó.

2. tiempo:

Hasta luego.
Mamá se va a quedar contigo **hasta** mañana.

L. La preposición **según** indica conformidad:

Pon los platos **según** te parezca mejor.

M. La preposición **sin** indica carencia *(a lack):*

Todavía tienes la mesa **sin** los platos.
Voy a tener que venir **sin** mis hijos.

N. La preposición **sobre** se usa para:

1. indicar que algo está colocado encima de otra cosa:

Elena pone el ramo de flores **sobre** el mantel.

2. expresar el asunto de que trata algo:

Esta novela versa **sobre** la revolución mexicana.
Hablan **sobre** las ventajas de comprar una casa.

3. indicar proximidad y situación geográfica:

Madrid está **sobre** una llanura.

O. La preposición **tras** indica el orden en que suceden las cosas:

Tras la tempestad viene la calma.

A veces puede sustituir a **detrás de:**

Corrió **tras** la muchacha.
Contestó las preguntas una **tras** otra.

Las preposiciones **por** y **para** han sido estudiadas en la lección 6.

EJERCICIOS

A. Complete las oraciones siguientes, usando la preposición adecuada en cada caso.

1. Aurora y su hija están ____ la casa ____ los Llaveros.
2. Nativitas trae un vestido que se ajusta al cuerpo ____ alfileres.
3. Uds. venían ____ la lancha ____ nosotros.
4. ¿Vienen ____ las fiestas ____ la ciudad?
5. Mi hijo fue ____ recibirlos ____ el coche.
6. Avísale ____ la señora que la cena está lista.
7. ____ luego el amigo dice que no puede ser hoy.
8. Yo almuerzo ____ una a dos.
9. ____ cuatro ____ cinco yo estoy ____ falta ____ el café.
10. Mi amigo no llega ____ la cita ____ las ocho.
11. ____ la palma estaba el hombre.
12. Miraba el papel hallado ____ la mesa.
13. El papel decía: "Iré ____ tu casa ____ las doce.
14. Fue avanzando ____ cuidado y llegó ____ la misma palma.
15. No percibió al enemigo, y ____ embargo, sólo la palma los separaba.
16. Apretó su garganta dejándole ____ el acto ____ sentido.
17. Por un momento, se quedó ____ el cadáver, mirándolo.
18. ¿No ha podido esperar ____ mañana para hablarme?
19. Ud. ya sabe algo ____ lo que me ha ocurrido.
20. Este pueblo está situado ____ un pantano.
21. He estado tres años ____ hablar ____ nadie.
22. Cuando venía ____ aquí estaba muy nervioso.
23. ____ hacía una hora, don Leoncio pensaba ____ Elvirita.
24. Don Leoncio se sentó ____ el bar y el restaurante.
25. Elvira pone la novela ____ la lámpara.
26. ____ la cama hay una barra ____ rouge.
27. ____ don Leoncio, Elvirita no es una cualquiera.
28. La novela se queda ____ un vaso de agua y unas medias.
29. Se comieron la cena ____ los dos.
30. Don Leoncio quiere poner ____ su cuidado ____ Elvirita.

B. Haga una lista con los verbos y expresiones usados con preposiciones, y escriba una frase original con cada uno de ellos.

EJEMPLOS: pensar en — *Yo siempre pienso en ella.*
a eso de — *Los muchachos llegaron a eso de la una.*

Estatua al Gaucho
en Montevideo, Uruguay

C. Complete las frases con la traducción de las expresiones que aparecen entre paréntesis.

1. Yo *(fell in love with)* ____ Esteban.
2. Tome las pastillas *(before)* ____ las comidas.
3. *(Nowadays),* ____ los jóvenes salen solos.
4. ¿*(Are you sure)* ____ que la comida ya está caliente, querida?
5. Los niños *(made fun of)* ____ él porque siempre ponía cara de estúpido.
6. Ella siempre *(insisted on)* ____ comprobar las cuentas.
7. Yo no *(had realized)* ____ que el ómnibus se había detenido.
8. El suelo estaba *(covered with)* ____ nieve.
9. Ellos *(agreed on)* ____ encontrarse en el hipódromo.
10. Elena *(forgot)* ____ que había estacionado frente a la casa de Luis.

PALABRAS PROBLEMÁTICAS

A. **Parecer, parecerse a, mirar, buscar, verse** (bien, bonita, etc.):

1. **Parecer** es el equivalente de *to seem, to appear* o *to look:*

Ellos **parecen** muy felices.
La lección no **parece** muy difícil.

2. **Parecerse a** es el equivalente de *to look like* o *to resemble:*

   Andrés **se parece a** su hermana.

3. **Mirar** es el equivalente de *to look at:*

   Estábamos **mirando** el juego de béisbol cuando ella llegó.

4. **Buscar** es el equivalente de *to look for:*

   He pasado todo el día **buscando** el reloj que se me perdió.

5. **Verse** (bien, bonita, etc.) es el equivalente de *to look* (*well, pretty,* etc.):

   Él siempre **se ve** bien vestido.
   Con ese peinado **te ves** muy bonita.

B. **Pedir, ordenar, encargar:**

1. **Pedir** es el equivalente de *to order* en un restaurante o en un café:

   Voy a **pedir** calamares en su tinta. ¿Qué vas a **pedir** tú?

2. **Ordenar** es el equivalente de *to order* o *to command:*

   El jefe me **ordenó** terminar el trabajo hoy mismo.

3. **Encargar** es el equivalente de *to order* refiriéndose a mercancías:

   Voy a **encargar** cortinas para la sala.

C. **Tratar de, probar, probarse:**

1. **Tratar de** es el equivalente de *to try to:*

   Voy a **tratar de** explicarle los usos del subjuntivo.

2. **Probar** es el equivalente de *to taste:*

   Prueba la sopa para ver si necesita más sal.

3. **Probarse** es el equivalente de *to try on:*

   Voy a **probarme** estos zapatos.
   ¿Quiere **probarse** el vestido negro, señora?

EJERCICIO

Complete las frases, usando las palabras estudiadas en esta sección, según corresponda.

1. ¡____ qué bonita flor!
2. Tienes que ____ el vestido antes de comprarlo.
3. Voy a ____ el televisor hoy mismo.
4. Vamos a ____ convencerla de que ella no ____ bien con ese vestido.
5. Elena, ¿quieres ____ el café a ver si tiene bastante azúcar?
6. ¿Qué vas a ____ de postre? Yo voy a ____ torta de chocolate con crema.
7. Ella es la hija de don Pedro, pero no ____ a él.

8. El sargento me ____ que limpiara el rifle.
9. Pepito, ____ tu libro antes de irte para la escuela.
10. ____ que has trabajado mucho hoy; ____ muy cansado.

EJERCICIO FINAL

En este ejercicio encontrará usted todos los puntos gramaticales estudiados en esta lección. Pero... ¿qué dice aquí?

Yesterday, my wife wanted me to watch her favorite soap opera: "All My Relatives [**parientes**]." It had been written by one of her friends. I tried to convince her that it would be better to go to the movies, but she ordered me to sit down and watch.

"They say that this soap opera is the worst in the world, so I hope you appreciate my kindness," said I, and sat down.

"One must not judge without knowing, said my wife, looking for the T.V. Guide under the couch.

After watching the stupid soap opera, which lasted an hour and a half, I was sorry that the T.V. set had not been broken or stolen.

"I'm sorry you didn't like this soap opera, dear," said my wife. "I'm sure you'll like "Children of the Night."

SECCIÓN DE LECTURA

Vocabulario activo

Aprenda usted las siguientes palabras y expresiones que van a aparecer en la lectura:

NOMBRES

la **amenaza** threat
el **brillo** shine
el **castillo** castle
la **debilidad** weakness
la **derrota** defeat
la **desconfianza** distrust
la **dulzura** sweetness
la **entrega** delivery, surrender
el **fantasma** ghost
la **grandeza** greatness
el **intruso** intruder
la **lejanía** distance
la **lucha** struggle
la **muralla** wall
el **ser** being
la **soledad** loneliness, solitude
la **sombra** shadow

VERBOS

atravesar to cross, to go through
desaparecer to disappear
disimular to hide (i.e., one's feelings)
encerrar(se) to lock in, to go into seclusion
herir to injure
humillar(se) to humiliate, to humble oneself
rozar to brush against, to rub

ADJETIVOS

ajeno(a) contrary, foreign, belonging to others
cortés courteous, polite
escondido(a) hidden
espinoso(a) thorny
mestizo(a) mixed, half-breed

ALGUNAS EXPRESIONES

a media voz in a low tone
estar a merced de to be at the mercy of
ni siquiera not even
pedir disculpa to apologize

OCTAVIO PAZ

Octavio Paz, poeta y ensayista mexicano, nació en 1914. Los temas centrales de su obra son la soledad y la búsqueda humana de la identidad y la comunicación con sus semejantes.°

fellow beings

Ya en su primer libro, *Raíz del hombre* (1937), vemos esa ansia de comprender la esencia del ser hombre. En *Las peras del olmo* (1957), Paz afirma que sólo la poesía puede ayudar al hombre en su búsqueda. En sus ensayos repite los temas de su poesía.

En su estilo intuitivo y lírico, usa una serie de símbolos que reflejan el aislamiento del hombre, no solamente mexicano, sino universal.

Otras obras poéticas del autor son: *Entre la piedra y la flor* (1974), *Libertad bajo palabra* (1949) y *La estación violenta* (1958).

La selección que presentamos—"Máscaras mexicanas"—es de su libro *El laberinto de la soledad.* A pesar de ser una obra polémica, no puede negarse que el autor penetra en la sicología y la cultura del pueblo mexicano.

► MÁSCARAS MEXICANAS ◄

(Selección adaptada)

Corazón apasionado,
disimula tu tristeza.
—*Canción popular*

Viejo o adolescente, criollo o mestizo, general, obrero o licenciado, el mexicano se me aparece como un ser que se encierra y se preserva: máscara° el rostro y máscara la sonrisa. Plantado en su arisca° soledad, espinoso y cortés a un tiempo, todo le sirve para defenderse: el silencio y la palabra, la cortesía y el desprecio, la ironía y la resignación. Tan celoso de su intimidad como de la ajena, ni siquiera se atreve a rozar con los ojos al vecino: una mirada puede desencadenar° la ira de esas almas cargadas de electricidad. Atraviesa la vida como desollado;° todo puede herirle, palabras y sospecha de palabras. Su lenguaje está lleno de figuras y alusiones, de puntos suspensivos...° Entre la realidad y su persona establece una muralla, no por invisible menos infranqueable,° de impasibilidad y lejanía. El mexicano siempre está lejos, lejos del mundo y de los demás. Lejos, también, de sí mismo.°

mask / surly
unleash
como... *as if he had been skinned alive*
puntos... *ellipses*
impassable
sí... *himself*

El lenguaje popular refleja hasta qué punto nos defendemos del exterior: el ideal de la "hombría"° consiste en no "rajarse"° nunca. Los que se "abren" son cobardes. Para nosotros, contrariamente a lo que ocurre con otros pueblos, abrirse es una debilidad o una traición. El mexicano puede doblarse, humillarse, "agacharse", pero no "rajarse", esto es, permitir que el mundo exterior penetre en su intimidad. El "rajado" es de poco fiar, °un traidor o un hombre de dudosa fidelidad, que cuenta los secretos y es incapaz de afrontar los peligros como se debe...

manliness / to open up
es... *is not trustworthy*

El hermetismo° es un recurso de nuestra desconfianza. Muestra que

secretiveness

instintivamente consideramos peligroso todo lo que está a nuestro alrededor. Esta reacción se justifica si se piensa en lo que ha sido nuestra historia y en el carácter de la sociedad que hemos creado. La dureza y hostilidad del ambiente – y esa amenaza, escondida e indefinible, que siempre flota en el aire – nos obligan a cerrarnos al exterior. Pero esta conducta, legítima en su origen, se ha convertido en un mecanismo que funciona solo, automáticamente. Ante la simpatía y la dulzura nuestra respuesta es la reserva, pues no sabemos si esos sentimientos son verdaderos o simulados. Y además, nuestra integridad masculina corre tanto peligro ante la benevolencia como ante la hostilidad...

Nuestras relaciones con los otros hombres también están teñidas de recelo.° Cada vez que el mexicano se confía a un amigo, cada vez que se "abre", abdica. Y teme que el desprecio del confidente siga a su entrega. Por eso la confidencia es tan peligrosa para el que la hace como para el que la escucha... Nuestra ira no se nutre° nada más del temor de ser utilizados por nuestros confidentes – temor general a todos los hombres – sino de la vergüenza de haber renunciado a nuestra soledad. "Me he vendido con Fulano°", decimos cuando nos confiamos a alguien que no lo merece. Esto es, nos hemos "rajado", alguien ha penetrado en el castillo fuerte. La distancia entre hombre y hombre, creadora del mutuo respeto y la mutua seguridad, ha desaparecido. No solamente estamos a merced del intruso, sino que hemos abdicado.

distrust

no... *is not nourished*

So and So

Todas estas expresiones revelan que el mexicano considera la vida como una lucha, concepción que no le distingue del resto de los hombres modernos. El ideal de hombría para otros pueblos consiste en una abierta y agresiva disposición al combate; nosotros acentuamos el carácter defensivo, listos a rechazar el ataque. El "macho" es un ser hermético, encerrado en sí mismo, capaz de guardarse y guardar lo que se le confía. La hombría se mide por la invulnerabilidad ante las armas enemigas o ante los impactos del mundo exterior. El estoicismo es la más alta de nuestras virtudes guerreras° y políticas. Nuestra historia está llena de frases y episodios que revelan la indiferencia de nuestros héroes ante el dolor o el peligro. Desde niños nos enseñan a sufrir con dignidad las derrotas, concepción que no carece de grandeza.° Y si no todos somos estoicos e impasibles – como Juárez y Cuauhtémoc – al menos tratamos de ser resignados, pacientes y sufridos. La resignación es una de nuestras virtudes populares. Más que el brillo de la victoria nos conmueve la entereza° ante la adversidad.

war (adj.)

no... *doesn't lack greatness*

nos... *we are moved by integrity*

Si en la política y el arte el mexicano aspira a crear mundos cerrados, en la esfera de las relaciones cotidianas° trata de que imperen el pudor,° el recato° y la reserva ceremoniosa. El pudor, que nace de la vergüenza ante la desnudez° propia o ajena, es un reflejo casi físico entre nosotros... Y por eso la virtud que más estimamos en las mujeres es el recato, como en los hombres la reserva. Ellas también deben defender su intimidad.

everyday / *modesty*

reserve

nakedness

El mexicano excede en el disimulo de sus pasiones y de sí mismo. Temeroso de la mirada ajena, se contrae, se reduce, se vuelve sombra y fantasma, eco. No camina, se desliza; no propone, insinúa; no se queja, sonríe; hasta cuando canta lo hace entre dientes y a media voz, disimulando su cantar.

Quizá el disimulo nació durante la Colonia... El mundo colonial ha desaparecido, pero no el temor, la desconfianza, el recelo. Y ahora no solamente disimulamos nuestra ira sino nuestra ternura. Cuando pide disculpas, la gente del campo dice "Disimule usted, señor". Y disimulamos. Nos disimulamos con tal ahinco que casi no existimos.

Conteste usted las siguientes preguntas, basándose en la lectura.

1. ¿Cómo ve Octavio Paz al mexicano?
2. ¿Qué es lo que le sirve al mexicano para defenderse, y cómo atraviesa la vida?
3. ¿Qué establece entre la realidad y su persona, y cómo se sitúa en relación con el mundo que lo rodea?
4. ¿En qué consiste el ideal de la "hombría"?
5. ¿Cómo se justifica el hermetismo del mexicano?
6. ¿Cómo reacciona el mexicano ante la simpatía y la dulzura? ¿Por qué?
7. ¿Cuál es la diferencia entre el ideal de la "hombría" del mexicano y el de la gente de otros países?
8. ¿Cómo es el "macho", según el autor?
9. ¿Cuáles son las virtudes más importantes para el mexicano?
10. ¿Qué trata el mexicano que impere en las relaciones cotidianas?
11. ¿Qué estiman más los mexicanos en la mujer?
12. ¿De qué forma disimula el mexicano, según el autor?
13. ¿Puede usted señalar algunas similaridades entre la manera de actuar del norteamericano y el mexicano?
14. ¿Cree usted que el chicano es diferente al mexicano? ¿Por qué?
15. ¿Cree usted que hay similaridades entre el chicano y el mexicano? ¿Cuáles son?

REPASO DE VOCABULARIO

En cada grupo, escoja la palabra que no pertenezca a él.

1. brillo, luz, estrella, sombra
2. amable, simpático, desagradable, cortés
3. insultar, pedir disculpas, lamentar, pedir perdón
4. castillo, huerta, palacio, mansión
5. cercanía, distancia, lejanía, separación
6. muralla, pared, muro, ventana
7. desaparecer, agacharse, irse, marcharse
8. el ser, el hombre, la soledad, la persona
9. encerrar, meter, guardar, herir

10. grandeza, dulzura, ternura, delicadeza
11. lucha, debilidad, pelea, guerra
12. confianza, seguridad, desconfianza, esperanza

DEBATE

1. El machismo es exclusivo de las sociedades latinas.
2. El machismo existe también en la sociedad norteamericana, porque es algo inherente en el hombre.

COMPOSICIÓN

A. Escriba usted una composición de unas doscientas palabras sobre uno de los siguientes temas.

   1. Hombría y machismo, ¿son sinónimos?
   2. Diferencias entre la personalidad del norteamericano y el mexicano
   3. ¿Cómo se refleja la personalidad del norteamericano en su idioma? Dé ejemplos.
   4. Influencia del medio ambiente [*environment*] en la personalidad del individuo.
   5. Yo: mis virtudes y defectos

B. Escriba una composición de tema libre, usando las siguientes palabras y expresiones.

amenaza	atravesar	escondido	a media voz
derrota	herir	mestizo	estar a merced de
entrega	humillar	ajeno	
fantasma	rozar	espinoso	
intruso	disimular		

¡Vámonos de caza!

Busque Ud. en la lectura ejemplos de: *(a)* concordancia de los tiempos con el subjuntivo, *(b)* voz pasiva, *(c)* otras formas de expresar la voz pasiva, *(d)* usos de las preposiciones. Haga una lista de ellos.

SECCIÓN LITERARIA

A. Basándose en el ensayo de Octavio Paz, conteste las siguientes preguntas.

   1. ¿Cuál es el propósito del autor al citar la canción popular al comienzo de su ensayo?
   2. ¿Qué relación existe entre el tema de la canción y el ensayo?

3. ¿Cuál es el tema principal del ensayo?
4. ¿Encuentra usted algunos subtemas? ¿Cuáles son?
5. ¿Cree usted que Octavio Paz tiende a la generalización en su descripción del mexicano? ¿Por qué?
6. ¿Cómo clasifica usted el ensayo de Octavio Paz? ¿Social, sicológico, histórico, filosófico, político o literario? ¿Por qué?
7. ¿Cree usted que el autor usa un lenguaje "literario" o cotidiano? Dé ejemplos.
8. ¿Nota usted alguna diferencia entre el lenguaje de Martí y el de Octavio Paz? Dé ejemplos.

B. Composición

Tomando como guía las selecciones presentadas en el texto, escriba usted un ensayo, estableciendo las diferencias y similaridades entre los diferentes géneros literarios: el cuento, el teatro, la novela, la poesía y el ensayo. Al escribir su ensayo, tenga en cuenta los siguientes puntos:

Lenguaje (poético, cotidiano, realista)
Forma
Personajes (desarrollo, descripción, clases de personajes)
Uso del diálogo
Ambiente (descripción, fondo)
Temas y subtemas
Trama
Uso de técnicas literarias
Estructura

C. Dé un pequeño informe sobre Octavio Paz y su obra, completando la información que aparece al comienzo.

PENSAMIENTOS DE HOMBRES ILUSTRES

Sobre la filosofía de la vida

Alegría en el dolor es la divisa° de los fuertes y el don° de los buenos.

banner / gift

José Vasconcelos (México: 1881–1959)

El sol quema con la misma luz con que calienta. El sol tiene manchas. Los desagradecidos no hablan más que de las manchas. Los agradecidos hablan de la luz.

José Martí (Cuba: 1853–1895)

LECCIÓN 11

SECCIÓN GRAMATICAL

- Frases verbales
- Usos del infinitivo
- Usos del participio pasado
- Usos del gerundio

SECCIÓN DE LECTURA Selección de artículos periodísticos

SECCIÓN GRAMATICAL

1. Frases verbales

► PROBLEMAS ECONÓMICOS ◄

JORGE —¿No ha llegado todavía el correo?

ALBERTO —Acaba de llegar. Hay tres cartas para ti, pero antes de que te pongas a leerlas, necesito saber si puedes prestarme dos mil pesos...

JORGE —*(Se echa a reír.)* ¡¿Dos mil pesos?! ¿Estás loco? Yo vengo de ponerle un telegrama a papá, pidiéndole que me envíe un giro...

ALBERTO —¡Qué lío! Es que se me descompuso el coche y me piden dos mil pesos por arreglarlo. Voy a tener que escribirles a mis abuelos...

JORGE —*(que ha terminado de leer una de las cartas)* Pues esta carta es del banco. Parece que escribí un cheque por mil pesos y sólo tenía seiscientos pesos en mi cuenta corriente.

ALBERTO —¿Has vuelto a hacer lo mismo? Tuviste el mismo problema el mes pasado.

JORGE —Sí, pero eso fue porque no teníamos dinero para pagar el alquiler del apartamento...

ALBERTO —*(Abre el diario y empieza a leer los avisos clasificados.)* Me duele admitirlo, compañero... ¡Pero creo que ha llegado la hora de buscar empleo!

Frases verbales son aquellas construcciones que se forman empleando un verbo conjugado seguido de un infinitivo. Las más comunes son las que se forman con:

A. Los verbos de movimiento seguidos de la preposición **a** más un infinitivo, que indican una acción que comienza a efectuarse o una acción futura (**ir** + **a**):

1. **Ir** + **a** + infinitivo:

   Voy a tener que escribirles a mis abuelos.
   Voy a medir la mesa.
   Van a hacer la entrega del dinero hoy.

2. **Comenzar** + **a** + infinitivo:

   La muchacha **comenzó a pedir** disculpas.
   Comenzamos a atravesar el desierto esta noche.

3. **Empezar** + **a** + infinitivo

   Empieza a leer los avisos clasificados.
   De repente, la muralla **empezó a derrumbarse.**
   Al salir yo de casa, **empezó a llover.**

4. **Echar(se)** + **a** + infinitivo:

   JORGE —***(se echa a reir)*** ¿Dos mil pesos? ¿Estás loco?
   De pronto, Juan **se echó a llorar.**
   Elena **echó a correr** cuando me vio.

5. **Ponerse** + **a** + infinitivo:

   Antes de que te **pongas a leerlas,** necesito saber si puedes prestarme dos mil pesos.
   Nora **se puso a discutir** con el profesor.
   Ella **se puso a llorar** cuando yo llegué.

B. Los verbos **acabar, terminar** y **venir,** seguidos de la preposición **de** y un infinitivo, que indican la acción de terminar una cosa:

1. **Acabar** + **de** + infinitivo (equivale al inglés *to have just* + infinitivo):

   Acababan de firmar las cartas.
   El correo **acaba de llegar.**
   Acabo de leer una novela que es ajena a mis ideas.

2. **Terminar** + **de** + infinitivo:

   Jorge **ha terminado de leer** una de las cartas.
   Los muchachos **terminaron de estudiar** pronto.

3. **Venir** + **de** + infinitivo:

   Yo **vengo de ponerle** un telegrama a papá.
   Venimos de ver a nuestro abuelo.

C. El verbo **volver** seguido de la preposición **a** y un infinitivo, que indica la repetición de un hecho:

   ¿Has vuelto a hacer lo mismo?
   Pedro **ha vuelto a desaparecer** sin decir nada.

EJERCICIOS

A. Complete las oraciones siguientes, usando la frase verbal más adecuada para cada una. Use todas las frases verbales estudiadas.

1. Tengo el pelo mojado porque ____ lavármelo.
2. Ellos no ____ prestarle el dinero porque no lo conocen bien.
3. Cuando Juan y yo vimos el fantasma del castillo ____ correr.
4. Estoy triste porque ____ hablar con Estela, cuyo hijo nació muerto.
5. ¡No ____ a humillarme delante de mis amigos, papá!
6. Yo ____ encerrar a los perros antes de que lleguen los niños.
7. Ella ____ a reírse cuando, al agacharme, se me rompieron los pantalones.
8. Tengo que ____ trabajar, porque ni siquiera he limpiado mi cuarto.
9. Cuando Ricardo Hurtado ____ hablar, todo el mundo se echó a llorar.
10. Cuando el intruso nos oyó llegar, ____ a correr.

B. Escriba usted diez frases originales, usando cada una de las frases verbales estudiadas.

2. Usos del infinitivo

► ¿QUIÉN DIJO MIEDO? ◄

AZAFATA[1] —¡Favor de abrocharse los cinturones[2] y no fumar! El avión va a despegar.[3]

PASAJERO —¡Ay, Dios mío! ¡Qué miedo! ¡Y luego dicen que viajar calma los nervios! ¡Y me han dado el asiento de la ventanilla!

PASAJERA —¿Es la primera vez que viaja en avión? ¿Quiere cambiar de asiento conmigo?

PASAJERO —¡Gracias! Así por lo menos no veo alejarse la tierra... ¡Ay, estoy mareado!

PASAJERA —¿No tomó una píldora antes de salir?

PASAJERO —No... el médico me prohibió tomarla.

AZAFATA —¡Favor de quedarse en sus asientos! ¡Tenemos mal tiempo!

PASAJERO —*(Saca una biblia.)* ¡Ay, Dios mío! ¡Nos vamos a morir todos! De saberlo habría viajado en autobús...

PASAJERA —Aquí tengo una botella de ginebra sin abrir. ¿Bebemos juntos?

PASAJERO —¿Por qué no? Tengo que tratar de calmarme.
(Al terminar la botella de ginebra, el pasajero ha olvidado sus temores.)

PASAJERO —¿Quién dijo miedo? Esto es formidable.

PASAJERA —¡Ajá! Y de ahora en adelante piensa viajar siempre en avión, ¿verdad?

PASAJERO —¡Eso no es nada! ¡Pienso hacerme piloto!

En español, los usos principales del infinitivo son los siguientes:

A. Como sustantivo puede ser usado como:

1. Sujeto de la oración:

¡Y luego dicen que **viajar** calma los nervios!
El **estudiar** es bueno.
Amar es vivir.

El artículo definido puede usarse u omitirse ante un infinitivo que funciona como sujeto de una oración.

---

[1]stewardess
[2]fasten your seatbelts
[3]take off

2. Objeto de un verbo, cuando el infinitivo depende de otro verbo:

   Pienso **hacerme** piloto.
   No quiero **hacer** el trabajo.

3. Objeto de una preposición. Después de una preposición, en español siempre se usa el infinitivo, y no el gerundio como en inglés:

   ¿No tomó una píldora **antes de salir?**
   No hay manera **de terminar** hoy el trabajo.
   Se fue **sin despedirse** de mí.

B. Después de verbos que se refieren a los sentidos (**escuchar, sentir, oír** y **ver**), en español se usa el infinitivo, y no, como en inglés, el gerundio. Este infinitivo se convierte en complemento del verbo:

   Así por lo menos no **veo alejarse** la tierra.
   Le da rabia cuando la **oye cantar.**

C. Con los verbos **dejar, hacer, mandar, ordenar, permitir** y **prohibir** puede usarse el infinitivo o el subjuntivo:

   El médico me **prohibió tomarla.** (El médico me **prohibió que** la **tomara.**)
   Me **ordenaron** no **usar** la máquina de escribir. (Me **ordenaron que** no **usara** la máquina de escribir.)

Un pasatiempo favorito es salir a ver vidrieras. Aquí tenemos una de las más elegantes tiendas de Barcelona

D. La expresión **tener que** *(to have to)* va siempre seguida del infinitivo:

¡**Tengo que tratar** de calmarme!
Tuvo que aceptar la derrota.

E. En español se usa **al** seguido de infinitivo como equivalente del inglés *upon* o *when,* seguido de gerundio:

Upon hearing his threats, I started laughing.
Al **oír** sus amenazas, me eché a reír.

Al terminar la botella de ginebra, se olvidó de todo.

F. **De** + infinitivo puede usarse como sustituto de las cláusulas que empiezan con **si,** cuando contienen una idea contraria a la realidad:

Si lo hubiera sabido no habría venido.
De **saberlo** no habría venido.

De saberlo habría viajado en autobús.
De conocerlo antes, me habría casado con él.

G. El infinitivo se utiliza como imperativo cuando se usa en letreros o instrucciones:

Abrocharse los cinturones.
No **fumar.**
¡A **callar!**
Salir por la derecha.

H. El infinitivo precedido de la preposición **sin** indica que la acción no se ha terminado de efectuar, o que todavía no se ha efectuado. En inglés sería equivalente al uso del participio pasado con el prefijo **un-:**

The book is unfinished.
El libro está **sin terminar.**

Tengo una botella de ginebra **sin abrir.**

EJERCICIOS

A. Escriba usted tres frases originales usando un infinitivo como sujeto, tres usándolo como objeto del verbo y tres como objeto de una preposición.

B. Substituya las palabras o frases en cursiva por una construcción en infinitivo.

1. ¡Niños, no *rocen* las paredes! Acabo de pintarlas.
2. *Cuando llegó* le sorprendió la debilidad de su esposa.
3. Oímos *que hablaban* en inglés.
4. Me ordenaron *que pidiera* disculpas.
5. *Si lo hubiera escondido* no me lo habrían robado.
6. Tengo dos poemas *que no he publicado.*
7. *Su obligación era* cuidar a los niños.
8. *El trabajo* es necesario.

9. Yo creía *que había* visto al abogado.
10. El vaso se rompió *porque le eché* el café muy caliente.
11. Vi *que aparecía* el sol en la lejanía.
12. *Cuando vio* la sombra en la ventana, gritó.

3. Usos del participio pasado

► **COMPRANDO CASA** ◄

(El agente de bienes raíces le muestra una casa a la señora Ramos.)

AGENTE —Como usted ve, la casa está muy bien construída.

SRA. RAMOS —Por fuera parece que sí, pero todavía no la he visto por dentro.

AGENTE —La casa está en perfectas condiciones. Fue construída por la Compañía Salermo, que tiene los mejores arquitectos del país.

SRA. RAMOS —¿Y estas ventanas rotas? ¿Las van a arreglar ustedes?

AGENTE —Sí, señora. Firmados los documentos, la agencia se encarga de todo.

SRA. RAMOS —Hablando de documentos... Los que usted me mostró me parecen un poco confusos.

AGENTE —Podemos estudiarlos juntos aquí sentados mientras esperamos a su esposo.

SRA. RAMOS —No, de esos problemas se encarga mi esposo. Yo voy a ver el jardín.

He aquí los usos principales del participio pasado en español:

A. Para formar los tiempos compuestos con el auxiliar **haber.** De esta manera es invariable y no cambia su terminación:

Todavía no **he visto** la casa por dentro.
Han herido a tres de los obreros.
Ella **ha puesto** la mesa cerca de la ventana.

B. Cuando el verbo auxiliar no es **haber,** su función es la de un adjetivo y por lo tanto debe coincidir en número y género con el nombre que modifica:

1. Se usa con el verbo **ser** para formar la voz pasiva:

La casa **fue construída** por la Compañía Salermo.
Esas ciudades **fueron fundadas** por los españoles.

2. Se usa con **estar, quedar, tener, encontrarse** y **sentirse** para describir el resultado de una acción:

La casa **está** muy bien **construída.**
El tronco **quedó atravesado** en el camino.
Ellos **se encuentran perdidos** desde la muerte de Carlos.

C. La mayoría de los participios pasados pueden ser usados como adjetivos para modificar un nombre. En este caso también coinciden con el sustantivo en género y número:

¿Y estas ventanas **rotas?**
Me sorprendió la derrota **sufrida** por el campeón.

D. El participio pasado puede ser usado en lugar de una cláusula que se refiere a una acción completa. También coincide en género y número con el nombre o pronombre de la cláusula:

Firmados los documentos, la agencia se encarga de todo.
Comprado el coche, viajaremos por todo el país.
Descubierta su debilidad, le perdieron el respeto.

E. El participio pasado se utiliza en español, cuando en inglés se usa un participio presente que refleja un estado o condición y no una acción en progreso. Coincide en género y número con el sujeto de la frase:

Podemos estudiarlos juntos aquí **sentados.**
Caminaba **dormido.**

F. Existen algunos verbos que tienen dos formas para el participio pasado. La forma regular se usa para formar los tiempos compuestos y la forma irregular se utiliza como adjetivo:

VERBOS QUE TIENEN DOS FORMAS PARA EL PARTICIPIO PASADO

Verbo	***Forma regular***	***Forma irregular***
atender	atendido	atento
bendecir *to bless*	bendecido	bendito
confundir *to confuse*	confundido	confuso
corregir *to correct*	corregido	correcto
despertar	despertado	despierto
elegir	elegido	electo
juntar *to join*	juntado	junto
maldecir *to curse*	maldecido	maldito
soltar *to let go*	soltado	suelto
sustituir	sustituído	sustituto

Él **ha atendido** a los enfermos. Beto nunca está **atento** en la clase.

El asesino está **suelto.**
Lo **han soltado** esta mañana.

EJERCICIOS

A. Complete las oraciones siguientes, usando el participio pasado de los verbos dados, según corresponda.

cansar	dormir
despertar	comprobar
desaparecer	vender
descubrir	parar
herir	comprar
encantar	

1. ¿Has ___ bien anoche? Yo no.
2. América fue ___ por Cristóbal Colón.
3. ___ nuestra casa, estábamos a merced de mi maldita suegra.
4. Los niños hablan a media voz porque la mamá está ___ y quiere dormir.
5. La niña tenía la mano ___.
6. Ellos comían ___ porque no había sillas.
7. Estoy segura de que Ángel está ___ porque lo he ___ yo misma.
8. Ellos quedaron ___ con la dulzura de su voz.
9. Ella había ___ sin dejar huellas.
10. ___ la grandeza de su carácter, la eligieron "la mujer del año".

B. Complete las frases, usando el participio regular o el irregular de los verbos dados, según corresponda.

atender	elegir
sustituir	confundir
bendecir	soltar
despertar	juntar
maldecir	corregir

1. El presidente ___ no hizo caso de las amenazas.
2. El profesor ni siquiera ha ___ los exámenes.
3. Enrique estaba ___ a la lucha entre los dos boxeadores.
4. El padre lo ha ___ con agua ___.
5. Todos los obreros se han ___ para protestar.
6. Ya eran las nueve de la mañana y los niños no estaban ___ todavía.
7. El perro anda ___ en la calle porque me olvidé de cerrar la puerta.
8. Nuestro maestro está enfermo hoy. Vino un maestro ___.
9. He ___ a Juan con su hermano. ¡Se parecen tanto!
10. Nosotros hemos ___ la hora en que fuimos a ese lugar tan horrible.

C. Escriba Ud. diez frases originales, ilustrando cada uno de los usos del participio pasado. Use algunos participios irregulares.

4. Usos del gerundio

► PABLITO, UN NIÑO TRAVIESO ◄

(Pablito entra corriendo en su casa.)

PABLITO —¡Mamá, mamá! Acabo de ver a tío Pedro. Lo vi besando a la criada.

LA MAMÁ —¡Niño! ¡No hables gritando! ¡Te van a oír los vecinos!

PABLITO —Pues pasando por la casa, los vecinos pueden verlos, porque están en el jardín...

LA MAMÁ —¡No seas mentiroso! Tú sabes que tu tío tiene novia...

PABLITO —Pues a tío no le importa. Ayer, saliendo de mi cuarto, los oí hablando de amor...

LA MAMÁ —¡Pablito! No quiero que andes contándome cosas de nadie. No quiero saber nada.

PABLITO —*(mirando hacia el jardín)* Pues entonces no te voy a contar que Anita está echándole agua hirviendo a tus rosas...

En español, el gerundio se usa en los siguientes casos:

1. Para formar frases de carácter durativo o progresivo con los verbos **estar, ir, venir, seguir, entrar, llegar, andar, salir** o cualquier otro verbo de movimiento:

   Pablito **entra corriendo** en su casa.
   No quiero que **andes contándome** cosas de nadie.
   Los niños **venían rozando** la pared.
   Llegó quejándose de la desconfianza de su jefe.
   Salió corriendo por la puerta de atrás.

2. Como adverbio:

   ¡Niño, no hables **gritando!**
   La clase terminó **volando.**
   Me contestó **llorando.**

3. Cuando en inglés se usa *by* seguido del participio presente, el español sólo usa el gerundio:

   Pues **pasando** por la casa, los vecinos pueden verlos.
   Puedes conseguir dinero **pidiéndoselo** a tus padres. *(by asking)*

4. Para reemplazar las cláusulas que en inglés empiezan con *when, since* o *while,* cuando se refieren a una acción continua:

   Saliendo de mi cuarto los oí hablar de amor.
   Viniendo de la tienda me encontré con Inés.

5. Como equivalente de una cláusula relativa usada como adjetivo, después de verbos que indican percepción: **ver, mirar, observar, oír:**

Lo **vi besando** a la criada.
Las **observé caminando** dificultosamente por el campo espinoso.

6. Con dos gerundios que sólo pueden usarse en español como verdaderos adjetivos, modificando un nombre: **ardiendo** [*burning*] e **hirviendo** [*boiling*]:

   Anita está echándole agua **hirviendo** a tus rosas.
   Al llegar encontré la casa **ardiendo.**

El gerundio nunca se usa en español como sujeto de la oración, como en inglés:

El estudiar es bueno: *Studying is good.*

(Nota: Tampoco se usa como adjetivo, excepto en los dos casos mencionados en 6.)

EJERCICIOS

A. Complete cada oración, usando un gerundio apropiado.

1. El verano pasado, ___ por Europa, practiqué el español y el francés.
2. ___ mucho, podrás ser rico algún día.
3. Allí quedó la pobre niña, ___ en su soledad.
4. Hace tiempo que me anda ___ con desconfianza.
5. Ella siempre me consuela, ___ con ternura.
6. Viene ___ en la lucha de mañana.
7. ___ bien los cuchillos de plata, puedes sacarles brillo.
8. ___ cortés, conseguirás todo lo que quieras.
9. Esos pobres seres van ___ pan, pues no tienen nada que comer.
10. ___ alimentos variados, tendremos todas las vitaminas necesarias.

B. Yo no sé inglés. ¿Qué quiere decir lo siguiente?

1. I heard them talking about the delivery of the package.
2. They continued to work until midnight.
3. You can learn the dialogue by repeating it several times, madam.
4. She always comes in singing.
5. Add boiling milk to the chocolate, dear.

PALABRAS PROBLEMÁTICAS

A. **Faltar, faltarle a uno, faltar a:**

1. **Faltar** significa **no estar presente, no haber llegado, no venir:**

   —¿Están aquí todos los estudiantes de la clase?
   —No, **faltan** Rosa y Manuel.

   —¿Es verdad que Tomás casi nunca viene a la escuela?
   —Sí, **falta** a clase por lo menos tres veces por semana.

2. **Faltarle** (el respeto) **a** significa **ofender, insultar:**

–¿Por qué vas a darle una paliza al niño?
–Porque siempre **le falta** el respeto **a** su padre.

3. **Faltar** quiere decir **restar, quedar:**

–¿Cuánto tiempo **falta** para la reunión?
–**Faltan** tres horas y media.

4. **Faltarle a uno** significa **necesitar:**

–¿Cuánto dinero **te falta** para poder comprar el abrigo?
–**Me faltan** quinientos pesos.

5. **¡No faltaba más!** se usa como equivalente de *the very idea!:*

–¿Es verdad que tú sola vas a hacer todo el trabajo?
–**¡No faltaba más!**

B. **Libre, gratis:**

1. **Libre** significa **independiente, abierto, accesible:**

Yo no soy un esclavo [*slave*]. ¡Soy un hombre **libre!**

2. **Gratis** significa que se obtiene **sin pagar:**

No tienes que pagar nada. Los libros son **gratis.**

C. **Poder, saber:**

1. **Poder** es el equivalente de *to be able* o *may:*

No **puedo** ir al banco hoy porque no tengo tiempo.
¿**Puedo** ir de compras con Teresa, mami?

2. **Saber** se usa en español cuando *can* tiene el sentido de *to know how:*

Yo no **sé** nadar. *(I can't swim: I don't know how to swim.)*
Ella no **sabe** manejar. *(She can't drive: She doesn't know how to drive.)*

D. **Último, pasado:**

1. **Último** significa después de ése no hay más:

Éste es el **último** lápiz que tengo.

2. **Pasado** equivale a *last,* cuando se usa con una unidad de tiempo:

La semana **pasada** no fui a clase.
Fuimos a Italia el año **pasado.**

EJERCICIO

Complete las frases, usando las palabras estudiadas en esta sección.

1. El diccionario no es ____; cuesta cien pesos.
2. Prefiero ir en coche. Yo no ____ andar en bicicleta.

3. ____ dos semanas para el día de la independencia.
4. ¿____ Uds. ayudarme a limpiar la casa?
5. No necesitamos permiso de nadie para viajar. ¡Somos hombres ____!
6. El mes ____, mi mamá me compró un vestido nuevo.
7. ¿Dices que tengo que cuidar a todos estos chicos? ¡No ____ más!
8. No todos los miembros del club están presentes. ____ el señor Vega.
9. Éstas son las ____ cosas que te envío. No te voy a enviar nada más.
10. El niño le ____ el respeto a su maestra. La llamó "fea y antipática".

EJERCICIO FINAL

En este ejercicio encontrará usted todos los puntos gramaticales estudiados en esta lección. Pero... ¿qué dice aquí?

Last year my family and I traveled to Buenos Aires. Upon arriving at the hotel, we saw many people who were running and shouting. My son John started to cry immediately, saying, "I want to go home." To make things worse, my daughter Rose told him: "Be quiet! Crying is forbidden in this city." "You will feel better after eating dinner, darling," I said, but I had to buy him three ice-cream (cones) to make him happy.

Later, we were sitting at the table, and John started crying again. He knew that by crying he could get more ice-cream. As we were leaving the restaurant, we saw a man walking toward us. He was selling ice-cream! Before we could stop him, John had bought two. I forbade him to eat both of them, but it was too late.

When we returned to the hotel we went to bed immediately because we were all very tired. My husband was reading: "Buenos Aires was founded in . . . when John started crying: "Mommy, I'm very sick. If I'd known my stomach was going to feel like this, I wouldn't have accepted all those ice-cream (cones)!"

SECCIÓN DE LECTURA

Vocabulario activo

Aprenda usted las siguientes palabras y expresiones que van a aparecer en la lectura:

NOMBRES

el **alimento** food, nourishment
el **atentado** criminal attack, assault
el **cabecilla** ringleader
la **caída** fall
el **corte** blackout
el **daño** damage, injury
la **entrevista** interview
el **equipo** equipment
la **explosión demográfica** population explosion
las **fuerzas armadas** armed forces
la **fuga** escape, flight
el **funcionario** civil servant
el **ganado** cattle
el **gobierno** government
la **ley** law
la **medida** measure
el **ministro de defensa** secretary of defense
el personal de custodia security

guards
la **potencia** power
el **suministro de energía eléctrica** electric supply
el **tiroteo** shooting
la **vía** route
la **vivienda** housing

VERBOS

apelar to appeal
contener to contain
cumplir to execute, to fulfill
disponer *(conj. like* **poner***)* to order
estallar to explode

ADJETIVOS

destacado(a) outstanding
estancado(a) stagnant
estatal state

OTRAS PALABRAS

actualmente at the present time, nowadays
reiteradamente repeatedly

ALGUNAS EXPRESIONES

a fin de in order to
dar resultado to work, to be successful
de alto poder high potency
en cuanto a regarding
en tanto while

► EL GOBIERNO COLOMBIANO APELA A TODO PARA CONTENER LA INFLACIÓN ◄

Bogotá, Mayo 15.— Utilizando todos sus recursos, incluyendo las Fuerzas Armadas, el gobierno colombiano trata de contener la inflación y evitar la fuga de alimentos a otros países.

Los obreros de todo el país, en tanto, amenazan con ir a una huelga, exigiendo además que no se permita exportar ganado a Venezuela.

Un destacado líder de la oposición afirma que Colombia está pasando por una "crisis terrible".

En una medida que sorprendió al pueblo colombiano, el Presidente de la nación ordenó que las Fuerzas Armadas ejercieran un control absoluto sobre las vías que conducen a la frontera para evitar que salgan de contrabando hacia el exterior los productos "de primera necesidad".°

de... *necessities*

El ministro de Defensa ordenó el alistamiento inmediato de miles de miembros del ejército, la policía, la marina y la fuerza aérea para cumplir esa tarea.

Como se sabe, el Presidente ha expresado reiteradamente que un objetivo importantísimo de su gobierno era el de evitar la inflación. Sin embargo, entrevistado ayer por numerosos periodistas, se vio obligado a admitir que le había sido imposible evitar que el costo de la vida subiera en forma desmedida.°

excessive

Conteste las siguientes preguntas.

1. ¿Qué trata de contener el gobierno colombiano? ¿Cómo?
2. ¿Qué anuncian los obreros? ¿Qué exigen?
3. ¿Cuál es el propósito de la medida tomada por el presidente?
4. ¿A quiénes ha encargado el ministro de Defensa la tarea de hacer cumplir su orden?
5. ¿Qué es lo que todavía no ha logrado hacer el gobierno?

► NECESIDAD DE ESTIMULAR EL COMERCIO ◄

Londres,° Febrero 3.— Preocupado por los problemas del comercio internacional, el Primer Ministro sugirió que los Estados Unidos, el

London

Japón y Alemania Occidental hicieran algo positivo a fin de dar estímulo al comercio internacional.

Según el Primer Ministro, el Presidente de los Estados Unidos ha prometido estimular la economía de ese país, lo cual es de vital importancia.

El Ministro continuó diciendo que Alemania Occidental está también cooperando en este sentido -aunque en forma limitada- y añadió que Japón debería permitir la entrada de más productos del exterior.

Para lograr que el comercio mundial se reactive – aseguró el Primer Ministro – es necesario que estas tres potencias estimulen sus propias economías.

En su discurso, el Primer Ministro evitó referencias directas al problema de las negociaciones en Rodesia, que actualmente están estancadas.

Conteste las siguientes preguntas.

1. ¿Qué sugirió el Primer Ministro de Gran Bretaña?
2. ¿Qué ha prometido el Presidente de los Estados Unidos?
3. ¿Qué dice el Primer Ministro que debe hacer el Japón?
4. ¿De qué forma podrán ayudar a reactivar el comercio mundial Alemania Occidental, Japón y los Estados Unidos?
5. ¿Qué tema evitó tratar el Primer Ministro en su discurso?

Terraza del elegante Hotel Tamanaco en Caracas, Venezuela

► MUERE EN ARGENTINA CABECILLA MONTONERO ◄

Bombas y sabotajes eléctricos en la capital

Buenos Aires, Enero 9.— Según fuentes policíacas, el cabecilla del famoso grupo izquierdista "Montoneros" resultó muerto en un tiroteo entre las fuerzas de seguridad y los sediciosos.

El pasado jueves, una columna de vehículos en la que varios sediciosos eran trasladados a la cárcel de Olmos fue atacada por un grupo de extremistas con la intención de libertar a los presos. Esto provocó un tiroteo entre los atacantes y el personal de custodia, resultando muertos dos de los presos y seis de los extremistas. Se afirma que entre los muertos figura Dardo Manuel Cabo, uno de los cabecillas de la organización izquierdista.

Cortes en el suministro de energía eléctrica

Según informes de la compañía estatal de electricidad, los sucesivos cortes en el suministro de energía eléctrica sufridos en esta capital, han sido provocados por fallas° técnicas y por actos de sabotaje.

failures

Las autoridades se vieron en la necesidad de disponer cortes en el suministro de energía eléctrica debido a las fallas de los equipos y a los sabotajes terroristas.

Estalla bomba en un colegio israelita

En el Barrio del Once, conocido distrito judío de esta capital, estalló anoche una bomba de alto poder colocada por terroristas en el colegio Natan Gesang.

Gracias a que en el verano no se ofrecen clases y la escuela estaba vacía, la explosión no produjo ninguna víctima. Sin embargo, el colegio sufrió graves daños materiales.

La colonia judía teme que esto pueda ser el comienzo de una nueva ola° antisemita en este país, ya que poco antes había estallado otro poderoso explosivo en la residencia de una conocida figura de esta comunidad.

wave

Conteste las siguientes preguntas.

1. ¿Quién era Dardo Manuel Cabo y cómo murió?
2. ¿Qué ocurrió el pasado jueves? Dé detalles.
3. ¿Qué problemas están sufriendo los residentes de Buenos Aires y por qué?
4. Describa usted lo que sucedió en el colegio Natan Gesang.
5. ¿Qué teme la colonia judía y por qué?

► PROHÍBEN DEFINITIVAMENTE ◄ EL ABORTO EN MÉXICO

México, Abril 22 (EFE)— El director general de población de México, Renato Vega Alvarado, comunicó hoy oficialmente la prohibición definitiva del aborto en este país.

por... *on the part of*

desired

por... *on the other hand*

Agregó que no se modificará la ley en cuanto a esta materia, que provocó fuertes polémicas por parte de° grupos políticos, económicos y religiosos de todo el país, quienes en su mayoría se manifestaron contra él.

"Nuestras tesis son sólidas y nos permiten asegurar que ese camino no es el deseado° por la gran mayoría de los mexicanos", indicó el funcionario.

Por otra parte,° dijo que las campañas realizadas en México para atacar el problema de la explosión demográfica, han dado un resultado satisfactorio.

(De *Diario Las Américas,* Miami, Florida)

Conteste usted las siguientes preguntas, basándose en el artículo.

1. ¿Es legal el aborto en México? Explique su respuesta.
2. ¿Qué reacción provocó el problema del aborto?
3. ¿Qué grupos intervinieron en la polémica?
4. ¿Ha tratado México de solucionar el problema de la superpoblación? ¿Con qué resultados?

REPASO DE VOCABULARIO

Usando las palabras de la siguiente lista, complete las oraciones.

tiroteo	equipo	ley
alimentos	fuga	entrevista
corte	ministro de defensa	ganado
cumplir	caída	cabecilla

1. El ____ pidió más dinero para el programa de defensa.
2. El personal de custodia arrestó al ____ del grupo terrorista.
3. A causa de la tormenta, hubo un ____ en el suministro de energía eléctrica.
4. El gobierno ha pasado una nueva ____ con respecto al aborto.
5. Hubo un ____ esta mañana entre las fuerzas armadas y los terroristas.
6. El periódico *La Verdad* publicó una ____ con los nuevos funcionarios del gobierno.
7. A causa de la explosión demográfica, no habrá suficientes ____ para todos.
8. Hay mucho ____ en el estado de Tejas.
9. El ____ eléctrico importado de Europa no dio buen resultado.
10. Después de la ____ del gobierno hubo una guerra civil.
11. El presidente no ha podido ____ con todas sus promesas.
12. La ____ de los prisioneros fue descubierta anoche.

DEBATE

1. "El fin justifica los medios". Cualquier acción, por violenta que sea, está justificada cuando tiene como objetivo mejorar la situación política y social de un país.

2. El terrorismo no tiene ninguna justificación, sea cual sea el propósito que persiga.

COMPOSICIÓN

A. Escriba usted una composición sobre uno de los siguientes temas.

1. El poder de la prensa
2. El terrorismo como arma política
3. El control de la natalidad [*birth*]
4. Disminución de los recursos naturales
5. Problemas de la explosión demográfica y posibles soluciones

B. Escriba una composición de tema libre, usando las siguientes palabras y expresiones.

vía	estallar	estatal	actualmente
daños	apelar	destacado	a fin de
atentado	contener	estancado	en cuanto a
medida	disponer		en tanto
vivienda			de alto poder

¡Vámonos de caza!

Busque Ud. en la lectura ejemplos de los puntos gramaticales estudiados en esta lección. Haga una lista de ellos.

SECCIÓN LITERARIA

Como usted habrá podido comprobar, el estilo periodístico difiere notablemente del literario. El objetivo principal del periodismo es informar, de una manera simple, concisa y directa sobre los hechos ocurridos. Para ello, usa un lenguaje que a veces es hasta "telegráfico". Siguiendo el estilo de los artículos presentados en esta lección, escriba usted un reportaje sobre uno de los siguientes sucesos.

1. Por primera vez el pueblo norteamericano ha elegido a una mujer como presidente.
2. Ha estallado una bomba en el edificio de las Naciones Unidas.
3. Trágico accidente causa la niebla [*fog*] en una autopista de Londres.
4. Los árabes amenazan con un nuevo embargo de petróleo.
5. La famosa actriz Silvia del Monte se casa hoy con el príncipe Guillermo II de Ruritania.
6. Las compañías de gas y electricidad le han pedido un nuevo aumento de tarifas al gobierno.

7. ¡¡¡Marte está habitado!!!
8. Los estudiantes universitarios se declaran en huelga.
9. El desempleo ha aumentado un diez por ciento.
10. Un avión de pasajeros es secuestrado y llevado a Nairobi en una nueva ola de terrorismo.

PENSAMIENTOS DE HOMBRES ILUSTRES

Sobre la tiranía

¿De qué se hace un tirano? De la vileza de muchos y de la cobardía° de todos.

cowardliness

Enrique José Varona (Cuba: 1849 – 1933)

La sangre nos horroriza; pero si ha de verterse alguna, que se vierta la del malvado.

Manuel González Prada (Perú: 1848 – 1918)

63

LECCIÓN 12

SECCIÓN GRAMATICAL

- Usos de **hace... que, hacía... que; hace** como equivalente de *ago;* **llevar** y **soler**
- Cambios de significado según el género
- Singulares y plurales
- Formación de palabras: Prefijos y sufijos

SECCIÓN DE LECTURA "Ernesto Sábato" (Entrevista publicada en la revista *Vanidades*)

SECCIÓN GRAMATICAL

1. Usos de **hace... que, hacía... que; hace** como equivalente de *ago;* **llevar** y **soler**

► EN EL CONSULTORIO DEL DOCTOR LÓPEZ ◄

DOCTOR —¿Cuánto tiempo hace que le duele el estómago?
PACIENTE —Hace como una semana que tengo dolores muy fuertes.
DOCTOR —¿Suele usted tener problemas con el estómago?
PACIENTE —Sí, especialmente cuando estoy muy nerviosa.
DOCTOR —Le han hecho radiografías del estómago últimamente?
PACIENTE —Hace un año que me hicieron una y no encontraron ningún problema.
DOCTOR —Hacía mucho tiempo que usted no venía a la clínica, ¿verdad?
PACIENTE —Es que no tengo tiempo. Tengo mucho trabajo en la oficina.
DOCTOR —¡Ah! No sabía que usted trabajaba.
PACIENTE —Sí, llevo ocho meses trabajando para la Compañía Sandoval.
DOCTOR —Puede ser que usted esté trabajando demasiado y necesite descansar más. Pero de todas maneras vamos a hacerle algunos análisis y unas radiografías. Pida un turno para la próxima semana.
PACIENTE —Muy bien. Muchas gracias, doctor.

Como usted debe recordar, en español se usa la expresión

hace + PERÍODO DE TIEMPO + **que** + VERBO *(en presente)*

para referirse a una acción que comenzó en el pasado y aún continúa:

Hace como una semana que tengo dolores muy fuertes.
Hace un mes que el equipo no **funciona.**
Hace dos horas que estudian español.

Cuando nos referimos a una acción que comenzó en el pasado y que todavía continúa cuando ocurre otra acción, se usa la forma siguiente:

hacía + PERÍODO DE TIEMPO + **que** + VERBO *(en imperfecto)*

Hacía mucho tiempo que usted no **venía** a la clínica.
Hacía dos horas que estudiaba cuando él llegó.
Hacía seis años que vivía en Francia cuando se murió.

La expresión

hace + PERÍODO DE TIEMPO + **que** + VERBO *(en pretérito)*

es el equivalente de *ago:*

Hace un año que me **hicieron** una radiografía.
Hace tres días que trajeron el ganado.

Si se comienza con el verbo, se omite la palabra **que:**

> **Salieron hace** dos horas.

El verbo **llevar,** seguido por un período de tiempo y un gerundio, se usa para expresar una acción que comenzó en el pasado y que todavía continúa:

> **llevar** + PERÍODO DE TIEMPO + **gerundio**
>
> **Llevo ocho meses trabajando** para la compañía Sandoval.
> **Llevan una hora tratando** de abrir la vía a la frontera.
> **Llevamos una semana reuniéndonos** con el director.
> **Llevan tres días discutiendo** la nueva ley.

El verbo **soler (o: ue)** se usa para expresar una acción que es habitual o se repite con frecuencia:

> **¿Suele** usted tener problemas con el estómago?
> Yo **solía** darles un regalo a los alumnos más destacados.
> Ella **suele** sugerir medidas muy efectivas.

EJERCICIOS

A. Siguiendo el modelo, indique usted el tiempo transcurrido entre los diferentes sucesos. (Use las tres formas.)

EJEMPLO:

Estamos en el año 1975.
Vivo en Lima desde 1950.

1. *Hace 25 años que vivo en Lima.*
2. *Llevo 25 años viviendo en Lima.*
3. *Vine a Lima hace 25 años.*

1. Estamos en agosto.
   Empecé a enseñar en febrero.
2. Son las dos de la tarde.
   Los terroristas empezaron a atacar el cuartel a las once de la mañana.
3. Estamos en 1978.
   El personal de custodia empezó a trabajar aquí en 1970.
4. Hoy es viernes.
   El comité comenzó a discutir el tema de la explosión demográfica el lunes.
5. Son las cinco y cuarto.
   Espero en esta oficina desde las cinco.

B. Yo no sé inglés. ¿Qué quiere decir lo siguiente?

1. The armed forces had been in that town for three months when the ringleader died.
2. We had been trying to solve the housing problem for two years.
3. The civil servant had been living in Madrid for ten years.
4. As for the state laws, they were passed without any problems. They had been discussing them for only two weeks.
5. She had been living in the United States for only two weeks when she met her future husband.

C. Cambie las frases, siguiendo el modelo.

EJEMPLO: Mi abuelo siempre hablaba de la caída del dictador Rosas.
Mi abuelo siempre solía hablar de la caída del dictador Rosas.

1. El suministro de energía eléctrica siempre disminuye en el verano.
2. Ellos siempre me acompañan a la frontera.
3. En los países latinoamericanos hay a menudo atentados contra el gobierno.
4. Las entrevistas generalmente duran unos quince minutos.
5. Las medidas tomadas por el ministro de defensa usualmente daban resultado.

D. Escriba dos frases originales con cada una de las expresiones estudiadas: **hace que; hacía que; hace** como equivalente de *ago;* **llevar; soler.**

2. Cambios de significado según el género

► ¿QUIÉN DIJO QUE EL ESPAÑOL ERA DIFÍCIL...? ◄

BILL —Mari-Carmen, ayúdame por favor, ¿se dice la frente o el frente?

MARI-CARMEN —Depende de lo que estés hablando. ¿Se trata de anatomía o de una batalla?

BILL —¿Qué batalla? Estoy hablando de una parte de la cabeza...

MARI-CARMEN —Mira, hijo[1]: en español, muchas palabras cambian de significado cuando les cambias el artículo.

BILL —¡Qué lío! Ahora que estaba empezando a acostumbrarme a la idea de que el lápiz es masculino y la pluma femenina...

MARI-CARMEN —Pues todavía tienes mucho que aprender. ¿Qué te parece esto?: "Si la cura es imposible, hay que llamar al cura."

BILL —¿Pero es que hay mujeres curas?

MARI-CARMEN —¡Por Dios, hijo...! Me refiero a la cura de una enfermedad. Y ¿qué pensarías si te dijera que necesitas un capital para llegar a la capital de tu país?

BILL —Pensaría que te habías vuelto loca...

MARI-CARMEN —Pues todavía hay más. Muchas palabras cambian de significado al cambiar de género. Por ejemplo: para llegar a la Facultad de Derecho tienes que doblar a la derecha...

BILL —¡Por favor! ¡No me atormentes más! ¡Me voy!

MARI-CARMEN —¡Bill! ¡Ven acá! ¡Tengo más ejemplos que darte! ¡Bill! ¡Biiiiill!

Aquí tiene usted la lista que Mari-Carmen tenía para Bill, y las explicaciones que él no quiso escuchar:

[1]En este caso la palabra **hijo** es sólo una expresión amistosa.

1. En español, numerosas palabras tienen significados completemante distintos según se usen con artículos (definidos o indefinidos) masculinos o femeninos. Entre ellas podemos citar las siguientes:

Masculino	*Femenino*
el cabeza *leader*	la cabeza *head*
el capital *money*	la capital *capital city*
el cura *priest*	la cura *healing*
el doblez *fold*	la doblez *hypocrisy*
el frente *front*	la frente *forehead*
el guardia *guard*	la guardia *security force*
el guía *guide*	la guía *book that lists information, addresses,* etc.
el orden *order, method*	la orden *order, command*
el parte *official communication*	la parte *part, portion*
el policía *policeman*	la policía *police, organization*

Jorge Luis Borges, escritor argentino

2. Las palabras anteriormente citadas tienen una sola forma y sólo cambian el artículo, pero existen otras palabras que también tienen significados diferentes según sean masculinas o femeninas, pero que además del artículo cambian la terminación. Entre ellas pueden citarse las siguientes:

Masculino	*Femenino*
el bando *faction, party*	la banda *band, musical group*
el derecho *right, law*	la derecha *right, direction*

el fondo	*bottom, fund*	la fonda	*inn*
el lomo	*back of an animal*	la loma	*hill*
el mango	*handle of a utensil*	la manga	*sleeve*
el modo	*way, manner*	la moda	*fashion*
el palo	*stick*	la pala	*shovel*
el punto	*dot, period*	la punta	*point, tip*
el puerto	*port*	la puerta	*door*
el resto	*rest, leftover*	la resta	*subtraction*
el suelo	*ground*	la suela	*sole*

EJERCICIOS

A. Complete las siguientes oraciones, usando las palabras estudiadas, precedidas del artículo correspondiente.

1. ____ de los terroristas fue llevado a la estación de policía.
2. ____ estaba en la iglesia, oficiando misa.
3. Mamá cumplió su promesa de llevarnos a conocer ____ del Brasil.
4. ____ tuvieron un tiroteo con los ladrones.
5. Me ensucié ____ de la camisa al rozarme con ____ de la sartén.
6. El agua está estancada en ____ del barranco.
7. No paramos en un hotel sino en ____.
8. Encontré tu dirección en ____ de teléfonos.
9. En tanto esperaban comenzar un nuevo negocio, pusieron todo ____ en el banco.
10. Cómete ____ del flan y deja ____ para los chicos.
11. Los soldados no obedecieron ____ del general de contener al enemigo.
12. Los barcos ya están en ____.
13. Se me rompió ____ del lápiz.
14. Murieron en ____ de batalla, tratando de contener la invasión.

B. Busque en la columna *B* la definición que corresponde a cada una de las palabras de la columna *A*.

A	B
1. la doblez	a. espalda de un animal
2. el lomo	b. grupo musical
3. la suela	c. opuesto de izquierda
4. el palo	d. parte del cuerpo
5. el orden	e. la manera
6. la banda	f. facción o partido
7. el guía	g. pedazo de madera
8. la derecha	h. hipocresía
9. el modo	i. parte del zapato
10. la cabeza	j. método
11. el bando	k. operación aritmética
12. la loma	l. herramienta [*tool*]
13. la pala	m. persona que acompaña a un grupo
14. la resta	n. elevación del terreno

C. Escriba frases originales, usando las siguientes palabras.

la cura	la guardia	el punto
el doblez	la moda	la puerta
la frente	el parte	el suelo

3. Singulares y plurales

► BUENAS Y MALAS NOTICIAS ◄

GLORIA —Enhorabuena, Pepe. Supe que te habían dado un ascenso [*promotion*] en la compañía.

PEPE —Te agradezco la felicitación, pero hoy me siento muy triste.

GLORIA —¿Triste? ¿Por qué?

PEPE —Acabo de regresar de las exequias de mi tío Federico. El pobre murió de repente de un ataque al corazón.

GLORIA —Ah, por eso llevas corbata y pantalones negros... Te doy mi más sincera condolencia.

PEPE —Gracias. Para mí fue como un padre. Siempre me daba buenos consejos y me ayudó mucho.

GLORIA —¿Y cómo está tu tía?

PEPE —Muy triste, por supuesto, pues aunque a veces tenían problemas por los celos de él, ella lo quería mucho.

GLORIA —¿No estaban ellos de vacaciones en Europa?

PEPE —Sí, pero regresaron a fines de la semana pasada a instancias de mi tío porque él tenía que atender sus negocios.

GLORIA —Voy a ir a ver a tu tía esta tarde.

Hay muchos casos en los que el uso del singular y el plural es diferente en español que en inglés. Los casos de diferencia más importantes son:

1. Palabras que se usan en plural en inglés mientras que en español siempre se usan en singular:

Español: singular	*Inglés: plural*
la enhorabuena	*congratulations*
la condolencia	*condolences*

Enhorabuena, Pepe. Supe que te habían dado un ascenso.
Te doy mi más sincera **condolencia.**

2. Palabras que en inglés siempre se usan en plural y en español pueden usarse de las dos formas:

Español: singular y plural	*Inglés: plural*
el pantalón, los pantalones	*trousers*
la tijera, las tijeras	*scissors*
la tenaza, las tenazas	*tongs, pliers*

¿Y por eso llevas **pantalones** negros? (**pantalón** negro)

Necesito que me prestes las **tijeras.** (la **tijera**)
¿Estás buscando las **tenazas?** (la **tenaza**)

3. Palabras que en inglés se usan en singular, mientras que en español siempre se usan en plural:

Español: plural	*Inglés: singular*
las vacaciones	*vacation*
los celos	*jealousy*
las exequias	*funeral service*
las tinieblas	*darkness*
las nupcias	*wedding*

¿No estaban ellos de **vacaciones** en Europa?
A veces tenían problemas por los **celos** de él.
Acabo de regresar de las **exequias** de mi tío.

4. Hay algunas palabras en español que, usadas en singular, se refieren a la unidad, mientras que el plural corresponde a la idea de la totalidad. En inglés se usa el singular:

Español: singular		*Español: plural*	
mueble	*piece of furniture*	muebles	*furniture*
noticia	*news item*	noticias	*news*
negocio	*business deal*	negocios	*business*
consejo	*piece of advice*	consejos	*advice*

¿Tienes malas **noticias?** ¡Pues yo tengo una buena **noticia!**
Te voy a dar un **consejo:** Acuérdate que el que no oye **consejos** no llega a viejo...
Compré un **mueble** para la sala. Ahora ya tengo todos los **muebles.**
Él tenía que atender sus **negocios.**

5. En muchas frases preposicionales en las que el inglés usa el singular, el español emplea el plural:

Español: plural	*Inglés: singular*
en tiempos de	*at the time of*
a expensas de	*at the expense of*
a instancias de	*at the request of*
a fines de	*at the end of*
a principios de	*at the beginning of*

Eso estaba bien en **tiempos** de nuestros abuelos.
Nora vivía a **expensas** de sus abuelos.
Regresaron **a fines de** la semana pasada **a instancias de** mi tío.
Supe que salías de vacaciones a **principios** de mes.

6. En algunas frases idiomáticas, el uso del plural le da un significado nuevo a la palabra:

No quiero que tu hijo llegue a casa **a estas horas** [*at this unusual hour*].
¿Cómo es posible que no sepas manejar **a estas alturas** [*at this point*]?

EJERCICIOS

A. Dé el equivalente en español de las palabras que aparecen entre paréntesis.

1. Me dio *(congratulations)* ____ reiteradamente.
2. Vamos a apelar el fallo del juez *(at the beginning of)* ____ junio.
3. Ella atribuye el fracaso de su matrimonio a *(the jealousy)* ____ de su esposo.
4. La ciudad quedó en *(darkness)* ____ debido al corte de la electricidad.
5. Puedes disponer de mi dinero para irte de *(vacation)* ____.
6. Tiene *(his trousers)* ____ manchados de grasa.
7. Te voy a dar *(a piece of advice)* ____: compra sólo los alimentos necesarios.
8. En cuanto a tu hijo, debes prohibirle que llegue a casa *(at this unusual hour)* ____.
9. El jefe de personal dijo que tenía malas *(news)* ____.
10. *(The wedding)* ____ se celebraron en un pequeño pueblo situado en las montañas.
11. *(At the suggestions of the)* ____ jefe de las fuerzas armadas, se pasó una nueva ley.
12. El hecho de que él no pueda aprender el español *(in his old age)* ____ no quiere decir que sea estúpido.

B. Escriba usted frases originales, usando las siguientes palabras o expresiones.

la condolencia	muebles	negocios	a fines de
la tijera	las tenazas	a expensas de	en tiempos de

4. Formación de palabras: Prefijos y sufijos

► CARIÑO DESINTERESADO ◄

LA MAMÁ —Mira, Raúl: no me gusta que salgas con Lucrecia. Es una muchacha deshonesta e indecente. ¡Siempre anda rodeada de gentuza!

RAÚL —¡Mamá! ¡Es increíble que digas esas cosas de una desconocida! ¡Pobrecita![1]

LA MAMÁ —Siento que estemos en desacuerdo, pero creo que es indigna de ser tu amiga.

RAÚL —Siento contradecirte; no es mi amiga; es mi novia.

LA MAMÁ —¿Tu novia? ¡Qué desvergüenza! Esa mujer va a desacreditar el nombre de nuestra familia.

RAÚL —¿Por qué? Es una chica llena de dulzura, superinteligente y multimillonaria...

LA MAMÁ —¿Multimillonaria dices? Bueno... Sería inhumano causarle una desilusión a la pobrecilla... ¡cásate con ella inmediatamente!

---

[1]Recuerde que los sufijos **-ito(a), -cito(a), -illo(a)** se usan para expresar diminutivo.

Un modo de formar nuevas palabras es el de añadir un prefijo o un sufijo a una palabra ya existente. El prefijo se añade al principio de la palabra y el sufijo al final; ambos le dan un nuevo significado a la palabra.

A. **Prefijos** son las partículas que tienen sentido propio y que se anteponen a una palabra dando lugar a la formación de palabras compuestas. Los principales son los siguientes:

1. Prefijos que indican negación:

a. **des**

habitado *inhabited*	**des**habitado
abrigado *warm*	**des**abrigado
agradecido *grateful*	**des**agradecido
armar	**des**armar
aparecer	**des**aparecer
atar *to tie*	**des**atar
coser *to sew*	**des**coser
confiar *to trust*	**des**confiar
orden	**des**orden
ventaja	**des**ventaja

b. **in (im)**[1]

paciente	**im**paciente
prudencia	**im**prudencia
premeditado	**im**premeditado
correcto	**in**correcto
curable	**in**curable
discreto	**in**discreto
feliz	**in**feliz
humano	**in**humano
moral	**in**moral
útil	**in**útil

2. Prefijos que indican relación:

co, con-, com-

madre	**co**madre
firmante *signer*	**co**firmante
discípulo	**con**discípulo
ciudadano	**con**ciudadano
suegro	**con**suegro
vivir	**con**vivir
padre	**com**padre
patriota	**com**patriota

3. Prefijos que indican oposición:

a. **anti-**

bélico *warlike*	**anti**bélico

[1]El prefijo **in-** se cambia en **-im** delante de las letras **p** y **b** porque en español siempre se usa la **m** y no la **n** delante de estas letras.

ácido	**anti**ácido
religioso	**anti**rreligioso
tuberculoso	**anti**tuberculoso
tetánico	**anti**tetánico
comunista	**anti**comunista

b. **contra-**

ataque	**contra**ataque
decir	**contra**decir
veneno *poison*	**contra**veneno

4. Prefijos que intensifican el significado de una palabra:

a. **sobre-**

salir	**sobre**salir
humano	**sobre**humano
excitar	**sobre**excitar
natural	**sobre**natural
carga *load*	**sobre**carga
pasar	**sobre**pasar

b. **super-**

hombre	**super**hombre
mercado	**super**mercado
producción	**super**producción
población	**super**población
poblado	**super**poblado

c. **extra-**

ordinario	**extra**ordinario
limitarse	**extra**limitarse
oficial	**extra**oficial

5. Prefijo que indica debajo:

sub-

suelo *ground*	**sub**suelo
terráneo	**sub**terráneo
marino	**sub**marino
teniente	**sub**teniente
director	**sub**director
secretario	**sub**secretario

6. Prefijo que indica anterioridad:

ante-

ayer	**ante**ayer
anoche	**ante**anoche
la semana pasada	la semana **ante**pasada
brazo	**ante**brazo *forearm*
penúltimo *before last*	**ante**penúltimo

7. Prefijo que indica separación:

dis- (di-)

culpar	**dis**culpar

gusto	**dis**gusto
conforme	**dis**conforme
simetría	**di**simetría

8. Prefijo que indica situación intermedia:
entre-

acto	**entre**acto
meter	**entre**meter
sacar	**entre**sacar
tejer	**entre**tejer

9. Prefijo que indica repetición o retroceso:
re-

afirmar	**re**afirmar
hacer	**re**hacer
accionar	**re**accionar
edificar *to build*	**re**edificar
vender	**re**vender
caída	**re**caída
calentar *to heat*	**re**calentar
contar	**re**contar
construir	**re**construir

B. **Sufijos** son las partículas que se añaden al final de una palabra, dando lugar a la formación de palabras derivadas. Los principales son los siguientes:

1. Sufijos que indican cualidad:

-ancia	repugn**ancia,** abund**ancia,** frag**ancia**
-dad	facil**idad,** debil**idad,** superiori**dad**
-ez	estupid**ez,** rapid**ez,** desnud**ez**
-ía	hombr**ía,** cortes**ía** rebeld**ía**
-ura	hermos**ura,** amarg**ura,** fresc**ura**

2. Sufijos que expresan la acción o el agente de la acción:

-dor	compra**dor,** vende**dor,** gana**dor**
-ción	conversa**ción,** salva**ción,** autoriza**ción**
-miento	entrena**miento,** pensa**miento,** conoci**miento**

3. Sufijos que indican menosprecio [*scorn*]:

-aco	pajarr**aco,** libr**aco**
-uzo(a)	gent**uza**
-ucho(a)	puebl**ucho,** cas**ucha,** palid**ucha**

4. Sufijos que indican profesión u oficio:

-ante	estudi**ante,** comerci**ante,** cant**ante**
-ero	panad**ero,** carnic**ero,** cart**ero** *(mailman)*
-ista[1]	pian**ista,** dent**ista,** art**ista**

[1]La terminación **-ista** es igual para el femenino que para el masculino; sólo se cambia el artículo: **(el, la) pianista.**

Lago Huechulafquen, Argentina

5. Sufijos que indican establecimientos comerciales:
   -ería zapat**ería,** carnic**ería,** reloj**ería**

6. Sufijos que sirven para formar adjetivos de verbos:
   -able admir**able,** inevit**able,** inolvid**able**

7. Sufijos que sirven para formar adjetivos o sustantivos de verbos:
   -ante camin**ante,** am**ante,** toler**ante**
   -iente complac**iente,** correspond**iente,** corr**iente**

EJERCICIOS

A. Busque en la columna *B* la palabra que corresponda a cada una de las frases o palabras de la columna *A*.

A	B
1. fuera de lo común	a. comadre
2. algo digno de admiración	b. desagradecido
3. charla	c. incorrecto
4. algo que siempre recordamos	d. panadero
5. debajo de la tierra	e. estupidez
6. contra la acidez	f. tolerante
7. dos personas del mismo país	g. antiácido
8. perdonar	h. contradecir
9. la madrina de mi hijo	i. admirable

10. opuesto de inteligencia — j. casucha
11. lugar donde se compran sandalias — k. conversación
12. volver a vender — l. anteanoche
13. alguien que nunca agradece — m. inolvidable
14. hace dos noches — n. entreacto
15. mal hecho — o. revender
16. intermedio de un drama — p. compatriota
17. paciente — q. subterráneo
18. casa pequeña y en malas condiciones — r. extraordinario
19. persona que hace pan — s. disculpar
20. oponerse a lo que otro dice — t. zapatería

B. Escriba palabras compuestas o derivadas de las siguientes. Subraye el prefijo o sufijo que utilice.

1. marino
2. tejer
3. pájaro
4. ayer
5. diente
6. mercado
7. preferir
8. vivir
9. gusto
10. carga
11. comprar
12. admirar
13. fácil
14. conversar
15. personal

PALABRAS PROBLEMÁTICAS

A. **Personas, gente, pueblo:**

1. **Personas** es el equivalente español de la palabra *people* cuando va modificada por un número o adjetivos como "varios", "unos cuantos", "algunos" y "muchos", que expresan limitación:

   Había cinco **personas** en ese lugar.
   Varias **personas** acudieron cuando él llamó.
   Cité a unas cuantas **personas** para las ocho.
   Algunas **personas** desprecian a la gente pobre.

2. **Gente** es el equivalente español de la palabra *people* cuando se usa en un sentido general:

   La **gente**[1] es demasiado curiosa a veces.
   Hay mucha **gente** que no cree en Dios.

3. **Pueblo** es el equivalente de la palabra *people* cuando se refiere a un grupo nacional:

   El presidente quiso darle su mensaje al **pueblo.**

[1]Note usted que la palabra **gente** se usa generalmente en el singular.

B. **Pensar, creer, pensar (en), pensar (de), parecerle a uno:**

1. **Pensar** se usa en los siguientes casos:

   a. Cuando se quiere expresar proceso mental:

   Debes **pensar** mucho para resolver esos problemas.

   b. Cuando se habla de planear algo:

   ¿Qué **piensas** hacer mañana?

   c. Cuando se habla simplemente de tener una opinión respecto a algo o a alguien:

   ¿**Piensas** que debe haber una reunión de las cuatro grandes potencias?

2. **Creer** se usa:

   a. Para expresar la misma idea que en *1c:*

   ¿**Crees** que debe haber una reunión de las cuatro grandes potencias?

   b. Como el equivalente de la palabra inglesa *to believe,* cuando se expresa la idea de "dar crédito":

   Yo no **creo** lo que tú me estás diciendo.
   Yo **creo** en Dios.

3. **Pensar (en)** se usa cuando *to think of (about)* indica sólo proceso mental, y no se expresa opinión:

   Estoy **pensando en** el daño que eso puede hacerles.
   ¿**En** quién estabas **pensado** cuando yo te hablé?

4. **Pensar (de)** es el equivalente español de *to think of (about)* cuando se pide opinión:

   —¿Qué **piensas de** la hija de doña Juana?
   —¡Es muy inteligente y muy simpática!

5. **Parecerle a uno** es otro equivalente de *to think of (about)* cuando se pide opinión:

   —¿Qué **le pareció** la novela de Cervantes?
   —**Me pareció** magnífica.

C. **Ya, ya no, todavía:**

1. **Ya** es el equivalente de *already* o *yet:*

   Ya llegaron los niños de la escuela. *(already)*
   ¿**Ya** vino el correo? *(yet)*

2. **Ya no** es el equivalente de *no longer:*

   La familia Martínez **ya no** vive aquí.

3. **Todavía** significa:

a. Con un afirmativo, *still:*

Ella **todavía** lo espera.

b. Con un negativo, *yet:*

Todavía no lo han terminado.

EJERCICIOS

Complete las frases, usando las palabras estudiadas en esta sección.

1. ¿Qué ___ el vestido que Lupita tenía puesto?
2. El profesor está ___ el examen final.
3. Ella ___ terminó de escribir las cartas.
4. ¿Qué ___ la hermana de Tito? ¿La encuentras bonita?
5. Lo siento, señora. El señor López ___ trabaja en esta oficina. Ahora trabaja en una tienda.
6. La ___ prefiere un director más estricto.
7. Había varias ___ en la casa de Olga.
8. Los chicos ___ no se lavaron las manos.
9. El ___ norteamericano tiene muchas características del ___ inglés.
10. Yo no le ___. ¡Es un mentiroso!
11. ¿___ que los profesores se retrasaron?
12. Ese hombre estudia y ___ mucho. ¡Es un verdadero intelectual!
13. ¡Yo no ___ salir con ese idiota!
14. Ellos ___ ayudan a su hijo, a pesar de que ya tiene treinta y cinco años...
15. ¿___ llegaron los estudiantes?

EJERCICIO FINAL

En este ejercicio encontrará Ud. todos los puntos gramaticales estudiados en esta lección. Pero... ¿qué dice aquí?

I have been waiting at the airport for three hours. My father's plane is behind schedule. I'm not reading the book I brought, although reading is my favorite way to pass time.

My father—I remember how sad he was when I left Havana ten years ago. I had been trying to leave the country for two years when I finally received the necessary authorization.

"Congratulations!" he had said, but I knew he was thinking that he would never see me again.

I remember how he used to take the family on vacation every year. He used to swim, climb mountains, ski—he could do anything! I thought of him as a superman.

He is an old man now. He was fifty when I left, and I have been waiting for him ten years. People change, he's no longer my superman.

Will he recognize me?

SECCIÓN DE LECTURA

Vocabulario activo

Aprenda usted las siguientes palabras y expresiones que van a aparecer en la lectura:

NOMBRES

el **aburrimiento** boredom
la **altura** height
el **barro** mud
la **belleza** beauty
la **beca** scholarship
la **casualidad** coincidence
la **condena** sentence, term of imprisonment
el **cuervo** raven
el **fondo** depth
la **fuerza** strength
la **infancia (niñez)** childhood
la **paja** straw
la **partida** game
la **pesadilla** nightmare
la **pieza** room
el **pueblo natal** home town
el **ser humano** human being
el **tamaño** size
la **zanja** ditch

VERBOS

añorar to miss
bastar to be enough
encerrar to lock up
inclinarse (a) to tend to
ocultar to hide
soñar to dream
tapar (se) to cover (oneself)

ADJETIVOS

cálido(a) warm
espantoso(a) terrifying, horrible
inesperado(a) unexpected
repleto(a) full
sombrío(a) somber

OTRAS PALABRAS

adelante in front

ALGUNAS EXPRESIONES

a medida que as, while
a punto de on the verge of
de nuevo again
el hecho de the act of
los mayores the adults, the older ones
servir de to serve as

► ERNESTO SÁBATO ◄

Fragmentos de una entrevista hecha al famoso escritor argentino Ernesto Sábato, publicada por la revista *Vanidades* el 12 de octubre de 1976.

[Sábato] —Mi infancia fue triste. Fui un chico sombrío y desorientado. Desde chico me fui metiendo en mi soledad, aprendí dolorosamente lo que es dormir en una habitación repleta de sombras que se mueven. No hice ninguno de los juegos de chicos, y no lo digo con soberbia° sino con tristeza. Éramos muchos hermanos, y a los dos últimos, Arturo y yo, mamá nos encerró, literalmente hablando. Puedo decir que en mi infancia vi la vida desde una ventana. Había tanta diferencia de edad con los hermanos mayores que casi podían ser nuestros padres. Perdone que no le cuente más de mi niñez, pero no me gusta servir de conejillo de Indias° a sicoanalistas noveles° o ligeros, que son la mayoría. Pero, sepa que en mi niñez aparecen las sombras, mi soledad. Echar esa angustia acumulada para afuera fue el fundamento orgánico de mi vocación de escritor.

haughtiness

conejillo... *guinea pig*

inexperienced

—*¿Cómo eran sus padres?*

hierarchical

—Mamá era una mujer excepcional, más inteligente que papá. Él era más artista. Una familia clásica, jerárquica,° como la que aún concibo.

—*¿Leía mucho?*

—Sí, y desordenadamente, porque tampoco nadie se ocupó de eso. Sufrí de sonambulismo hasta que me fui de casa. Eso es muy significativo. Tuvimos una educación terrible, espartana...

—*¿Qué hacía sonámbulo?*

I used to walk aimlessly

—Deambulaba° por la casa, iba a tomar agua, al dormitorio de mis padres; llamaba a mi madre. Sí, creo que la severidad con que nos educaron agravó todo aquello.

—*¿Un ejemplo de la severidad?*

whining

—No se podía llorar en casa. Todavía me acuerdo de Arturo, el menor, lloriqueando° detrás de una puerta para que no lo vieran.

—*¿Qué soñaba?*

lanterns

—Pesadillas, y tenía alucinaciones. No puedo establecer el límite porque Arturo y yo dormíamos en la última pieza de esas casas de tres patios, y cuando los mayores salían quedábamos aislados por dos o tres cuartos del dormitorio de mis padres, que estaba adelante. Pasábamos horas, o nos parecían horas, de espantosas alucinaciones, entre el sueño y la realidad... Nos tapábamos con frazadas; yo sentía que venía gente con faroles° a examinarnos o tocarnos. Era aterrador.

—*¿Y las pesadillas?*

domes

—Grandes cúpulas,° del tamaño del universo, y yo solo por el medio. O por los techos de enormes catedrales a punto de caerse. Siempre le tuve fobia a las alturas, pero cuando empecé a viajar en avión la perdí.

—*¿No recuerda nada que le guste de su infancia?*

fields with tall grass

—Sí, recuerdo, y la añoro, quizás porque la vida me parece cada vez más dura y los chicos, a pesar de todo, están protegidos por un mundo interior y mágico que luego se pierde. Lo que recuerdo, lo que me vuelve en momentos de tristeza, ¿qué es...? Caminar alguna vez sin zapatos por el barro de las calles sin asfalto. Poner un botecito de papel en las zanjas que había a los costados... La lluvia, el olor a tierra mojada. Los pajonales° en verano. Los colores en los días de otoño, esos colores delicados que tiene la pampa, con los cielos grises, ocres...

—*Usted de chico pintaba, ¿qué colores le gustan más?*

estado... *mood*

a... *it upsets me a little*

—Depende de mi estado de ánimo.° En general, me gustan todos. Depende de la combinación. Por ejemplo, a mí me gustan mucho el ocre, el violeta, el azul violeta y el negro, pero si se unen como en aquel cuadro delirante de Van Gogh, con cuervos sobre un cielo cobalto y un campo de paja seca, entonces el color asume su máxima potencia. Pasa con las palabras. Es como si me preguntaran qué palabra me gusta más. Hay palabras muy humildes, como árbol, caballo, cielo y lluvia, pero si con ellas se puede componer un poema, entonces alcanzan la belleza. Por eso a mí me produce un poco de fastidio° cuando se habla de "riqueza de lenguaje." ¿Qué quiere decir eso? Con palabras tan simples como las que he mencionado, poetas como Vallejo, Antonio Machado o nuestro Ricardo Güiraldes han compuesto fragmentos de una belleza conmovedora.° Las palabras pueden ser como las piezas del ajedrez. El peón° es la pieza más modesta, pero de pronto, en una posición, es la que defiende al rey, la que mantiene una partida y puede llevar a la victoria.

moving
pawn

—Y por saber conducir los peones, o las palabras, se reconoce a un gran escritor.

—Exacto. Para mí, un gran escritor es aquél que con palabras muy chiquitas puede llegar a hacer cosas muy grandes.

(De Rojas, su pueblo natal, pasa a Buenos Aires, donde a los quince años se gradúa de bachiller y elige una inesperada carrera: físico-matemática... En política, se inclina al anarquismo.)

—Usted parece tener mucha simpatía por el anarquismo.

—Es cierto. Desde estudiante la tuve, y después de muchas vicisitudes, retorno a ello. Generalmente, se tiene una idea equivocada, estúpida diría, del anarquismo. Hombres superiores piensan en el anarquismo. Malatesta, Camus, Herbert Read o Bertrand Russell son los ejemplos clásicos.

—¿Cuál es el cambio que usted propone?

—El mundo debe cambiar, y eso es indudable. Pueblos miserables deben acceder a la justicia social. Pero, ¡cuidado! Juan XXIII constituye la más formidable demostración de que para luchar por esa justicia no necesariamente hay que ser marxista.

—¿Usted sacrificaría la libertad individual como el precio de la justicia social?

—De ninguna manera. Digo justicia social y liberación de los pueblos oprimidos. Pero, recordando en cada momento que no debemos intentarla sacrificando la libertad individual, que es la más alta libertad de los seres humanos.

—¿Cuál es su arma como escritor?

—Tener el coraje de dar testimonio por la verdad. No caer jamás en ningún tipo de oficialismo. Jamás a la izquierda, jamás a la derecha.

—¿Le gusta París?

—Amo mi tierra, más que nada.

—¿Y París?

—No debemos ser injustos con París; es una ciudad hermosa, cálida, amable, humana, pero no cambio mil Parises por el Parque Lezama.

(Durante los años treinta recibe una beca para perfeccionarse en radiaciones atómicas en el Laboratorio Curie, en París. Curiosamente, fue durante esa época cuando se despidió de la ciencia.)

—Empecé a alejarme de la física en 1938. Estaba en París, becado en el Laboratorio Curie. Era un momento histórico, porque ese año se produjo la ruptura del átomo de uranio, que iba a desencadenar la energía atómica. Más que un sentido histórico, yo le doy un significado apocalíptico. Los físicos desencadenaron una fuerza terrible. La energía atómica, en particular la bomba de Hiroshima, es un anuncio del Apocalipsis. La degradación de la Naturaleza, la catástrofe ecológica, la transformación del hombre en robot, la alienación total de esta civilización en la que estamos viviendo. La manía tecnolátrica, más que tecnológica. La idolatría de la ciencia...

—¿Realmente cree usted que abandonó la física porque se logró desintegrar el átomo de uranio?

—Sí, sin duda. Pensé que la ciencia era culpable de una catástrofe espiritual. Comprendí que mi destino no lo iba a encontrar por ese camino. Me fui al otro extremo, al arte, que trabaja con las potencias integrales del hombre. En cambio, el científico trabaja con su cerebro, y así nos está yendo...°

y... *and look how it's going for us*

problems

(Entre los años 1944 y 1947, Sábato tiene muchos apremios° económicos. En el año 1947 recibe un puesto en la UNESCO (París) que resuelve en parte su situación financiera, pero los dólares que recibe no bastan para recompensarle por su aburrimiento burocrático, y un año más tarde regresa a Buenos Aires. Allí termina su novela *El túnel,* que alcanza un éxito extraordinario. En 1951 ya no hay dudas, es uno de los escritores argentinos más importantes.)

—¿Qué escritores han influido más sobre usted?

—Reconozco la influencia de los rusos, la de Proust, la de Kafka y la de Faulkner. Entre los argentinos, lo que me sirvió estilísticamente en mis comienzos, y creo que a todos nosotros, ha sido Borges. En él, a mi juicio,° sus valores instrumentales son superiores a sus valores de fondo.

a... *in my opinion*

—¿Le cuesta mucho escribir?°

le... *do you find writing very difficult?*

—Sí, me cuesta mucho. No el hecho de poner una palabra detrás de la otra, sino es otra clase de dificultad, muy oscura. No soy un escritor profesional en el sentido de la palabra, como lo son Moravia o Vargas Llosa, que escriben todos los días y por reloj. Felices de ellos...

—¿Por qué eligió la novela?

—A nadie oculto mi pasión por la historia, por la de mi patria en especial. Pero, la novela, sobre la historia, tiene una gran ventaja: presenta seres concretos, con sus ambigüedades y contradicciones, no abstracciones en favor o en contra.

(Durante diez años, Sábato no escribe ni una sola línea, pero en 1961 comienza a escribir de nuevo. Dos años después ha terminado su novela *Sobre héroes y tumbas*. Su gran obra está escrita.)

—Hemos llegado, finalmente, a 1976. Otros libros se han ido sumando a su creación literaria, pero una sola novela: Abaddon, el exterminador. *Otra vez el Apocalipsis.*

—Sí, de allí tomé este nombre del demonio. La novela es rara; además, yo figuro como personaje. Pero no como observador y narrador. No mirando para contar, sino que estoy al lado de mis personajes, lucho con ellos. Esta novela se parece más a una pesadilla que a una novela. No es nada agradable.° No fue agradable escribirla, y tampoco es agradable leerla. Esto se lo advierto yo a todos para que no la compren.

no... *it's not pleasant at all*

—Algo más, don Ernesto. Usted dice que el hombre no tiene por qué elegir entre dos calamidades, definiendo de esta manera tanto al comunismo como al capitalismo; ¿qué entonces? ¿Cuál es su ideal?

—La formidable crisis del hombre, esta crisis total, está sirviendo al menos para reconsiderar los modelos. Y no es casualidad que en diferentes partes del mundo empiece a reinvindicarse otro tipo de socialismo, más cercano a aquél que preconizaba Proudhon, o al que en nuestro tiempo han sostenido espíritus nobles y lúcidos como Mounier, entre los cristianos, y como Bertrand Russell, entre los agnósticos... Un socialismo que respete la persona, que termine con la alienación y la sociedad de consumo,° que termine con la miseria física, pero también con la espiritual; que ponga la técnica y la ciencia al servicio del hombre y no como está sucediendo, que el hombre está al servicio de ellas. Un socialismo descentralizado que evite los pavorosos males del superestado, de la policía secreta y de los campos de concentración...

sociedad... *consumer society*

—¿No es una utopía?

—Muchos me hacen esa misma observación, y les respondo que cuando los realistas se caracterizan por destruir la realidad, desde la de la naturaleza hasta la del hombre, no queda otro remedio que° volver a proponer nuevas utopías. Además, las utopías no son otra cosa que futuras realidades.

no... *all we can do is*

Basándose en la selección, conteste usted las siguientes preguntas.

1. Hable usted de las experiencias dolorosas sufridas por Ernesto Sábato durante su infancia.
2. ¿Qué recuerdos buenos tiene el escritor argentino de su niñez?
3. ¿Qué dice Sábato sobre los colores, y cuáles son sus favoritos?
4. ¿Qué ideas tiene el escritor sobre la importancia de las palabras?
5. Sábato piensa que el mundo debe cambiar. ¿Cuáles son sus ideas al respecto?
6. Según Sábato, ¿cuál es la obligación del escritor?
7. Ernesto Sábato es también científico. ¿Por qué abandonó la ciencia?
8. ¿Qué obra marca su fama internacional como escritor?
9. ¿Qué autores han influido más en su obra?
10. ¿Qué tipo de escritor se considera Sábato?
11. ¿Por qué eligió el género novelístico y cuál es su obra maestra?

12. ¿Qué dice el autor sobre su novela *Abaddon, el exterminador?*
13. ¿Cómo define Sábato el comunismo y el capitalismo?
14. ¿Qué clase de socialismo propone el autor?
15. Según Sábato, ¿cuál es el único remedio contra la destrucción de la realidad?

REPASO DE VOCABULARIO

Busque usted en la columna *B* las definiciones de las palabras que aparecen en la columna *A*.

A	B
1. aburrimiento	a. muy lleno
2. inesperado	b. pájaro negro
3. tamaño	c. lugar de nacimiento
4. ocultar	d. los primeros años en la vida de una persona
5. partida	e. habitación de una casa
6. de nuevo	f. sueño malo
7. repleto	g. que no se espera
8. beca	h. opuesto de superficie
9. pueblo natal	i. esconder
10. pieza	j. cubrirse
11. cuervo	k. la medida de un objeto
12. taparse	l. opuesto de "diversión"
13. fondo	m. juego
14. infancia	n. otra vez
15. pesadilla	o. ayuda monetaria que se le da a un estudiante
16. bastar	p. ser suficiente

DEBATE

A.

1. La ciencia y la tecnología usadas sin medida llevan a la deshumanización del hombre.
2. Gracias a la ciencia y a la tecnología la vida del hombre ha mejorado notablemente.

B.

1. Existen en el mundo sólo dos posibilidades de gobierno: comunismo o capitalismo.
2. Es posible crear una tercera forma de gobierno que utilice las ventajas de ambos sistemas.

COMPOSICIÓN

A. Escriba usted una composición sobre uno de los siguientes temas.

1. El papel de la tecnología en la sociedad
2. La importancia del arte en una sociedad tecnológica
3. Recuerdos de mi infancia
4. Descripción de un sueño extraño
5. ¿Qué es más importante: la libertad individual o la justicia social?

B. Escriba una composición de tema libre, usando las siguientes palabras y expresiones.

barro	añorar	cálido	a medida que
belleza	encerrar	sombrío	el hecho de
casualidad	lloriquear	espantoso	a punto de
condena	inclinarse (a)		los mayores
fuerza	soñar		servir de...
paja			

SECCIÓN LITERARIA

A. Basándose en la entrevista presentada en la sección gramatical, conteste usted las siguientes preguntas.

1. ¿Qué diferencia de estilo nota usted entre los artículos periodísticos de la lección ll y la entrevista con Ernesto Sábato?
2. Si en vez de la entrevista con Sábato tuviéramos un artículo sobre su vida, ¿hubiera sido menos interesante? ¿Por qué?
3. Busque usted ejemplos de imágenes y metáforas que usa Sábato para expresar sus ideas y sentimientos.
4. ¿Ve usted alguna relación entre las pesadillas de Sábato y su infancia?
5. En la novela *El túnel,* el protagonista se pregunta: "¿Toda nuestra vida sería una serie de gritos anónimos en un desierto de astros indiferentes?" ¿Encuentra usted alguna relación entre esta cita y las pesadillas sufridas por el escritor en su infancia?
6. ¿Se expresa Sábato en un lenguaje poético? Dé ejemplos.
7. Sábato dice: "un gran escritor puede con palabras muy chiquitas llegar a hacer cosas muy grandes." ¿Cree usted que el escritor, al expresarse en la entrevista, nos da algunos ejemplos de esto?
8. Después de leer la entrevista, ¿puede usted decir qué temas le interesan al autor?

B. Composición
Imagine que usted es periodista y escriba una entrevista con uno de los siguientes personajes.

(Escríbala, usando el lenguaje que emplearía el personaje que Ud. selecciona.)

1. Un político famoso
2. Un actor (una actriz) famoso(a)
3. Un(a) escritor(a) famoso(a)
4. Un criminal famoso
5. Un científico famoso
6. Un miembro de la aristocracia

PENSAMIENTOS DE HOMBRES ILUSTRES

Sobre la civilización

Donde no hay justicia, misericordia° ni benevolencia no hay civilización.

mercy

Manuel González Prada (Perú: 1848–1918)

La multitud será un instrumento de barbarie o de civilización según carezca° o no del coeficiente de una alta dirección moral.

lacks

José Enrique Rodó (Uruguay: 1871–1917)

REPASO Lecciones 7–12

LECCIÓN 7

A. El subjuntivo usado para expresar incertidumbre o irrealidad

Conteste, siguiendo el modelo. (Use el subjuntivo o el indicativo, según corresponda.)

EJEMPLO: —Ellos van a venir, ¿no? (dudo)
—*Dudo que vengan.*

1. Me pregunto si le va a gustar el suéter de lana. (no creo)
2. ¿Ella sabe que es mentira? (no dudo)
3. Yo sé que él trabaja en una tienda. (no es verdad)
4. Él nos envidia. (es cierto)
5. Tú no piensas que es emocionante. (no es que)
6. Ella viene todos los días. (niego)
7. ¿Crees que merece la pena? (no estoy seguro, -a)
8. Vas a estar más comodo bocabajo. (no creo)
9. ¿Crees que llora porque hizo el ridículo? (estoy seguro, -a)
10. Te estás haciendo ilusiones. (no niego)

B. La irrealidad en relación a algo indefinido o negativo

Cambie cada oración según los nuevos elementos.

1. Buscábamos tomates que fueran frescos.
2. Teníamos ____.
3. No había ____.
4. ____ fruta ____.
5. ¿Hay alguna ____?
6. ¿____ persona que quiera intentarlo?
7. Siempre hay alguien ____.
8. ____ que se impacienta.
9. No hay nadie ____.
10. Tengo una secretaria ____.

11. No va a haber nadie ____.
12. ____ que lo rechace.
13. Hay siempre alguien ____.
14. ____ dos señores que son chinos.
15. No hay nadie aquí ____.

C. La irrealidad en relación a algo indefinido o negativo (Cont.)

No sé inglés. ¿Qué quiere decir lo siguiente?

1. No matter how stupid he is, he is not going to push his grandmother.
2. No matter how many times he travels, he always gets sea-sick.
3. No matter how little I eat (and I eat very little!), I always gain weight.
4. Whoever was here last night broke the window.
5. Wherever you go, don't forget me, darling!

D. Conjunciones que expresan incertidumbre o irrealidad

Complete las frases, usando el indicativo o el subjuntivo de los verbos entre paréntesis, según corresponda.

Felipe dijo que irían tan pronto como (llegar) ____ los niños. Juan se recostó en la pared, y descansó hasta que (venir) ____ todos. Felipe decidió salir antes de que Juan (quedarse) ____ dormido. Juan y Felipe siempre llevan a sus sobrinos de vacaciones tan pronto como (terminar) ____ las clases. A veces Felipe se pone rabioso porque Juan siempre se duerme apenas (encontrar) ____ un lugar cómodo. Hoy, Felipe ha decidido que no volverán a la cabaña hasta que los niños (cansarse) ____ de jugar. Se lo dirá a Juan en cuanto lo (ver) ____. También ha decidido que comerán después que los chicos (volver) ____ de nadar en el río. Juan, acostado en el suelo, piensa que va a comer toda la comida que trajo así que Felipe (ir) ____ a hablar con los chicos y lo (dejar) ____ solo.

E. Imperativo **(tú)**

Conteste, siguiendo el modelo.

EJEMPLO: —¡No me digas que tengo que ponérmelo!
—¡Sí, hombre (mujer)! ¡Póntelo!
—¡No, hombre (mujer)! ¡No te lo pongas!

1. ¡No me digas que tengo que darte los detalles!
2. ¡No me digas que tengo que contarte mis pecados!
3. ¡No me digas que tengo que acorralarlos!
4. ¡No me digas que tengo que decirle que es un egoísta!
5. ¡No me digas que tengo que darle los cigarrillos!
6. ¡No me digas que tengo que irme!
7. ¡No me digas que tengo que hacerlo!
8. ¡No me digas que tengo que venir solo!
9. ¡No me digas que tengo que salir temprano!

10. ¡No me digas que tengo que comprarle la camisa de seda!
11. ¡No me digas que tengo que hablarle de su hijo!
12. ¡No me digas que tengo que abrir todas la ventanas!
13. ¡No me digas que tengo que detenerme!
14. ¡No me digas que tengo que comer despacio!
15. ¡No me digas que tengo que ser paciente!

LECCIÓN 8

A. Expresiones impersonales que requieren el subjuntivo, el indicativo o el infinitivo

Complete las frases, usando el indicativo, el subjuntivo o el infinitivo de los verbos entre paréntesis.

1. Es de esperar que ellos (aprender) ____ el significado de la palabra "hermandad".
2. Es preferible (actuar) ____ con audacia.
3. Era lamentable que ellos no (poder) ____ olvidar su orgullo.
4. Es probable que ustedes lo (hallar) ____ culpable.
5. Sería una lástima que tú (aislarse) ____ de esa manera.
6. Es verdad que el bebé (nacer) ____ ayer.
7. Es imposible (autorizar) ____ eso.
8. Es difícil que ellos nos (apartar) ____.
9. Urge (hacer) ____ el trabajo hoy.
10. Es preferible que no (ir) ____ nosotros al hipódromo.
11. No hay duda de que ella lo (comprar) ____ anoche.
12. Conviene que Uds. lo (poner) ____ en claro.

B. Más sobre el subjuntivo

No sé inglés. ¿Qué quiere decir lo siguiente?

1. Don't think she's doing that because she doesn't know what is happening!
2. He's jealous! He doesn't want me to go to the dance because he's jealous!
3. The fact that she's sinned once doesn't mean that she's bad.
4. They brought us here so that we could meet him.
5. They worry about the population explosion, so they are not going to have any children.

C. El equivalente español de *let's*

Conteste, siguiendo el modelo.

EJEMPLO: —¿Vamos a hacerlo así?
—*Sí, hagámoslo así.*

1. ¿Vamos a hablar de la caridad?
2. ¿Vamos a votar por el partido republicano?

3. ¿Vamos a olvidar la tarea?
4. ¿Vamos a levantarnos ya?
5. ¿Vamos a atravesar el camino?
6. ¿Vamos a encerrarnos en el cuarto?
7. ¿Vamos a medir las sábanas?
8. ¿Vamos a hablar a media voz?
9. ¿Vamos a decírselo al ministro de defensa?
10. ¿Vamos a ponernos esos vestidos?

D. Uso de **hay que**

Conteste, siguiendo el modelo.

EJEMPLO: —¡Nunca lo he hecho!
—*¡Pues hay que hacerlo!*

1. ¡Nunca los he traído!
2. ¡Nunca he vuelto!
3. ¡Nunca le he escrito!
4. ¡Nunca se lo he dicho!
5. ¡Nunca las he abierto!
6. ¡Nunca se los he devuelto!
7. ¡Nunca me lo he puesto!
8. ¡Nunca he creído!

Indio de Cuzco (Perú) pintando objetos de artesanía

E. Uso de **haber de**

Conteste, siguiendo el modelo.

EJEMPLO: —No los trajeron. (nosotros)
—*¡Pues nosotros hemos de traerlos!*

1. No se lo dijeron. (tú)
2. No se lo devolvieron. (ella)
3. No lo tradujeron. (yo)
4. No me lo pidieron. (él)
5. No te lo dieron. (ellos)
6. No lo hicieron. (Ud.)
7. No se lo comieron. (yo)
8. No le escribieron. (nosotros)

LECCIÓN 9

A. Imperfecto de subjuntivo

Conteste, siguiendo el modelo.

EJEMPLO: —Eduardo no pudo estacionar el coche.
—*Yo no le pedí que lo estacionara.*

1. Las chicas no pudieron adelantarse.
2. Yo no pude ponerlo encima del piano.
3. No pudimos convencer a tu tío.
4. Celia no pudo disimular su ternura.
5. Hilda no pudo herir a su esposo.
6. Yo no pude humillarme así.
7. Ellos no pudieron alcanzar a los niños.
8. Ellos no pudieron mantenerte.
9. Yo no pude taparme.
10. No pudimos decirle que era culpable.

B. Presente perfecto de subjuntivo

Complete las frases, usando el presente perfecto de subjuntivo de los verbos entre paréntesis.

1. Dudo que ellos (tardar) ____ mucho.
2. No es posible que el edificio (derrumbarse) ____.
3. Me alegro de que él la (matar) ____.
4. Siento que tú (meterse) ____ en eso.
5. Niego que la niña (cruzar) ____ la calle sola.
6. Él no cree que nosotros (hacer) ____ eso.
7. Es probable que ellos le (tirar) ____ para matarlo.
8. Es imposible que yo te (decir) ____ que estaba tranquila.
9. El hecho de que él (volver) ____ no quiere decir nada.
10. Siento que el agua (estar) ____ demasiado caliente.

11. No es verdad que yo te (escribir) ___ que el clima era muy seco.
12. No creo que Raúl (ponerse) ___ un saco verde.

C. Pluscuamperfecto de subjuntivo

Complete las frases, usando el pluscuamperfecto de subjuntivo de los verbos entre paréntesis.

1. Ella no creía que ellos (venir) ___ en un camión de reparto.
2. Nosotros no dijimos que tú (ir) ___ al hipódromo.
3. Ella se alegraba de que yo le (dar) ___ una ojeada a la vitrina.
4. Pedro negó que su hermana (estar) ___ en ese sitio.
5. Ella se habría muerto si la bala le (penetrar) ___ el corazón.
6. Nosotros habríamos conversado con ella si no (tener) ___ tanto apuro.
7. Yo te habría creído si no (ver) ___ ese gesto en tu cara.
8. Yo le dije que era una lástima que Uds. no (escuchar) ___ las noticias.
9. Temíamos que ustedes no (comprender) ___ las ventajas.
10. Me alegré de que ella (tomar) ___ parte en ese juego.

D. Otros usos del reflexivo

Conteste, siguiendo el modelo. (Use los verbos **perder, olvidar, romper** y **caer,** según corresponda.)

EJEMPLO: No sé dónde están los libros de Manuel.
¡No me digas que se te perdieron los libros de Manuel!

1. Sara no encuentra el dinero.
2. Lavamos los vasos y ahora hay dos rotos.
3. Tú y yo traíamos las agujas. Las agujas se cayeron.
4. Tú no has traído el traje de baño.
5. No sé dónde están las cucharas.
6. Jorge puso las tazas en el fregadero. Las tazas están rotas.
7. Uds. tenían los anteojos puestos. Los anteojos se cayeron.
8. No llevamos las bolsas de dormir.

E. Pronombres indefinidos y negativos

Yo no sé inglés. ¿Qué quiere decir lo siguiente?

1. Is there anyone who knows what's in the drawer?
2. I knew he was going to find the money somehow. The man is clever!
3. I didn't see anything under the heap.
4. Did you see anybody in front of the house, sir?
5. We have never gone anywhere with anybody.
6. None of my friends understand his distrust.

LECCIÓN 10

A. Concordancia de los tiempos con el subjuntivo

Cambie, siguiendo el modelo.

EJEMPLO: —Yo voy a su casa. (tú quieres)
—Tú quieres que yo vaya a su casa.

1. Has estado enferma. (yo siento)
2. La han amenazado. (negaré)
3. Nosotros no entendemos su dulzura. (siempre has temido)
4. Actúa con sinceridad. (pídele)
5. Yo les hablo de mis luchas. (me rogaron)
6. El abogado no sabía la verdad. (no creíamos)
7. Tú habías matado al intruso. (yo habría comprendido si)
8. Tú no viniste ayer. (siento)
9. No hables de fantasmas. (te dije)
10. Tú trabajas mucho. (progresarías si)

B. La voz pasiva

Yo no sé inglés. ¿Qué quiere decir lo siguiente?

1. All the people from the castle have been murdered.
2. The wall was built in nineteen forty-nine.
3. The book was published last year.
4. In those days, the books were returned to the library.
5. The fights had been caused by your threats.
6. Your loneliness is caused by your shyness [**timidez**].
7. The city was founded in 1770.
8. That article would have been written by a woman.

C. Otras formas de expresar la voz pasiva

Conteste, siguiendo el modelo.

EJEMPLO: —¿Cuál es el idioma de los argentinos? (hablar español)
—En la Argentina se habla español.
(En la Argentina hablan español.)

1. ¿Qué comentaba la gente sobre el crimen? (decir que fue el tío)
2. ¿Cómo se meten las personas en ese lugar? (entrar por la ventana)
3. ¿Cuál es el equivalente de *neck* en español? (decir "nuca")
4. ¿Qué podemos comprar en esa tienda? (vender ropa usada)
5. ¿Dónde van a estar las casas para los obreros? (construir aquí)
6. ¿Qué material han usado para las mesas? (hacer de madera)

D. Usos de las preposiciones

Complete las siguientes oraciones, usando las preposiciones **a, ante, bajo, con, contra, de, desde, en, entre, hacia, hasta, para, por, según, sin, sobre** y **tras.**

1. Ella no tiene dignidad. Siempre actúa ____ ningún orgullo.
2. Dolores nació ____ España. Es ____ Madrid.
3. Me rozó la cara ____ los dedos.
4. El cabecilla estaba sentado ____ la derecha, ____ los otros miembros de la familia.
5. Se preparan ____ las vacaciones ____ ayer.
6. El funcionario caminaba ____ la calle Libertad.
7. La fuga tuvo lugar ____ las ocho y las nueve ____ la noche.
8. La entrevista duró ____ las cuatro ____ la tarde.
9. La policía peleó ____ los terroristas.
10. Me arrodillé ____ una imagen ____ la virgen María.
11. Caminaban ____ las viviendas ____ los trabajadores.
12. Sirvió ____ las órdenes del capitán Martínez.
13. ____ los testigos, la bomba estalló ____ la medianoche, y después empezó el tiroteo ____ el personal de custodia y los ladrones.
14. ____ el corte de suministro ____ energía eléctrica, quedamos en tinieblas.
15. Era un artículo escrito ____ Roberto Barrios, ____ las cuatro potencias mundiales.

LECCIÓN 11

A. Frases verbales

Yo no sé inglés. ¿Qué quiere decir lo siguiente?

1. The office is going to be built in this neighborhood.
2. She began to teach classes at the university.
3. She broke down crying when the lawyer said he didn't want to represent her.
4. Get to work, Miss Vera! I have told you repeatedly that we are behind!
5. She has just returned from Paris.
6. Did you tell me to finish reading the article about the new law?
7. I just came back from visiting my mother-in-law.
8. She visited her friends again.
9. He didn't want to talk about the attempt against his life.
10. They were going to install high powered equipment.

B. Usos del infinitivo

Conteste las siguientes preguntas. Escriba oraciones completas.

1. ¿Cree usted que es importante actuar siempre en forma sensata? ¿Por qué?
2. ¿Qué piensa usted hacer a fin de sacar una buena nota en esta clase?
3. ¿Piensas dar una vuelta a la manzana antes de cenar?
4. ¿Qué cara pusieron los estudiantes cuando vieron venir al profesor con los exámenes finales?

5. ¿Le da rabia cuando alguien le ordena hacer algo?
6. ¿Por qué cree usted que el profesor (la profesora) tuvo que salir hoy de su casa precipitadamente?
7. ¿A quién vio usted hoy al llegar a clase?
8. La gramática española es bastante difícil. De haberlo sabido... ¿habría usted empezado a estudiar este idioma?
9. ¿Cree usted que sería una buena idea poner un cartel que dijera "No fumar" en todos los restaurantes? ¿Por qué?
10. ¿Qué pasaría si dejaras el examen sin terminar?

C. Usos del participio pasado

Complete las siguientes oraciones, usando el participio pasado de los verbos entre paréntesis.

1. ¿A qué han (atribuir) ____ ellos el fracaso?
2. La gente no pudo ser (contener) ____.
3. ¿Por qué no han sido (cumplir) ____ mis órdenes?
4. El capitán ha (disponer) ____ que no ataquen la ciudad.
5. El jefe británico se encontraba (cansar) ____ después de la cena.
6. Las medidas (tomar) ____ por el ministro de defensa agravaron la situación.
7. (firmar) ____ las cartas, el destacado profesor dijo que las ambiciones de la administración eran desmedidas.
8. Las dos hermanas estaban (sentar) ____ en el jardín, hablando de su infancia.
9. El (bendecir) ____ muchacho nos hizo perder la partida.
10. Dijo que los chicos no estaban (despertar) ____ todavía.

Farmacia en Salamanca, España

D. Usos del gerundio

Yo no sé inglés. ¿Qué quiere decir lo siguiente?

1. She is crying and saying that she misses me.
2. She locked up the dog and left, running.
3. You can win her love by being honest.
4. (While) she was walking through the city, she saw the murderer.
5. I saw her running in the field of grass.
6. I had a nightmare: my mother-in-law was pouring boiling water on my flowers and pushing me into a ditch.
7. By working together, we can finish early.
8. Did you hear him singing in the bathroom?

LECCIÓN 12

A. Usos de **hace... que, hacía... que; hace** como equivalente de *ago;* **llevar** y **soler**

Conteste las siguientes preguntas. Escriba oraciones completas.

1. ¿Cuánto hace que usted tiene (no tiene) problemas económicos?
2. ¿Cuánto tiempo hacía que Alemania e Inglaterra estaban en guerra cuando los japoneses bombardearon Pearl Harbor?
3. ¿Cuánto tiempo hace que usted nació?
4. ¿Cuánto tiempo lleva usted estudiando español?
5. ¿Solían leer ustedes "El cuervo", de Edgar Allan Poe?
6. ¿Qué suele hacer usted al comienzo del verano?
7. ¿Cuánto tiempo hace que ustedes no tienen examen de español?
8. ¿Cuánto tiempo hacía que sus padres se conocían cuando se casaron?
9. El profesor Gómez lleva tres días sin comer. ¿Cómo cree usted que se sentirá?
10. ¿Qué solías hacer cuando eras pequeño(a)?

B. Cambios de significado según el género

Complete las siguientes oraciones, usando el equivalente español de las palabras entre paréntesis.

1. Llamaron *(the priest)* ____.
2. Se podían ver *(the folds)* ____ del papel.
3. *(The policeman)* ____ arrestó al ladrón.
4. Buenos Aires es *(the capital)* ____ de la Argentina.
5. El pobre animal tenía una herida en *(the back)* ____.
6. Trajo *(a stick)* ____ y *(a shovel)* ____.
7. Él era *(the leader)* ____, pero no estaba en *(the front)* ____ de batalla porque lo habían herido en *(the forehead)* ____.
8. *(The security force)* ____ del presidente no estaba en *(the port)* ____. *(The rest)* ____ de sus hombres estaba con él.

9. Me dio rabia *(the hipocrisy)* ___ de esa mujer que dijo que no había visto *(the official communication)* ___.
10. Yo conozco mis *(rights)* ___.
11. Yo estaba admirando *(the hills)* ___ cuando vi *(the guide)* ___ que había sido herido en *(the head)* ___.
12. *(The band)* ___ estaba tocando canciones populares.
13. *(The sleeve)* ___ de mi camisa era demasiado larga.
14. Me dijo que tomara la sartén por *(the handle)* ___ y pusiera *(the dots)* ___ sobre las íes.
15. No me interesa *(the fashion)* ___ de tu país.

C. Singulares y plurales

Yo no sé inglés. ¿Qué quiere decir lo siguiente?

1. Congratulations! They told me you had won a vacation in Hawaii.
2. My sincerest condolences, my dear. We will go to the funeral.
3. I bought pants, scissors, and pliers.
4. Jealousy doesn't help a marriage.
5. Did you buy the furniture?
6. There was an interesting news item on television.
7. I didn't hear the news.
8. I'm going to give you a piece of advice, sir.
9. He came at the urging of his doctor. He's leaving at the end of June.
10. At this point, he can't win the scholarship.

D. Formación de palabras: Prefijos y sufijos

Dé el equivalente español de las palabras entre paréntesis.

1. Las casas estaban *(uninhabited)* ___.
2. Ese hombre *(ungrateful)* ___ *(disappeared)* ___ sin agradecerle al *(vice-principal)* ___.
3. La semana *(before last)* ___ sucedieron cosas *(extraordinary)* ___.
4. Sus hijos *(are outstanding)* ___ por su inteligencia y simpatía.
5. Él es un *(fellow student)* ___ con quien yo estudiaba a veces.
6. ¡No seas *(impatient)* ___, querido!
7. Las noticias son *(incorrect)* ___. El ministro de educación es *(anti-communist)* ___.
8. ¡No me *(contradict)* ___, Marta! No es un suceso *(supernatural)* ___.
9. Ella cree que su padre es un *(superman)* ___, y le *(dislikes)* ___ pensar que él tenga que trabajar en esa tienda.
10. Durante el *(intermission)* ___ salimos a tomar una taza de café.
11. Compran material y lo *(resell)* ___ por mucho más dinero.
12. El *(buyer)* ___ y el *(businessman)* ___ se sentaron a la mesa.
13. Ese *(small, unimportant town)* ___ perdido en las montañas está demasiado lejos.
14. Vi al *(singer)* ___ en la *(shoe store)* ___ ayer.
15. Ella es una mujer *(unforgettable)* ___, no una mujer *(ordinary)* ___.

Palabras problemáticas

Complete las siguientes oraciones con el equivalente español de las palabras entre paréntesis.

1. El presidente fue elegido por *(the people)* ____.
2. Había cuatro *(people)* ____ en el coche.
3. No hay *(many people)* ____ que tenga un millón de dólares.
4. ¿Dónde *(are you planning)* ____ pasar las vacaciones?
5. ¿Qué *(do you think)* ____ de Carlos? Dicen que priva a su familia de alimentos para gastar dinero en Las Vegas.
6. ¿*(Does he think)* ____ que yo tengo miedo? ¡Ja!
7. ¿*(What did you think about)* ____ el libro que leyeron el semestre pasado?
8. ¿*(Yet)* ____ no han llegado los chicos? *(Already)* ____ está lista la cena.
9. ¿No te has enterado *(yet)* ____? Ellos *(no longer)* ____ viven aquí.
10. Roberto y Ana *(seem)* ____ muy felices. Robertito *(looks like)* ____ su papá.
11. Tú *(look)* ____ preciosa con ese vestido rojo.
12. ¿Qué vas a *(to order)* ____ en el café?
13. Quiero que *(try)* ____ de encontrar un motel escondido en las montañas, querido...
14. Yo creo que el biftec necesita más sal. ¿Lo quieres *(to taste)* ____?
15. Mamá ya *(ordered)* ____ las cortinas para mi dormitorio.
16. No están todos los profesores. *(isn't here)* ____ el doctor Peña.
17. *(I lack)* ____ veinte dólares para poder comprarlo.
18. No me costó un centavo ir al teatro. Las entradas eran *(free)* ____.
19. ¡Este es un país *(free)* ____!
20. ¿*(Can you)* ____ nadar? Yo aprendí a nadar *(last year)* ____.

Expresiones idiomáticas

¿Puede usted recordar las expresiones idiomáticas que expresan las siguientes ideas?

1. como debe ser
2. sin entusiasmo
3. en voz baja
4. resultó bien
5. mientras
6. la gente de más edad
7. referente a
8. decir que uno lo siente
9. tener éxito
10. soñar

Repaso de vocabulario

A. Dé sinónimos de las siguientes palabras.

1. negocio
2. doblarse
3. tratar
4. furioso
5. motivo
6. tranquilidad
10. quizás
11. lugar
12. verificar
13. parar
14. lento
15. pelea
18. amable
19. oculto
20. ruta
21. explotar
22. ahora
23. repetidamente

7. separar
8. dividir
9. encontrar
16. cruzar
17. contrario
24. coincidencia
25. niñez

B. Dé opuestos de las siguientes palabras.

1. verdad
2. reír
3. aceptar
4. bocarriba
5. amigo
6. libertad
7. traición
8. humildad
9. inocente
10. generoso
11. diferente
12. insensato
13. desventaja
14. retrasarse
15. frío
16. mojado
17. intranquilo
18. detrás
19. victoria
20. desconfianza
21. pequeñez
22. cercano
23. aparecer
24. diversión
25. superficie

¿Femenino o masculino?

1. caridad
2. detalle
3. esclavitud
4. lealtad
5. móvil
6. paz
7. validez
8. virtud
9. camión
10. montón
11. debilidad
12. ser
13. soledad
14. corte
15. ley
16. personal
17. explosión demográfica
18. cualidad
19. mano
20. día

LECTURAS SUPLEMENTARIAS

HORACIO QUIROGA

Nació en el Uruguay, en el año 1878, y en 1935 se suicidó después de haber vivido varios años obsesionado con la idea de la muerte y el conocimiento de que tenía cáncer. Vivió la mayor parte de su vida en la Argentina donde hacía una vida de bohemio. Su vida y personalidad tienen gran influencia en su obra. Su obsesión por la muerte, el asesinato, el suicidio y lo sobrenatural se refleja en su obra.

En su obra se nota gran variedad de personajes, temas y escenarios, pero sus predilecciones son: la selva con sus peligros, los estados anormales del hombre, las enfermedades extrañas y la sicología de los animales.

Sobresale en el uso excepcional del diálogo, lo dramático y el sentido del suspenso. Su prosa es precisa y se observa un dominio perfecto de la técnica. Sus cuentos tienen desde el principio una nota de misterio que va aumentando hasta el momento del climax que llega en el momento adecuado. Aunque el escenario de sus cuentos es regional, los problemas que presentan son universales.

Sus principales obras son: las novelas *Historia de un amor turbio* (1908) y *Pasado amor* (1929); y sus colecciones de cuentos, donde se encuentra lo mejor de su producción: *Cuentos de amor, de locura y de muerte* (1917), *Anaconda* (1921), *La gallina degollada y otros cuentos* (1925) y *Los desterrados* (1926).

► TRES CARTAS... Y UN PIE ◄

Señor:

Me permito enviarle estas líneas, por si[1] usted tiene la amabilidad[2] de publicarlas con su nombre. Le hago este pedido[3] porque me informan de que no las

[1]por... *in case* [2]*kindness* [3]*request*

admitirían en un periódico, firmadas por mí. Si le parece, puede dar a mis impresiones un estilo masculino, con lo que tal vez ganarían.

Mis obligaciones me imponen tomar dos veces por día el tranvía, y hace cinco años que hago el mismo recorrido.[4] A veces, de vuelta, regreso con algunas compañeras, pero de ida voy siempre sola. Tengo veinte años, soy alta, no flaca[5] y nada trigueña. Tengo la boca un poco grande, y poco pálida. No creo tener los ojos pequeños. Este conjunto,[6] en apreciaciones negativas, como usted ve, me basta, sin embargo, para juzgar a muchos hombres, tantos que me atrevería a decir a todos.

Usted sabe también que es costumbre en ustedes, al disponerse[7] a subir al tranvía, echar una ojeada hacia adentro por las ventanillas. Ven así todas las caras (las de las mujeres, por supuesto, porque son las únicas que les interesan). Después suben y se sientan.

Pues bien; desde que el hombre desciende de la vereda,[8] se acerca al coche y mira adentro, yo sé perfectamente, sin equivocarme jamás, qué clase de hombre es. Sé si es serio, o si quiere aprovechar bien los diez centavos, efectuando de paso una rápida conquista. Conozco en seguida a los que quieren ir cómodos, y nada más, y a los que prefieren la incomodidad al lado de una chica.

Y cuando el asiento a mi lado está vacío, desde esa mirada por la ventanilla sé ya perfectamente cuáles son los indiferentes que se sentarán en cualquier lado; cuáles los interesados (a medias) que después de sentarse volverán la cabeza a medirnos tranquilamente; y cuáles los audaces,[9] por fin, que dejarán en blanco siete asientos libres para ir a buscar la incomodidad a mi lado, allá en el fondo del coche.

Éstos son por supuesto, los más interesantes. Contra la costumbre general de las chicas que viajan solas, en vez de levantarme y ofrecer el sitio interior libre, yo me corro[10] sencillamente[11] hacia la ventanilla, para dejar amplio lugar al inoportuno.

¡Amplio lugar! ... Ésta es una simple expresión. Jamás los tres cuartos de asiento abandonados por una muchacha a su vecino le son suficientes. Después de moverse y removerse a su gusto, le invade de pronto una inmovilidad extraordinaria, a punto de creérsele paralítico. Esto es una simple apariencia; porque si una persona lo observa desconfiando de esa inmovilidad, nota que el cuerpo del señor, insensiblemente, con una suavidad que hace honor a su mirada distraída, se va deslizando poco a poco por un plano inclinado[12] hasta la ventanilla, donde está precisamente la chica que él no mira ni parece importarle absolutamente nada.

Así son: podría jurarse[13] que están pensando en la luna. Entre tanto, el pie derecho (o el izquierdo) continúa deslizándose imperceptiblemente por el plano inclinado.

Confieso que en estos casos tampoco me aburro.[14] De una simple ojeada, al correrme hacia la ventanilla, he apreciado la calidad de mi pretendiente. Sé si es un audaz de primera instancia digamos, o si es de los realmente preocupantes. Sé si es un buen muchacho, o si es un tipo vulgar.[15] Si es un ladrón de puños,[16] o

---

[4]*distance traveled* [5]*skinny* [6]este... *the whole thing* [7]*to get ready* [8]*sidewalk* [9]*bold* [10]yo... *I move over* [11]*simply, just* [12]por... *on an inclined plane* [13]podría... *one could swear* [14]tampoco... *I don't get bored either* [15]tipo... *common guy* [16]ladrón... *a real thief*

un simple raterillo;[17] si es un seductor[18] (el seduisant, no seducteur, de los franceses), o un mezquino aprovechador.[19]

A primera vista parecería que en el acto de deslizar subrepticiamente el pie con cara de hipócrita no cabe sino un ejecutor: el ratero. No es así, sin embargo, y no hay chica que no lo haya observado. Cada tipo requiere una defensa especial; pero casi siempre, sobre todo si el muchacho es muy joven o está mal vestido, se trata de un raterillo.

La táctica en éste no varía jamás. Primero de todo, la súbita inmovilidad y el aire de pensar en la luna. Después, una fugaz[20] ojeada a nuestra persona, que parece detenerse en la cara, pero cuyo fin exclusivo ha sido apreciar al paso la distancia que media entre su pie y el nuestro. Obtenido el dato, comienza la conquista.

Creo que hay pocas cosas más divertidas que esta maniobra[21] de ustedes, cuando van alejando su pie en discretísimos avances de taco y de punta,[22] alternativamente. Ustedes, es claro, no se dan cuenta; pero este monísimo juego de ratón con zapatos cuarenta y cuatro, y allá arriba, cerca del techo,[23] una cara bobalicona[24] (por la emoción seguramente), no tiene igual con nada de lo que hacen ustedes, en cuanto a ridiculez.

Dije también que yo no me aburría en estos casos. Y mi diversión consiste en lo siguiente: desde el momento en que el seductor ha apreciado con perfecta exactitud la distancia a recorrer con el pie, raramente vuelve a bajar los ojos. Está seguro de su cálculo, y no tiene para qué ponernos en guardia con nuevas ojeadas. La gracia para él está, usted lo comprendería bien, en el contacto y no en la visión.

Pues bien: cuando la amable persona está a medio camino, yo comienzo la maniobra que él ejecutó, con igual suavidad e igual aire distraído de estar pensando en la luna. Solamente que en dirección inversa.[25] No mucho, diez centímetros son suficientes.

Es de verse, entonces, la sorpresa de mi vecino cuando al llegar por fin al lugar exactamente localizado, no halla nada. Nada; su zapato cuarenta y cuatro está perfectamente solo. Es demasiado para él; echa una ojeada al piso, primero, y a mi cara luego. Yo estoy siempre con el pensamiento a mil leguas; pero el tipo se da cuenta.

De diecisiete veces (y marco este número con conocimiento de causa), quince, el incómodo señor no insiste más. En los dos casos restantes tengo que recurrir a una mirada de advertencia. No es necesario que la expresión de esta mirada sea de imperio, ofensa o desdén:[26] basta con que el movimiento de la cabeza sea en su dirección: hacia él, pero sin mirarlo. El encuentro con la mirada de un hombre que por casualidad puede haber gustado real y profundamente de nosotros, es cosa que conviene siempre evitar en estos casos. En un raterillo puede haber la pasta de un ladrón peligroso, y esto lo saben los cajeros de grandes caudales,[27] y las muchachas no delgadas, no trigueñas, de boca no chica y ojos no pequeños, como su segura servidora.[28]

M. R.

[17]*amateur pickpocket* [18]*charming person (seducer)* [19]mezquino... *petty masher* [20]*fleeting* [21]*maneuver* [22]*of heel and point* [23]*ceiling* [24]*dumb, stupid* [25]*opposite* [26]*contempt, disdain* [27]grandes... *big fortunes* [28]su... *yours truly*

Señorita:

Muy agradecido a su amabilidad. Firmaré con mucho gusto sus impresiones, como usted lo desea. Tendría, sin embargo, mucho interés, y exclusivamente como coautor, en saber lo siguiente: Aparte de los diecisiete casos concretos que usted anota, ¿no ha sentido usted nunca el menor enternecimiento[29] por algún vecino alto o bajo, rubio o trigueño, gordo o flaco? ¿No ha tenido jamás un vaguísimo sentimiento de abandono —el más vago posible— que le volviera particularmente pesado y fatigoso el alejamiento de su propio pie?

Es lo que desearía saber, etc.,

H. Q.

Señor:

Efectivamente,[30] una vez, una sola vez en mi vida, he sentido este enternecimiento por una persona, o esta falta de fuerzas en el pie a que usted se refiere. Esa persona era *usted.* Pero usted no supo aprovecharlo.

M. R.

Conteste usted las siguientes preguntas basándose en el cuento leído.

1. ¿Qué pedido le hace la señorita al autor y por qué?
2. Describa usted a la señorita M. R.
3. Según la señorita ¿qué hace la mayoría de los hombres al disponerse a subir al tranvía?
4. ¿De qué diferentes tipos de hombre habla M. R.? ¿Cuáles son los más interesantes?
5. ¿Qué hace la mayoría de las señoritas que viajan solas? ¿Qué hace M. R.?
6. Describa usted las maniobras de los vecinos de asiento de la señorita.
7. ¿En qué consiste la diversión de M. R.?
8. ¿Qué hace el seductor en la mayoría de los casos al no encontrar el pie de la señorita?
9. ¿Qué le pregunta el autor a la señorita M. R.?
10. ¿Cuál fue la única persona por la que M. R. sintió algún enternecimiento?

COMPOSICIÓN

1. Relate una anécdota, real o imaginaria, sobre una cita a ciegas [*blind date*]. Escríbala en primera persona.
2. Imagínese que usted es Horacio Quiroga y responda a la última carta de M. R.

---

[29]*tenderness* [30]*sure enough*

3. Tema libre
   Utilice las siguientes palabras en su composición.

amabilidad	raterillo
audaz	bobalicón
sencillamente	desdén
correrse	fugaz
aburrirse	efectivamente
vulgar	enternecimiento
seductor	pedido

4. Complete la información ofrecida sobre el autor.

Ruinas de Copán, Honduras

► EL TÚNEL ◄

Por Ernesto Sábato*
(Selección)

I

Bastará[1] decir que soy Juan Pablo Castel, el pintor[2] que mató a María Iribarne; supongo que el proceso está en el recuerdo[3] de todos y que no se necesitan mayores explicaciones sobre mi persona.

Aunque ni el diablo sabe qué es lo que ha de recordar la gente, ni por qué. En realidad, siempre he pensado que no hay memoria colectiva, lo que quizás sea una forma de defensa de la especie humana. La frase "todo tiempo pasado fue mejor" no indica que antes sucedieran menos cosas malas, sino que —felizmente— la gente las echa en el olvido.[4] Desde luego, semejante[5] frase no tiene validez universal; yo, por ejemplo, me caracterizo por recordar preferentemente los hechos[6] malos y, así, casi podría decir que "todo tiempo pasado fue peor", si no fuera porque el presente me parece tan horrible como el pasado; recuerdo tantas calamidades, tantos rostros cínicos y crueles, tantas malas acciones, que la memoria es para mí como la temerosa[7] luz que alumbra[8] un sórdido museo de vergüenza ¡Cuántas veces he quedado aplastado[9] durante horas, en un rincón oscuro del taller, después de leer una noticia en la sección policial! Pero la verdad es que no siempre lo más vergonzoso[10] de la raza humana aparece allí; hasta cierto punto, los criminales son gente más limpia, más inofensiva; esta afirmación no la hago porque yo mismo haya matado a un ser humano: es una honesta y profunda convicción. ¿Un individuo es pernicioso? Pues se lo liquida y se acabó. Eso es lo que yo llamo una *buena acción*. Piensen cuánto peor es para la sociedad que ese individuo siga destilando su veneno y que en vez de eliminarlo se quiera contrarrestar su acción recurriendo a anónimos, maledicencia[11] y otras bajezas[12] semejantes. En lo que a mí se refiere[13] debo confesar que ahora lamento no haber aprovechado mejor el tiempo de mi libertad, liquidando a seis o siete tipos que conozco.

Que el mundo es horrible, es una verdad que no necesita demostración. Bastaría un hecho para probarlo, en todo caso: hace un tiempo leí que en un campo de concentración un ex pianista se quejó de hambre y entonces lo obligaron a comerse una rata, *pero viva*.

No es de eso, sin embargo, de lo que quiero hablar ahora; ya diré más adelante, si hay ocasión, algo más sobre este asunto de la rata.

II

Como decía, me llamo Juan Pablo Castel. Podrán preguntarse qué me mueve a escribir la historia de mi crimen (no sé si ya dije que voy a relatar mi crimen) y, sobre todo, a buscar un editor.[14] Conozco bastante bien el alma humana para

---

*En la lección 12 Ud. encontrará datos biográficos sobre Ernesto Sábato.

[1]*it will suffice* [2]*painter* [3]*memory* [4]echa... *forgets them* [5]*such a; similar* [6]*events, incidents* [7]*fearful* [8]*lights* [9]*dispirited* [10]*shameful* [11]*slander* [12]*meanness* [13]en... *as far as I am concerned* [14]*publisher*

preveer que pensarán en la vanidad. Piensen lo que quieran: me importa un bledo,[15] hace rato que me importan un bledo la opinión y la justicia de los hombres. Supongan, pues, que publico esta historia por vanidad. Al fin de cuentas[16] estoy hecho de carne, huesos, pelo y uñas como cualquier otro hombre y me parecería muy injusto que exigiesen[17] de mí, precisamente de mí, cualidades especiales; uno se cree a veces un superhombre, hasta que advierte[18] que también es mezquino,[19] sucio y pérfido.[20] De la vanidad no digo nada: creo que nadie está desprovisto de[21] este notable motor del Progreso Humano. Me hacen reír esos señores que salen con la modestia de Einstein o gente por el estilo; respuesta: *es fácil ser modesto cuando se es célebre;* quiero decir *parecer* modesto. Aún cuando se imagina que no existe en absoluto, se la descubre de pronto en su forma más sutil: la vanidad de la modestia. ¡Cuántas veces tropezamos[22] con esa clase de individuos! Hasta un hombre, real o simbólico, como Cristo, el ser ante quien he sentido y aún hoy siento una reverencia más profunda, pronunció palabras sugeridas por la vanidad o al menos por la soberbia. ¿Qué decir de León Bloy,[23] que se defendía de la acusación de soberbia argumentando que se había pasado la vida sirviendo a individuos que no le llegaban a las rodillas? La vanidad se encuentra en los lugares más inesperados: al lado de la bondad, de la abnegación, de la generosidad. Cuando yo era chico y me desesperaba ante la idea de que mi madre debía morirse un día (con los años se llega a saber que la muerte no sólo es soportable sino hasta reconfortante), no imaginaba que mi madre pudiese tener defectos. Ahora que no existe, debo decir que fue tan buena como puede llegar a serlo un ser humano. Pero recuerdo, en sus últimos años, cuando yo era un hombre, cómo al comienzo me dolía descubrir debajo de sus mejores acciones un sutilísimo ingrediente de vanidad o de orgullo. Algo mucho más demostrativo me sucedió a mí mismo cuando la operaron de cáncer. Para llegar a tiempo tuve que viajar dos días enteros sin dormir. Cuando llegué al lado de su cama, su rostro de cadáver logró sonreírme levemente, con ternura, y murmuró unas palabras para compadecerme[24] (¡ella se compadecía de mi cansancio!). Y yo sentí dentro de mí, oscuramente, el vanidoso orgullo de haber acudido tan pronto. Confieso este secreto para que vean hasta qué punto no me creo mejor que los demás.

Sin embargo, no relato esta historia por vanidad. Quizá estaría dispuesto a aceptar que hay algo de orgullo o de soberbia. Pero ¿por qué esa manía de querer encontrar explicación a todos los actos de la vida? Cuando comencé este relato estaba firmemente decidido a no dar explicaciones de ninguna especie. Tenía ganas de contar la historia de mi crimen, y se acabó: al que no le gustara, que no la leyese. Aunque no lo creo, porque precisamente esa gente que siempre anda detrás de las explicaciones es la más curiosa y pienso que ninguno de ellos se perderá la oportunidad de leer la historia de un crimen hasta el final.

Podría reservarme los motivos que me movieron a escribir estas páginas de confesión; pero como no tengo interés en pasar por excéntrico, diré la verdad, que de todos modos es bastante simple: pensé que podrían ser leídas por mucha gente, ya que ahora soy célebre; y aunque no me hago muchas ilusiones acerca

---

[15]me... *I couldn't care less* [16]al... *after all* [17]*demanded* [18]*one notices* [19]*petty* [20]*evil* [21]está... *lacks* [22]*we come across* [23]autor y reformador social francés [24]*to be sorry for me*

de las páginas en particular, me anima la débil esperanza de humanidad en general y acerca de los lectores de éstas que alguna persona llegue a entenderme. AUNQUE SEA UNA SOLA PERSONA.

"¿Por qué —se podrá preguntar alguien— apenas una débil esperanza si el manuscrito ha de ser leído por tantas personas?" Este es el género de preguntas que considero inútiles. Y no obstante hay que preverlas,[25] porque la gente hace constantemente preguntas inútiles, preguntas que el análisis más superficial revela innecesarias. Puedo hablar hasta el cansancio y a gritos delante de una asamblea de cien mil rusos: nadie me entendería. ¿Se dan cuenta de lo que quiero decir?

Existió una persona que podría entenderme. *Pero fue, precisamente, la persona que maté.*

III

Todos saben que maté a María Iribarne Hunter. Pero nadie sabe cómo la conocí, qué relaciones hubo exactamente entre nosotros y cómo fui haciéndome a la idea[26] de matarla. Trataré de relatar todo imparcialmente porque, aunque sufrí mucho por su culpa,[27] no tengo la necia[28] pretensión de ser perfecto.

En el Salón de Primavera de 1946 presenté un cuadro llamado *Maternidad.* Era por el estilo de muchos otros anteriores: como dicen los críticos en su insoportable dialecto, era sólido, estaba bien arquitecturado. Tenía, en fin, los atributos que esos charlatanes encontraban siempre en mis telas,[29] incluyendo "cierta cosa profundamente intelectual". Pero arriba, a la izquierda, a través de una ventanita, se veía una escena pequeña y remota: una playa solitaria y una mujer que miraba como esperando algo, quizás algún llamado apagado[30] y distante. La escena sugería, en mi opinión, una soledad ansiosa y absoluta.

Nadie se fijó[31] en esta escena: pasaban la mirada por encima,[32] como por algo secundario, probablemente decorativo. Con excepción de una sola persona, nadie pareció comprender que esa escena constituía algo especial. Fue el día de la inauguración. Una muchacha desconocida estuvo mucho tiempo delante de mi cuadro sin dar importancia, en apariencia, a la gran mujer en primer plano, la mujer que miraba jugar al niño. En cambio, miró fijamente la escena de la ventana y mientras lo hacía tuve la seguridad de que estaba aislada[33] del mundo entero: no vio ni oyó a la gente que pasaba o se detenía frente a mi tela.

La observé todo el tiempo con ansiedad. Después desapareció en la multitud,[34] mientras yo vacilaba[35] entre un miedo invencible y un angustioso deseo de llamarla. ¿Miedo de qué? Quizá, algo así como miedo de jugar todo el dinero de que se dispone en la vida a un solo número. Sin embargo, cuando desapareció, me sentí irritado, infeliz, pensando que podría no verla más, perdida entre los millones de habitantes anónimos de Buenos Aires.

Esa noche volví a mi casa nervioso, descontento, triste.

Hasta que se clausuró[36] el salón, fui todos los días y me colocaba[37] suficientemente cerca para reconocer a las personas que se detenían frente a mi cuadro. Pero no volvió a aparecer.

---

[25]*anticipate them* [26]fui... *I evolved the idea* [27]por... *because of her* [28]*foolish* [29]*canvases* [30]*faint* [31]*noticed* [32]pasaban... *they glanced over it* [33]*isolated* [34]*crowd* [35]*hesitated* [36]*closed* [37]me... *placed myself*

Durante los meses que siguieron, sólo pensé en ella, en la posibilidad de volver a verla. Y, en cierto modo, sólo pinté para ella. Fue como si la pequeña escena de la ventana empezara a crecer y a invadir toda la tela y toda mi obra.

Conteste las siguientes preguntas sobre la lectura.

1. ¿Qué confiesa el autor al comenzar la novela?
2. ¿Qué comentarios hace Castel sobre la frase "todo tiempo pasado fue mejor"? ¿Cómo modifica él esa frase?
3. ¿Qué opinión tiene Castel sobre los criminales y por qué?
4. ¿Qué lamenta Castel no haber hecho?
5. ¿Qué hecho cita Juan Pablo para demostrar que el mundo es horrible?
6. ¿Qué importancia tiene para Juan Pablo la opinión de los hombres?
7. ¿Qué opina Castel sobre la modestia de Einstein?
8. ¿Qué le sucedió a Juan Pablo cuando operaron a su madre de cáncer?
9. ¿Por qué escribe Castel la historia de su crimen?
10. ¿Puede describir Ud. el cuadro *Maternidad?*
11. ¿Qué sugería la escena de la ventanita?
12. ¿Por qué quedó impresionado Juan Pablo por la desconocida que contemplaba su cuadro?
13. ¿Qué pasó durante los meses que siguieron a la inauguración de la exposición?
14. ¿Cómo clasificaría Ud. la novela *El túnel?* ¿Por qué?
15. ¿Desde qué punto de vista está narrada la novela?

COMPOSICIÓN

1. "Todo tiempo pasado fue mejor." Si Ud. pudiera escoger otra época para vivir ¿Cuál escogería y por qué?
2. En cualquier relación humana la comunicación es vital. Escriba Ud. sobre la importancia de la comunicación en el matrimonio, entre padres e hijos, entre amigos, etc. Detalle y dé ejemplos.
3. Escriba Ud. sobre el pesimismo que muestra el protagonista desde las primeras páginas de la novela.
4. Tema libre. Use en su composición las siguientes palabras y expresiones.

pintor	bastar	vergonzoso
maledicencia	advertir	temeroso
multitud	compadecer	mezquino
vanidad	fijarse	al fin de cuentas
hechos	vacilar	por su culpa
	colocarse	echar en el olvido
		en lo que a mí se refiere

FEDERICO GARCÍA LORCA (1898–1936)

Federico García Lorca, nacido en Andalucía, es uno de los poetas españoles más conocidos mundialmente. Su poesía combina lo popular con lo artístico, lo intelectual con lo intuitivo, y lo tradicional con lo moderno. Logra así crear una poesía que es a la vez profundamente española a la vez que universal.

Además de poeta, Lorca fue un gran dramaturgo. Su carrera como autor teatral fue rápida y brillante.

Tanto en su poesía como en su obra teatral, el tema central es el amor violento y apasionado que conduce a la muerte.

En sus obras dramáticas, la figura central es siempre la mujer, que simboliza la frustración amorosa o maternal.

Entre sus obras más famosas figuran *Bodas de sangre* (1933), *Yerma* (1934) y *La casa de Bernarda Alba* (1936). En esta última, que es la única totalmente escrita en prosa, el autor presenta el choque entre la voluntad de una madre dominante que trata de defender el honor familiar, y sus hijas, anhelantes de amor y de vida. En esta obra, como en las anteriormente citadas, el autor presenta el papel de la mujer en la España de su época.

► LA CASA DE BERNARDA ALBA ◄

(Selección)

La obra comienza con los comentarios entre las criadas de la casa, del velorio y entierro del esposo de Bernarda. A través de estas conversaciones, el autor nos da a conocer el carácter dominante de Bernarda, obsesionada por el qué dirán, y la situación en que quedan ella y sus cinco hijas solteras: solamente Angustias, la mayor, tiene dote, y por lo tanto, a pesar de tener cuarenta años y ser fea y enfermiza, es la única que tiene posibilidades de casarse.

En el primer acto se presenta ya a Pepe el Romano, único personaje masculino. Aunque nunca aparece en escena, dicho personaje es el eje central de la obra, pues desencadena entre las hermanas una ola de celos, odios y envidias.

ACTO SEGUNDO

(Habitación blanca del interior de la casa de Bernarda. Las puertas de la izquierda dan a los dormitorios.[1] Las hijas de Bernarda están sentadas en sillas bajas, cosiendo.[2] Magdalena borda.[3] Con ellas está la Poncia [*la criada*].*)*

ANGUSTIAS —Ya he cortado la tercera sábana.

MARTIRIO —Le corresponde a Amelia.

MAGDALENA —Angustias. ¿Pongo también las iniciales de Pepe?

ANGUSTIAS —*(seca)* No.

MAGDALENA —*(a voces)* Adela, ¿no vienes?

AMELIA —Estará echada[4] en la cama.

LA PONCIA —Ésta tiene algo. La encuentro sin sosiego,[5] temblona, asustada como si tuviese una lagartija[6] entre los pechos.

---

[1]dan... *open to the bedrooms* [2]*sewing* [3]*embroiders* [4]*lying down* [5]sin... *restless* [6]*lizzard*

MARTIRIO —No tiene ni más ni menos que lo que tenemos todas.

MAGDALENA —Todas, menos Angustias.

ANGUSTIAS —Yo me encuentro bien y al que le duela que reviente.[7]

MAGDALENA —Desde luego que hay que reconocer que lo mejor que has tenido siempre es el talle[8] y la delicadeza.

ANGUSTIAS —Afortunadamente, pronto voy a salir de este infierno.

MAGDALENA —¡A lo mejor no sales!

MARTIRIO —Dejar esa conversación.

ANGUSTIAS —Y además, ¡más vale onza en el arca que ojos negros en la cara![9]

MAGDALENA —Por un oído me entra y por otro me sale.

AMELIA —*(a la Poncia)* Abre la puerta del patio a ver si nos entra un poco de fresco.[10] *(La criada lo hace.)*

MARTIRIO —Esta noche pasada no me podía quedar dormida por el calor.

AMELIA —Yo tampoco.

MAGDALENA —Yo me levanté a refrescarme. Había unas nubes[11] negras de tormenta y hasta cayeron algunas gotas.

LA PONCIA —Era la una de la madrugada y subía fuego de la tierra. También me levanté yo. Todavía estaba Angustias con Pepe en la ventana.

MAGDALENA —*(con ironía)* ¿Tan tarde? ¿A qué hora se fue?

ANGUSTIAS —Magdalena, ¿a qué preguntas si lo viste?

AMELIA —Se iría a eso de la una y media.

ANGUSTIAS —¿Sí? ¿Tú por qué lo sabes?

AMELIA —Lo oí toser y oí los pasos de su caballo.

LA PONCIA —Pero si yo lo oí marchar a eso de las cuatro.

ANGUSTIAS —No sería él.

LA PONCIA —Estoy segura.

AMELIA —A mí también me pareció.

MAGDALENA —¡Qué cosa más rara! *(Pausa.)*

LA PONCIA —Oye, Angustias. ¿Qué fue lo que te dijo la primera vez que se acercó a tu ventana?

ANGUSTIAS —Nada. ¡Qué me iba a decir! Cosas de conversación.

MARTIRIO —Verdaderamente es raro que dos personas que no se conocen se vean de pronto en una reja[12] y ya novios.

ANGUSTIAS —Pues a mí no me chocó.

AMELIA —A mí me daría no sé qué.[13]

ANGUSTIAS —No, porque, cuando un hombre se acerca a una reja ya sabe por los que van y vienen, llevan y traen, que se le va a decir que sí.

MARTIRIO —Bueno: pero él te lo tendría que decir.

ANGUSTIAS —¡Claro!

AMELIA —*(curiosa)* ¿Y cómo te lo dijo?

---

[7]*he can burst* [8]*figure* [9]más... *it's better to have money saved up than to be beautiful* [10]*fresh air* [11]*clouds* [12]*iron grating (of a window)* [13]a... *I would feel funny about it*

ANGUSTIAS —Pues nada: ya sabes que ando detrás de ti, necesito una mujer buena, y ésa eres tú si me dices que sí.

AMELIA —¡A mí me daría vergüenza de estas cosas!

ANGUSTIAS —Y a mí, pero hay que pasarlas.

LA PONCIA —¿Y habló más?

ANGUSTIAS —Sí, siempre habló él.

MARTIRIO —¿Y tú?

ANGUSTIAS —Yo no hubiera podido. Casi se me salía el corazón por la boca. Era la primera vez que estaba sola de noche con un hombre.

MAGDALENA —Y un hombre tan guapo.

ANGUSTIAS —No tiene mal tipo.[14]

LA PONCIA —Esas cosas pasan entre personas ya un poco instruídas,[15] que hablan y dicen y mueven la mano... La primera vez que mi marido Evaristo el Colín vino a mi ventana... Ja, ja, ja.

AMELIA —¿Qué pasó?

LA PONCIA —Era muy oscuro. Lo vi acercarse y al llegar me dijo buenas noches. Buenas noches, le dije yo, y nos quedamos callados más de media hora. Me corría el sudor[16] por todo el cuerpo. Entonces Evaristo se acercó, se acercó que se quería meter por los hierros y dijo con voz muy baja: ¡ven que te tiente![17] *(Ríen todas. Amelia se levanta corriendo y espía por una puerta.)*

AMELIA —¡Ay! Creí que llegaba nuestra madre.

MAGDALENA —¡Buenas nos hubiera puesto![18] *(Siguen riendo.)*

AMELIA —Chisss... ¡Que nos van a oír!

LA PONCIA —Luego se portó bien. En vez de darle por otra cosa le dio por criar pájaros hasta que se murió. A vosotras que sois solteras os conviene saber de todos modos que el hombre a los quince días de boda deja la cama por la mesa y luego la mesa por la tabernilla y la que no se conforma se pudre[19] llorando en su rincón.[20]

AMELIA —Tú te conformaste.

LA PONCIA —¡Yo pude con él![21]

MARTIRIO —¿Es verdad que le pegaste algunas veces?

LA PONCIA —Sí, y por poco si lo dejo tuerto.[22]

MAGDALENA —¡Así debían ser todas las mujeres!

LA PONCIA —Yo tengo la escuela de tu madre. Un día me dijo no sé qué cosa y le maté todos los pájaros. *(Ríen.)*

MAGDALENA —Adela, niña, no te pierdas esto.

AMELIA —Adela. *(Pausa.)*

MAGDALENA —Voy a ver. *(Entra.)*

LA PONCIA —Esa niña está mala.

MARTIRIO —Claro, no duerme apenas.

---

[14]no... *he's not bad looking* [15]*educated* [16]*perspiration* [17]ven... *come here and let me feel you* [18]buenas... *she would have fixed us!* [19]se... *rots* [20]*corner* [21]yo... *I was able to handle him* [22]*one-eyed*

LA PONCIA —Pues ¿qué hace?

MARTIRIO —¡Yo qué sé lo que hace!

LA PONCIA —Mejor lo sabrás tú que yo, que duermes pared por medio.

ANGUSTIAS —La envidia la come.

AMELIA —No exageres.

ANGUSTIAS —Se lo noto en los ojos. Se le está poniendo mirar de loca.

MARTIRIO —No habléis de locos. Aquí es el único sitio donde no se puede pronunciar esta palabra. *(Sale Magdalena con Adela.)*

ADELA —Tengo mal cuerpo.[23]

MARTIRIO —*(con intención)* ¿Es que no has dormido bien anoche?

ADELA —Sí.

MARTIRIO —¿Entonces?

ADELA —*(fuerte)* ¡Déjame ya! ¡Durmiendo o velando[24] no tienes por qué meterte en lo mío! ¡Yo hago con mi cuerpo lo que me parece!

MARTIRIO —¡Sólo es interés por ti!

ADELA —Interés o inquisición. ¿No estabais cosiendo? Pues seguir. ¡Quisiera ser invisible, pasar por las habitaciones sin que me preguntarais dónde voy!

CRIADA —*(Entra.)* Bernarda os llama. Está el hombre de los encajes.[25] *(Salen. Al salir, Martirio mira fijamente a Adela.)*

ADELA —¡No me mires más! Si quieres te daré mis ojos que son frescos y mis espaldas para que te compongas la joroba[26] que tienes, pero vuelve la cabeza cuando yo paso. *(Se va Martirio.)*

LA PONCIA —¡Que es tu hermana y además la que más te quiere!

ADELA —Me sigue a todos lados. A veces se asoma a mi cuarto para ver si duermo. No me deja respirar. Y siempre, "¡qué lástima de cara!, ¡qué lástima de cuerpo, que no vayas a ser para nadie!" ¡Y eso no! Mi cuerpo será de quien yo quiera.

LA PONCIA —*(con intención y en voz baja)* De Pepe el Romano. ¿No es eso?

ADELA —*(sobrecogida)* ¿Qué dices?

LA PONCIA —Lo que digo, Adela.

ADELA —¡Calla!

LA PONCIA —*(alto)* ¿Crees que no me he fijado?

ADELA —¡Baja la voz!

LA PONCIA —¡Mata esos pensamientos!

ADELA —¿Qué sabes tú?

LA PONCIA —Las viejas vemos a través de las paredes. ¿Adónde vas de noche cuando te levantas?

ADELA —¡Ciega debías estar!

LA PONCIA —Con la cabeza y las manos llenas de ojos cuando se trata de

---

[23]tengo... *my body aches* [24]*not to sleep* [25]*laces* [26]*hump*

lo que se trata. Por mucho que pienso no sé lo que te propones. ¿Por qué te pusiste casi desnuda[27] con la luz encendida y la ventana abierta al pasar Pepe el segundo día que vino a hablar con tu hermana?

ADELA —¡Eso no es verdad!

LA PONCIA —No seas como los niños chicos. ¡Deja en paz a tu hermana y si Pepe el Romano te gusta te aguantas![28] *(Adela llora.)* Además, ¿quién dice que no te puedes casar con él? Tu hermana Angustias es una enferma. Ésa no resiste el primer parto.[29] Es estrecha[30] de cintura, vieja, y con mi conocimiento te digo que se morirá. Entonces Pepe hará lo que hacen todos los viudos de esta tierra: se casará con la más joven, la más hermosa, y ésa eres tú. Alimenta esa esperanza, olvídalo, lo que quieras, pero no vayas contra la ley de Dios.

Conteste las siguientes preguntas sobre la lectura.

1. ¿Qué están haciendo las hijas de Bernarda al comienzo del segundo acto?
2. Angustias dice: "Más vale onza en el arca que ojos negros en la cara." ¿Qué quiere decir con eso? ¿Confirma la actitud de Pepe el Romano este refrán?
3. ¿Qué comentarios hace la Poncia sobre Adela?
4. ¿Qué discrepancia existe entre Amelia y la Poncia en cuanto a la hora en que se marchó Pepe el Romano?
5. Cuando Pepe el Romano le habla a Angustias en la reja, ¿le dice que la ama?
6. ¿Qué pasó entre la Poncia y su marido la primera vez que hablaron en la ventana? ¿Qué diferencias hay entre Pepe el Romano y Evaristo el Colín?
7. Según la Poncia, ¿qué les conviene saber a las mujeres solteras?
8. ¿Quién era el que dominaba en el matrimonio de Evaristo y Poncia? ¿Por qué?
9. ¿Qué sabemos de Adela y de Martirio?
10. ¿De qué acusa la Poncia a Adela?
11. ¿Cuál es la solución que la Poncia le sugiere a Adela?
12. ¿Ve usted alguna relación entre el comportamiento de Adela y el hecho de que Pepe el Romano no se fue de la casa a la una y media sino a las cuatro y media?
13. ¿Cómo es el lenguaje que usa Lorca en esta obra? Dé ejemplos.
14. Magdalena dice que había nubes negras de tormenta. ¿En qué sentido hay también una tormenta dentro de cada personaje?
15. ¿Cómo logra el autor presentar la tensión que existe entre los personajes? Dé ejemplos.

---

[27]*naked* [28]te... *resign yourself* [29]*delivery (of a baby)* [30]*narrow*

COMPOSICIÓN

1. Imagínese que usted es el autor de la obra. Continúe la conversación entre Adela y la Poncia (cada una debe hablar diez veces).
2. Comente usted sobre el papel de la madre en la sociedad española de la época de Lorca y compárelo con el de la madre en la sociedad norteamericana actual.
3. Dé usted un pequeño informe sobre el autor y su obra, completando la información que aparece al comienzo.
4. Tema libre. Use en su composición las siguientes palabras y expresiones.

coser	lagartija	instruido(a)
bordar	talle	poder con alguien...
estar echado(a)	nubes	tuerto(a)
pudrirse	sudor	desnudo(a)
aguantar	rincón	estrecho(a)

La mayor ambición de José Santos Chocano (1875 – 1934), poeta peruano, fue la de ser considerado "el cantor de América". El mundo americano es, pues, el tema central de su poesía. Entre sus obras principales figuran *Cantos del Pacífico* (1904), *Fiat Lux* (1908) y *Oro de Indias* (1940 – 1941). El poema que ofrecemos a continuación es de tono más bien meditativo, y es uno de los mejores del autor.

► NOSTALGIA ◄

Hace ya diez años
que recorro el mundo.
¡He vivido poco!
¡Me he cansado mucho!
Quien vive de prisa[1] no vive de veras:
quien no echa raíces[2] no puede dar frutos.
Ser río que corre, ser nube que pasa,
sin dejar recuerdo ni rastro[3] ninguno,
es triste; y más triste para quien se siente
nube en lo elevado,[4] río en lo profundo.

Quisiera ser árbol mejor que[5] ser ave,
quisiera ser leño mejor que ser humo;
y al viaje que cansa,
prefiero el terruño:[6]
la ciudad nativa con sus campanarios,
arcaicos balcones, portales vetustos[7]
y calles estrechas, como si las casas
tampoco quisieran separarse mucho...

Estoy en la orilla
de un sendero abrupto.
Miro la serpiente de la carretera
que en cada montaña da vueltas a un nudo;[8]
y entonces comprendo que el camino es largo,
que el terreno es brusco,
que la cuesta es ardua,[9]
que el paisaje es mustio...[10]
¡Señor! ya me canso de viajar, ya siento
nostalgia, ya ansío[11] descansar muy junto
de los míos ... Todos rodearán mi asiento
para que les diga mis penas y triunfos;
y yo, a la manera del que recorriera
un álbum de cromos, contaré con gusto

[1]de... *in a hurry* [2]echa... *have roots* [3]*track* [4]*high* [5]mejor... *rather than* [6]*native soil* [7]*ancient* [8]*knot* [9]*difficult* [10]*parched* [11]*long*

las mil y una noches de mis aventuras
y acabaré con esta frase de infortunio:[12]
—¡He vivido poco!
¡Me he cansado mucho!

Julia de Burgos, poetisa puertorriqueña, pasó la mayor parte de su vida lejos de su país (murió en Nueva York en 1953), y la pena del exilio se refleja en sus poemas. En el poema que presentamos, la autora habla de su nostalgia del mar.

► LETANÍA DEL MAR ◄

Mar mío,
mar profundo que comienzas en mí,
mar subterráneo y solo
de mi suelo de espadas[13] apretadas.

Mar mío,
mar sin nombre,
desfiladero turbio[14] de mi canción despedazada,[15]
roto y desconcertado[16] silencio transmarino,
azul desesperado,
mar lecho,[17]
mar sepulcro...[18]

Azul,
lívido azul,
para mis capullos ensangrentados,[19]
para la ausencia de mi risa,
para la voz que oculta mi muerte con poemas...

Mar mío,
mar lecho,
mar sin nombre,
mar a deshoras,[20]
mar en la espuma del sueño,
mar en la soledad desposando crepúsculos,[21]
mar viento descalzando mis últimos revuelos,[22]
mar tú,
mar universo...

---

[12]*misfortune* [13]*swords* [14]*muddy* [15]*torn to pieces* [16]*bewildered* [17]*bed* [18]*tomb* [19]*stained with blood* [20]*untimely* [21]desposando... *bethrothing twilights* [22]*flying to and fro*

Cuzco, Perú

Pescador en el Lago Titicaca (Perú), el lago más alto del mundo

Herib Campos Cervera (1908–1953), poeta paraguayo, dejó un solo libro, que tituló *Ceniza redimida*. Escribe poesía social, pero sus mejores poemas son los líricos, íntimos, en los que expresa su amor por su tierra o habla del recuerdo de sus amigos.

► UN PUÑADO DE TIERRA ◄

Un puñado[23] de tierra
de tu profunda latitud;
de tu nivel de soledad perenne;[24]
de tu frente de greda[25] cargada de sollozos germinales.[26]

Un puñado de tierra,
con el cariño simple de sus sales
y su desamparada[27] dulzura de raíces.

Un puñado de tierra que lleve entre sus labios
la sonrisa y la sangre de tus muertos.
Un puñado de tierra
para arrimar[28] a su encendido número
todo el frío que viene del tiempo de morir.

Y algún resto de sombra de tu lenta arboleda[29]
para que me custodie[30] los párpados[31] del sueño.

Quise de Ti tu noche de azahares;[32]
quise tu meridiano caliente y forestal;
quise los alimentos minerales que pueblan[33]
los duros litorales de tu cuerpo enterrado,[34]
y quise la madera de tu pecho.

Eso quise de Ti
—Patria de mi alegría y de mi duelo;[35]
eso quise de Ti.

César Vallejo (1892–1938), el gran poeta peruano del siglo veinte, dedicó su vida a la poesía y a la política. Alma idealista y sensitiva, Vallejo creyó en la hermandad de los hombres y la exaltó en sus versos. Escribió *Los heraldos negros* (1918), *Trilce* (1922), *Poemas humanos* (1939) y *España, aparta de mí este cáliz* (1939). El poema "Masa", que presentamos a continuación, pertenece a este último.

---

[23]*handful* [24]*perpetual* [25]*marl* [26]sollozos... *budding sobs* [27]*helpless* [28]*to draw near* [29]*grove* [30]*guard* [31]*eyelids* [32]*orange flowers* [23]*populate* [34]*buried* [35]*mourning*

Al fin de la batalla,
y muerto el combatiente, vino hacia él un hombre
y le dijo: "¡No mueras; te amo tanto!"
Pero el cadáver ¡ay! siguió muriendo.

Se le acercaron dos y repitiéronle:
"¡No nos dejes! ¡Valor! ¡Vuelve a la vida!"
Pero el cadáver ¡ay! siguió muriendo.

Acudieron a él veinte, cien, mil, quinientos mil,
clamando: "¡Tanto amor y no poder nada contra la muerte!"
Pero el cadáver ¡ay! siguió muriendo.

Le rodearon millones de individuos,
con un ruego común: "¡Quédate hermano!"
Pero el cadáver ¡ay! siguió muriendo.

Entonces todos los hombres de la tierra
le rodearon; les vio el cadáver triste, emocionado:
incorporóse lentamente
abrazó al primer hombre; echóse a andar...

Basándose en los poemas presentados, conteste las siguientes preguntas.

1. Según el tema, ¿cómo clasificaría usted el poema "Nostalgia"?
2. ¿Qué clase de rima tiene cada uno de los poemas?
3. ¿Qué quisiera ser el poeta de "Nostalgia" y por qué?
4. ¿Qué elementos de la naturaleza usa Santos Chocano para expresar su idea de lo efímero y lo perdurable?
5. ¿De qué manera expresa Julia de Burgos su obsesión por el mar que rodea su tierra y qué representa para ella ese mar?
6. ¿Cuál es el tono del poema "Letanía del mar"?
7. ¿Qué tienen en común los poemas "Letanía del mar" y "Un puñado de tierra"?
8. ¿En qué poemas puede usted señalar ejemplos de anáfora?
9. Herib Campos Cervera es un poeta paraguayo. Leyendo su poema "Un puñado de tierra", ¿cómo imagina usted el Paraguay?
10. ¿Cuál es el estribillo en el poema "Masa" y qué logra el poeta al usarlo?
11. ¿Cuál es el tema del poema de César Vallejo?
12. Busque usted ejemplos de encabalgamiento en los poemas presentados.
13. ¿Encuentra usted una relación entre los temas de los cuatro poemas estudiados? ¿Cuáles?

COMPOSICIÓN

1. "–¡He vivido poco!
   ¡Me he cansado mucho!"
   Relacione esta idea con la vida moderna en este país.
2. Escoja el poema que más le haya gustado y explíquelo.
3. De los poetas presentados en esta selección, escoja el que más le haya gustado y dé un pequeño informe sobre el mismo, completando la información que aparece al comienzo.
4. Tema libre. Escriba una composición usando las siguientes palabras.

sepulcro	ansiar	arduo
crepúsculo	arrimar	mustio
puñado		desconcertado
arboleda		ensangrentado
azahares		enterrado
duelo		
lápida		

Germán Arciniegas (1900–   ) es uno de los escritores colombianos más distinguidos. Sus brillantes ensayos se centran en la cultura, la sociología, la historia, el arte y la literatura, no solamente de su país, sino de toda Latinoamérica. Su estilo es ligero y ágil y su prosa es una de las mejores en las últimas décadas. Por lo general, sus libros de ensayos son colecciones de artículos de periódicos, como por ejemplo *El estudiante de la mesa redonda* (1932), *América, tierra firme* (1937), *Este pueblo de América* (1945), *Entre la libertad y el miedo* (1952), *El continente de siete colores. Historia de la cultura en la América Latina* (1965) y *En el país de los rascacielos y las zanahorias* (1945). Su famosa biografía, *El caballero de El Dorado* (1942) sobre la vida de Gonzalo Jiménez de Quesada, conquistador de Colombia y fundador de Bogotá, es una de las mejores escritas en este continente, según el crítico Orlando Gómez Gil. Otras obras importantes de este gran escritor colombiano son *Biografía del Caribe* (1945) y *Entre la libertad y el miedo* (1952). Muchos de sus libros han sido traducidos al inglés.

► LA AMÉRICA DEL PACÍFICO ◄

La América del Atlántico es una América de puertos. Sus grandes ciudades miran al mar. Su vida está cruzada por todos los idiomas. En Buenos Aires, el grado[1] de educación de una persona, lo da el número de lenguas que posee.[2] Las calles de esta ciudad, como las de Nueva York, o las de Río de Janeiro, son escaparates[3] de un comercio universal. Así debieron serlo —en un mundo más apretado[4] de otro tiempo—, las de Venecia, Pisa, Génova. La América del Pacífico, no. La América del Pacífico está en la montaña. Sus ciudades no sólo no están al nivel[5] del mar, sino que a veces se resguardan[6] en alturas inverosímiles.[7] México a 2300 metros, Bogotá a 2600, Quito a 3000, La Paz a 3500. A esas ciudades no llega la marea[8] de inmigrantes: Cada familia hace doscientos, trescientos, cuatrocientos años que se ha establecido en el país. La Babel de los idiomas no estremece[9] las torres parroquiales. Allá, cualquiera puede decir que en su casa han hablado castellano diez generaciones. ¡Hasta en el comercio se ven más nombres de mercaderes lugareños[10] que de forasteros! Es lo último que puede decirse.

¿Por qué somos así? Por el mar Pacífico. Porque el Pacífico es el único océano que queda, el único mar de verdad.[11] Quienes vivimos en el occidente americano nos encontramos delante de esas aguas profundas, sin límites, que nadie cruza. Se dice que del otro lado, en una remota orilla[12] fantástica viven pueblos extraños: los japoneses, los chinos, que ya son para nosotros, como para cualquiera, razas fabulosas, incomprensibles, con unos ojillos que parecen como dos puñaladas[13] hechas en un cuero. Su idioma, su escritura,[14] sus lindos dibujos[15] que se esfuman en un fondo gris de perlas orientales, nos hablan de un país de leyenda. Si alguna persona dice que ha ido al Japón, nos parece un Marco Polo, y nos le acercamos curiosos para que nos diga cómo es aquello. Hay la versión de que de esas tierras

---

[1]*degree, level* [2]*possesses (speaks)* [3]*showcases* [4]más... *smaller (tightened)* [5]*level* [6]se... *take shelter* [7]alturas... *incredible heights* [8]*tide* [9]no... *doesn't shake* [10]mercaderes... *local businessmen* [11]de... *real* [12]*shore* [13]*poniard stabs* [14]*handwriting* [15]*drawings*

vinieron hace muchos siglos algunos navegantes[16] a poblar ciertas regiones americanas. Venían en juncos,[17] dicen los sabios. Y entonces nos parece que los sabios están componiendo un cuento maravilloso, como todos los cuentos en que aparece un navegante que se pasa meses y meses cruzando las llanuras[18] del mar montado en un caballito de mimbre.[19]

Tan ancho y definitivo es el Pacífico que las compañías de navegación no se apartan de la costa, y sus barcos buscan el estrecho de Magallanes[20] o la rajadura[21] abierta por los americanos en el istmo de Panamá para restituirse al Atlántico, al mar doméstico —Mare Nostrum, como dirían los latinos—, en donde otra vez respiran los mareantes[22] y se sienten acompañados y tranquilos. El Pacífico no es mar que invite a la partida. Así como en las naciones del oriente americano el pueblo todo se apretuja[23] en el litoral para ver llegar los barcos, para ver salir los barcos, en el occidente se queda en las montañas; ni siquiera[24] desciende al puerto, por curiosidad, para conocer agua salada. Hay allí millones de gentes cultas y ricas, que no han visto el mar. Uno de los poemas más bellos que se han escrito en Colombia en este siglo lo hizo León de Greiff: es la "Balada del mar no visto." Del mar que él no ha visto, ni han visto millares de sus coterráneos que viven en los repliegues[25] de los Andes. Es la voz del Pacífico que mantiene al hombre a distancia como diciéndole: mis aguas no son para vistas; son para soñadas; permanecen aún en el mundo de la fábula.

A la América del Pacífico se la encuentra muy castellana. Desde California hasta Chile. En California se siguen construyendo casas a la española y las ciudades se llaman San Francisco, Santa Bárbara, Monterrey, Nuestra Señora de Los Ángeles. Cuando me hallaba en California, detrás de mi casa corría un camino que se llamaba La Alameda del Rancho de las Pulgas, y al frente un riachuelo denominado[26] San Francisquito. Yo vivía en Palo Alto. Esa California, naturalmente, está mucho más cerca de México —o de Bolivia— que de Nueva York. Como Nueva York está más cerca de Buenos Aires que de California. Por eso hay una América del Atlántico y hay una América del Pacífico. Pero no hay que entrar en digresiones. A la América del Pacífico se le encuentra un acento castellano. "Cómo hablan de bien ustedes el castellano", es lo primero que se nos dice en Buenos Aires a quienes venimos del Pacífico, de los Andes.

Quizá no se haya reflexionado lo suficiente sobre este nuestro acento castellano, que ni siquiera es andaluz, ni gallego, sino castellano. El asunto va más allá del idioma. Hay una cuestión de espíritu. El hombre del Pacífico, en América, ha vivido como el de Castilla en España: pegado[27] a la tierra, quieto dentro de su paisaje que, muchas veces, también, es paisaje de mesetas.[28] Los Andes han sido Pirineos gigantescos que mantienen aislados a nuestros pueblos. Se han sucedido siglos en que nosotros hemos visto pasar, al igual que los castellanos, la corriente europea, como algo ajeno a nuestra vida, como algo lejano de que sólo oímos el rumor.

Cuando se vive en una ciudad puerto, siempre que se echa a andar por una calle se sabe que al final se encontrará al hombre de la boina[29] vasca que se bam-

---

[16]*sailors* [17]*Chinese junks* [18]*prairies* [19]*willow* [20]estrecho... *Straits of Magellan* [21]*fissure* [22]*skippers* [23]*squeeze* [24]ni... *not even* [25]*folds* [26]*named* [27]*very close* [28]*plateaus* [29]*beret*

bolea[30] en un bote pescador, o la vela remendada[31] y el bosquecillo de mástiles. Las calles se tiran al mar y las últimas casas se reflejan, como peces,[32] en el agua. ¡Qué distintas son las ciudades de los Andes! Las calles desembocan en el monte:[33] hay siempre una colina,[34] a veces la montaña misma, que le hace a cada una su telón de fondo de riquísimo verde vegetal. Por eso allá, el hombre tiene un alma que se mueve entre paisaje de árboles. Sigue siendo rural. Mientras por acá los niños han jugado en la playa, allá no hay quien de joven no haya participado en las faenas[35] del campo, y haya ido por leña[36] al monte, por agua a la quebrada.[37]

El agua, allá, es agua dulce[38] de la montaña. He dicho que las calles terminan siempre en una colina o en una montaña, y debo rectificar: también pueden caer al fondo del valle, por donde corre la quebrada. O mejor dicho: tienen una punta que da al cerro y otra que cae al río. Del lado del Pacífico no hay grandes ciudades, no hay estas enormes concentraciones universales en donde los hombres se cuentan por millones. Años, siglos atrás, los fundadores —andariegos que de pronto hacían un alto en el camino—, se detenían donde la montaña hacía una pequeña llanada,[39] o donde cantaba mejor el agua, y fundaban una aldea.[40] Lo que ellos llamaban una ciudad. De ahí nacieron muchedumbres de brevísimas ciudades que aún parecen nidos que cuelgan de los árboles, mitad de tapia[41] y teja,[42] mitad de monte y quebrada.

Lo que en el oriente de América son anchurosas[43] llanuras que se extienden ante un mar lleno del alegre vocerío de los mercaderes y que respira por la chimenea de los transatlánticos, al occidente son montañas —la cordillera de los Andes, la cornisa de rocas— frente al mar silencioso, al "mar Pacífico". Aquí, del lado levantino, puertos abigarrados,[44] fenicios, por donde entran a codazos[45] y a millones los inmigrantes; allá, puertos de pescadores, de fuerte colorido regional. Del lado Atlántico el litoral es sonoro y atrás queda la pampa profunda y silenciosa; del lado Pacífico el litoral es tranquilo, y adentro la montaña está llena de voces que se multiplican en los valles y en las plazas o mercados de las aldeas. Por el costado izquierdo, desde California hasta Chile, América está llena de notas regionales, de vestidos típicos, de viejas músicas autóctonas; por el costado derecho, desde Nueva York hasta Buenos Aires, todavía resuenan en América acentos europeos, se respira un ambiente universal, se vive como en el "hall" de un hotel internacional.

Oriente y Occidente en América son como cara y cruz, como sol y luna, como agua y tierra. Acá, por el Atlántico, los inmigrantes han llegado en rebaños de buques[46] y se han derramado[47] en las orillas como la espuma[48] de las olas. Allá, al Pacífico, también llegaron en otro tiempo, en muchedumbre, inmigrantes. Pero eran gentes de tierra y no de mar. En la América del Norte, a través de generaciones, la frontera se fue moviendo de Oriente a Occidente, hasta que la avalancha humana se descolgó sobre las campiñas de California. Esa gente, antes, había cruzado el mar, pero cuando llegó a California ya no venía tirando remos,[49] sino empuñando hachas,[50] se habían extinguido en su lengua las canciones ma-

---

[30]se... *sways* [31]vela... *mended sail* [32]*fish* [33]*forest* [34]*hill* [35]*work* [36]*firewood* [37]*ravine, gorge* [38]agua... *fresh water* [39]*tract of level ground* [40]*small village* [41]*wall* [42]*tile* [43]*wide* [44]*variegated* [45]*blows with the elbow* [46]rebaños... *flocks of ships* [47]*spilled* [48]*foam* [49]*oars* [50]empuñando... *grasping axes*

rinas, y sólo se oía el golpe seco del hierro, rajando bosques. En las almas no resonaba el cristal de las aguas, sino el paso de los vientos por la garganta de las rocas, por el arpa de los pinos. Y así han sido por allá todas las migraciones del hombre: desde los tiempos en que las naciones indígenas se iban corriendo en masa, en México, de Norte a Sur; desde que el aymará trepó en Bolivia los flancos de la cordillera o el pueblo de los Incas se extendió de Cuzco hasta Colombia; desde que los chibchas trotaban por los montes extendiendo los brazos de su estrella que partía de un corazón de esmeralda: la sabana de Bogotá.

Mirando sobre la línea del Ecuador, en un mapamundi, la anchura del Atlántico y la del Pacífico, se ve cómo éste es tres veces más grande. En su vasto dominio cabría cuatro o cinco veces un continente como el africano. En los mapas de navegación las líneas del Atlántico se multiplican y cruzan como las de la palma de la mano. El Pacífico sigue terso y solitario. Los dos mares han modelado dos espíritus en América. No por un simple capricho llegan a Buenos Aires millares de italianos, de esos italianos que parecen estar siempre viendo saltar ante sus ojos los caballos azules del Mediterráneo. Italia ha tenido la virtud de ofrecer al mundo el ejemplo más brillante de una cultura porteña en su historia del Renacimiento. La península era entonces un palomar[51] de veleros.[52] En nuestras ciudades andinas, coronas[53] de viejos virreynatos, echaron raíces españoles de tierra adentro, soldados de tierra firme, que eran como las piedras y los árboles que pueden verse en cualquier rincón de Castilla.

Artículo escrito por Germán Arciniegas y publicado en *La Nación,* Buenos Aires, 26 de octubre de 1941.

Conteste las siguientes preguntas sobre el ensayo.

1. Según Arciniegas, ¿qué tienen en común Buenos Aires, Nueva York y Río de Janeiro? ¿Con qué ciudades europeas las compara?
2. ¿Qué tienen en común Méjico, Bogotá, Quito y La Paz?
3. ¿Qué dice el autor acerca de los pueblos que viven al otro lado del Pacífico?
4. ¿Qué diferencias señala el autor entre el Pacífico y el Atlántico, y las gentes que viven en sus orillas?
5. ¿En qué se basa Arciniegas para decir que California se parece más a Méjico que a Nueva York?
6. Según el autor, ¿a qué se debe el acento puramente castellano de los hombres del Pacífico?
7. ¿Qué diferencias encuentra el autor entre las ciudades puertos y las ciudades de los Andes?
8. ¿Por qué se conserva más lo autóctono y regional en el lado del Pacífico que en el del Atlántico?
9. Oriente y Occidente en América son, según el autor, "como cara y cruz". ¿Por qué?
10. Hable usted sobre las diferencias entre el Pacífico y el Atlántico y el modo en que ambos mares han modelado los espíritus en América.

---

[51]*dovecote* [52]*sailboats* [53]*crowns*

Estudiantes de la Universidad de Valencia (España)

COMPOSICIÓN

Escriba una composición sobre uno de los siguientes temas:

1. Diferencias entre las ciudades del este y el oeste norteamericano
2. Comente el estilo usado por Arciniegas. Hable especialmente de su uso de la imagen.
3. Dé un pequeño informe sobre el autor y su obra, completando la información que aparece al comienzo.
4. Tema libre. Use las siguientes palabras en su composición.

nivel del mar
leña
orilla
dibujo
navegante
llanura
meseta
colina
leña
agua dulce
aldea
teja
buque
remo
hacha
velero
inverosímil
de verdad
estremecer(se)

APÉNDICES
VOCABULARIO
ÍNDICE

Apéndice Literario

1. Algunas ideas fundamentales

Al analizar un texto literario se deben tener en cuenta dos objetivos principales:

1. precisar lo que dice el texto (fondo)
2. examinar la forma en que el autor lo dice (forma)

En el estudio de una obra literaria fondo y forma deben considerarse como una unidad, ya que en toda obra artística ambos están íntimamente ligados.[1] Toda explicación, por lo tanto, debe establecer claramente la relación que existe entre estos dos elementos.

Para lograr este objetivo se debe leer atentamente el texto, asegurándose de que se comprende el significado de todas y cada una de las palabras dentro del contexto en que están presentadas.

Un texto literario puede ser una obra completa o un fragmento. Los principales géneros literarios son: novela, teatro, cuento, ensayo y poesía.

Novela: Obra escrita en prosa, generalmente extensa, en la cual se describen sucesos y hechos que pueden ser tomados de la realidad o inventados. Hay diferentes tipos de novela: **policíaca** y **de aventuras,** en las que la acción es lo más importante; **histórica,** basada en hechos reales; **testimonial,** tipo de relato que presenta los hechos como vistos a través de una cámara fotográfica, como en el caso de *El Jarama,* de Rafael Sánchez Ferlosio; **sicológica,** donde lo importante es el análisis y la presentación de los problemas interiores de los personajes. Otro tipo de novela es la llamada **novela-río,** como muchas novelas contemporáneas, donde se presenta una multitud de personajes a través de cuyas acciones el autor nos da un panorama amplio de la sociedad en que viven. Un ejemplo de este último tipo es *La colmena,* de Camilo José Cela.

Al analizar una novela, se deben tener en cuenta los siguientes puntos:

1. Clasificación (tipo)
2. Temas y subtemas
3. Ambiente
4. Argumento (trama)
5. Personajes
6. Uso del diálogo
7. Desarrollo
8. Culminación (climax)
9. Desenlace
10. Atmósfera
11. Lenguaje
12. Punto de vista
13. Técnicas literarias

---

[1]ligados *joined together.*

Teatro: Obra que se puede representar en un escenario mediante la acción y el diálogo. El diálogo puede estar escrito en verso o prosa. Generalmente está dividida en tres actos. Dentro de los actos puede haber una subdivisión de escenas. Hay diferentes tipos de obras teatrales: **tragedia,** obra que tiene un final terrible; **drama,** obra en la que el final es desdichado, pero es menos trágica que la anterior (por ej. *La mordaza,* de Alfonso Sastre), y **comedia,** obra más ligera que las anteriores, con un desenlace feliz. Un ejemplo de este último tipo es *Rosalba y los Llaveros,* de Emilio Carballido.

Al analizar una obra de teatro, se deben tener en cuenta los siguientes puntos:

1. Clasificación
2. Temas y subtemas
3. Ambiente (escenificación)
4. Trama
5. Personajes
6. Desarrollo
7. Culminación
8. Desenlace
9. Lenguaje
10. Técnicas dramáticas

Cuento: Narración de longitud variable, pero más corta que la novela. Generalmente desarrolla un solo tema central, y el número de personajes es limitado. El cuentista debe captar la atención del lector inmediatamente, dándole a la narración una intensidad y urgencia que no tiene la novela.

Al analizar un cuento, se deben considerar los siguientes aspectos:

1. Tema
2. Ambiente
3. Argumento
4. Personajes
5. Desarrollo
6. Culminación
7. Desenlace
8. Atmósfera
9. Lenguaje
10. Punto de vista
11. Técnica

Ensayo: Escrito original, donde el autor expresa su opinión personal sobre un tema determinado, y cuya lectura no requiere del lector conocimientos técnicos previos para interpretarlo. El tema puede ser artístico, literario, científico, filosófico, político, religioso, social, etc.

Al analizar un ensayo, se deben tener en cuente estos puntos:

1. Clasificación
2. Temas y subtemas
3. Desarrollo de la idea central
4. Lenguaje
5. Propósito del autor

Poesía: Composición que generalmente se escribe en verso. Se diferencia de los otros géneros en que es más intenso y concentrado. El poeta quiere trasmitir sus experiencias y emociones personales y para ello se vale de recursos tales como imágenes, metáforas, símbolos, ritmo, etc. Los poemas se clasifican según el número de versos y la forma en que éstos se agrupan. Tenemos así sonetos, romances, odas, redondillas, etc. Según el tema, el poema puede ser amoroso, filosófico, social, etc.

Al analizar un poema, se deben estudiar los siguientes puntos:

1. Clasificación
2. Métrica
3. Rima (consonante, asonante)
4. Ritmo

5. Figuras poéticas (metáforas, símil, símbolos, imagen, etc.)
6. Tono
7. Lenguaje
8. Temas

2. Algunos términos literarios

acento: donde cae la mayor intensidad en una palabra o en un verso. El acento es muy importante en la poesía española. Al contar las sílabas de un verso, se debe recordar lo siguiente: si la última palabra se acentúa en la antepenúltima sílaba, se cuenta una sílaba menos; si se ecentúa en la última, la sílaba acentuada vale por dos.[2]

acto: división principal de un drama. Generalmente las obras teatrales[3] tienen tres actos.

alegoría: cuando en una narración o historia, los personajes[4] y los incidentes representan ideas abstractas, normalmente morales o éticas, en términos concretos. La alegoría hace uso principalmente de la metáfora y la personificación.

alejandrino: verso de catorce sílabas, dividido en dos hemistiquios de siete:

Me/dia/ba_el/mes/de/ju/lio. E/ra_un/her/mo/so/dí/a.

aliteración: repetición de las mismas vocales o consonantes en un mismo verso. Normalmente le da al poema un sonido musical:

un no sé **qué que que**dan balbuciendo[5]

ambiente *(setting):* los elementos como el paisaje, lugar geográfico y social en que se desarrolla una historia.

anáfora: repetición de una palabra al comienzo[6] de cada verso o frase:

¡**Ya** viene el cortejo!
¡**Ya** viene el cortejo! **Ya** se oyen los claros clarines.

anticipación *(foreshadowing):* cuando el autor anticipa una pequeña insinuación de lo que va a pasar, sin revelar mucho, para dejar al lector en suspenso.

antítesis: consiste en contrastar una palabra, una frase o una idea a otra de significado opuesto:

Y los de Enrique
cantan, **repican**[7] y gritan:
"¡Viva Enrique!"; y los de Pedro
clamorean, **doblan,**[8] lloran
su rey muerto.

asonancia: cuando son idénticas solamente las vocales a partir de la última acentuada:

Del salón en el ángulo oscuro,
de su dueño tal vez olvid**a**d**a,**
silenciosa y cubierta de polvo, veíase el **a**rp**a.**

atmósfera: impresión general que nos da una obra al leerla, juntando[9] todos los elementos de que se compone como: tiempo, lugar, tema, personajes, etc. Según estos elementos, la obra puede ser de terror, cinismo, romántica, etc.

caricatura: representación exagerada de un personaje.

---

[2]vale... *counts as two.* [3]obras... *plays.* [4]*characters.* [5]*stammering.* [6]*beginning.* [7]*chime.* [8]*toll.* [9]*joining.*

consonancia: rima de vocales y consonantes de dos palabras, entre dos o más versos, a partir de[10] la última vocal acentuada:

en la madreselva[11] **verde**...
el corazón se le **pierde**...

culminación *(climax):* punto de más intensidad en una obra. La acción llega a su momento culminante, y a partir de ahí, todos los problemas deben resolverse.

decasílabo: verso de diez sílabas:

a/pa/ga/ban/las/ver/des/es/tre/llas

desarrollo *(development):* forma en que el autor va presentando los hechos[12] e incidentes que llevan al desenlace de la historia.

desenlace *(ending):* solución que da el autor a la acción de la obra. Este final puede ser de sorpresa, trágico o feliz.

diálogo: conversación entre los personajes de una novela, cuento o drama. El diálogo sirve como medio[13] para desarrollar la trama y la acción, o caracterizar a los personajes de la obra.

dodecasílabo: verso de doce sílabas:

que a/nun/cia en/la/no/che/del/al/ma u/na au/ro/ra[14]

encabalgamiento *(enjambment):* cuando el significado de una frase continúa en el verso siguiente y, por lo tanto, el final de un verso se enlaza[15] con el que sigue:

Yo voy soñando caminos
de la tarde. ¡Las colinas[16]

endecasílabo: verso de once sílabas:

¿Dón/de/vo/la/ron./¡ay!/a/que/llas/ho/ras

eneasílabo: verso de nueve sílabas:

Ju/ven/tud/di/vi/no/te/so/ro[17]

escena *(scene):* subdivisión que hace un autor dentro de los actos de un drama. Algunos escritores[18] modernos dividen sus dramas en escenas o episodios solamente.

estilo *(style):* modo en que un autor se expresa.

estribillo *(refrain):* palabras que se repiten al final[19] de cada verso o estrofa en algunos poemas:

Que bien sé yo la fuente que mana y corre,
aunque es de noche.
Aquella eterna fuente está escondida,
que bien sé yo dónde tiene su salida,
aunque es de noche.

estrofa *(stanza):* agrupación de un número de versos. El número de versos agrupados en estrofas puede variar en un mismo poema.

fábula *(fable):* obra alegórica de enseñanza[20] moral, en la que los personajes son generalmente animales representantes de hombres. Entre las fábulas más famosas están las de Esopo, La Fontaine y Samaniego.

forma: estructura de la obra.

---

[10]a... *after.* [11]*honeysuckle.* [12]*happenings.* [13]*means.* [14]*dawn.* [15]se... *is linked.* [16]*hills.* [17]tesoro... *treasure.* [18]*writers.* [19]al... *at the end.* [20]*teaching.*

género *(genre):* división de obras en grupos determinados, según su estilo o tema. En literatura se habla de tres géneros principales: poético, dramático y novelístico.

heptasílabo: verso de siete sílabas:

y/la/tar/de/tran/qui/la

hexasílabo: verso de seis sílabas:

En/las/ma/ña/ni/cas

hipérbaton: la alteración del orden natural que deben tener las palabras de una frase según las leyes[21] de la sintaxis:

Frase normal: Vi las madreselvas a la luz de la aurora.
Hipérbaton: A la luz vi las madreselvas de la aurora.

hipérbole: exageración de los rasgos[22] o cualidades de una persona o cosa para darles énfasis:

érase un hombre a una nariz pegado[23]

imagen: representación de una cosa determinada con detalles exactos y evocativos.

ironía: se produce cuando la realidad y la apariencia están en conflicto. Cuando una palabra o idea tiene un significado opuesto al que debe tener. Existen muchas clases de ironías: verbal, de acción, de situación y dramática.

lenguaje: estilo con el que el autor se expresa. Puede ser poético, científico o cotidiano.[24]

medida *(measure):* número y clase de sílabas que tiene un verso.

metáfora: manera de hablar en la que se comparan dos objetos, identificando uno con el otro. Por lo general, los objetos son completamente diferentes en naturaleza, pero tienen algún elemento en común. La comparación es puramente imaginativa:

La **antorcha**[25] eterna asoma por el horizonte (antorcha: sol)

métrica *(versification):* arte y ciencia que tratan de[26] la composición poética.

monólogo: parte de una obra en la que el personaje habla solo. Se llama **soliloquio** si el personaje se encuentra solo en escena.

monólogo interior *(stream of consciousness):* son las ideas que pasan por la mente[27] de un personaje en una novela, y son presentadas según van surgiendo[28] sin una secuencia ordenada.

narrador: el que cuenta la historia.

octosílabo: verso de ocho sílabas:

Por/el/mes/e/ra/de/ma/yo

oda: composición lírica de tono elevado, sobre diversos temas y métrica variada:

Templad mi lira, dádmela, que siento
en mi alma estremecida y agitada
arder la inspiración...

onomatopeya: recurso poético con el que el significado de una cosa se sugiere por el sonido[29] de la palabra que se usa. Esto puede ocurrir en una palabra sola, o en la combinación del sonido de varias palabras:

susurro,[30] tictac, zigzag, gluglú

---

[21]*rules.* [22]*features.* [23]*glued.* [24]*everyday.* [25]*torch.* [26]tratan... *deal with.* [27]*mind.* [28]según... *as they come out.* [29]*sound.* [30]*whisper.*

pentasílabo: verso de cinco sílabas:

no/che/de/San/Juan

personaje *(character):* persona en una novela, drama, cuento o poema. Hay muchas clases de personajes: principal, secundario, completo, plano,[31] símbolo y tipo.

personificación: especie de metáfora en la que se le atribuyen cualidades humanas a objetos o cosas inanimadas:

La luna llora en la noche.

protagonista: personaje principal de una obra. Normalmente es la persona que más cambia y alrededor de la cual gira[32] la acción central.

punto de vista *(point of view):* según quién es el narrador de la obra, así es el punto de vista. Si el narrador es el autor, el cual puede ver todo lo que pasa, se le llama autor omnisciente. Si es un personaje, puede ser el "yo testigo"[33] o el "yo personaje". Según todo esto, el punto de vista puede resultar móvil o estático, microscópico o telescópico, universal o individual.

redondilla: estrofa de cuatro octasílabos de rima consonante *abba:*

Ya conozco tu ruin trato
y tus muchas trafacías,[34]
comes las buenas sandías[35]
y nos das liebre[36] por gato.

retrovisión *(flashback):* técnica cinematográfica usada por novelistas y dramaturgos.[37] A través de una serie de retrocesos al pasado, en una historia, el lector conoce los hechos que llevaron al momento presente.

rima: repetición de los mismos sonidos al final de dos o más versos, después de la última vocal acentuada. La rima puede ser asonante o consonante.

ritmo: sonido musical del lenguaje producido por acentos, pausas y repetición de ciertas consonantes:

noche que noche nochera

símil: comparación expresa de un objeto con otro para darle un sentido más vivo:

las gotas de agua como lágrimas del día

sinalefa: unión regular de la última vocal de una palabra con la primera de la palabra que sigue para formar una sílaba:

Di/cho/so[38]‿el/ár/bol/que‿es/a/pe/nas/sen/si/ti/vo

sub-tema: en una obra, temas secundarios que pueden desarrollarse en contraste, separada o paralelamente a la acción principal.

tema: pensamiento[39] central de la obra.

tetrasílabo: verso de cuatro sílabas:

Vein/te/pre/sas

tipo: personaje en una obra que representa ciertos aspectos de una clase social, pero que no tiene individualidad.

trama/argumento *(plot):* plan de acción de una novela, un cuento o una obra teatral.

---

[31]*flat.* [32]*revolves.* [33]*witness.* [34]*falsehoods.* [35]*watermelons.* [36]*hare.* [37]*playwrights.* [38]*fortunate.* [39]*thought.*

trisílabo: verso de tres sílabas:

la/rue/da

versificación: arte de hacer versos. Si los versos tienen un número determinado de sílabas, se llaman **métricos,** si no, **asimétricos.**

verso: grupo de palabras que componen una línea del poema:

Despertad, cantores:
acaben los ecos,
empiecen las voces. *(tres versos)*

verso libre: verso que no se ajusta ni a rimas ni a medidas:

Hoy ya no soy aquella
muchacha
que calzaba sandalias de primavera

Apéndice de material útil

NOMBRES DE PAÍSES, NACIONALIDADES E IDIOMAS

País	*Nacionalidad*	*Idioma*
	África (algunos países)	
Argelia	argelino	árabe
Egipto	egipcio	árabe
Etiopía	etiópico	inglés-swahili
Kenia	keniano	inglés
Libia	libanés	árabe
Marruecos *(Morocco)*	marroquí	árabe
Rodesia	rodesiano	inglés
Sudáfrica	sudafricano	inglés
Sudán	sudanés	árabe
	América	
Norteamérica		
Canadá	canadiense	inglés-francés
(Los) Estados Unidos	norteamericano estadounidense	inglés
México	mexicano	español
Centroamérica		
Costa Rica	costarricense	español
El Salvador	salvadoreño	español
Guatemala	guatemalteco	español
Honduras	hondureño	español
Nicaragua	nicaragüense	español
Panamá	panameño	español
Sudamérica		
Argentina	argentino	español
Bolivia	boliviano	español
Brasil	brasileño	portugués
Colombia	colombiano	español
Chile	chileno	español
Ecuador	ecuatoriano	español

Paraguay	paraguayo	español-guaraní
Perú	peruano	español
Uruguay	uruguayo	español
Las Antillas		
Cuba	cubano	español
Haití	haitiano	francés
Jamaica	jamaicano	inglés
Puerto Rico	puertorriqueño	español
República Dominicana	dominicano	español
	Asia	
Japón	japonés	japonés
India	indio	inglés
China	chino	chino
Las Filipinas	filipino	inglés, español, tagalo
Australia	australiano	inglés
	Europa	
Alemania *(Germany)*	alemán	alemán
Austria	austríaco	alemán
Bélgica *(Belgium)*	belga	francés
Checoslovaquia	checoslovaco	checo
Dinamarca *(Denmark)*	danés	danés
Escocia *(Scotland)*	escocés	inglés
España	español	español
Francia	francés	francés
Finlandia	finlandés	finlandés
Grecia *(Greece)*	griego	griego
Holanda *(Holland)*	holandés	holandés
Hungría *(Hungary)*	húngaro	húngaro
Inglaterra *(England)*	inglés	inglés
Irlanda *(Ireland)*	irlandés	inglés
Italia	italiano	italiano
Noruega *(Norway)*	noruego	noruego
Polonia *(Poland)*	polaco	polaco
Portugal	portugués	portugués
Rumania	rumano	rumano
Rusia	ruso	ruso
Suecia *(Sweden)*	sueco	sueco
Suiza *(Switzerland)*	suizo	francés, alemán, italiano
Yugoslavia	yugoslavo	yugoslavo
	Medio oriente	
Arabia	árabe	árabe
Israel	israelita, israelí	hebreo
Turquía	turco	turco

Medidas y pesos

Las medidas y pesos, tanto en Europa como en Latinoamérica, están basadas en el sistema métrico decimal, en el cual la unidad de medida es el metro. La unidad de peso es el kilogramo y la unidad de capacidad es el litro. Note usted las siguientes equivalencias:

1 metro	3 pies, 3⅖ pulgadas
1 kilogramo	2.2 libras
1 litro	1¾ pintas
4½ litros	1 galón

TABLAS DE CONVERSIÓN

Kilómetros	Millas	Kilogramos	Libras	Litros	Galones
1	0.62	1	2.20	1	.26
2	1.24	2	4.41	2	.53
3	1.86	3	6.61	3	.79
4	2.48	4	8.82	4	1.06
5	3.11	5	11.02	5	1.32
6	3.73			6	1.58
7	4.35			7	1.85
8	4.97			8	2.11
9	5.59			9	2.38
10	6.21			10	2.64

TEMPERATURA

Para convertir los grados Centígrados en grados Fahrenheit, hay que multiplicar los grados Centígrados por 9, dividir el resultado por 5 y añadir 32:

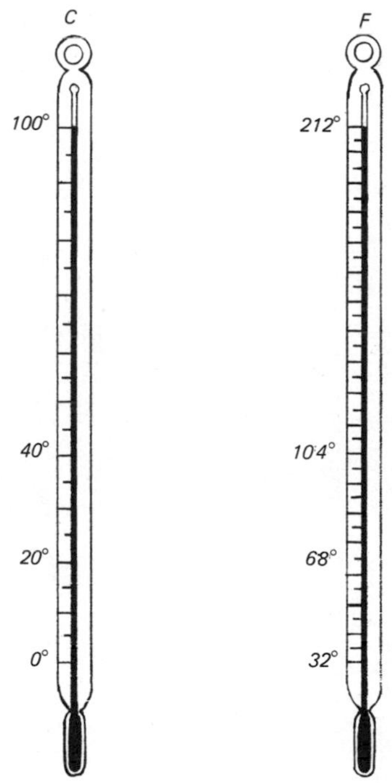

Apéndice de pronunciación

1. The vowels

There are five distinctive vowels in Spanish: **a, e, i, o, u.** Each vowel has only one basic sound which is produced with considerable muscular tension. The pronunciation of each vowel is constant, clear, and brief.

The sound is never prolonged, in fact, the length of the sound is practically the same, whether it is produced in a stressed or unstressed syllable.[1]

To produce the English stressed vowels that most closely resemble Spanish, the speaker changes the position of the tongue, lips, and lower jaw during the production of the sound, so that the vowel actually starts as one sound and then *glides* into another. In Spanish, however, the tongue, lips, and jaw keep a constant position during the production of the sound.

English	***Spanish***
banana	banana

The stress falls on the same vowel and syllable in both Spanish and English, but the stressed English *a* is longer in comparison to Spanish stressed **a.**

English	***Spanish***
banana	banana

Also notice that the stressed English *a* has a sound different from the other *a*'s in the word, while the Spanish **a** sound remains constant and is similar to the other **a** sounds in the Spanish word.

a in Spanish has a sound somewhat similar to the English *a* in the word *father:*

alta casa palma Ana cama Panamá alma apagar

e is pronounced like the English *e* in the word *met:*

mes entre este deje ese encender teme prender

i has a sound similar to the English *ee* in the word *see:*

fin ir sí sin dividir Trini difícil

[1]In a stressed syllable the prominence of the vowel is indicated by its loudness.

o is similar to the English *o* in the word *know,* but without the glide:

toco como poco roto corto corro solo loco

u is pronounced like the English *oo* sound in the word *shoot,* or the *ue* sound in the word *Sue:*

su Lulú Úrsula cultura un luna sucursal Uruguay

DIPHTHONGS AND TRIPHTHONGS

When unstressed **i** or **u** falls next to another vowel in a syllable, it unites with it to form what is called a *diphthong.* Both vowels are pronounced as one syllable. Their sounds do not change; they are only pronounced more rapidly and with a glide. For example:

tr**ai**ga	Lid**ia**	tr**ei**nta	s**ie**te	**oi**go	ad**ió**s
Aurora	ag**ua**	b**ue**no	antig**uo**	c**iu**dad	L**ui**s

A *triphthong* is the union of three vowels, a stressed vowel between unstressed **i** or **u,** in the same syllable. For example:

Parag**uay** estud**iáis**

NOTE: Stressed **i** and **u** do not form diphthongs with other vowels, except in the combinations **iu** and **ui.** For example:

rí-o sa-bí-ais

In syllabication, diphthongs and triphthongs are considered as a single vowel; their components cannot be separated.

2. The consonants

Consonant sounds are produced by regulating the flow of air through the mouth with the aid of two speech organs. As the diagrams illustrate, different speech organs can be used to control the air flow. The point of articulation will differ accordingly.

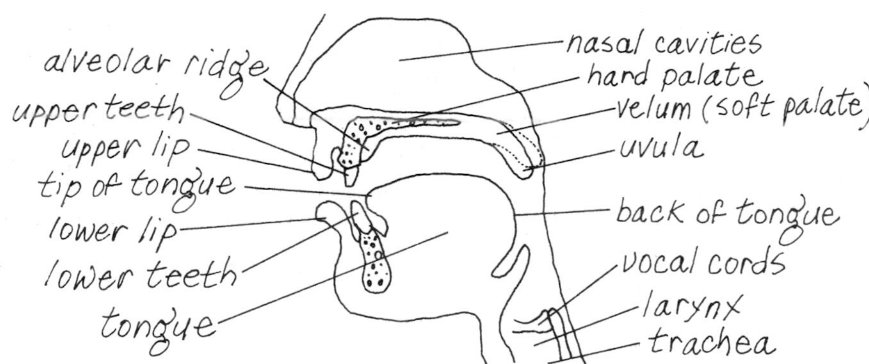

In Spanish, one of the ways to control the air flow is called a *stop* because in the articulation of the sound the air is stopped at some point while passing through the oral cavity.

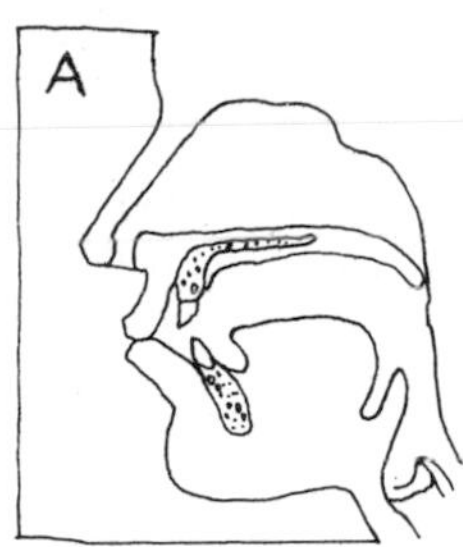

When we bring the speech organs close together, but without closing the air flow completely, we produce a friction sound called a *fricative,* represented by the *ff* and the *th* in the English words *offer* and *other.*

p Spanish **p** is produced by bringing the lips together as a stream of air passes through the oral cavity (see diagram A). It is pronounced in a manner similar to the English *p* sound, but without the puff of air that comes out after the English sound is produced:

pesca pude puedo parte papá
postre piña puente Paco

k The Spanish **k** sound, represented by **k,** by **c** before **a, o, u,** or a consonant, and by **qu,** is produced by touching the velum with the back of the tongue, as in diagram B. The sound is somewhat similar to the English *k* sound, but without the puff of air:

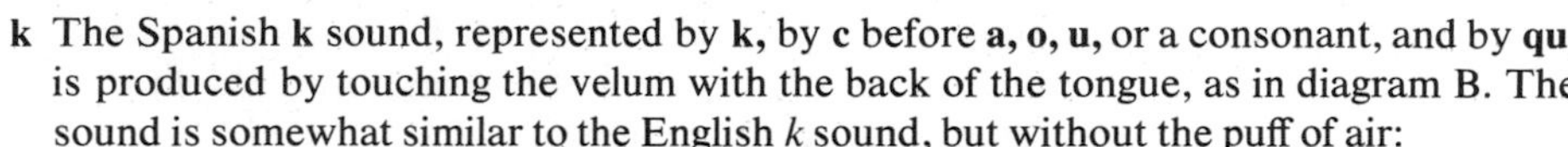

casa comer cuna clima acción que
quinto queso aunque kiosko kilómetro

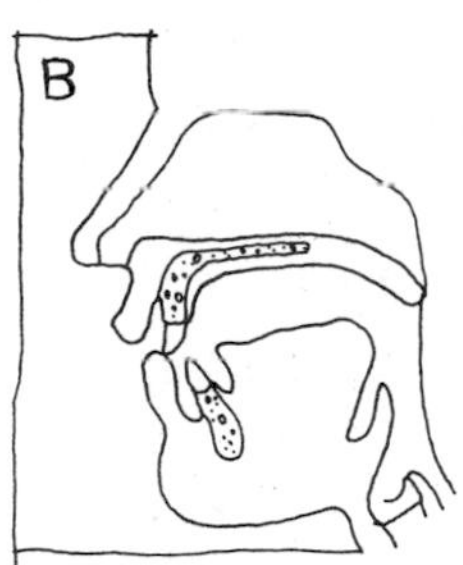

t The Spanish **t** sound is produced by touching the back of the upper front teeth with the tip of the tongue, as in diagram C. It has no puff of air as in the English *t:*

todo antes corto Guatemala diente
resto tonto roto tanque

d The Spanish consonant **d** has two different sounds depending on its position. At the beginning of an utterance and after **n** or **l** the tip of the tongue presses the back of the upper front teeth to produce what is called a *voiced dental stop* (see diagram C):

día doma dice dolor dar
anda Aldo caldo el deseo un domicilio

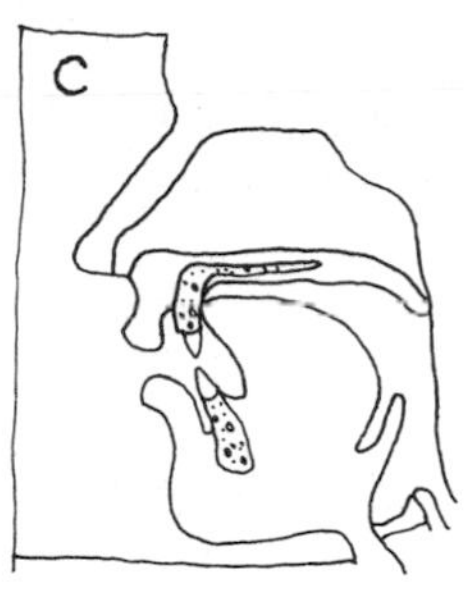

In all other positions the sound of **d** is similar to the *th* sound in the English word *they,* but softer. This sound is called a *voiced dental fricative* (see diagram C). To produce it place the tip of the tongue behind the front teeth:

medida todo nada nadie medio
puedo moda queda nudo

g The Spanish consonant **g** also represents two sounds. At the beginning of an utterance or after **n** it is a *voiced velar stop* (see diagram B), identical to the English *g* sound in the word *guy:*

goma glotón gallo gloria
gorrión garra guerra angustia

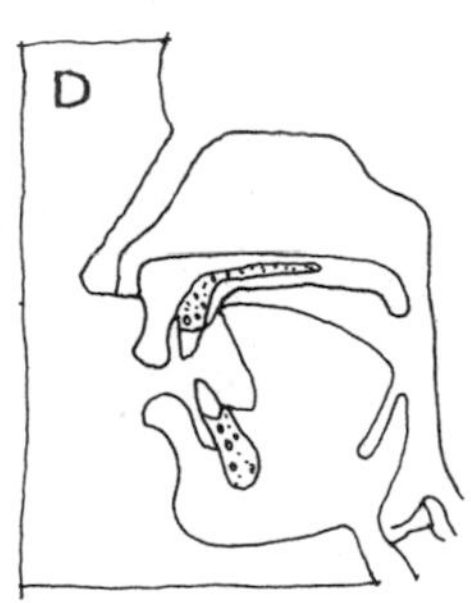

In all other positions, except before **e** or **i,** it is a *voiced velar fricative* (see diagram B), similar to the English *g* sound in the word *sugar.* To produce it move the back of the tongue close to the velum, as in diagram F:

lago alga traga amigo
algo Dagoberto el gorrión la goma

j The sound of Spanish **j** (or **g** before **e** and **i**) is called a *voiceless velar fricative.* To produce it position the back of the tongue close to the velum (see diagram F). (In some Latin American countries the sound is similar to a strongly exaggerated English *h* sound.):

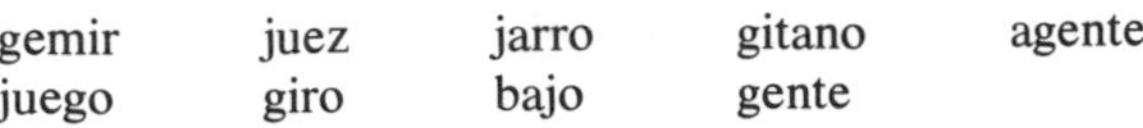

gemir juez jarro gitano agente
juego giro bajo gente

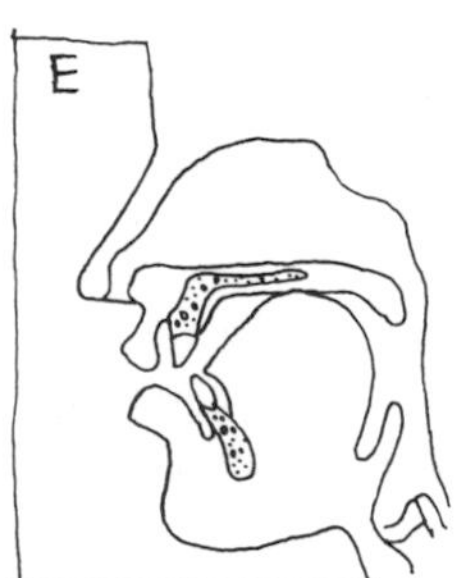

b, v There is no difference in sound between Spanish **b** and **v.** Both letters are pronounced alike. At the beginning of an utterance or after **m** or **n, b** and **v** have a sound called a *voiced bilabial stop* (see diagram A), which is identical to the English *b* sound in the word *boy:*

vivir beber vamos barco enviar
hambre batea bueno vestido

In all other positions the Spanish **b** and **v** sound is a *voiced bilabial fricative* (see diagram A). To produce this sound bring the lips together but do not close them, letting some air pass through.

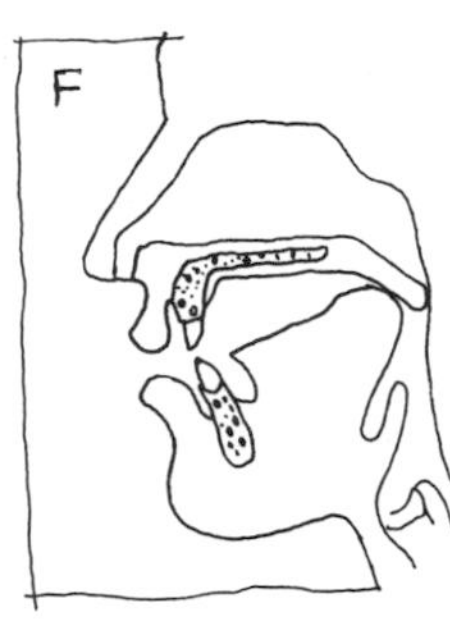

y, ll At the beginning of an utterance or after **n** or **l,** Spanish **y** and **ll** have a sound similar to the English *dg* in the word *edge,* but somewhat softer (see diagram E):

el llavero un yelmo el yeso su yunta llama yema

In all other positions the sound is a *voiced palatal fricative* (see diagram E), similar to the English *y* sound in the word *yes:*

oye trayecto trayectoria mayo milla bella

NOTE: Spanish **y** when it stands alone or is at the end of a word is pronounced like the vowel **i:**

rey hoy y doy buey muy voy estoy soy

r, rr Spanish **r** is produced by tapping the alveolar ridge with the tongue only once and very briefly (see diagram D). The sound is similar to the American English *tt* sound in the word *gutter,* or the *dd* sound in the word *ladder:*

crema aroma cara arena aro
harina toro oro eres portero

Spanish **r** in an initial position or after **n, l,** or **s,** and also **rr** in the middle of a word are pronounced with a very strong trill. This trill is produced by bringing the tip of the tongue near the alveolar ridge and letting it vibrate freely while the air passes through the mouth:

rama carro Israel cierra roto
perro alrededor rizo corre Enrique

s Spanish **s** is represented in most of the Spanish world by the letters **s, z,** and **c** before **e** or **i.** The sound is very similar to the English sibilant *s* in the word *sink:*

sale sitio presidente signo
salsa seda suma vaso
sobrino ciudad cima canción
zapato zarza cerveza centro

When it is in final position, Spanish **s** is less sibilant than in other positions. In many regions of the Spanish world there is a tendency to aspirate word-final **s** and even to drop it altogether:

eres	somos	estas	mesas	libros
vamos	sillas	cosas	rezas mucho	

h The letter **h** is silent in Spanish, unless it is combined with the **c** to form **ch:**

hoy	hora	hidra	hemos
humor	huevo	horror	hortelano

ch Spanish **ch** is pronounced like the English *ch* in the word *chief:*

hecho	chico	coche	Chile
mucho	muchacho	salchicha	

f Spanish **f** is identical in sound to the English **f:**

difícil	feo	fuego	forma
fácil	fecha	foto	fueron

l To produce the Spanish **l** sound, touch the alveolar ridge with the tip of the tongue as for the English *l*. Try to keep the rest of the tongue fairly low in the mouth:

dolor	lata	ángel	lago	sueldo
los	pelo	lana	general	fácil

m Spanish **m** is pronounced like the English *m* in the word *mother:*

mano	moda	mucho	muy
mismo	tampoco	multa	cómoda

n In most cases, Spanish **n** has a sound similar to the English *n* (see diagram D):

nada	nunca	ninguno	norte
entra	tiene	sienta	

The sound of Spanish **n** is often affected by the sounds that occur around it. When it appears before **b, v,** or **p,** it is pronounced like an **m:**

tan bueno	toman vino	sin poder
un pobre	comen peras	siguen bebiendo

Before **k, g,** and **j,** Spanish **n** has a voiced velar nasal sound, similar to the English *ng* in the word *sing:*

un kilómetro	incompleto	conjunto	mango
tengo	enjuto	un comedor	

ñ Spanish **ñ** is a voiced palatal sound (see diagram E), similar to the English *ny* sound in the word *canyon:*

señor	otoño	ñoño	uña
leña	dueño	niños	años

x Spanish **x** has two pronunciations depending on its position. Between vowels the sound is similar to an English *gs:*

examen	exacto	boxeo	éxito
oxidar	oxígeno	existencia	

When Spanish **x** occurs before a consonant it sounds like *s:*

expresión	explicar	extraer	excusa
expreso	exquisito	extremo	

NOTE: When the **x** appears in the word **México** or in other words of Mexican origin associated with historical or legendary figures, or name places, it is pronounced like the letter **j.**

Rhythm

Rhythm is the melodic variation of sound intensity that we usually associate with music. Spanish and English each regulate these variations in speech differently, because they have different patterns of syllable length. In Spanish the length of the stressed and unstressed syllables remains almost the same, while in English stressed syllables are considerably longer than unstressed ones:

student	estudiante
composition	composición
police	policía

Since the length of the Spanish syllables remains constant, the greater the number of syllables in a given word or phrase, the longer the phrase will be.

Pronounce the following words trying to keep stressed and unstressed syllables the same length, and enunciating each syllable clearly. (Remember that stressed and unstressed vowels are pronounced alike.)

Úr-su-la	los-za-pa-tos
la-su-cur-sal	bue-no
Pa-ra-guay	di-fí-cil
la-cul-tu-ra	ba-jan-to-dos
el-ci-ne	ki-ló-me-tro

Linking

In spoken Spanish the different words in a phrase or a sentence are not pronounced as isolated elements but combined together. This is called *linking:*

Pe-pe-co-me-pan	Pepe come pan
To-más-to-ma-le-che	Tomás toma leche
Luis-tie-ne-la-lla-ve	Luis tiene la llave
la-ma-no-de-Ro-ber-to	la mano de Roberto

1. The last consonant of a word is pronounced together with the initial vowel of the following word:

Car-lo-san-da	Carlos anda
u-nán-gel	un ángel
e-lo-to-ño	el otoño
u-no-ses-tu-dio-sin-te-re-san-tes	unos estudios interesantes

2. A diphthong is formed between the last vowel of a word and the initial vowel of the following word. A triphthong is formed when there is a three vowel combination (see rules for the formation of diphthongs and triphthongs on page 000.)

suher-ma-na	su hermana

tues-co-pe-ta	tu escopeta
Ro-ber-toy-Luis	Roberto y Luis
ne-go-cioim-por-tan-te	negocio importante
llu-viay-nie-ve	lluvia y nieve
ar-duaem-pre-sa	ardua empresa

3. When the last vowel of a word and the initial vowel of the following word are the same, they are pronounced as one, slightly longer vowel:

A-n*a*l-can-za	Ana alcanza	tie-n*e*-so	tiene eso
l*o*l-vi-do	lo olvido	Ad*a*-tien-de	Ada atiende

The same rule applies when two equal vowels appear within a word:

cr*e*s	crees
T*e*-rán	Teherán
c*o*r-di-na-ción	coordinación

4. When the last consonant of a word and the initial consonant of the following word are the same, they are pronounced like one consonant with slightly longer than normal duration:

e-*l*a-do	el lado
Car-lo-*s*al-ta	Carlos salta
tie-ne-*s*ed	tienes sed

Intonation

Intonation is the rise and fall of pitch in the delivery of a phrase or a sentence. In most languages intonation is one of the most important devices to express differences of meaning between otherwise identical phrases or sentences. In general, Spanish pitch tends to change less than English, giving the impression that the language is less emphatic.

As a rule, the intonation for normal statements in Spanish starts on a low tone, rises to a higher one on the first stressed syllable, maintains that tone until the last stressed syllable, and then goes back to the initial low tone, with still another drop at the very end:

Tu amigo viene mañana. José come pan.

Ada está en casa. Carlos toma café.

THE ALPHABET

Letter	Name	Letter	Name	Letter	Name	Letter	Name
a	a	g	ge	m	eme	rr	erre
b	be	h	hache	n	ene	s	ese
c	ce	i	i	ñ	eñe	t	te
ch	che	j	jota	o	o	u	u
d	de	k	ka	p	pe	v	ve
e	e	l	ele	q	cu	w	doble ve
f	efe	ll	elle	r	ere	x	equis
						y	y griega
						z	zeta

Cognates

When learning a foreign language, being able to recognize cognates is of great value. Let's study some of them:

1. Some exact cognates (only the pronunciation is different):

general	mineral	central	natural
idea	musical	cultural	banana
terrible	horrible	humor	terror

2. Some cognates are almost the same, except for a written accent mark, a final vowel, or a single consonant in the Spanish word:

región	península	México	conversión
persona	arte	importante	potente
comercial	oficial	posible	imposible

3. Most nouns ending in *-tion* in English end in **-ción** in Spanish:

conversación   solución   operación   cooperación

4. English words ending in *-ce* and *-ty* end in **-cia, -cio,** and **-dad** in Spanish:

importancia	competencia	precipicio
universidad	frivolidad	popularidad

5. The English ending *-ous* is often equivalent to the Spanish ending **-oso:**

famosos   amoroso   numeroso   malicioso

6. The cluster *s* + consonant is often equivalent to **es** + consonant in Spanish:

escuela   estado   estudio   especial

7. Finally, there are less approximate cognates that are still easily recognizable:

millón	norte	millonario	monte
ingeniero	estudiar	artículo	ordenar
deliberadamente	enemigo	mayoría	centro

Apéndice de verbos

Regular verbs: Model **-ar, -er, -ir** verbs

	INFINITIVE	
amar *to love*	**comer** *to eat*	**vivir** *to live*
	PRESENT PARTICIPLE	
amando *loving*	**comiendo** *eating*	**viviendo** *living*
	PAST PARTICIPLE	
amado *loved*	**comido** *eaten*	**vivido** *lived*

SIMPLE TENSES

Indicative Mood

PRESENT

(I love)	*(I eat)*	*(I live)*
amo	como	vivo
amas	comes	vives
ama	come	vive
amamos	comemos	vivimos
amáis	coméis	vivís
aman	comen	viven

IMPERFECT

(I used to love)	*(I used to eat)*	*(I used to live)*
amaba	comía	vivía
amabas	comías	vivías
amaba	comía	vivía
amábamos	comíamos	vivíamos
amabais	comíais	vivíais
amaban	comían	vivían

PRETERIT

(I loved)	*(I ate)*	*(I lived)*
am**é**	com**í**	viv**í**
am**aste**	com**iste**	viv**iste**
am**ó**	com**ió**	viv**ió**
am**amos**	com**imos**	viv**imos**
am**asteis**	com**isteis**	viv**isteis**
am**aron**	com**ieron**	viv**ieron**

FUTURE

(I will love)	*(I will eat)*	*(I will live)*
amar**é**	comer**é**	vivir**é**
amar**ás**	comer**ás**	vivir**ás**
amar**á**	comer**á**	vivir**á**
amar**emos**	comer**emos**	vivir**emos**
amar**éis**	comer**éis**	vivir**éis**
amar**án**	comer**án**	vivir**án**

CONDITIONAL

(I would love)	*(I would eat)*	*(I would live)*
amar**ía**	comer**ía**	vivir**ía**
amar**ías**	comer**ías**	vivir**ías**
amar**ía**	comer**ía**	vivir**ía**
amar**íamos**	comer**íamos**	vivir**íamos**
amar**íais**	comer**íais**	vivir**íais**
amar**ían**	comer**ían**	vivir**ían**

Subjunctive Mood

PRESENT

([that] I [may] love)	*([that] I [may] eat)*	*([that] I [may] live)*
am**e**	com**a**	viv**a**
am**es**	com**as**	viv**as**
am**e**	com**a**	viv**a**
am**emos**	com**amos**	viv**amos**
am**éis**	com**áis**	viv**áis**
am**en**	com**an**	viv**an**

IMPERFECT

(two forms: **ara, ase**)

([that] I [might] love)	*([that] I [might] eat)*	*([that] I [might] live)*
am**ara -ase**	com**iera -iese**	viv**iera -iese**
am**aras -ases**	com**ieras -ieses**	viv**ieras -ieses**
am**ara -ase**	com**iera -iese**	viv**iera -iese**

am**áramos -ásemos**	com**iéramos -iésemos**	viv**iéramos -iésemos**
am**arais -aseis**	com**ierais -ieseis**	viv**ierais -ieseis**
am**aran -asen**	com**ieran -iesen**	viv**ieran -iesen**

IMPERATIVE MOOD

(love)	*(eat)*	*(live)*
am**a** (tú)	com**e** (tú)	viv**e** (tú)
am**e** (Ud.)	com**a** (Ud.)	viv**a** (Ud.)
am**emos** (nosotros)	com**amos** (nosotros)	viv**amos** (nosotros)
am**ad** (vosotros)	com**ed** (vosotros)	viv**id** (vosotros)
am**en** (Uds.)	com**an** (Uds.)	viv**an** (Uds.)

COMPOUND TENSES

PERFECT INFINITIVE

haber amado	**haber comido**	**haber vivido**

PERFECT PARTICIPLE

habiendo amado	**habiendo comido**	**habiendo vivido**

Indicative Mood

PRESENT PERFECT

(I have loved)	*(I have eaten)*	*(I have lived)*
he amado	he comido	he vivido
has amado	has comido	has vivido
ha amado	ha comido	ha vivido
hemos amado	hemos comido	hemos vivido
habéis amado	habéis comido	habéis vivido
han amado	han comido	han vivido

PLUPERFECT

(I had loved)	*(I had eaten)*	*(I had lived)*
había amado	había comido	había vivido
habías amado	habías comido	habías vivido
había amado	había comido	había vivido
habíamos amado	habíamos comido	habíamos vivido
habíais amado	habíais comido	habíais vivido
habían amado	habían comido	habían vivido

FUTURE PERFECT

(I will have loved)	*(I will have eaten)*	*(I will have lived)*
habré amado	habré comido	habré vivido
habrás amado	habrás comido	habrás vivido
habrá amado	habrá comido	habrá vivido

habremos amado	habremos comido	habremos vivido
habréis amado	habréis comido	habréis vivido
habrán amado	habrán comido	habrán vivido

CONDITIONAL PERFECT

(I would have loved)	*(I would have eaten)*	*(I would have lived)*
habría amado	habría comido	habría vivido
habrías amado	habrías comido	habrías vivido
habría amado	habría comido	habría vivido
habríamos amado	habríamos comido	habríamos vivido
habríais amado	habríais comido	habríais vivido
habrían amado	habrían comido	habrían vivido

Subjunctive Mood

PRESENT PERFECT

([that] I [may] have loved)	*([that] I [may] have eaten)*	*([that] I [may] have lived)*
haya amado	haya comido	haya vivido
hayas amado	hayas comido	hayas vivido
haya amado	haya comido	haya vivido
hayamos amado	hayamos comido	hayamos vivido
hayáis amado	hayáis comido	hayáis vivido
hayan amado	hayan comido	hayan vivido

PLUPERFECT

(two forms: **-ra, -se**)

([that] I [might] have loved)	*([that] I [might] have eaten)*	*([that] I [might] have lived)*
hubiera -iese amado	hubiera -iese comido	hubiera -iese vivido
hubieras -ieses amado	hubieras -ieses comido	hubieras -ieses vivido
hubiera -iese amado	hubiera -iese comido	hubiera -iese vivido
hubiéramos -iésemos amado	hubiéramos -iésemos comido	hubiéramos -iésemos vivido
hubierais -ieseis amado	hubierais -ieseis comido	hubierais -ieseis vivido
hubieran -iesen amado	hubieran -iesen comido	hubieran -iesen vivido

Stem-changing verbs

Stem-changing verbs are those that have a change in the root of the verb. Verbs that end in **-ar** and **-er** change the stressed vowel **e** to **ie,** and the stressed **o** to **ue.** These changes occur in all persons, except the first and second persons plural, of the present indicative, present subjunctive, and imperative.

THE **-ar** AND **-er** STEM-CHANGING VERBS

INFINITIVE	PRESENT INDICATIVE	IMPERATIVE	PRESENT SUBJUNCTIVE
perder	pierdo	———	pierda
to lose	pierdes	pierde	pierdas
	pierde	pierda	pierda
	perdemos	perdamos	perdamos
	perdéis	perded	perdáis
	pierden	pierdan	pierdan
cerrar	cierro	———	cierre
to close	cierras	cierra	cierres
	cierra	cierre	cierre
	cerramos	cerremos	cerremos
	cerráis	cerrad	cerréis
	cierran	cierren	cierren
contar	cuento	———	cuente
to count,	cuentas	cuenta	cuentes
to tell	cuenta	cuente	cuente
	contamos	contemos	contemos
	contáis	contad	contéis
	cuentan	cuenten	cuenten
volver	vuelvo	———	vuelva
to return	vuelves	vuelve	vuelvas
	vuelve	vuelva	vuelva
	volvemos	volvamos	volvamos
	volvéis	volved	volváis
	vuelven	vuelvan	vuelvan

Verbs that follow the same pattern are:

acordarse *to remember*
acostar(se) *to go to bed*
almorzar *to have lunch*
atravesar *to go through*
cocer *to cook*
colgar *to hang*
comenzar *to begin*
confesar *to confess*
costar *to cost*
demostrar *to demonstrate, to show*
despertar(se) *to wake up*
discernir *to discern*
empezar *to begin*
encender *to light, turn on*
encontrar *to find*
entender *to understand*
llover *to rain*
mover *to move*
mostrar *to show*
negar *to deny*
nevar *to snow*
pensar *to think, to plan*
probar *to prove, to taste*
recordar *to remember*
rogar *to beg*
sentar(se) *to sit down*
soler *to be in the habit of*
soñar *to dream*
tender *to stretch, to unfold*
torcer *to twist*

There are two types of stem-changing verbs that end in **-ir:** one type changes stressed **e** to **ie** in some tenses and to **i** in others, and stressed **o** to **ue** or **u;** the second type changes stressed **e** to **i** only in all the irregular tenses.

Type 1 **-ir: e > ie / i**
o > ue / u

These changes occur as follows:

Present Indicative: all persons except the first and second plural change **e** to **ie** and **o** to **ue.** Preterit: third person, singular and plural, changes **e** to **i** and **o** to **u.** Present Subjunctive: all persons change **e** to **ie** and **o** to **ue,** except the first and second persons plural which change **e** to **i** and **o** to **u.** Imperfect Subjunctive: all persons change **e** to **i** and **o** to **u.** Imperative: all persons except the second person plural change **e** to **ie** and **o** to **ue,** and first person plural changes **e** to **i** and **o** to **u.** Present Participle: changes **e** to **i** and **o** to **u.**

THE **-ir** STEM-CHANGING VERBS (TYPE I)

INFINITIVE	*Indicative*		*Imperative*	*Subjunctive*	
sentir *to feel*					
	PRESENT	PRETERIT		PRESENT	IMPERFECT
	siento	sentí	______	sienta	sintiera (-iese)
PRESENT	sientes	sentiste	siente	sientas	sintieras
PARTICIPLE	siente	sintió	sienta	sienta	sintiera
sintiendo					
	sentimos	sentimos	sintamos	sintamos	sintiéramos
	sentís	sentisteis	sentid	sintáis	sintierais
	sienten	sintieron	sientan	sientan	sintieran
dormir	duermo	dormí	______	duerma	durmiera (-iese)
to sleep	duermes	dormiste	duerme	duermas	durmieras
	duerme	durmió	duerma	duerma	durmiera
durmiendo					
	dormimos	dormimos	durmamos	durmamos	durmiéramos
	dormís	dormisteis	dormid	durmáis	durmierais
	duermen	durmieron	duerman	duerman	durmieran

Other verbs that follow the same pattern are:

advertir *to warn*
arrepentir(se) *to repent*
consentir *to consent, to pamper*
convertir(se) *to turn into*
divertir(se) *to amuse oneself*
herir *to wound, to hurt*
mentir *to lie*
morir *to die*
preferir *to prefer*
referir *to refer*
sugerir *to suggest*

The verbs in the second category are irregular in the same tenses as those of the first type. The only difference is that they only have one change: **e** > **i** in all irregular persons.

THE **-ir** STEM-CHANGING VERBS (TYPE II)

INFINITIVE	*Indicative*		*Imperative*	*Subjunctive*	
pedir *to ask for, request*	PRESENT	PRETERIT		PRESENT	IMPERFECT
	pido	pedí	———	pida	pidiera (-iese)
PRESENT	pides	pediste	pide	pidas	pidieras
PARTICIPLE	pide	pidió	pida	pida	pidiera
pidiendo					
	pedimos	pedimos	pidamos	pidamos	pidiéramos
	pedís	pedisteis	pedid	pidáis	pidierais
	piden	pidieron	pidan	pidan	pidieran

Verbs that follow this pattern are:

concebir *to conceive*	reír(se) *to laugh*
competir *to compete*	repetir *to repeat*
despedir(se) *to say goodbye*	reñir *to fight*
elegir *to choose*	seguir *to follow*
impedir *to prevent*	servir *to serve*
perseguir *to pursue*	vestir(se) *to dress*

Orthographic-changing verbs

Some verbs undergo a change in the spelling of the stem in some tenses, in order to keep the sound of the final consonant. The most common ones are those with the consonants **g** and **c.** Remember that **g** and **c** in front of **e** or **i** have a soft sound, and in front of **a, o,** or **u** have a hard sound. In order to keep the soft sound in front of **a, o,** or **u,** we change **g** and **c** to **j** and **z**, respectively. And in order to keep the hard sound of **g** or **c** in front of **e** and **i,** we add a **u** to the **g** (**gu**) and change the **c** to **qu.** The most important verbs of this type that are regular in all the tenses but change in spelling are the following:

1. Verbs ending in **-gar** change **g** to **gu** before **e** in the first person of the preterit and in all persons of the present subjunctive.

   pagar to pay
   Preterit: pa**gué**, pagaste, pagó, etc.
   Pres. Subj.: pa**gue**, pa**gues**, pa**gue**, pa**gue**mos, pa**gué**is, pa**gu**en

   Verbs with the same change: **colgar, llegar, navegar, negar, regar, rogar, jugar.**

2. Verbs ending in **-ger** or **-gir** change **g** to **j** before **o** and **a** in the first person of the present indicative and in all the persons of the present subjunctive.

proteger to protect
Pres. Ind.: protejo, proteges, protege, etc.
Pres. Subj.: proteja, protejas, proteja, protejamos, protejáis, protejan

Verbs with the same pattern: **coger, dirigir, escoger, exigir, recoger, corregir.**

3. Verbs ending in **-guar** change **gu** to **gü** before **e** in the first persons of the preterit and in all persons of the present subjunctive.

averiguar to find out
Preterit: averigüé, averiguaste, averiguó, etc.
Pres. Subj.: averigüe, averigües, averigüe, averigüemos, averigüéis, averigüen

The verb **apaciguar** has the same changes as above.

4. Verbs ending in **-guir** change **gu** to **g** before **o** and **a** in the first person of the present indicative and in all persons of the present subjunctive.

conseguir to get
Pres. Ind.: consigo, consigues, consigue, etc.
Pres. Subj.: consiga, consigas, consiga, consigamos, consigáis, consigan

Verbs with the same change: **distinguir, perseguir, proseguir, seguir.**

5. Verbs ending in **-car** change **c** to **qu** before **e** in the first person of the preterit and in all persons of the present subjunctive.

tocar to touch, to play *(a musical instrument)*
Preterit: to**qu**é, tocaste, tocó, etc.
Pres. Subj.: to**qu**e, to**qu**es, to**qu**e, to**qu**emos, to**qu**éis, to**qu**en

Verbs that have the same pattern: **atacar, buscar, comunicar, explicar, indicar, sacar, pescar.**

6. Verbs ending in **-cer** or **-cir** preceded by a consonant change **c** to **z** before **o** and **a** in the first person of the present indicative and in all persons of the present subjunctive.

torcer to twist
Pres. Ind.: tuerzo, tuerces, tuerce, etc.
Pres. Subj.: tuerza, tuerzas, tuerza, torzamos, torzáis, tuerzan

Verbs that have the same change: **convencer, esparcir, vencer.**

7. Verbs ending in **-cer** or **-cir** preceded by a vowel change **c** to **zc** before **o** and **a** in the first person of the present indicative and in all persons of the present subjunctive.

conocer to know, to be acquainted with
Pres. Ind.: conozco, conoces, conoce, etc.
Pres. Subj.: conozca, conozcas, conozca, conozcamos, conozcáis, conozcan

Verbs that follow the same pattern: **agradecer, aparecer, carecer, establecer, entristecer** *(to sadden),* **lucir, nacer, obedecer, ofrecer, padecer, parecer, pertenecer, relucir, reconocer.**

8. Verbs ending in **-zar** change **z** to **c** before **e** in the first person of the preterit and in all persons of the present subjunctive.

rezar to pray

Preterit:	recé, rezaste, rezó, etc.
Pres. Subj.:	rece, reces, rece, recemos, recéis, recen

Verbs that have the same pattern: **alcanzar, almorzar, comenzar, cruzar, empezar, forzar, gozar, abrazar.**

9. Verbs ending in **-eer** change the unstressed **i** to **y** between vowels in the third person singular and plural of the preterit, in all persons of the imperfect subjunctive, and in the present participle.

creer to believe

Preterit:	creí, creíste, creyó, creímos, creísteis, creyeron
Imp. Subj.:	creyera, creyeras, creyera, creyéramos, creyerais, creyeran
Pres. Part.:	creyendo
Past Part.:	creído

Leer and **poseer** follow the same pattern.

10. Verbs ending in **-uir** change the unstressed **i** to **y** between vowels (except **-quir** which has the silent **u**) in the following tenses and persons:

huir to escape, to flee

Pres. Part.:	huyendo
Pres. Ind.:	huyo, huyes, huye, huimos, huís, huyen
Preterit:	huí, huiste, huyó, huimos, huisteis, huyeron
Imperative:	huye, huya, huyamos, huid, huyan
Pres. Subj.:	huya, huyas, huya, huyamos, huyáis, huyan
Imp. Subj.:	huyera(ese), huyeras, huyera, huyéramos, huyerais, huyeran

Verbs with the same change: **atribuir, concluir, constituir, construir, contribuir, destituir, destruir, disminuir, distribuir, excluir, incluir, influir, instruir, restituir, sustituir.**

11. Verbs ending in **-eír** lose one **e** in the third person singular and plural of the preterit, in all persons of the imperfect subjunctive, and in the present participle.

reír to laugh

Preterit:	reí, reíste, rio, reímos, reísteis, rieron
Imp. Subj.:	riera(ese), rieras, riera, rieramos, rierais, rieran
Pres. Part.:	riendo

Sonreír and **freír** have the same pattern.

12. Verbs ending in **-iar** add a written accent to the **i,** except in the first and second persons plural of the present indicative and subjunctive.

fiar(se) to trust

Pres. Ind.:	fío (me), fías (te), fía (se), fiamos (nos), fiais (os), fían (se)
Pres. Subj.:	fíe (me), fíes (te), fíe (se), fiemos (nos), fiéis (os), fíen (se)

Other verbs which follow the same change: **enviar, ampliar, criar, desviar, enfriar, guiar, telegrafiar, vaciar, variar.**

13. Verbs ending in **-uar** (except **-guar**) add a written accent to the **u,** except in the first and second persons plural of the present indicative and subjunctive.

actuar to act

Pres. Ind.: actúo, actúas, actúa, actuamos, actuáis, actúan
Pres. Subj.: actúe, actúes, actúe, actuemos, actuéis, actúen

Verbs with the same pattern: **continuar, acentuar, efectuar, exceptuar, graduar, habituar, insinuar, situar.**

14. Verbs ending in **-ñir** lose the **i** of the diphthongs **ie** and **ió** in the third person singular and plural of the preterit and all persons of the imperfect subjunctive. They also change the **e** of the stem to **i** in the same persons.

teñir to dye
Preterit: teñí, teñiste, tiñó, teñimos, teñisteis, tiñeron
Imp. Subj.: tiñera (ese), tiñeras, tiñera, tiñéramos, tiñerais, tiñeran

Verbs which follow the same change: **ceñir, constreñir, desteñir, estreñir, reñir.**

Some common irregular verbs

acertar to guess right
Pres. Ind.: acierto, aciertas, acierta, acertamos, acertáis, aciertan
Pres. Subj.: acierte, aciertes, acierte, acertemos, acertéis, acierten
Imperative: acierta, acierte, acertemos, acertad, acierten

adquirir to acquire
Pres. Ind.: adquiero, adquieres, adquiere, adquirimos, adquirís, adquieren
Pres. Subj.: adquiera, adquieras, adquiera, adquiramos, adquiráis, adquieran
Imperative: adquiere, adquiera, adquiramos, adquirid, adquieran

andar to walk
Preterit: anduve, anduviste, anduvo, anduvimos, anduvisteis, anduvieron
Imp. Subj.: anduviera (anduviese), anduvieras, anduviera, anduviéramos, anduvierais, anduvieran

avergonzarse to be ashamed, to be embarrassed
Pres. Ind.: me avergüenzo, te avergüenzas, se avergüenza, nos avergonzamos, os avergonzáis, se avergüenzan
Pres. Subj.: me avergüence, te avergüences, se avergüence, nos avergoncemos, os avergoncéis, se avergüencen
Imperative: avergüénzate, avergüéncese, avergoncémonos, avergonzaos, avergüenzense

caber to fit, to have enough room
Pres. Ind.: quepo, cabes, cabe, cabemos, cabéis, caben
Preterit: cupe, cupiste, cupo, cupimos, cupisteis, cupieron
Future: cabré, cabrás, cabrá, cabremos, cabréis, cabrán
Conditional: cabría, cabrías, cabría, cabríamos, cabríais, cabrían
Imperative: cabe, quepa, quepamos, cabed, quepan
Pres. Subj.: quepa, quepas, quepa, quepamos, quepáis, quepan
Imp. Subj.: cupiera (cupiese), cupieras, cupiera, cupiéramos, cupierais, cupieran

caer to fall
Pres. Ind.: caigo, caes, cae, caemos, caéis, caen
Preterit: caí, caíste, cayó, caímos, caísteis, cayeron

Imperative: cae, caiga, caigamos, caed, caigan
Pres. Subj.: caiga, caigas, caiga, caigamos, caigáis, caigan
Imp. Subj.: cayera (cayese), cayeras, cayera, cayéramos, cayerais, cayeran
Past Part.: caído

cegar to blind
Pres. Ind.: ciego, ciegas, ciega, cegamos, cegáis, ciegan
Imperative: ciega, ciegue, ceguemos, cegad, cieguen
Pres. Subj.: ciegue, ciegues, ciegue, ceguemos, ceguéis, cieguen

conducir to guide, to drive
Pres. Ind.: conduzco, conduces, conduce, conducimos, conducís, conducen
Preterit: conduje, condujiste, condujo, condujimos, condujisteis, condujeron
Imperative: conduce, conduzca, conduzcamos, conducid, conduzcan
Pres. Subj.: conduzca, conduzcas, conduzca, conduzcamos, conduzcáis, conduzcan
Imp. Subj.: condujera (condujese), condujeras, condujera, condujéramos, condujerais, condujeran

(All verbs ending in **-ducir** follow this pattern)

convenir to agree (See **venir**)

dar to give
Pres. Ind.: doy, das, da, damos, dais, dan
Preterit: di, diste, dio, dimos, disteis, dieron
Imperative: da, dé, demos, dad, den
Pres. Subj.: dé, des, dé, demos, deis, den
Imp. Subj.: diera (diese), dieras, diera, diéramos, dierais, dieran

decir to say, to tell
Pres. Ind.: digo, dices, dice, decimos, decís, dicen
Preterit: dije, dijiste, dijo, dijimos, dijisteis, dijeron
Future: diré, dirás, dirá, diremos, diréis, dirán
Conditional: diría, dirías, diría, diríamos, diríais, dirían
Imperative: di, diga, digamos, decid, digan
Pres. Subj.: diga, digas, diga, digamos, digáis, digan
Imp. Subj.: dijera (dijese), dijeras, dijera, dijéramos, dijerais, dijeran
Pres. Part.: diciendo
Past Part.: dicho

detener to stop, to hold, to arrest (See **tener**)

elegir to choose
Pres. Ind.: elijo, eliges, elige, elegimos, elegís, eligen
Preterit: elegí, elegiste, eligió, elegimos, elegisteis, eligieron
Imperative: elige, elija, elijamos, elegid, elijan
Pres. Subj.: elija, elijas, elija, elijamos, elijáis, elijan
Imp. Subj.: eligiera (eligiese), eligieras, eligiera, eligiéramos, eligierais, eligieran

entender to understand
Pres. Ind.: entiendo, entiendes, entiende, entendemos, entendéis, entienden
Imperative: entiende, entienda, entendamos, entended, entiendan
Pres. Subj.: entienda, entiendas, entienda, entendamos, entendáis, entiendan

entretener to entertain, to amuse (See **tener**)

extender to extend, to stretch out (See **tender**)

errar to err, to miss
Pres. Ind.: yerro, yerras, yerra, erramos, erráis, yerran
Imperative: yerra, yerre, erremos, errad, yerren
Pres. Subj.: yerre, yerres, yerre, erremos, erréis, yerren

estar to be
Pres. Ind.: estoy, estás, está, estamos, estáis, están
Preterit: estuve, estuviste, estuvo, estuvimos, estuvisteis, estuvieron
Imperative: está, esté, estemos, estad, estén
Pres. Subj.: esté, estés, esté, estemos, estéis, estén
Imp. Subj.: estuviera (estuviese), estuvieras, estuviera, estuviéramos, estuvierais, estuvieran

haber to have
Pres. Ind.: he, has, ha, hemos, habéis, han
Preterit: hube, hubiste, hubo, hubimos, hubisteis, hubieron
Future: habré, habrás, habrá, habremos, habréis, habrán
Conditional: habría, habrías, habría, habríamos, habríais, habrían
Imperative: he, haya, hayamos, habed, hayan
Pres. Subj.: haya, hayas, haya, hayamos, hayáis, hayan
Imp. Subj.: hubiera (hubiese), hubieras, hubiera, hubiéramos, hubierais, hubieran

hacer to do, to make
Pres. Ind.: hago, haces, hace, hacemos, hacéis, hacen
Preterit: hice, hiciste, hizo, hicimos, hicisteis, hicieron
Future: haré, harás, hará, haremos, haréis, harán
Conditional: haría, harías, haría, haríamos, haríais, harían
Imperative: haz, haga, hagamos, haced, hagan
Pres. Subj.: haga, hagas, haga, hagamos, hagáis, hagan
Imp. Subj.: hiciera (hiciese), hicieras, hiciera, hiciéramos, hicierais, hicieran
Past Part.: hecho

imponer to impose, to deposit (See **poner**)

introducir to introduce, to insert, to gain access (See **conducir**)

ir to go
Pres. Ind.: voy, vas, va, vamos, vais, van
Imp. Ind.: iba, ibas, iba, íbamos, ibais, iban
Preterit: fui, fuiste, fue, fuimos, fuisteis, fueron
Imperative: ve, vaya, vayamos, id, vayan
Pres. Subj.: vaya, vayas, vaya, vayamos, vayáis, vayan
Imp. Subj.: fuera (fuese), fueras, fuera, fuéramos, fuerais, fueran

jugar to play
Pres. Ind.: juego, juegas, juega, jugamos, jugáis, juegan
Imperative: juega, juegue, juguemos, jugad, jueguen
Pres. Subj.: juegue, juegues, juegue, juguemos, juguéis, jueguen

obtener to obtain (See **tener**)

oír to hear
Pres. Ind.: oigo, oyes, oye, oímos, oís, oyen

Preterit:	oí, oíste, oyó, oímos, oísteis, oyeron
Imperative:	oye, oiga, oigamos, oid, oigan
Pres. Subj.:	oiga, oigas, oiga, oigamos, oigáis, oigan
Imp. Subj.:	oyera (oyese), oyeras, oyera, oyéramos, oyerais, oyeran
Pres. Part.:	oyendo
Past Part.:	oído

oler to smell

Pres. Ind.:	huelo, hueles, huele, olemos, oléis, huelen
Imperative:	huele, huela, olamos, oled, huelan
Pres. Subj.:	huela, huelas, huela, olamos, oláis, huelan

poder to be able

Pres. Ind.:	puedo, puedes, puede, podemos, podéis, pueden
Preterit:	pude, pudiste, pudo, pudimos, pudisteis, pudieron
Future:	podré, podrás, podrá, podremos, podréis, podrán
Conditional:	podría, podrías, podría, podríamos, podríais, podrían
Imperative:	puede, pueda, podamos, poded, puedan
Pres. Subj.:	pueda, puedas, pueda, podamos, podáis, puedan
Imp. Subj.:	pudiera (pudiese), pudieras, pudiera, pudiéramos, pudierais, pudieran
Pres. Part.:	pudiendo

poner to place, to put

Pres. Ind.:	pongo, pones, pone, ponemos, ponéis, ponen
Preterit:	puse, pusiste, puso, pusimos, pusisteis, pusieron
Future:	pondré, pondrás, pondrá, pondremos, pondréis, pondrán
Conditional:	pondría, pondrías, pondría, pondríamos, pondríais, pondrían
Imperative:	pon, ponga, pongamos, poned, pongan
Pres. Subj.:	ponga, pongas, ponga, pongamos, pongáis, pongan
Imp. Subj.:	pusiera (pusiese), pusieras, pusiera, pusiéramos, pusierais, pusieran
Past Part.:	puesto

querer to want, to wish, to like

Pres. Ind.:	quiero, quieres, quiere, queremos, queréis, quieren
Preterit:	quise, quisiste, quiso, quisimos, quisisteis, quisieron
Future:	querré, querrás, querrá, querremos, querréis, querrán
Conditional:	querría, querrías, querría, querríamos, querríais, querrían
Imperative:	quiere, quiera, queramos, quered, quieran
Pres. Subj.:	quiera, quieras, quiera, queramos, queráis, quieran
Imp. Subj.:	quisiera (quisiese), quisieras, quisiera, quisiéramos, quisierais, quisieran

resolver to decide on

Pres. Ind.:	resuelvo, resuelves, resuelve, resolvemos, resolvéis, resuelven
Imperative:	resuelve, resuelva, resolvamos, resolved, resuelvan
Pres. Subj.:	resuelva, resuelvas, resuelva, resolvamos, resolváis, resuelvan
Past. Part.:	resuelto

saber to know

Pres. Ind.:	sé, sabes, sabe, sabemos, sabéis, saben
Preterit:	supe, supiste, supo, supimos, supisteis, supieron
Future:	sabré, sabrás, sabrá, sabremos, sabréis, sabrán
Conditional:	sabría, sabrías, sabría, sabríamos, sabríais, sabrían
Imperative:	sabe, sepa, sepamos, sabed, sepan

Pres. Subj.: sepa, sepas, sepa, sepamos, sepáis, sepan
Imp. Subj.: supiera (supiese), supieras, supiera, supiéramos, supierais, supieran

salir to leave, to go out
Pres. Ind.: salgo, sales, sale, salimos, salís, salen
Future: saldré, saldrás, saldrá, saldremos, saldréis, saldrán
Conditional: saldría, saldrías, saldría, saldríamos, saldríais, saldrían
Imperative: sal, salga, salgamos, salid, salgan
Pres. Subj.: salga, salgas, salga, salgamos, salgáis, salgan

ser to be
Pres. Ind.: soy, eres, es, somos, sois, son
Imp. Ind.: era, eras, era, éramos, erais, eran
Preterit: fui, fuiste, fue, fuimos, fuisteis, fueron
Imperative: sé, sea, seamos, sed, sean
Pres. Subj.: sea, seas, sea, seamos, seáis, sean
Imp. Subj.: fuera (fuese), fueras, fuera, fuéramos, fuerais, fueran

suponer to assume (See **poner**)

tener to have
Pres. Ind.: tengo, tienes, tiene, tenemos, tenéis, tienen
Preterit: tuve, tuviste, tuvo, tuvimos, tuvisteis, tuvieron
Future: tendré, tendrás, tendrá, tendremos, tendréis, tendrán
Conditional: tendría, tendrías, tendría, tendríamos, tendríais, tendrían
Imperative: ten, tenga, tengamos, tened, tengan
Pres. Subj.: tenga, tengas, tenga, tengamos, tengáis, tengan
Imp. Subj.: tuviera (tuviese), tuvieras, tuviera, tuviéramos, tuvierais, tuvieran

tender to spread out, to hang out
Pres. Ind.: tiendo, tiendes, tiende, tendemos, tendéis, tienden
Imperative: tiende, tienda, tendamos, tended, tiendan
Pres. Subj.: tienda, tiendas, tienda, tendamos, tendáis, tiendan

traducir to translate
Pres. Ind.: traduzco, traduces, traduce, traducimos, traducís, traducen
Preterit: traduje, tradujiste, tradujo, tradujimos, tradujisteis, tradujeron
Imperative: traduce, traduzca, traduzcamos, traducid, traduzcan
Pres. Subj.: traduzca, traduzcas, traduzca, traduzcamos, traduzcáis, traduzcan
Imp. Subj.: tradujera (tradujese), tradujeras, tradujera, tradujéramos, tradujerais, tradujeran

traer to bring
Pres. Ind.: traigo, traes, trae, traemos, traéis, traen
Preterit: traje, trajiste, trajo, trajimos, trajisteis, trajeron
Imperative: trae, traiga, traigamos, traed, traigan
Pres. Subj.: traiga, traigas, traiga, traigamos, traigáis, traigan
Imp. Subj.: trajera (trajese), trajeras, trajera, trajéramos, trajerais, trajeran
Pres. Part.: trayendo
Past Part.: traído

valer to be worth
Pres. Ind.: valgo, vales, vale, valemos, valéis, valen
Future: valdré, valdrás, valdrá, valdremos, valdréis, valdrán

Conditional:	valdría, valdrías, valdría, valdríamos, valdríais, valdrían
Imperative:	vale, valga, valgamos, valed, valgan
Pres. Subj.:	valga, valgas, valga, valgamos, valgáis, valgan

venir to come

Pres. Ind.:	vengo, vienes, viene, venimos, venís, vienen
Preterit:	vine, viniste, vino, vinimos, vinisteis, vinieron
Future:	vendré, vendrás, vendrá, vendremos, vendréis, vendrán
Conditional:	vendría, vendrías, vendría, vendríamos, vendríais, vendrían
Imperative:	ven, venga, vengamos, venid, vengan
Pres. Subj.:	venga, vengas, venga, vengamos, vengáis, vengan
Imp. Subj.:	viniera (viniese), vinieras, viniera, viniéramos, vinierais, vinieran
Pres. Part.:	viniendo

ver to see

Pres. Ind.:	veo, ves, ve, vemos, veis, ven
Imp. Ind.:	veía, veías, veía, veíamos, veíais, veían
Preterit:	vi, viste, vio, vimos, visteis, vieron
Imperative:	ve, vea, veamos, ved, vean
Pres. Subj.:	vea, veas, vea, veamos, veáis, vean
Imp. Subj.:	viera (viese), vieras, viera, viéramos, vierais, vieran
Past Part.:	visto

Vocabulario

Español-Inglés

A

a deshoras untimely
a dos pasos de a short distance from
a fin de in order to
a lo lejos far away
a lo mejor maybe
a media voz in a low tone
a partir de after
a primera hora very early in the morning
a punto de on the verge of
a salvo safe
a toda máquina at full speed
a través (de) through
abalanzarse to rush, to throw oneself
abigarrado, -a variegated
abrigado, -a warm
aburrimiento boredom
aburrirse to get bored
acaso maybe, perhaps
acercamiento approximation
acercar to place near
acercarse to approach
aconsejar to advise
acontecimiento happening
acorralar to intimidate
acostumbrar to accustom, to be used to
actualmente at the present time
acudir to come, to attend, to respond
adelantarse (a) to overtake, to pass
adelante in front
advertir (e: ie) to warn, to notice
afán *(m.)* eagerness
agacharse to bend over
agarrar to take
agazaparse to hide
agitar(se) to agitate (oneself)
agradecido grateful
agrupación *(f.)* cluster
agua dulce fresh water
aguantar to bear
aguantarse to resign oneself
aguardar to wait for
ahinco ardor, earnestness
ahogar to choke, to strangle
aislado, -a isolated
aislar(se) to isolate (oneself)
ajeno, -a contrary, foreign, belonging to somebody else
al poco a little later
alcanzar to reach
aldea small village
alejarse to get away, to go far away
alfiler *(m.)* pin
alimento food, nourishment
alistamiento enlisting
alto poder high power
altura height
alumbrar to light
amabilidad *(f.)* kindness
amante lover
ambiente *(m.)* setting
amenaza threat
amigablemente in a friendly way
anchuroso, -a wide
andanzas events, adventures
angustia anguish
ansiar to long (for)
antebrazo forearm
antepasados ancestors
anterior former, previous
anticipación *(f.).* foreshadowing
antorcha torch
añorar to miss
apagado, -a faint, (turned) off
apartar to separate, to divide
apelar to appeal
aplastado, -a dispirited
apremio *(m.)* trouble, problems
apresuradamente in a hurry
apresurarse to hurry up
apretar to tighten
apretujarse to squeeze
aprovechador one who avails himself of opportunities
aproximadamente about
apuro rush
arancelario, -a *(adj.)* tariff
arboleda grove
arder to burn
arduo, -a difficult, tiring
argolla large ring
argumento plot
arisco, -a churlish
armario closet
arrastrar to drag
arreglo arrangement
arrimar to draw near
asentir (e: ie) to agree
asomarse to look out, to appear
astro star

astucia astuteness
asunto business, affair
asustadizo, -a fearful
atado pack
atar to tie
atavío outfit
Atenas Athens
atentado attempt
aterrador, -a terrifying, horrible
atravesar to cross, to go through
atribuir to attribute
audaz bold
aurora dawn
auxilio help, aid
ave bird
¡Ave...! Hail . . . !
avergonzado, -a ashamed
avisar to let know, to advise
azafata stewardess
azahar *(m.)* orange blossom
azoradamente anxiously

B

baba drivel
baboso, -a slavering
bajeza meanness
bala bullet
balazo shot, bullet
balbucir to mumble
bambolearse to sway
banda band, musical group
bando faction, party
banqueta stool
bañador *(m.)* bathing suit
barranco ravine
barro mud
bastante quite, enough
bastar to be enough
beca scholarship
bélico, -a warlike
belleza beauty
bendecir to bless
blanquear to whiten, to whitewash
bobalicón, -a dumb, stupid
bocabajo face down
bocina horn
boina beret
bolsillo pocket
bordar to embroider
brillar to shine
brillo brightness
británico, -a British
bulto package
buque *(m.)* ship
búsqueda search

C

cabecilla ringleader
cabeza *(m.)* leader
caer to fall, to agree
caída fall
cajetilla pack of cigarettes
cajón *(m.)* drawer, big box, coffin
calentar (e: ie) to heat
calesita merry-go-round
cálido, -a warm
caliente hot
caluroso, -a warm
caminante walker, traveler
camión de reparto delivery truck
campana bell
campanario belfry
canalla scoundrel
cansado, -a tired
caña glass of beer (España)
capital *(m.)* money
capricho fancy
caracol *(m.)* snail
carecer (de) to lack, to be in need of
carencia lack
carga load
cargar to carry, to load
caridad *(f.)* charity
castigo punishment
castillo castle
casualidad *(f.)* coincidence
caudal *(m.)* big fortune
causar to cause
celda cell
celos *(m. pl.)* jealousy
cerebro brain
cesar to stop, to cease
cesto basket
cierto true
cierto, -a certain
citar to make an appointment with
clamar to demand, to require
clausurar to close
cobarde coward
cobardía cowardliness
codazo blow with the elbow
coger to pick, to take hold of, to seize
colgar to hang
colina hill
colmena hive
colocar(se) to place (onself)
colonia colony
comercio commerce, business, store
comienzo beginning
comillas quotation marks
compadecer(se) to be sorry for
comparecer to appear, to make an appearance in court
comprender to understand
comprobar to verify
compromiso engagement
con cuidado carefully
concordar (o: ue) to agree
condena sentence, term of imprisonment
condolencia condolences
conductor, -a driver
conejillo de Indias guinea pig
confiar to entrust; **— (en)** to trust
confundir to confuse
conjunto the whole thing
conmovedor, -a moving
conmover(se) to stir, to be moved
consentir (en) to agree
consumo consumption
contener to contain
contentar to please
contentarse to be happy
convencer to convince
corona *(f.)* crown
cortante biting, sharp, cutting
corte *(m.)* blackout
cortejo court, entourage
cortés courteous, polite
corto, -a short
corregir to correct
correrse to move over
cosa thing
coser to sew
costarle a uno (hacer algo) to be difficult for one (to do something)
cotidiano, -a everyday

crepúsculo twilight
cruzar to cross
cuerpo body
cuervo raven
culminación *(f.)* climax
culpa fault
culpable guilty
cultivo improvement
cumplir to execute, to fulfill
cúpula dome
cura *(f.)* healing; *(m.)* priest
curioso, -a funny, odd, curious
custodiar to guard

CH

chambergo type of hat
chino, -a Chinese
chistoso, -a funny, comical
chocarle a uno algo to find something shocking or unpleasant

D

daño injury
dar to give; **— fuego** to give a light; **— la mano** to shake hands; **— (la) vuelta** to turn; **— (se) vuelta** to turn; **— las...** to strike (a certain time); **— resultado** to work; **— una vuelta** to take a walk; **— una vuelta a la manzana** to go around the block; **darle a uno la gana** to feel like; **darle rabia a uno** to make someone angry
de of, from; **— aquí en adelante** from now on; **— golpe** suddenly; **— guardia** on duty; **— ningún modo** (in) no way; **— nuevo** again; **— prisa** in a hurry; **— pronto** suddenly; **— todas maneras** anyway; **— un golpe** with one stroke; **— veras** really
deambular to walk aimlessly
debajo (de) under
débil weak
debilidad *(f.)* weakness, debility
decoro honor, honesty
dejar caer to drop
demasiado, -a too, too much
denominado, -a named
departamento apartment *(Arg.)*
derecho right, justice
derramar to spill
derrota defeat
derrumbarse to collapse
desagradecido, -a ungrateful
desamparado, -a helpless, abandoned
desaparecer to disappear
desarrollo development
descansar to rest
desconcertado, -a bewildered
desconfianza distrust
desde luego naturally, of course
desdén *(m.)* contempt, disdain
desdichado, -a unhappy
desdoblar to unfold
deseado, -a desired
desencadenar to unleash
desenlace *(m.)* ending
desenvolverse to get along, to perform
¡desgraciado, -a! creep!
deslizar(se) to slide, to slip away
desmedido, -a excessive
desnudez *(f.)* nakedness, nudity
desnudo, -a naked
desollado, -a brazen
despacio slow, slowly
despachar to wait, to wait on customers
despedazar to tear into pieces
despedir to fire, to throw out
despegar to take off
desplomarse to collapse, to tumble down
desposar(se) to be betrothed
despreciar to scorn, to despise, to reject
desprecio scorn
desprovisto, -a (de) lacking
destacado, -a outstanding
detalle *(m.)* detail
detenerse to stop
dibujo drawing
dictar to teach
dichoso, -a fortunate, happy
digno, -a worthy
dirigido, -a directed
disimular to dissimulate
disimulo dissimulation
disparo shot, firing
disponer to order
disponerse to get ready
distinguir(se) to distinguish (oneself)
divisa banner
doblar (las campanas) to toll
doblez *(m.)* fold; *(f.)* hypocrisy
doloroso, -a painful
dominante domineering
dominguero, -a Sunday; Sunday best
don *(m.)* gift
dramaturgo playwright
duelo mourning
dulzura sweetness
dureza harshness, toughness

E

echar to throw; **— de menos** to miss; **— raíces** to have roots, to settle down
echarse to lie down
edificar to build
editor, -a publisher
efectivamente sure enough
egoísta selfish
elevado, -a high
emocionante thrilling
empujar to push
empuje *(m.)* push, thrust
empuñar to hold, to grasp
en cambio on the other hand
en cuanto a regarding
en el acto instantly
en marcha running
en tanto while
encabalgamiento enjambment
encaje *(m.)* lace
encalado, -a whitewashed
encargar to order
encerrar(se) (e: ie) to lock in, to lock up, to go into seclusion
encima (de) over
enemigo, -a enemy, foe
enfrente in front, across . . . from
enhorabuena congratulations
enlatar to can

enlazarse to be linked
ennegrecido, -a turned black, darkened
enrollado, -a rolled up
ensangrentado, -a stained with blood, bloody
enseñanza teaching
entereza integrity
enternecimiento tenderness
enterrar (e: ie) to bury
entornar to half close
entrecortado, -a faltering, intermittent
entrega delivery, surrender
entrevista interview
envanecerse to become proud, vain
envidiar to envy
equipo equipment
errar to miss
escaparate *(m.)* showcase
escena scene
escenario stage
esclavitud *(f.)* slavery
esclavo, -a slave
esconder(se) to hide
escondido, -a hidden
escritor, -a writer
escritura handwriting
escuchar to listen
espacio space
espada sword
espanto fright
espantoso, -a terrifying, horrible
especie de sort of
esperanza hope
espiar to spy
espina thorn
espinoso, -a thorny
espuma foam
estacionar to park
estado de ánimo mood
estallar to explode
estancado, -a stagnant
estatal state
estatura height
estela wake (of a ship)
estilo style
estrecho strait
estrecho, -a narrow
estremecer to shudder
estribillo refrain
estrofa stanza
estruendo crash
estrujar to squeeze
evitar to avoid
exactitud *(f.)* exactness, accuracy
exclamar to exclaim
exequias *(f.)* funeral
exigir to demand
extrañado, -a surprised, bewildered
extrañar to miss
extraño, -a strange
extraviado, -a of unsound mind, missing

F

fábula fable
facciones *(f.)* features
faena work, chore
falta de lack of
faltar to be lacking; **— (a)** to be absent, not to come
falla failure
fantasma *(m.)* ghost
farol *(m.)* lantern
festejar to honor, to court
fiera wild animal
fijar to establish, to fix, to settle
fijarse to notice
fino, -a refined
firmante signer
flaco, -a skinny
fonda inn
fondo depth, bottom
forastero, -a stranger
fracasar to fail
franqueza frankness
frente *(m.)* front
fresco fresh
frontera border
frotar(se) to rub (oneself)
fuerte strong, loud
fuerza power, strength
fuerzas armadas armed forces
fuerzas de seguridad security forces
fuga fight
fugaz fleeting
fulgor *(m.)* splendor, brilliance
fumador, -a smoker
fumar to smoke
funcionario, -a civil servant
fundir(se) to combine, to unite
fúnebre mournful, lugubrious

G

galantería courtesy
galo, -a native of Gaul
gallego, -a native of Galicia
ganado cattle
garganta throat
gato, -a cat
género genre; **— humano** mankind
genial brilliant
germinal budding
gesto gesture, grimace
girar to revolve, to spin
gobierno government
golfa tramp *(España)*
golpe *(m.)* strike, blow
grado degree
grandeza greatness
grasa grease
gratis free
greda clay, marl
guardia *(m.)* guard; *(f.)* security force
guerrero fighter
guía *(m.)* guide; *(f.)* book that lists information
guión *(m.)* dash

H

hacer el ridículo to make a fool of oneself
hacer las paces to make up
hacer(se) daño to hurt (oneself)
hacerse ilusiones to dream
hacha ax
hallado, -a found
hallar to find
hecho fact, event, happening
herir (e: ie) to injure
hermandad *(f.)* brotherhood
hermetismo secretiveness
hilo linen
hipódromo race course

hombría manliness
honrar to honor
horrorizado, -a horrified
hueco hole, space
huella track
huerto orchard
humilde humble
humillar(se) to humiliate, to humble oneself

I

impacientar(se) to become impatient
impedir (e: i) to prevent
inclinarse (a) to tend to
incorporarse to sit up
inesperado, -a unexpected
infancia childhood
infortunio misfortune
infranqueable impassable
inhabilitar to disqualify
inquieto, -a restless, uneasy
instruído, -a educated
intentar to try, to attempt
intruso, -a intruder
inverosímil incredible
inverso, -a opposite
invertir (e: ie) to invest

J

jadeante panting
jerárquico, -a hierarchical
joroba hump
judío, -a Jewish
juego game
junco Chinese junk
juntar to join
jurar to swear
justamente exactly, precisely

L

labor *(f.)* work
lagartija lizard
lágrima tear
lana wool
lancha boat
lápida stone, tombstone
lealtad *(f.)* loyalty
lecho bed
lejanía distance
leña firewood
letrero sign
ley *(f.)* law, rule
licenciado, -a lawyer, holder of a licentiate
ligar to join together
ligero, -a light
lince lynx; very sharp person
lío trouble, mess
liquidar to liquidate, to kill
loma hill
lomo back of an animal
Londres London
longitud length
lucha fight
lugareño local
lustroso, -a shiny

LL

llanada *(f.)* tract of level ground
llanto weeping, crying
llanura prairie
llorar to cry
lloriquear to be constantly crying, to whine

M

madreselva honeysuckle
mal *(m.)* evil
maldecir (e: i) to curse
maledicencia slander
malentender to misunderstand
malo, -a evil
mamífero mammal
manchado, -a stained
manga sleeve
mango handle of a utensil
maniobra maneuver
mantener to sustain, to hold, to support
marchar(se) to leave, to go away
marea tide
mareado, -a dizzy
mareante skilled in navigation
marearse to be seasick
más bien rather
máscara mask
mayores older people, adults
mayúscula capital
mecer(se) to rock
mediano, -a average
mediar to be at the middle
medida measure
medio means
medir (e: i) to measure
menosprecio scorn
mente *(f.)* mind
mentira lie
mercancía merchandise
merced *(f.)* mercy
merecer to deserve; **— la pena** to be worthwhile
meseta plateau
mestizo, -a half-breed
meterse to get in
métrica versification
mezquino, -a stingy, petty
mimbre *(m.)* wicker
mimo love, pampering
mirada glance
misericordia mercy
mito myth
mono, -a cute
monte *(m.)* forest
montón *(m.)* heap
morado, -a purple
mordaza gag, muzzle
morir(se) (o: ue) to die
mostrador *(m.)* counter
mostrarse (o: ue) to show oneself
móvil *(m.)* motive
muchedumbre *(f.)* crowd
mudo, -a mute
mueble *(m.)* piece of furniture
muestra sample
multitud *(f.)* crowd
muralla wall
músico musician
mustio, -a parched, withered

N

nacer to be born
natalidad *(f.)* birth
naturaleza nature
navegante sailor
necio, -a foolish
niebla fog

niñez *(f.)* childhood
nivel *(m.)* level
nocturno, -a night
norte *(m.)* north
noticia news item
noticias news
noticioso, noticiero news
nube *(f.)* cloud
nuca neck, nape
nudo knot
nupcias wedding
nutrido, -a intense
nutrir(se) to nourish, to be enriched

O

obra work; **— teatral** play
obscuro, -a dark
ocultar to hide
oculto, -a hidden
ojeada glance
oleaje *(m.)* surge, succession of waves
olvido forgetfulness, oblivion
opinar to give an opinion
oración *(f.)* prayer
orden *(m.)* order, method
orgullo pride
orilla shore, edge

P

padecer to suffer
paja straw
pajonales *(m.)* field with tall grass
pala shovel
palomar *(m.)* dove cote
pamplina nonsense
papel *(m.)* role
pararse to stand up, to stand
párpado eyelid
parte *(m.)* official communication; *(f.)* part, portion
partida group, game
partido (political) party
parto delivery
pasado, -a last
pasto grass
patada kick
pato, -a duck
pavoroso, -a terrifying, horrible
paz *(f.)* peace
pecado sin
pecar to sin
pedido request
pegado, -a glued, very close
pegar to beat, to knock, to hit
pelaje *(m.)* hair, nature and quality of hair
peluche *(m.)* type of cheap fur
pena grief
pensamiento thought
penúltimo, -a before last
peón pawn
peregrino, -a pilgrim
perenne perpetual
pérfido, -a evil
perseguir to go after, to chase
personaje *(m.)* character
perturbador, -a disturbing
pesadilla nightmare
pesadumbre *(f.)* grief, heaviness
pez fish
picante hot, spicy
piedra stone
pieza room
pintor, -a painter
plano flat
plenitud *(f.)* fullness
poblar (o: ue) to populate
poderoso, -a powerful
podrirse to rot
policía *(f.)* police organization
pompa grandeur
ponerse a + *infinitivo* to start + *infinitive*
poseer to possess
postizo, -a false hair
potencia power
precipitadamente hastily
predilecto, -a favorite
presión *(f.)* pressure
pretender to attempt, to endeavor
prever to anticipate
privar to deprive
probar (o: ue) to taste
proporcionar to supply
provechoso, -a profitable
pudor *(m.)* modesty
puerto port
punta point, tip
punto dot, period
puntualizar to be exact, to complete
puñado handful
puñalada stab

Q

quedar to remain; **— en** to agree on; **— aplazado** to be canceled; **— suspendido** to fail
quemar(se) to burn (oneself)
quieto, -a calm, still
quitar(se) to take away, to remove, to take off

R

rabia rage
rabioso, -a furious
racimo bunch (of grapes)
rajadura fissure, crack
rajar(se) to split, to give up, to break one's promise
rana frog
rasgo feature
rastro track
raterillo, -a pickpocket
raza race
reaccionar to react
rebaño flock
recado message
recaída relapse
recato modesty, reserve
recelo distrust
recomponer to repair
recorrido distance (traveled)
recostarse (o: ue) to lean
recuerdo memory, souvenir
rechazar to reject
referirse (e: ie) to concern
regar (e: ie) to water
regla rule
regresar to return
reiteradamente repeatedly
reja grate
relámpago lightning
remendado, -a mended
remo *(m.)* oar

repasar to review
repicar to chime
repleto, -a full
repliegue *(m.)* crease
resguardarse to take shelter
resta *(f.)* subtraction
resumen *(m.)* summary
retirarse to withdraw, to leave
retrasar(se) to delay, to be late
retroceso flashback
reventar (e: ie) to burst
revuelo flying to and fro
rincón *(m.)* corner
rocío dew
rodar (o: ue) to roll, to wander about, to run on wheels
ropero closet
rozar to touch, to rub
rumbo direction, course

S

sabiduría wisdom
salado, -a graceful, salty
saltar to jump, to leap
sangre *(f.)* blood
seco, -a dry
seda silk
sedicioso, -a seditious
seductor seducer
semejante *(adv.)* such a; *(n.)* fellow being
sencillamente simply
senda path
sensato, -a sensible
sentar (e: ie) to agree
seña sign
señal *(f.)* sign
sepulcro tomb
sepultar to bury
séquito retinue
ser *(m.)* being, life
servir (de) to serve (as)
siervo, -a servant, slave
signo sign
simpatía charm
sindicato trade union
siquiera even
sitio room, place, site
soberbia haughtiness
socorrer to help, to aid, to come to the rescue
socorro help
soledad *(f.)* loneliness, solitude
soltar (o: ue) to let go, to set free
sollozo sob
sombra shadow
sombrío, -a somber
sonido sound
sonrisa smile
soñar (o: ue) to dream
soportar to bear
sorprendente surprising
sosiego tranquillity
sospecha suspicion
sospechar to suspect
sub-tema subplot
subrayado, -a underlined
sucesos happenings
sudor *(m.)* perspiration
sudoroso, -a sweaty
suela sole
suelo ground
sugerir (e: ie) to suggest
sumarse (a) to add to
suministro supply
sur *(m.)* south
surgir to come out
suspicaz suspicious
susurro whisper

T

taburete *(m.)* stool
taco heel
tal vez perhaps
talle *(m.)* figure
tamaño size
tapar(se) to cover (oneself)
tapia wall
tardar to delay, to take long
tarea homework
tarima stage
techo ceiling, roof
teja tile
tela canvas
tema *(m.)* plot
temeroso, -a fearful
temor *(m.)* fear
tenaza(s) tongs
tentar (e: ie) to tempt
terciopelo velvet
terco, -a stubborn
término term
ternura tenderness
terruño native soil
tesoro treasure
testamento will
testigo witness
tibio, -a warm
tinieblas darkness
tío vivo merry-go-round
tipo type
tirar to shoot, to throw
tiritar to shiver
tiroteo shooting
torpe slow, dull, stupid
torpeza dullness, stupidity
traición *(f.)* treason
traje sastre tailored suit
trama plot
tranquilo, -a calm, peaceful
tranvía *(m.)* streetcar
trastorno disorder, disturbance
travieso, -a mischievous
trenza braid
trigueño, -a dark skinned
tristeza sadness
tronco trunk of a tree
tropezar to stumble, to come across
tuerto, -a one-eyed
tumba grave, tomb
tumbado, -a lying down
turbio, -a muddy

U

ubicado, -a situated
último, -a last (of a series)

V

vacilar to hesitate
vago, -a vague
validez *(f.)* validity
valor *(m.)* value
vela sail
velar to not sleep
velero *(m.)* sailboat
veliz *(m.)* suitcase *(Méx.)*

velludo, -a hairy
vendedor, -a salesman
veneno poison
venganza revenge
ventaja advantage
ventilar to discuss, to circulate (the air)
ventura happiness
vereda sidewalk *(Arg.)*
vergonzoso, -a shameful
verse to look, to seem
verso libre free verse
vetusto, -a ancient
vía route
vileza vileness
virtud *(f.)* virtue
vitrina glass case, store window
vivienda housing
vivo, -a alive
vocal *(f.)* vowel
volverse to become, to turn around; **— loco, -a** to go crazy
vuelta turn, twirl
vulgar common

Y

¡ya! now!

Z

zanja ditch, trench
zorrino skunk

A

about aproximadamente, acerca de
accuracy exactitud *(f.)*
to accustom acostumbrar
across . . . from enfrente
to add (to) sumar, sumarse (a)
advantage ventaja
adventures andanzas
to advise avisar, aconsejar
affair asunto
after después (de), a partir de
after all al fin de cuentas
again otra vez, de nuevo
to agitate (oneself) agitarse
to agree estar de acuerdo, ponerse de acuerdo, asentir (e: ie), concordar (o: ue), caer, sentar; **— on** quedar en; **— to** consentir en
aid ayuda, socorro, auxilio; **to —** ayudar, socorrer, auxiliar
alive vivo, -a
almost casi, por poco
ancestors antepasados
ancient antiguo, -a; vetusto, -a
anguish angustia
to anticipate prever
anxiously azoradamente
anyway de todas maneras
apartment apartamento, piso *(España),* departamento *(Arg.)*
to apologize disculparse, pedir disculpa
to appeal apelar
to appear aparecer, comparecer, asomarse
to approach acercarse
approximation acercamiento
ardor ahinco
armed forces fuerzas armadas
around here por aquí
arrangement arreglo
ashamed avergonzado, -a
astuteness astucia
Athens Atenas
attempt atentado, esfuerzo; **to —** intentar, pretender, tratar
attend asistir, acudir
to attribute atribuir
average mediano, -a
to avoid evitar
ax hacha

B

back (of an animal) lomo
band banda
banner divisa
basket cesto, canasta
bathing suit bañador, traje de baño
to be absent faltar
to be at the middle mediar
to be born nacer
to be canceled quedar aplazado, -a
to be difficult (for one to do something) costarle a uno (hacer algo)
to be enough bastar
to be exact puntualizar
to be lacking faltar
to be late retrasar(se)
to be moved conmoverse
to be seasick marearse
to be used to estar acostumbrado, -a (a)
to be worthwhile merecer la pena
to bear aguantar, soportar
to beat pegar, golpear
beauty belleza
to become volverse, ponerse, hacerse, llegar a ser
bed cama, lecho
before last penúltimo, -a
beginning comienzo, principio
being ser *(m.)*
bell campana
belfry campanario
to bend over agacharse
beret boina
to betroth desposar(se)
bewildered extrañado, -a; desconcertado, -a
bird ave *(f.);* pájaro
birth nacimiento; natalidad *(f.)*
biting cortante
blackout corte *(m.)*
to bless bendecir
blood sangre *(f.)*
bloody ensangrentado, -a
blow golpe *(m.)*
to blush ponerse colorado, -a; ruborizarse
boat lancha
body cuerpo
bold audaz
border frontera
boredom aburrimiento
bottom fondo
box cajón *(m.)*
braid trenza
brain cerebro
brazen desollado, -a
to break loose desencadenar
brightness brillo
brilliant genial
British británico, -a
brotherhood hermandad *(f.)*
budding germinal, naciente
to build edificar
bullet balazo, bala
bunch of grapes racimo
to burn (oneself) quemar(se), arder
to burst reventar
to bury enterrar, sepultar
business asunto

C

calm tranquilo, -a; quieto, -a
to can enlatar
canvas tela
capital (letter) mayúscula; **(money)** capital
carefully con cuidado, cuidadosamente
to carry cargar
castle castillo
cat gato, -a
cattle ganado
to cause causar
to cease cesar

ceiling techo, cielo raso
cell celda
certain cierto, -a
certainly por cierto
character personaje *(m.)*
charity caridad *(f.)*
charm simpatía
childhood infancia; niñez *(f.)*
to chime repicar
Chinese chino, -a
to choke ahogar
churlish arisco, -a
to circulate (air) ventilar
civil servant funcionario
to clarify poner en claro, aclarar
to clear up poner en claro, aclarar
climax culminación *(f.)*
to close cerrar, clausurar
closet armario, ropero
cloud nube *(f.)*
cluster agrupación *(f.)*
coffin cajón *(m.)*, ataúd, sarcófago
coincidence casualidad *(f.)*
to collapse derrumbarse, desplomarse
colony colonia
to combine fundir(se)
to come venir, acudir; **— across** tropezar, encontrarse con; **— in** pasar adelante; **— out** surgir
comical chistoso, -a; cómico, -a
common vulgar
to complete completar, puntualizar
completely por completo
to concern referirse (a)
condolences condolencia
to confuse confundir
congratulations enhorabuena
to contain contener
contempt desdén *(m.)*
contrary contrario, -a; ajeno, -a
to convince convencer
corner rincón *(m.)*
to correct corregir
counter mostrador *(m.)*
course rumbo
court cortejo
to court festejar
courteous cortés
courtesy galantería, cortesía
to cover (oneself) tapar(se)
coward cobarde
cowardice cobardía
cowardliness cobardía
crack rajadura
crash estruendo
crease repliegue *(m.)*
creep desgraciado, -a
to cross atravesar, cruzar
crowd multitud *(f.)*, muchedumbre *(f.)*
crown corona
to cry llorar
crying llanto
curious curioso, -a
to curse maldecir
cute mono, -a
cutting cortante

D

dark obscuro, -a
dark skinned trigueño, -a
darkened ennegrecido, -a
darkness tinieblas
dash guión *(m.)*
dawn aurora
to deal with tratar de
debility debilidad *(f.)*
defeat derrota
degree grado
to delay retrasar(se), tardar
delivery entrega, parto
to demand clamar, exigir
to deprive privar
depth fondo; profundidad *(f.)*
to deserve merecer
desired deseado, -a
to despise despreciar
detail detalle *(m.)*
development desarrollo
dew rocío
to die morir(se)
difficult difícil
to direct dirigir
direction rumbo
to disappear desaparecer
to discuss ventilar
disdain desdén *(m.)*
disorder trastorno; desorden *(m.)*
dispirited aplastado, -a
to disqualify inhabilitar, descalificar
to dissimulate disimular
dissimulation disimulo
distance distancia, lejanía; **— traveled** recorrido
to distinguish (oneself) distinguir(se)
distrust desconfianza, recelo
disturbance trastorno
disturbing perturbador, -a
ditch zanja
to divide apartar, dividir
dizzy mareado, -a
dome cúpula
domineering dominante
dot punto
dove cote palomar
to drag arrastrar
to draw near arrimar, acercar
drawer cajón *(m.)*, gaveta *(f.)*
drawing dibujo
to dream soñar, hacerse ilusiones
drivel baba
driver conductor, -a
to drop dejar caer
dry seco, -a
duck pato, -a
dull aburrido, -a; torpe
dullness torpeza
dumb bobalicón, -a; tonto, -a

E

eagerness afán *(m.)*
earnestness ahinco
educated instruído, -a
ellipses puntos suspensivos
to embroider bordar
end final *(m.)*
to endeavor pretender, tratar (de)
ending desenlace *(m.)*
enemy enemigo, -a
engagement compromiso
enjambment encabalgamiento
enlisting alistamiento
enough bastante; **to be —** bastar
enthusiasm entusiasmo, ganas
to envy envidiar
equipment equipo
to establish fijar

event hecho, acontecimiento
events hechos, andanzas
everyday cotidiano, -a; diario, -a
evil *(adj.)* malo, -a; pérfido, -a; *(n.)* mal *(m.)*
exactly justamente, exactamente; **— as** tal como
exactness exactitud *(f.)*
excessive excesivo, -a; desmedido, -a
to exclaim exclamar
to execute cumplir
to explode explotar, estallar
eyelid párpado

F

fable fábula
face down bocabajo
fact hecho
faction bando
to fail fracasar, quedar suspendido, dejar de
failure falla, fracaso
faint apagado, -a
fall caída
false hair postizo
faltering entrecortado, -a
fancy capricho
far away a lo lejos
fault culpa
favorite favorito, -a; predilecto, -a
fear temor *(m.)*
fearful asustadizo, -a; temeroso, -a
feature rasgo
features facciones *(f.)*
to feel like darle a uno la gana, tener ganas de
fellow being semejante *(f.)*
fight lucha, pelea
fighter guerrero
figure talle *(m.)*
finally por último, por fin
to find hallar, encontrar
to fire despedir
firewood leña
firing disparo
fish (in water) pez; pescado
fissure rajadura
to fix fijar
flashback retroceso
flat plano
fleeting fugaz
flight fuga, vuelo
flock rebaño
foam espuma
foe enemigo, -a
fog niebla
fold doblez *(m.)*
food alimento, comida
foolish necio, -a
for para, por; **— heaven's sake** por Dios
forearm antebrazo
foreign extraño, -a; ajeno, -a; extranjero, -a
foreshadowing anticipación *(f.)*
forest monte *(m.),* bosque *(m.)*
forever para siempre; **— and ever** para sempre jamás
to forget olvidar, echar en el olvido
forgetfulness olvido
former anterior
fortunate dichoso, -a
fortune fortuna, caudal *(m.)*
found hallado, -a
frankness franqueza
free libre; gratis **(no fee); — verse** verso libre
fresh fresco, -a; **— air** aire puro
fright espanto
frog rana
from now on de aquí en adelante
front frente *(m.)*
to fulfill cumplir
fulgency fulgor *(m.)*
full lleno, -a; repleto, -a
fullness plenitud *(f.)*
funeral exequias
funny curioso, -a; chistoso, -a; cómico, -a
furious rabioso, -a

G

gag mordaza
game juego, partida
genre género
gesture gesto
to get along desenvolverse, llevarse bien
to get away alejarse
to get bored aburrirse
to get in meterse
to get ready disponerse
ghost fantasma
gift regalo, don *(m.)*
to give dar, regalar; **— an opinion** opinar; **— a light** dar fuego; **— up** rendirse, rajarse
glance mirada, ojeada
glued pegado, -a
to go after perseguir
to go around + *gerund* andar + *gerundio*
to go away marcharse
to go crazy volverse loco, -a
to go far away alejarse
to go hunting ir de caza
to go through atravesar
government gobierno
graceful salado, -a
grandeur pompa
to grasp empuñar
grass pasto, hierba
grate reja
grateful agradecido, -a
grave tumba
grease grasa
greatness grandeza
grief pesadumbre *(f.);* pena
grimace gesto
ground suelo
group partida
grove arboleda
guard *(n.)* guardia; **to —** custodiar
guide guía *(m.)*
guilty culpable
guinea pig conejillo de Indias

H

Hail . . . ! ¡Ave...!
hair pelaje
hairy velludo, -a
half-breed mestizo, -a
to half close entornar
handful puñado
handle (of utensil) mango
handwriting escritura
to hang colgar

happening acontecimiento, hecho, suceso
happiness ventura; felicidad *(f.)*
happy dichoso, -a
harshness dureza
hastily precipitadamente
haughtiness soberbia
to have to do with . . . tener que ver con...
healing cura *(f.)*
heap montón *(m.)*
to heat calentar
heaviness pesadumbre *(f.)*
heel taco
height estatura, altura
help *(n.)* socorro, auxilio, ayuda; **to —** socorrer, ayudar
helpless desamparado, -a; desvalido, -a
to hesitate vacilar
hidden escondido, -a; oculto, -a
to hide esconder(se), ocultar(se), agazaparse
hierarchical jerárquico, -a
high alto, -a; elevado, -a; **— power** alto poder
hill loma, colina
to hit pegar
hive colmena
to hold mantener, sostener, empuñar
hole hueco
home town pueblo natal
homework tarea
honesty decoro
honeysuckle madreselva
honor *(n.)* decoro; **to —** honrar, festejar
hope esperanza
horn bocina
horrible espantoso, -a; aterrador, -a; pavoroso, -a
horrified horrorizado, -a
hot caliente, picante
housing vivienda
humble humilde
to humble (oneself) humillar(se)
to humiliate humillar
hump joroba
to hurry up apresurarse, apurarse
to hurt (oneself) hacer(se) daño
hypocrisy hipocresía; doblez *(f.)*

I

impassable infranqueable
improvement cultivo, mejoramiento
in en, dentro de; **— a hurry** apresuradamente; **— case** por si...; **— front** adelante, en frente; **— order to** para, a fin de; **— no way** de ningún modo
incident hecho
incredible inverosímil, increíble
to injure herir
injury daño
inn fonda
instantly en el acto
integrity integridad *(f.)*; entereza
intense nutrido, -a
intermittent entrecortado, -a
interview entrevista
to intimidate acorralar, intimidar
intruder intruso, -a
to invest invertir (e: ie)
to isolate (onself) aislar(se)
isolated aislado, -a

J

jealousy celos *(m. pl.)*
Jewish judío, -a
to join juntar; **— together** ligar
to jump saltar
justice derecho, justicia

K

kick patada
to kill matar, liquidar
kindness amabilidad *(f.)*
to knock pegar, golpear
knot nudo

L

lace encaje *(m.)*
lack carencia
to lack estar desprovisto, -a (de); carecer de
lack (of) falta de
lantern farol *(m.)*
last último, -a
law ley *(f.)*
lawyer abogado, -a; doctor, -a en leyes; licenciado, -a
leader cabeza *(m.)*
to lean recostarse
to leap saltar
to leave retirarse, marcharse
length longitud, largo
to let permitir, dejar; **— go** soltar (o: ue); **— know** avisar
level nivel *(m.)*
lie mentira
to lie down echarse, acostarse
life vida, ser
light ligero, -a
to light alumbrar, encender
lightning relámpago
linen hilo
linked enlazado, -a
to liquidate liquidar
to listen escuchar
lizard lagartija
load *(n.)* carga; **to —** cargar
local local, lugareño, -a
to lock encerrar
London Londres
loneliness soledad *(f.)*
to long (for) ansiar
to look verse; **— out** asomarse
loud fuerte
love mimo, cariño, amor
lover amante
to lower (oneself) agachar(se)
loyalty lealtad *(f.)*
lugubrious fúnebre
lying down tumbado, -a

M

to make hacer; **— an appearance in court** comparecer; **— an appointment with** citar; **— a decision** tomar una decisión; **— up** hacer las paces
mammal mamífero

maneuver maniobra
mankind género humano
manliness hombría
marl greda
mask máscara
maybe a lo mejor, quizás, tal vez, acaso
meanness bajeza; maldad *(f.)*
means medio
measure *(n.)* medida; **to —** medir
memory recuerdo, memoria
to mend remendar
merchandise mercancía
mercy misericordia; merced *(f.)*
merry-go-round calesita, tío vivo
mess lío
message recado
method orden *(m.);* método
middle mediano, -a; medio
mind mente *(f.)*
mischievous travieso, -a
misfortune infortunio, desgracia
to miss extrañar, echar de menos, añorar, perder, errar
missing extraviado, -a
to misunderstand malentender
modesty pudor, recato
money capital *(m.)*
mood estado de ánimo
motive móvil *(m.)*
mournful fúnebre
mourning duelo
to move over correrse
moving conmovedor, -a
mud barro
muddy turbio, -a
to mumble balbucir
musician músico, -a
mute mudo, -a
muzzle mordaza
myth mito

N

naked desnudo, -a
nakedness desnudez *(f.)*
named denominado, -a
nape nuca
narrow estrecho, -a
naturally desde luego, naturalmente, por supuesto
nature naturaleza
necessities productos de primera necesidad
neck nuca
news noticia, noticioso, noticiero
night *(adj.)* nocturno, -a
nightmare pesadilla
nonsense pamplina, tontería
north norte *(m.)*
not even ni siquiera
to notice advertir, fijarse (en)
to nourish nutrir
nourishment alimento
now! ¡ya!
nowhere en ningún lado, en ninguna parte
nudity desnudez *(f.)*

O

oar remo
oblivion olvido
odd curioso, -a
official communication parte *(m.)*
on duty de guardia
on the part of por parte de
on the verge of a punto de
one-eyed tuerto, -a
opposite inverso, -a; opuesto, -a
orange blossom azahar *(m.)*
orchard huerto
order *(n.)* orden *(m.);* **to —** ordenar, pedir, encargar, disponer
other people's ajeno, -a
out fuera
outfit atavío
outside fuera
outstanding destacado, -a
over encima (de)
to overtake adelantarse (a)

P

pack atado, cajetilla
package bulto, paquete *(m.)*
painful doloroso, -a
painter pintor, -a
pampering mimo
panting jadeante
parched mustio, -a
to park estacionar
part parte *(f.)*
party fiesta, bando, partida; **(political) —** partido
to pass pasar, adelantarse (a)
path senda
pawn peón *(m.)*
peace paz *(f.)*
peaceful tranquilo, -a; pacífico, -a
perhaps acaso, quizás, tal vez
period punto
perpetual perenne
perspiration sudor *(m.)*
petty mezquino, -a
to pick coger, recoger
pickpocket ratero, -a; raterillo, -a
pigeon paloma
pilgrim peregrino, -a
pin alfiler *(m.)*
place *(n.)* lugar *(m.),* sitio; **to — (oneself)** colocar(se)
plateau meseta
play obra teatral
playwright dramaturgo
to please contentar, complacer
plot argumento, trama
pocket bolsillo
point punta, punto; **— of view** punto de vista
poison veneno
police (organization) policía *(f.)*
polite amable, cortés
to populate poblar
population explosion explosión demográfica
port puerto
portion parte *(f.),* porción *(f.)*
to possess poseer
power poder *(m.),* potencia, fuerza
powerful poderoso, -a
prairie llanura
prayer oración *(f.)*
precisely justamente, precisamente
pressure presión *(f.)*
to prevent impedir
previous anterior

pride orgullo
problem apremio
profitable provechoso, -a
properly como es debido
publisher editor, -a
punishment castigo
purple morado, -a
push *(n.)* empuje *(m.)*; **to —** empujar
to put on echar

Q

quite bastante
quotation marks comillas

R

race raza
race course hipódromo
rage rabia
rather más bien
raven cuervo
ravine barranco
to reach alcanzar
to react reaccionar
real verdadero, -a; de verdad; real
really de veras
refined fino, -a
refrain estribillo
regarding en cuanto a
to reject rechazar, despreciar
relapse recaída
to remove quitar(se)
to repair componer, recomponer, arreglar
repeatedly reiteradamente
request pedido
to require clamar
reserve recato
to resign oneself aguantarse, resignarse
to respond acudir
to rest descansar
restless inquieto, -a
retinue séquito
to return regressar, volver
revenge venganza
to review repasar
to revolve girar
right derecho
ring argolla
ringleader cabecilla
to rock mecer(se)
role papel *(m.)*
to roll rodar (o: ue); **— up** enrollar
roof techo
room sitio, cuarto, pieza
root raíz
to rot podrirse
route vía
to rub (oneself) frotar(se), rozar
rule regla; ley *(f.)*
to run on wheels rodar (o: ue)
running en marcha
rush *(n.)* apuro; **to —** abalanzarse

S

sadness tristeza
safe a salvo
sail vela
sailboat velero
sailor navegante, marinero
salesman vendedor, -a
salty salado, -a
scene escena
scholarship beca
scorn *(n.)* desprecio, menosprecio; **to —** despreciar
scoudrel canalla
search búsqueda
secretary of defense ministro de defensa
secretiveness hermetismo
security force guardia *(f.)*
security forces fuerzas de seguridad
security guard personel de custodia
seditious sedicioso, -a
seducer seductor
to seem parecer
to seize coger
selfish egoísta
sensible sensato, -a
sentence condena
to separate apartar, separar
servant siervo, -a; criado, -a
to serve (as) servir (de)
to set free soltar (o: ue)
setting ambiente *(m.)*
to settle fijar
to sew coser
shadow sombra
to shake hands dar la mano
shameful vergonzoso, -a
sharp cortante
shelter amparo, resguardo; **to take —** resguardarse
to shine brillar
shiny lustroso, -a
ship buque *(m.)*
to shiver tiritar
to shoot tirar
shooting tiroteo
shore orilla
short corto, -a
shot balazo, disparo
shovel pala
to show oneself mostrarse
showcase escaparate
to shudder estremecer
sidewalk acera; vereda *(Arg.)*
sign señal *(f.)*, cartel, letrero, seña, signo
signer firmante
silk seda
similar semejante, similar
simply sencillamente, simplemente
sin *(n.)* pecado; **to —** pecar
to sit up incorporarse
site sitio
situated ubicado, -a
size tamaño, medida
skinny flaco, -a
skunk zorrino
slander maledicencia
slave siervo, -a; esclavo, -a
slavering baboso, -a
slavery esclavitud *(f.)*
sleeve manga
to slide deslizar
to slip deslizar; **— away** deslizarse
slow lento, -a; torpe
slowly despacio
smile sonrisa

to smoke fumar
smoker fumador, -a
snail caracol *(m.)*
sob sollozo
sole suela
solitude soledad *(f.)*
somber sombrío, -a
somehow de algún modo, de alguna manera
somewhere en algún lado, en alguna parte
sort of especie de
sound sonido
south sur *(m.)*
souvenir recuerdo
space espacio, hueco
to speak up hablar de una vez
to spill derramar
to spin girar
to split rajar
to spy espiar
to squeeze estrujar, apretujarse
stage tarima, escenario
stagnant estancado, -a
stained manchado, -a
to stand (up) pararse
stanza estrofa
star astro
to start comenzar, empezar (e: ie); **— a car** poner en marcha, arrancar
state *(adj.)* estatal
stewardess azafata
still quieto, -a
to stir conmoverse, revolver
stone piedra
stool banqueta, taburete
to stop parar, detenerse, cesar
store comercio
strait estrecho
strange extraño, -a
strangely curiosamente
stranger forastero, -a
to strangle ahogar
straw paja
stream of consciousness monólogo interior
streetcar tranvía *(m.)*
strength fuerza
strike golpe *(m.)*; huelga
to strike (a certain time) dar las...
stroke golpe *(m.)*
strong fuerte
stubborn terco, -a
to stumble tropezar
stupid bobalicón, -a; estúpido, -a
stupidity torpeza; estupidez *(f.)*
style estilo
subplot sub-tema
subtraction resta
such a semejante
suddenly de golpe, de repente, de pronto
to suffer padecer, sufrir
to suggest sugerir
suitcase veliz *(m.) (Méx.)*; valija, maleta
summary resumen *(m.)*
Sunday best dominguero, -a
supply *(n.)* suministro; **to —** proporcionar
to support mantener, sostener
surge oleaje
surprised extrañado, -a; sorprendido, -a
surprising sorprendente
surrender entrega
to suspect sospechar
suspicion sospecha
suspicious suspicaz, sospechoso, -a
to sustain mantener
to sway bambolearse
to swear jurar
sweaty sudoroso, -a
sweetness dulzura
sword espada

T

tailored suit traje sastre
to take agarrar, tomar, coger, llevar; **— a walk, a trip** dar una vuelta; **— away** quitar; **— hold of** coger; **— long** tardar; **— off** despegar, quitar(se)
tariff arancelario, -a
to taste probar
to teach dictar, enseñar
teaching enseñanza
tear lágrima
to tear up despedazar, romper, desgarrar
to tempt tentar
to tend (to) inclinarse (a)
tenderness ternura, enternecimiento
term término; **— of imprisonment** condena
terrifying espantoso, -a; aterrador, -a; pavoroso, -a
thing cosa
this way por aquí, de esta manera
thorn espina
thorny espinoso, -a
thought pensamiento
threat amenaza
thrilling emocionante
throat garganta
through a través, por medio de
to throw tirar; **— oneself** abalanzarse; **— out** despedir
thrust empuje *(m.)*
tide marea
to tie atar
to tighten apretar
tile teja, azulejo
tip punta
tired cansado, -a
to toll doblar (las campanas)
tomb sepulcro, tumba
tombstone lápida, piedra sepulcral
tongs tenaza(s)
too, too much demasiado
torch antorcha
to touch tocar, rozar
toughness dureza
track huella; **— of a ship** estela
trade union sindicato
tramp golfa
tranquillity sosiego
traveler caminante
treason traición *(f.)*
treasure tesoro
trench zanja
trouble lío, apremio
true cierto, verdad
trunk of a tree tronco
to trust confiar (en), tener confianza (en)
to try intentar

to tumble down desplomarse
to turn dar(se) vuelta, dar (la) vuelta, volverse; **— around** pegar la vuelta; **— out well** salir bien
turned black ennegrecido, -a
twilight crepúsculo
twirl vuelta
type tipo

U

unconscious sin sentido
under debajo (de)
underlined subrayado, -a
to understand comprender
uneasy inquieto, -a
unexpected inesperado, -a
unfold desdoblar
unfortunately por desgracia, desgraciadamente
ungrateful desagradecido, -a
unhappy desdichado, -a
to unite fundir(se), unir
to unleash desencadenar
untimely a deshoras, temprano
to upset producir fastidio

V

vague vago, -a
validity validez *(f.)*
value valor *(m.)*
variegated abigarrado, -a
velvet terciopelo
to verify comprobar
versification métrica
vielness vileza
village aldea, villa
virtue virtud *(f.)*
vowel vocal *(f.)*

W

to wait (for) aguardar, esperar
to wait on despachar
wake (of a ship) estela
walker caminante
wall pared *(f.);* tapia, muro, muralla
to wander about rodar (o: ue)
warlike bélico, -a
warm cálido, -a; caluroso, a; tibio, -a; abrigado, -a
to warn advertir
water *(n.)* agua; **fresh —** agua dulce; **to —** regar
weak débil
weakness debilidad *(f.)*
wedding nupcias
weeping llanto
while en tanto
to whine lloriquear
whisper susurro
to whiten blanquear
to whitewash blanquear
whitewashed encalado, -a
wide ancho, -a; amplio, -a; anchuroso, -a
wild animal fiera
will testamento
window (in a store) vitrina
wisdom sabiduría
to withdraw retirarse
without fail sin falta
witness testigo
wool lana
work *(n.)* trabajo, obra, labor, faena; **to —** dar resultado
worthy digno, -a
writer escritor, -a

Índice

(References are to page numbers)

a personal, Nota 160, Nota 223
acento ortográfico, 4–5
adjetivos: cambios de significado según su posición, 48; comparativos de igualdad y desigualdad, 84–88; demostrativos, 8–9; participio pasado usado como, 64; posesivos, 7–8; posición de, 46–48
adverbios: comparativos de igualdad y desigualdad, 84–88
artículo definido: usos del, 22–24
artículo indefinido: usos del, 89–91

complemento directo: *Ver pronombres;* Nota 223
complemento indirecto: *Ver pronombres*
condicional: para expresar probabilidad, 82; perfecto, 105–106; usos de, 80; verbos regulares e irregulares en, 80–81

estar: usos de, 59–60

frases verbales, 240–241
futuro: para expresar probabilidad, 82; perfecto, 104–105; usos de, 78; verbos regulares e irregulares en, 78–79

género de los nombres, 7; cambios de significado según el, 262–264
gerundio, 9–10; usos de, 248–49

haber de: + infinitivo, 187
hace: usos de, 260–261
hay que, 187

imperativo: indirecto, 125; **tú** y **vosotros**, 167–168; **Ud.** y **Uds.**, 126–127
imperfecto: contrastado con el pretérito, 43; de subjuntivo, 198; verbos irregulares en, 36; usos de 37–38; verbos con significados especiales en, 44–45
indicativo: uso de con expresiones impersonales, 180–181
infinitivo: usos de, 181, 242–244

mayúsculas; usos de, 5

negación, 207; Nota 208
nombres: singulares y plurales, 265–266

para: usos de, 131–132
participio pasado, 9–10; verbos que tienen formas irregulares de, 61; usado como adjetivo, 64; usos de, 245–246
pluscuamperfecto: de indicativo, 63; de subjuntivo, 204
por: usos de, 130–131

prefijos, 268–270
preposiciones: usos de, 223–229
presente: de indicativo, 9–10, Nota 28; de subjuntivo, 122–123; perfecto de indicativo, 61–62, perfecto de subjuntivo, 202
pretérito: contrastado con el imperfecto, 43; verbos irregulares en, 39–40; usos de, 41; verbos con significados especiales en, 44–45; verbos de cambios ortográficos en, 107–108; verbos de cambios radicales en, 108
pronombres: demostrativos, 9; indefinidos y negativos, 207–208; personales, Nota 9; posesivos, 8; posición de, 18, 126–127; reflexivos, 16, 206; relativos, 110; usados como complemento directo, 16; usados como complemento indirecto, 16, Nota 223
puntuación, 5–6

separación de silabas, 4
ser: usos de, 58–60

subjuntivo: con conjunciones de incertidumbre o irrealidad, 163–164, 165–166; con expresiones impersonales, 180–181; como imperativo indirecto, 125; imperfecto de, 198, 199–200; otros usos de, 182–183; para expresar el imperativo de la primera persona plural, 185; para expresar incertidumbre, 158–159; presente de, 122–123; presente perfecto de, 202; pluscuamperfecto de, 204; secuencia de tiempos con, 218–219; usado con verbos de emoción, 128; usado en relación a algo indefinido o negativo, 160–161
sufijos, 270–271

verbos: de cambios radicales, 16–17; en frases verbales, 240–241; irregulares en el presente de indicativo, 10; irregulares en la primera persona del presente de indicativo, 10; reflexivos, 21; regulares, 9–10
voz pasiva, 220; otras construcciones para expresar la, 222

1 2 3 4 5 6 7 8 9 0

WITHDRAWN